KB115494

漢文解釋의 基礎
한 문 해 석 기 초

장기근(張基槿) 저(著)

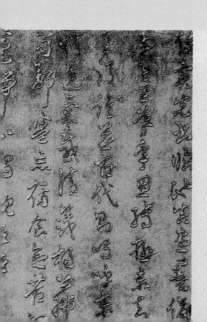

明文堂

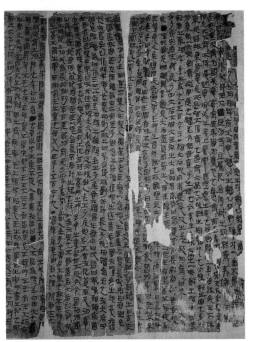

▲ 전국책(戰國策) 한나라의 유향(劉向)이 전국시대의 종횡가(縱橫家)가 제후에게 논한 책략을 나라별로 모아 엮은 책

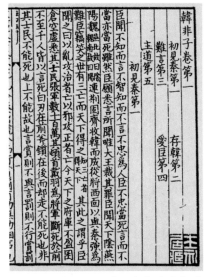

▲ 한비자(韓非子) 전국시대 말기의 사상가 한비(韓非)가 지은 책

◀ 화상석(畵像石)에 그려진 창힐상(蒼頡像) 창힐은 새와 짐승의 발자국을 본떠서 처음으로 문자를 만들었다고 한다.

▲ 두보(杜甫) 당(唐)나라 때의 시인으로 자(字)는 자미(子美).

◀ 이백(李白) 당(唐)나라 때의 시인으로 자(字)는 태백(太白)

▲ 백낙천(白樂天)의 묘 당(唐)나라 때의 시인 백거이(白居易, 자가 낙천)의 묘

◀ 유종원(柳宗元) 당(唐)나라 때의 문인으로 자(字)는 자후(子厚). 당송팔대가의 한 사람

▼ 한석봉(韓石峯)의 두보시(杜甫詩)

▼ 주희(朱熹) 송(宋)나라 때의 유학자로 주자(朱子)라 불린다.

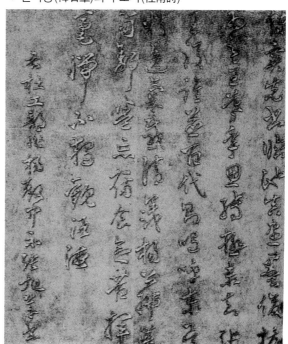

◀ 최치원(崔致遠) 신라 말기의 학자로 자(字)는 고운(孤雲)

▶ 정몽주(鄭夢周) 고려 말기의 학자로 자(字)는 달가(達哥), 호는 포은(圃隱)

▼ 김부식(金富軾)의 글씨

魚舟 金富軾

昝有明何家匃

柳嗜誰家沽酒

▶ 이황(李滉) 조선시대의 학자로 호는 퇴계(退溪)

▶ 신사임당(申師任堂) 조선시대의 서화가(書畵家)로 사임당은 호

저자 서문

(1) 숭고한 정신으로 한문을 배우자

동양과 서양은 저마다 상대적으로 문화의 특성이 다르다. 동양에서는 내면적 정신문화(內面的精神文化)를 중시하고 서양에서는 외형적 물질문화(外形的物質文化)를 높인다.

오늘의 세계는 부국강병(富國强兵)을 제일 목표로 삼고 있다. 따라서 정치사회는 말로만 평화와 협동을 높이 주장한다. 그러나 실상은 음흉한 권모술책과 무력적 침공으로 남의 나라의 이권과 재물을 탈취하는 데 골몰하고 있다.

그러므로 사회적으로는 공동생활의 바탕이 되는 윤리 도덕이 증발했고, 개인적으로는 간교하고 악덕한 자들이 득세하고 재물을 독점하고 있다. 따라서 일반 서민들도 저마다 혹심한 금전만능주의와 폭력 제일주의에 빠져 동물 이하의 비양심적 삶을 살고 있다.

그 결과 인류가 총체적으로 심각한 위기에 함몰하기에 이르렀다. 즉 세계와 인류는 불행하게도 과학 기술을 무기화(武器化)하고 저마다의 이기적 탐욕을 채우기 위해 남을 무자비하게 살상하고 남의 재물을 겁탈하는 데 광분하고 있다. 그 결과 인류사회가 약육강식(弱肉强食)의 사냥터 혹은 아비규환의 생지옥으로 화했다.

이대로는 안 된다. 인류는 구제되어야 한다. 혹심한 부국강병에 의

해서 야기된 병폐를 치유하고 인류의 위기를 구제하기 위해서는 소인 (小人)의 사도(邪道)를 버리고 대인(大人)의 대도(大道)로 복귀(復歸)해야 한다.

과학 기술을 발전시키고 생산을 높이고 물질문화를 발전시켜서 삶을 풍요롭게 하는 것은 바람직하다. 그러나 동시에 심성함양(心性涵養)과 인격도야(人格陶冶)에도 힘을 써야 한다. 그래야 사람들이 존엄한 정신과 인격을 바탕으로 재물과 과학 기술을 선용하고 따라서 선세계(善世界)를 창건할 수 있다.

서양의 과학 기술을 깊이 알고 활용하기 위해서는 수학과 자연과학을 열심히 배우고 익혀야 한다. 그와 마찬가지로 동양의 정신 문화를 깊이 알고 실천하기 위해서는 한문을 잘 배우고 윤리 도덕 및 효도를 어려서부터 실천해서 몸에 익혀야 한다.

우선 우리들 한국의 지식인들이 한문을 잘 배워야 한다. 그래야 선인(先人)들의 숭고한 정신과 문화 전통을 계승한 바탕 위에서 주체적으로 새 문화 창조의 중심적 역할을 담당할 수 있을 것이다.

(2) 새로운 문법체계를 익히자

이 책은 다음 같은 목표와 방침으로 편찬되었다. 나누어 설명하겠다.

① 한문의 새 문법이론과 새 문법용어를 익히고, 아울러 한문의 특성을 바탕으로 한 과학적인 학습을 한다.

② 한문의 기본구조(基本構造)를 바탕으로 한자어나 한문 문장을 과학적으로 분석하고 활용한다.

③ 과학적이고 체계적인 새로운 문법지식을 활용하여 스스로 한문을 분석하고, 또 바르게 해독할 수 있는 실력을 배양한다.

(3) 이상에서 말한 바 한문교육의 정신을 확립하고 또 새로운 문법지식을 터득케 하기 위하여 다음과 같은 점을 강조하고 이 책을 편찬했다

내용면에서는 동양 전통의 핵심인 심성계발(心性啓發)과 윤리(倫理)·도덕(道德) 및 효도(孝道)의 실천을 유도하는 제재(題材)를 많이 추렸다. 즉 한문 학습을 통해 인격을 도야하고 윤리와 도덕이 실천되는 건전한 도의사회를 창건하는 데 도움이 되게 했다. 아울러 선현(先賢)이나 문인(文人)들의 향기 높은 문장이나 한시를 통해 그들의 고결한 인품과 생활 및 풍류의 정취를 이해하게 했다. 이상과 같은 목표를 달성하기 위해 이 책은 다음 같은 단계로 나누어 편찬했다.

① 한문학습의 기본이 되는 한자에 대한 기본지식을 터득한다. 한자의 특성과 한자의 기본원리를 학습한다.

② 한자어의 구조를 알고 아울러 한자어 및 성어를 학습한다.

③ 새로운 문법체계와 용어를 학습한다.

④ 한문문법의 기본지식을 바탕으로 한문 문장을 읽고 해석한다. 아울러 문장을 분석하는 법도 학습한다.

⑤ 내용면에서는 먼저 단문(短文)과 우화(寓話) 및 계몽한문(啓蒙漢文)을 학습한다. 이를 바탕으로 한문 해독의 기초실력을 배양한다.

⑥ 이해하기 쉬운 유명한 한시(漢詩)와 명문(名文)를 해독하고 감상한다.

⑦ 경사자집(經史子集)에서 뽑은 비교적 쉬운 문장을 학습하고 분석한다. 특히 옛날의 성현(聖賢)이나 문인(文人)들의 깊은 사상과 정취를 이해한다.

어학적인 면에서는 학습의 효율을 높이기 위해 대략 다음 같은 요

령으로 저술했다.

- 한문 원문과 자음
- 필요한 경우에는 토달아 읽기를 적었다.
- 한글의 뜻풀이
- 어구 설명 혹은 문법 설명을 붙였다.
- 필요한 경우에는 참고 보충을 덧붙였다.

한문 학습은 지속적으로 착실하게 해야 한다. 대기만성(大器晩成)이라 했다. 불요불굴(不撓不屈)의 굳은 정신으로 학습하고, 유종지미(有終之美)를 거두기 바란다.

지재대방(志在大方)이라 했다. 진정한 평화세계 창건에 선가치적(善價値的)으로 기여하는 지식인, 즉 휴머니스트(humanist)가 되기 위하여 한문을 열심히 배우자.

2009년 3월 16일

玄玉蓮書齋에서 張基槿 씀

차 례

제 5 편　한시의 독해(讀解)와 감상 / 337

제1장　중국의 오언절구(五言絶句)

제2장 **한국의 오언절구**(五言絶句)

제6편 　사서집주(四書集註) 선독(選讀) / 429

제 1 편

한자와 한자어(漢字語) 학습

제1편과 제2편은

한문학습의 기본지식이다

잘 배워서 충분히 익히고

또 수시로 참고해야 한다

전에는 많은 사람들이 글을 많이 읽으면 뜻은 저절로 통한다(讀書百番意自通)는 애매한 생각으로 한자의 기본원리나 한자어의 기본구조 및 한문문법 등의 과학적 학습을 기피하거나 소홀히 했다.

그러나 한문의 문장을 바르게 해독하고 바르게 분석하기 위해서는 한자, 한자어 및 한문에 대한 정통(正統)의 기본지식을 체계적으로 바르게 배우고 익혀야 한다. 즉 중국에서 통일된 새로운 문법체계(文法體系)와 문법용어(文法用語)를 학습해야 한다.

제1편에서는 한자(漢字) 및 한자어(漢字語)에 대한 학습을 한다. 대략 다음 같은 내용을 학습한다.

(1) 먼저 한자의 특성과 한자의 기본원리를 배운다.

(2) 한자어의 기본구조를 배우고 이어 실지로 2자 한자어, 3자 한자어 및 4자로 된 성어를 배우고 익힌다.

한문 공부의 바탕은 한자를 잘 알아야 한다. 그러기 위해서는 자전(字典)이나 사전(辭典)을 부지런히 찾고 익혀야 한다.

1. 한자의 특성(特性)

(1) 한자는 표의문자(表意文字)

인간은 만물의 영장이다. 그러므로 우주 천지 자연 만물의 명칭과 천지간의 모든 현상 활동 변화 등을 언어로 표현한다. 1차적인 언어는 소리말［音聲言語］이며, 2차적인 언어는 글씨말［書寫言語］이다.

지구상에는 수많은 민족이 살고 있으며 저마다 다른 소리말과 글씨말을 사용하고 있다. 역사적으로나 현실적으로나 인류문화의 중추가 되는 글씨［文字］를 크게 표음문자(表音文字)와 표의문자(表意文字)로 나눌 수 있다. 우리가 학습하려는 한문(漢文)은 표의문자에 속하는 한자(漢字)로 쓰여진 옛글이다.

한글이나 영어의 알파벳은 직접 말소리를 표기하는 표음문자다. 그러나 한자는 사물의 형태나 개념을 시각적(視覺的)으로 알 수 있게 꾸미고 나타낸 표의문자다.

같은 표음문자라도 한글에서 말하는 문자와 영어에서 말하는 문자는 다르다. 한글의 한 글자는 자음과 모음을 합해서 한 음절을 표기한 것이다. 한편 알파벳의 한 글자는 자음(子音) 혹은 모음(母音)을 표기한 것이다. 태양(太陽)을 예로 들고 설명하겠다. 한글은 해라고 쓰고, 영어는 sun이라 표기한다. 한글의 해는 한 글자다. 그러나 영어의 sun은 세 개의 글자다.

한글의 해는 닿소리[子音] ㅎ과 홀소리[母音] ㅐ를 합해서, 한 글자＝한 음절로 표기한 것이다. 그래서 한글을 음절문자라고도 한다.

그러나 영어의 sun은 자음 s, 모음 u, 자음 n 등과 같이, 자음, 모음을 표시하는 부호(符號)로 낱개의 문자만으로는 한글처럼 한 음절을 표기할 수 없다. 영어는 sun 같이 세 개의 글자가 모여서 한 음절과 하나의 낱말을 나타낸다.

그러나 표의문자에 속하는 한자는 한글이나 영어의 알파벳과 크게 다르다. 낱개의 한자는 원칙적으로 하나의 낱말이며 동시에 한 음절을 나타낸 것이다. 이상을 다음같이 정리할 수 있다.

영어의 알파벳은 낱개의 자음이나 모음만을 표기한 부호이다. 한글의 글자는 한 음절을 나타내는 음절문자이다. 한자는 원칙적으로 한 음절과 동시에 한 낱말을 나타낸다. 한글에는 한 음절로 된 낱말이 많다. 그러므로 한 글자가 하나의 낱말일 때가 많다.

日[해] 月[달] 山[산] 水[물]
馬[말] 牛[소] 鳥[새] 魚[물고기]

그러나 표음문자인 한글의 한 글자를 원칙적으로 낱말[單詞]을 표기한 문자라고 말하지 않는다.

표의문자에 속하는 한자는 그 특성이 원칙적으로 한 글자＝한 음절＝한 낱말이 된다.

한자가 표의문자라고 해서 말소리와는 전연 관계가 없다고 속단하면 안 된다. 한자가 있기 전에 소리말이 있었고, 고대인들도 원래는 그들의 말을 표기하기 위해서 한자를 창안했을 것이다. 그러므로 한자 속에는 말소리를 나타내는 부분이 있게 마련이다.

동시에 낱말, 즉 단사(單詞)는 저마다 소리와 의미의 결합체다. 그러므로 한자 속에는 사물의 뜻이나 개념이 살아있다.

(2) 단체자(單體字)와 합체자(合體字)

인간의 문화활동에서 중요한 자리를 차지하는 것이 바로 언어다. 만물의 영장인 인간은 태고 때부터 소리말을 바탕으로 수없이 많은 만물의 이름을 부르고 또 삼라만상의 사상(事象)을 설명해 왔다. 고로 삼라만상의 명칭이나 사상을 표현한 인간의 소리말이 끝없이 많게 마련이다.

문자의 역사는 오래지 않다. 특히 허다한 말소리를 추리고 정리해서, 자음과 모음으로 나누고, 다시 자음 모음을 표기하는 표음문자를 발명한 것은 대략 기원전 5, 6천년 전일 것이다.

이로 인해, 사람들은 지극히 적은 수의 표음문자를 가지고 무한히 많은 소리말을 표기하게 되었다. 그러므로 일반적으로 표음문자의 수는 많지 않다. 그러나 한자는 글자 속에 의미내용을 담는다. 그러므로 의미내용의 증가에 따라 한자의 수가 증가했으며 마침내 청(淸)대에 편찬한 《강희자전(康熙字典)》에는 약 5만 자가 수록되었다.

이와 같이 문자의 수가 많아지면 도리어 번잡하고 활용 가치가 저하된다. 이 점이 한자가 지니고 있는 결함이다. 그래서 최근에는 사용하는 한자의 수를 제한하게 되었다.

인간의 언어활동에 쓰이는 말에 담겨진 의미내용은 단순한 것도 있고 비교적 복잡한 것도 있다. 그러므로 낱개의 한자 속에 담겨진 의미내용도 단순한 것과 비교적 복잡한 것도 있게 마련이다. 예를 들어 설명하겠다.

一(한 일)　　　　止(멈출 지)

羊(양 양)　　　　大(큰 대)

이상의 한자는 하나의 글자, 즉 단체자(單體字)다. 그러나 다음의
한자는 두 글자가 합친 합체자(合體字)다.

正(바를 정)　　　　美(아름다울 미)

正은 一(한 일), 止(멈출 지)를 합친 글자, 美는 羊(양 양), 大(큰
대)를 합친 글자다. 예를 더 보충하겠다.

● **단체자**(單體字)

日(날 일) : 해의 모양을 본뜬 글자

月(달 월) : 달의 모양을 본뜬 글자

山(뫼 산) : 산의 모양을 본뜬 글자

木(나무 목) : 나무의 모양을 본뜬 글자

人(사람 인) : 사람의 모양을 본뜬 글자

馬(말 마) : 말의 모양을 그린 글자

● **합체자**(合體字)

休(쉴 휴) : 亻= 人(사람 인)＋木(나무 목)

江(강 강) : 氵= 水(물 수)＋工(장인 공)

明(밝을 명) : 日(날 일)＋月(달 월)

男(사내 남) : 田(밭 전)＋力(힘 력)

政(정사 정) : 正(바를 정)＋攵(칠 복)

武(굳셀 무) : 戈(창 과)＋止(머무를 지)

합체자의 뜻을 다음같이 풀이할 수 있다.

休(쉴 휴) : 사람(人)이 나무(木)에 기대고 쉰다.

江(강 강) : 강물(氵＝水)이 위아래를 관통한다(工).

工은 위에 있는 물건과 아래에 있는 물건을 꿰뚫고 연결한다는 뜻이다. 그것이 공업적 기술이다.

明(밝을 명) : 해(日)와 달(月)을 합치니 밝다.

男(사내 남) : 밭(田)에서 힘(力) 일을 하는 사람이 남자다.

政(정사 정) : 국사를 바르게(正) 다스린다[攵].

政은 一(한 일), 止(멈출 지), 攵(칠 복)의 합체자이다. 攵(칠 복)은 손[又]에 하늘의 계시[卜]를 받들고 따른다는 뜻이다.

美(아름다울 미) : 큰 양이 실용적으로 좋다.

武(굳셀 무) : 적의 창[戈], 즉 무력적 공격을 막는 것[止]이 참다운 무술이다. 한문을 통해서 옛날의 중국인의 평화사상을 엿볼 수 있다. 특히 유교사상은 무력통치를 반대하고 인덕(仁德)을 세울 것을 강력히 주장한다.

(3) 한자는 같은 크기의 네모꼴

한자를 방괴자(方塊字)라고 한다. 모든 한자는 같은 크기의 네모꼴 안에 쓰인다. 즉 단체자나 합체자나 같은 크기의 네모꼴로 쓰인다.

人	木	休
水	工	江
日	月	明
田	力	男

一	止	正	
羊	大	美	
一	止	攵	政

人, 木, 水, 工, 日, 月, 田, 力, 一, 止 등은 단체자.

休, 江, 明, 男, 正, 政 등은 합체자.

문자학(文字學)에서는 단체자를 문(文)이라 하고, 합체자를 자(字)라고 한다. 자(字)는 자(孶＝불어날 자)와 같은 뜻이다.

┌── 단체자(單體字) ── 문(文)
└── 합체자(合體字) ── 자(字)

(4) **자형**(字形)·**자음**(字音)·**자의**(字意＝字義)

한자가 표의문자(表意文字)라고 해서 자음(字音)과 자의(字意)가 무관하다고 속단하면 안 된다.

한자도 원래는 말을 표기하기 위해 창안한 글자다. 그러므로 자음과 자의가 밀접하게 연관되어 있다.

이를 요약해서 형(形)·음(音)·의(義)가 삼위일체(三位一體)를 이루고 있다고 말한다. 즉 모든 한자는 저마다 형(形 : 모양)·음(音 : 소리)·의(義＝意 : 뜻)의 삼요소(三要素)를 통합적으로 갖추고 있다.

그러므로 자형(字形)이 다르면 자음과 자의도 다르게 마련이다. 한편 정(正)과 정(政)같이 서로 자형이 달라도 자음이 같으면 서로 공통되는 뜻을 내포하는 수가 있다. 예를 들고 설명하겠다.

政者 正也.

정자(는) 정야(라)

다스림은 곧 바르게 함이다.

공자(孔子)가 《논어(論語)》에서 한 말이다. 이때의 정(政 : 다스릴 정)과 정(正 : 바를 정)은 자음도 같고 또 의미의 핵심도 같다. 둘이

다 바르게 한다는 뜻을 공유(共有)하고 있다.

　그러나 자음이 같다고 무조건 뜻이 유사하거나 서로 통하는 것은 아니다. 문자학적(文字學的) 혹은 성운학적(聲韻學的)으로 계통이 같아야 한다.

　(5) 일자(一字)·일음(一音)·일사(一詞)

　낱개의 한자는 한 음절(音節)로 발음된다. 이를 일자(一字)·일음(一音)이라고 한다. 동시에 한 음절로 발음되는 낱개의 한자는 원칙적으로 하나의 단사(單詞 : 낱말)이다. 이를 축약해서 일자·일음·일사(一詞)라고 한다.

　일자·일음·일사를 한글과 비교하면 잘 이해가 될 것이다. 한글에는 일음절의 낱말도 있고 또 이음절 혹은 다음절(多音節)의 낱말도 많다. 한글의 사람은 이음절이고, 아름다운은 다음절이다.

　그러나 한문은 원칙적으로 일자·일음·일사다. 그러므로 한글의 산, 사람, 아름다운을 한문에서는 산(山)·인(人)·미(美) 등과 같이 한 글자, 한 음절, 하나의 낱말로 표기한다.

한글	산	사람	아름다운
漢文	山	人	美

　그러나 오해하면 안 된다. 일사(一詞)라고 해서 한문의 단사(單詞 : 낱말)의 의미내용이 단순한 것만 있다는 뜻이 아니다. 앞에서 배운 정사 정(政)이 그러하다. 다른 예를 하나 더 들겠다.

　예(禮 : 예도 예)는 일반적으로 절한다는 뜻이다. 그러나 본래의 뜻은 깊고 복잡하다. 허신(許愼)은 《설문(說文)》에서 예를 '신을 섬기고

복을 내려받음이다(事神致福)'라고 풀이했다. 즉 하늘이나 토지의 신
령 및 선조의 영혼에게 제사를 올리고 복을 내려 받는다는 복잡한 뜻
이 포함되어 있다. 예(禮)는 시(示)와 예(豊 : 祭器)를 합친 글자다.
시(示)는 하늘에서 계시를 내린다는 뜻이다. 예(豊)는 받침대〔豆〕위
에 귀중한 제물〔玉〕을 담은 제기〔凵〕를 올려놓고 하늘에 제사를 올
린다는 뜻의 글자다.

참고 ◑ 한자의 깊은 뜻

(1) 허신(許愼)은 《설문》에서 한 일(一)을 다음같이 풀이했다.

태초에 도가 하나에서 서고 천지가 나뉘고 만물이 화생했다.(惟始太初
道立於一 造分天地 化生萬物)

결국 일(一)은 우주(宇宙)·천지(天地)·자연(自然)·만물(萬物)의 창
조주며, 동시에 만물을 생육(生育)하고 또 시간의 흐름에 따라 더욱 번성
하고 발전케 하는 절대선(絕對善)의 도리이기도 하다.

(2) 일(日)·월(月)의 깊은 뜻 : 일(日 : 해 일)은 둥근 태양의 모양을
그린 상형문자이고, 월(月 : 달 월)은 조각달 모양을 본뜬 상형문자라는
것을 쉽게 알 수 있다. 즉 일·월은 저마다의 형상(形象)을 본뜬 상형자
(象形字)다. 그렇다고 일·월 두 글자가 소리말과 전연 관계가 없지는 않
다. 고대의 한인(漢人)들은 한자가 없었던 태고 때에 이미 일(日)을 짙
(jitsu), 월(月)을 궬(guatsu)이라고 발음했다.

일의 발음 짙(jitsu)은 실(實, jitsu)과 같다. 즉 해는 속이 가득 차있다
는 뜻이다. 옛날의 한인들은 태양을 보고, 생명이나 양기가 가득 차있다고
보았으며 따라서 실과 같은 짙(jitsu)이라고 발음했고, 동시에 동그라미
○ 안에 흑점 ●을 넣어 생명이나 양기가 가득 차있음을 나타낸 것이다.

2. 한자의 원리 : 육서(六書)

《설문해자(說文解字)》는 후한(後漢) 초기의 학자 허신(許慎)이 저술한 중국 최초의 한자 풀이 책이다. 그 속에서 허신은 약 9,300개의 한자의 구성과 의미를 풀이했다. 특히 그는 《설문해자》의 서문에서 한자의 원리를 다음같이 여섯 가지로 나누어 설명하고 육서(六書)라고 일컬었다.

그후 오늘까지 많은 학자들이 허신의 육서를 바탕으로 한자의 원리와 뜻풀이를 연구하고 또 정리해왔다. 다음에서 일반적으로 공인되고 있는 육서를 알기 쉽게 표로 도시하겠다.

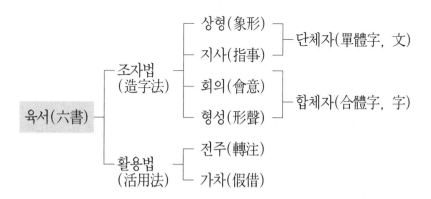

육서(六書) 중, 상형(象形)·지사(指事)·회의(會意)·형성(形聲)은 한자를 만드는 조자법(造字法)에 속하고 전주(轉注)·가차(假借)

는 한자의 활용법(活用法)에 속한다.

같은 조자법에도 상형·지사는 하나의 몸체로 된 단체자(單體字)를 만드는 원리를 풀이한 것이고, 회의·형성은 둘 이상의 글자를 합친 합체자(合體字)를 만드는 원리를 설명한 것이다. 그리고 문자학적으로 단체자를 문(文), 합체자를 자(字)라고 구분하기도 한다. 다음에서 항목별로 설명하겠다.

(1) 상형자(象形字)

물체의 모양[形]을 본떠서[象] 쓴 글자가 상형자다. 다음의 그림과 한자를 비교해 보자.

⊙ → ⊟ → 日(날 일)　　　　⊅ → ⊅ → 月(달 월)

凶 → 山 → 山(뫼 산)　　　　川 → 川 → 川(내 천)

火 → 火 → 火(불 화)　　　　水 → 水 → 水(물 수)

石 → 石 → 石(돌 석)　　　　⊽ → ⊔ → 口(입 구)

◎ → ⊖ → 目(눈 목)　　　　⊟ → ⊖ → 耳(귀 이)

馬 → 馬 → 馬(말 마)　　　　羊 → 羊 → 羊(양 양)

鳥 → 鳥 → 鳥(새 조)　　　　魚 → 魚 → 魚(물고기 어)

(2) 지사자(指事字)

눈에 보이지 않는 추상적인 개념을 나타내는 글자를 지사자라고 한다. 그러나 한자는 눈으로 보아서 뜻을 알 수 있게 꾸며야 하므로 추상적 개념을 눈으로 보아서 알 수 있게 부호화(符號化) 한 글자가 곧 지사자다. 지사자는 그 수(數)가 별로 많지 않다. 예를 들어서 설명하겠다. 다음의 한자와 그 옆의 상징적인 그림을 비교해 보자.

� → 一(한 일)	☰ → 二(두 이)
→ 上(위 상)	→ 下(아래 하)
→ 本(뿌리 본)	→ 末(끝 말)
→ 止(멈출 지)	→ 之(갈 지)
→ 大(큰 대)	→ 小(작을 소)
→ 立(설 립)	→ 至(이를 지)

一 : 막대기 하나를 그린 기호를 가지고 하나라는 수를 나타냈다.

二 : 위의 一(가로획)은 하늘을 상징하고, 아래의 一(가로획)은 땅을 나타낸다. 하늘과 땅 둘이 서로 대하고 있다는 상징적인 글자.

上 : 기준선 一 위에 ·을 찍어 위를 나타냈다.

下 : 기준선 一 아래에 ·을 찍어 아래를 나타냈다.

本 : 나무(木) 밑의 표시 一는 근본, 뿌리를 가리킨다.

末 : 나무의 윗부분에 一(가로획)을 그어 나무의 끝을 나타냈다.

止 : 발 모양을 그린 글자로 멈추다를 나타낸다.

之 : 역시 발 모양을 그린 글자로 간다를 나타냈다. 옛날의 전서(篆書)는 止와 之가 비슷했다. 후에 자형이 다르게 되었다.

大 : 손발을 활짝 벌리고 서있는 사람의 형상을 그린 자다.

小 : 중간에 있는 큰 나무토막을 칼로 깎을 때, 양쪽으로 흩어지는 작은 나무 부스러기.

立 : 大자 아래 땅을 상징하는 一을 덧붙인 글자다. 지사도 상형을 바탕으로 한다.

至 : 새가 하늘에서 땅으로 거꾸로 내려와 닿는 모양.

지사자(指事字)도 바탕은 상형자(象形字)다. 中(가운데 중)은 둥근

원(圓)의 중심을 맞춘다는 글자다.

(3) 회의자(會意字)

이미 있는 단체자(單體字)를 합해서 다른 뜻을 나타내는 합체자(合體字)를 회의자라고 한다. 회의(會意)는 뜻을 합치다의 뜻이다.

明(밝을 명) : 日(해 일)＋月(달 월)

林(수풀 림) : 木(나무 목)＋木(나무 목)

東(동녘 동) : 日(해 일)＋木(나무 목)

好(좋을 호) : 女(계집 녀)＋子(아들 자)

男(사내 남) : 田(밭 전)＋力(힘 력)

休(쉴 휴) : 人(사람 인)＋木(나무 목)

信(믿을 신) : 人(사람 인)＋言(말씀 언)

武(굳셀 무) : 戈(창 과)＋止(막을 지)

美(아름다울 미) : 羊(양 양)＋大(큰 대)

회의자			의미 내용
明	日	月	광명의 근원을 합치다
好	女	子	여자가 자식을 안고 있다
男	田	力	밭에서 힘을 쓰는 남자
東	木	日	해가 동쪽 나무에 오른다
信	人	言	말을 실천하니 믿게 된다
武	戈	止	창을 막는 것이 무력이다

正은 一(한 일)과 止(머물 지)의 합체자다.

政은 一(한 일), 止(머물 지), 攴(칠 복)의 합체자이다.

整은 束(묶을 속), 攴(칠 복), 正(바를 정)의 합체자이다. 그 중의 束(묶을 속)은 木과 口의 합체자다.

그러므로 整은 束, 攴, 一, 止의 합체자라고 할 수 있다. 결국 나무를 묶어서(束), 손으로 잘 두드려(攴), 가지런히 하나 되게(正) 한 것이 곧 가지런할 정(整)이다. 더 복잡한 예를 들겠다.

    禮(예도 례) : 示＋豊(凵＋玉＋豆)

示(보일 시)는 하늘이 계시를 내린다는 뜻이다. 豊(제기 례)는 豆＋凵＋玉＋玉의 합자다. 豆(두)는 제기(祭器)를 놓는 받침대, 凵(입벌릴 감)은 제기를 상징한다. 두 개의 玉(옥)은 귀중한 제물의 뜻이다. 결국 禮라는 한자는, 귀중한 제물을 올리고 하늘에 제사를 지내어, 하늘로부터 계시를 내려받는다는 복잡한 뜻글자이다.

政	一	止	攴		
整	束	一	止	攴	
禮	示	豆	凵	玉	豆

유교에서 말하는 예치(禮治)는 하늘의 뜻과 도리를 따르는 문화적인 도덕정치라 하겠다.

(4) 형성자(形聲字)

형부(形符)와 성부(聲符)를 결합해서 만든 합체자(合體字)다. 형부는 형태나 뜻을 나타내는 부분이고, 성부는 소리를 나타내는 부분이다. 이 두 부분을 합했으므로 형성자라고 한다.

    苦(쓸 고) : 艸(풀 초)＋古(옛 고)
    枯(마를 고) : 木(나무 목)＋古(옛 고)

姑(시어미 고) : 女(계집 녀)+古(옛 고)

淸(맑을 청) : 氵=水(물 수)+靑(푸를 청)

晴(갤 청) : 日(날 일)+靑(푸를 청)

雲(구름 운) : 雨(비 우)+云(이를 운)

이상은 다 의미를 나타내는 부분, 즉 형부(形符)와 음성을 나타내는 부분, 곧 성부(聲符)를 결합한 형성자다.

한 자	의미 부분	소리 부분
枯	木	古
淸	氵=水	靑
雲	雨	云

이상 상형(象形)·지사(指事)·회의(會意)·형성(形聲)은 한자를 꾸미는 조자법(造字法)에 속한다.

다음의 전주(轉注)와 가차(假借)는 한자의 활용법(活用法)에 속한다.

(5) 전주(轉注)

한자의 본래의 뜻을 확대(擴大)하거나 전용(轉用)해서 다른 뜻으로 쓰는 활용법을 전주라고 한다. 다음의 두 한자는 서로 전용할 수 있다.

八(여덟 팔)과 分(나눌 분)

北(북녘 북)과 背(등 배)

不(아닐 불)과 否(아닐 부)

迎(맞이할 영)과 逆(거스를 역)

令(우두머리 령)과 長(길 장)

考(상고할 고)와 老(늙을 로)

樂(풍류 악), 樂(즐길 락), 樂(좋아할 요)

(6) 가차(假借)

한자가 없는 경우, 발음이 같은 기존의 글자를 임시로 차용(借用)해서 대용하는 것을 가차라고 한다.

萬(일만 만) : 만 수를 나타낸다.

能(곰 능) : 능하다는 글자로 대용한다.

燕(제비 연) : 잔치의 뜻으로 대용한다.

萬은 본래 다리가 많은 벌레를 나타낸 글자다. 이를 같은 발음의 만수(萬數)를 나타내는 글자로 차용했다.

能은 원래 熊(곰 웅)이다. 이를 잘한다는 뜻의 글자로 차용했다.

燕(제비 연)을 같은 발음의 잔치 연(宴)으로 대신 쓰기도 한다. 외래어 표기에 많이 활용된다.

葡萄(포도) 琵琶(비파) 梧桐(오동)

巴里(파리) 羅馬(라마) 佛陀(불타)

참고 ◑ 한자의 부수(部首)

여러 한자가 공유하는 의미나 구조상의 핵심을 부수(部首)라 하며 많은 한자돌을 같은 부수를 중심으로 분류한다. 모르는 한자를 찾아보는 옥편(玉篇)이나 자전(字典) 및 사전(辭典)도 부수별로 한자를 정리하고 풀이했다.

예 • 人(인)에 속하는 한자 : 仁(어질 인), 仕(벼슬할 사), 仙(신선 선), 休(쉴 휴) 등이다. 亻은 人의 변형이다.

- 日(일)에 속하는 한자 : 旬(열흘 순), 旱(새벽 조), 昏(어두울 혼), 明(밝을 명), 昇(오를 승), 時(때 시), 春(봄 춘) 등이다.
- 心＝忄(심)에 속하는 한자 : 忍(참을 인), 志(뜻 지), 忘(잊을 망), 忠(충성 충), 念(생각할 념), 思(생각할 사) 등이다.
- 手＝扌(재방변)에 속하는 한자 : 技(재주 기), 折(꺾을 절), 投(던질 투), 承(받들 승), 扱(미칠 급), 拘(잡을 구), 拍(칠 박), 持(가질 지) 등이다.

◑ 부수의 위치

현재 통용되는 자전의 부수는 214부로 정해져 있다. 이들 부수를 대략 다음 같이 분류한다.

① 왼쪽을 차지하는 부수 : 변(扁＝편) ▐

人＝亻(사람인 변) : 仁(어질 인), 仙(신선 선), 信(믿을 신)

彳(두인변) : 行(갈 행), 往(갈 왕), 彼(저 피), 後(뒤 후)

手＝扌(재방변) : 才(재주 재), 打(칠 타), 技(재주 기), 持(가질 지)

② 오른쪽을 차지하는 부수 : 방(旁) ▌

攴＝攵(등글월문) : 收(거둘 수), 改(고칠 개), 放(놓을 방), 政(정사 정)

戈(창 과) : 戎(오랑캐 융), 戒(경계할 계), 戰(싸울 전)

頁(머리 혈) : 頂(정수리 정), 頭(머리 두), 顔(얼굴 안)

③ 위에 있는 부수 : 관(冠) ▀

宀(갓머리) : 安(편안할 안), 家(집 가), 宿(묵을 숙)

艸＝艹(초두머리) : 草(풀 초), 花(꽃 화), 苦(쓸 고)

雨(비 우) : 雲(구름 운), 雪(눈 설), 霜(서리 상)

④ 아래에 있는 부수 : 발(＝脚) ▄

皿(기명 명) : 盆(동이 분), 盛(담을 성), 盡(다될 진)

心(마음 심) : 忠(충성 충), 忘(잊을 망), 怒(성낼 노)

儿(어진 사람 인) : 元(으뜸 원), 兄(맏 형), 光(빛 광), 充(찰 충), 兆(조짐 조), 兒(아이 아)

⑤ 위와 왼쪽을 싸는 부수 : 엄(=垂) ▉

厂(민엄호) : 厓(언덕 애), 厚(두터울 후), 原(근원 원)

尸(주검 시) : 尺(자 척), 居(있을 거), 尾(꼬리 미)

穴(구멍 혈) : 空(빌 공), 窓(창 창), 窟(굴 굴)

⑥ 왼쪽과 밑에 걸치는 부수 : 받침(=辶) ▉

廴(민책받침) : 廷(조정 정), 廻(돌 회), 建(세울 건)

辵=辶(책받침) : 近(가까울 근), 遠(멀 원), 送(보낼 송)

走(달릴 주) : 起(일어날 기), 超(넘을 초), 越(넘을 월)

⑦ 몸과 안 : 구(構) ▉

口(큰입구) : 回(돌 회), 困(괴로울 곤), 固(굳을 고), 國(나라 국)

門(문 문) : 問(물을 문), 聞(들을 문), 開(열 개)

匚(터진입구) : 匡(바룰 광), 匪(대상자 비)

匸(감출 혜) : 匹(필 필), 區(지경 구)

行(다닐 행) : 術(꾀 술), 街(거리 가), 衝(찌를 충)

⑧ 기타의 독립된 부수

山(뫼 산) : 岳(큰산 악), 島(섬 도), 峰=峯(봉우리 봉)

女(계집 녀) : 好(좋을 호), 妻(아내 처) 婦(며느리 부)

見(볼 견) : 視(볼 시), 親(친할 친), 覽(볼 람), 觀(볼 관)

酉(닭 유) : 酋(두목 추), 配(아내 배), 酒(술 주), 酌(따를 작), 酸(초산), 醒(술 깰 성)

食(밥 식) : 飯(밥 반), 飮(마실 음), 餓(주릴 아)

◖ 발음과 의미의 밀접한 관계

靑(푸를 청)은 싱싱하고 푸르고 생명이 자란다는 뜻글자다. 관계 있는 글자는 淸(맑을 청), 晴(갤 청) 등이다.

古(옛 고)와 관계가 있는 글자는 苦(쓸 고) 枯(마를 고) 姑(시어미 고) 固(굳을 고) 故(옛 고, 연고 고) 등이다.

3. 한자어의 기본구조

(1) 한문의 다섯 가지 기본구조

말의 진술 단위가 되는 구자(句子)는 일종의 구조물(構造物)이다. 단사(單詞)를 엮어서 복합사(複合詞) 혹은 사조(詞組) 및 단구(單句)를 꾸민다. 그리고 다시 단구를 엮어서 복구(複句)를 꾸민다. 이때에, 공통되는 일관된 한문의 기본구조가 있는데 다음의 다섯 가지이다. (＊새 문법용어는 제2편)

① 병렬구조(竝列構造) : 앞과 뒤가 병렬 : ▨＋▨

　　父母 夫婦 兄弟 姉妹 國家

② 수식구조(修飾構造) : 앞이 뒤를 수식 : ▨→▨

　　白雲 靑山 落花 流水 美人

③ 동빈구조(動賓構造) : 앞이 동사, 뒤가 빈어 : ▨∣▨

　　入山 修道 念佛 讀書 悟道

④ 보어구조(補語構造) : 앞을 뒤가 보충 : ▨←▨

　　射殺 擊沈 戰勝 宿一夜(하룻 밤을 묵다)

　　讀於書堂(서당에서 책을 읽는다)

⑤ 주술구조(主述構造) : 앞이 주어, 뒤가 술어 : ▨－▨

　　日沒 月出 夏至 冬至 頭痛藥

다음에서 항목별로 나누어 자세히 설명하겠다.

<1> 병렬구조의 한자어 학습 : ▨＋▨

▨은 앞의 성분을 나타낸다. ▨은 뒤의 성분을 나타낸다. 이들 두 성분이 서로 병렬한다. 성분은 단사 및 사조가 다 될 수 있다. 병렬하는 앞의 ▨ ‘성분’과 뒤의 ▨ ‘성분’은 서로 뜻이 대등(對等) 유사(類似)하거나 혹은 대비(對比) 상반(相反)되기도 한다.

	대등 유사	대비 상반
명 사	家屋　國家	兄弟　師弟
동 사	學習　進行	問答　勝敗
형용사	正直　善良	貧富　貴賤

家屋(가옥)　國家(국가)

　뜻이 대등하거나 유사한 명사가 병렬한 복합 명사.

兄弟(형제)　師弟(사제)

　뜻이 대비되거나 상반되는 명사가 병렬한 복합 명사.

學習(학습)　進行(진행)

　뜻이 대등하거나 유사한 동사가 병렬한 복합 동사.

問答(문답)　勝敗(승패)

　뜻이 대비되거나 상반되는 동사가 병렬한 복합 동사.

正直(정직)　善良(선량)

　뜻이 대등하거나 유사한 형용사가 병렬한 복합 형용사.

貧富(빈부)　貴賤(귀천)

　뜻이 대비되거나 상반되는 형용사가 병렬한 복합 형용사.

⟨2⟩ 수식구조의 한자어 학습 : ▨→▧

수식어는 반드시 앞에 온다. 즉 앞의 ▨ '수식어'가 뒤의 ▧ '피수식어'를 수식한다. 수식어는 정어(定語 : 형용사적 수식어)와 상어(狀語 : 부사적 수식어)의 두 가지가 있다. 한문의 수식어는 형용사(形容詞)나 부사(副詞)만이 아니라 동사(動詞)나 심지어 명사(名詞)도 될 수 있다. 정어와 상어를 나누어 설명하겠다. 뒤에 있는 피수식어를 새 용어로는 중심어(中心語)라고 한다.

● 정어(定語) ▨→▧ : 형용사적 수식어 → 피수식어

앞의 형용사적 수식어가 뒤에 있는 명사를 수식한다.

수식어	피수식어	한글 풀이	수식어 풀이
白	雲	흰 구름	형용사
山	雲	산의 구름	명 사
浮	雲	뜬 구름	동 사

단, 앞에 있는 수식어는 형용사만이 아니라, 명사·동사도 될 수 있다. 그러므로 정어라는 새 용어를 만든 것이다. 정어는 재래의 말로 형용사적(形容詞的) 수식어에 해당하고 관형어(冠形語)와 같다.

● 상어(狀語) ▨→▧ : 부사적 수식어 → 피수식어

앞에 있는 부사적 수식어가 뒤에 있는 피수식어를 수식 한정한다. 단, 앞에 있는 수식어는 부사만이 아니라, 형용사 및 명사도 된다.

① 앞의 부사가 뒤의 형용사나 동사를 수식 한정한다.

　　甚善(심히 좋다) : 甚(심할 심) 善(착할 선)

　　最高(가장 높다) : 最(가장 최) 高(높을 고)

　　旣往(이미 가다) : 旣(이미 기) 往(갈 왕)

極多(지극히 많다) : 極(다할 극) 多(많을 다)

② 앞의 형용사가 뒤의 동사를 수식 한정한다.

大驚(크게 놀라다) : 大(클 대) 驚(놀랄 경)

冷笑(싸늘하게 웃다) : 冷(찰 랭) 笑(웃을 소)

深思(깊이 생각한다) : 深(깊을 심) 思(생각 사)

快樂(통쾌하게 즐겁다) : 快(쾌할 쾌) 樂(즐길 락)

③ 앞의 명사가 뒤의 동사를 부사적으로 수식 한정한다.

筆談(붓으로 써서 말함) : 筆(붓 필) 談(말씀 담)

蜂起(벌떼처럼 들고일어난다) : 蜂(벌 봉) 起(일어날 기)

火攻(불로 공격한다) : 火(불 화) 攻(칠 공)

石戰(돌을 던지며 싸움) : 石(돌 석) 戰(싸울 전)

泥醉(술에 진흙같이 취함) : 泥(진흙 니) 醉(취할 취)

血鬪(피를 흘리며 싸움) : 血(피 혈) 鬪(싸움 투)

	품 사	예
	형용사	白雲 靑山 紅花
定 語	명 사	革帶 炭鑛 山林
	동 사	落花 流水 浮雲
	부 사	甚善 最高 旣往
狀 語	형용사	大驚 冷笑 快樂
	명 사	筆談 蜂起 泥醉

위에서 보듯이 정어(定語)는 형용사만이 아니라, 명사 혹은 동사도 된다. 상어(狀語)는 부사만이 아니라, 명사나 형용사도 된다. 그래서 새 문법용어를 제정한 것이다.

<3> 동빈구조의 한자어 학습 : ▨ ▧

앞에 있는 ▨ '동사'가 뒤에 있는 ▧ '빈어 : 목적어'를 취한다. 즉 동사 ▧ 빈어 구조를 동빈구조(動賓構造)라 한다.

빈어(賓語)도 새 용어다. 영어는 타동사가 목적어를 취하므로 동사 ▧ 목적어라고 한다. 그러나 한문에서는 동사 다음에 있는 명사가 반드시 목적물만이 아니다.

동사 다음에 있는 명사가 의미상으로 부사격(副詞格), 심지어는 주격(主格)이 되는 경우도 있다. 그러나 구조상으로는 다 동사(動詞)-빈어(賓語)에 속한다. 그러므로 목적어라고 하지 않고, 광범하게 빈어라고 새 용어를 쓴 것이다.

讀書(독서) : 책을 읽다.

書(글 서)가 빈어다. 동사 讀(읽을 독)의 대상 혹은 목적물이다. 다음의 한자어는 다 동사+빈어의 구조로 되었으며, 그 빈어도 동사가 취하는 넓은 의미의 목적물 혹은 대상이다.

飮水(음수) : 물을 마신다. 飮(마실 음)
養豚(양돈) : 돼지를 기른다. 豚(돼지 돈)
養鷄(양계) : 닭을 친다. 鷄(닭 계)
播種(파종) : 씨를 뿌린다. 播(뿌릴 파) 種(씨 종)
殺菌(살균) : 균을 죽인다. 菌(병균 균)

그러나 다음의 빈어는 장소, 위치를 나타낸다.

昇天(승천) : 하늘에 오르다. 昇(오를 승)

昇天은 동사+빈어의 구조다. 그러나 한글로 번역하면 하늘에 오르다가 된다. 즉 한글 풀이에서는 天이 昇의 빈어가 아니고, 장소(場所)를 나타내는 부사어같이 된다. 그렇다고 昇天을 동사-보어라고 하면 안된다. 한문의 구조상으로는 昇[동사]+天[빈어]이다. 그 뜻이 다양하기 때문에, 빈어라고 새로운 용어를 정한 것이다. 다음의 한자어는 다 구조상으로는 동사+빈어 구조다. 그러나 빈어의 뜻이 여러 가지로 나타난다.

入學(입학) : 학교에 들어가다. 學(배울 학)
登校(등교) : 학교에 가다. 校(학교 교)
出席(출석) : 수업이나 회의에 참석함.
受業(수업) : 가르침을 받는다. 受(받을 수)
授業(수업) : 가르침을 준다. 授(줄 수)
成功(성공) : 공을 이룬다.
卒業(졸업) : 학업을 마친다. 卒(끝날 졸)
上京(상경) : 서울에 올라가다.
下山(하산) : 산에서 내려오다.
歸鄕(귀향) : 고향으로 돌아가다. 鄕(시골 향)

이상은 모두 동사+빈어의 한자어다. 한글로 번역하면 빈어가 부사같이 된다. 그러나 형태상으로는 동사+빈어 구조이다.

참고 ◑ 동사+빈어의 구조와 뜻풀이

下車 : 차를 내린다, 차에서 내린다.
乘車 : 차를 탄다, 차에 오른다.

┌─ 脫帽(탈모) : 모자를 벗다. 목적물이나 대상
├─ 脫獄(탈옥) : 감옥에서 탈출한다. 장소
├─ 脫線(탈선) : 선로에서 벗어나다. 장소, 위치
└─ 脫毛(탈모) : 머리가 빠지다. 머리가 주격이다.

이상은 다 동사+명사빈어(名詞賓語) 구조의 한자어다. 그러나 한글로 번역하면 의미가 다르다고 문법적으로 다르다고 하면 안된다. 아직도 우리나라의 일부 학자들 중에는 在家나 下車를 동사-보어라고 분석하는 사람이 있으나, 수정되어야 한다.

또 有 無 다음의 명사를 빈어(賓語)로 보아야 한다. 예를 들면 有人을 한글로 번역하면 '사람이 있다'가 된다. 그러니깐 주어 술어가 전도(顚倒)된 것이라고 주장하면 안된다. 한문문법은 한문의 구조를 바탕으로 해야 한다. 有人도 동사+빈어구조로 보아야 한다.

〈4〉 보어구조의 한자어 학습 : ▨←▧

중심어(中心語)는 앞에 있고, 보어(補語)는 뒤에 있다. 뒤에 있는 보어가 앞에 있는 중심어의 뜻을 보충 설명한다. 중심어는 주로 동사나 형용사가 되고, 뒤의 보어는 사(詞), 사조(詞組) 및 자구(子句)가 된다.

說明(설명) : 분명히 알게 말하다. 說(말씀 설)

明이 보어로 앞에 있는 중심어 說의 뜻을 보충 설명하고 있다. 즉 말한 결과 분명히 알다, 분명히 알게 말하다의 뜻이다.

打倒(타도) : 때려 넘어지다. 倒(넘어질 도)

倒가 보어다. 앞에 있는 중심어 打의 뜻을 보충 설명하고 있다. 즉

때린 결과 넘어졌다, 넘어질 때까지 때리다의 뜻이다.

　　擊沈(격침) : 쳐서 가라앉게 하다. 擊(부딪칠 격)
　　射殺(사살) : 쏘아 죽이다. 射(쏠 사)

　보어가 보충 설명하는 의미내용은 결과(結果)·정도(程度)·시간(時間)·회수(回數)·분량(分量) 등 여러 가지 뜻이 있다.

　　宿一夜(숙일야) : 하룻밤을 숙박한다.(一夜가 보어)
　　打鐘三聲(타종삼성) : 종을 세 번 울린다.(三聲이 보어)

　　霜葉紅於二月花.
　　상엽(이) 홍어이월화(라)

　서리맞은 단풍잎이 2월의 꽃보다 더 붉다. 霜(서리 상) 葉(잎 엽)

　霜葉(주어) 紅(형용사 술어) 於二月花(보어), 於(개사) 二月花(개사의 빈어) 於二月花가 비교(比較)의 뜻을 나타내는 보어.

　한문의 보어를 한글로 번역하면 부사어(副詞語)가 된다. 그러므로 보어를 부사(副詞)로 착각하기 쉽다. 그러나 상어(狀語 : 부사적 수식어)와 구별해야 한다.

　<5> 주술구조의 한자어 학습 : ▨－▧

　앞이 주어(主語)이고 뒤가 술어(述語)이다. 이 주술구조(主述構造)는 그대로 짧은 구자(句子 : 문장)가 될 수 있다. 또 사조(詞組)로서 구자의 다른 성분이 될 수 있다. 또 두 개가 결합하면 그대로 짧은 복구(複句)가 된다. 예를 들고 설명하겠다.

我聰明(나는 총명하다) : 聰(귀 밝을 총)

　주술구조의 구자(句子)다. 我(주어) 聰明(술어).

王不知我聰明(왕이 내가 총명한지 모른다)

　我聰明이 동사 不知의 빈어(賓語 : 목적어)가 되었다.

山高(산이 높다) 水深(물이 깊다)은 저마다 독립된 단구(單句)다.

山高水深(산이 높고 물이 깊다)은 복구(複句)다.

山高水深之名勝地(산 높고 물 깊은 명승지)의 山高水深은 정어(定語 : 형용사적 수식어)가 되었다.

天長地久(천장지구) : 하늘이 장구(長久)하고 땅도 영원히 있다.

　위의 예문은 두 개의 주어＋술어가 병렬한 한자어이자 동시에 두 개의 주어＋술어가 병렬한 복구(複句)이기도 하다. 이 경우 天長地久는 天地長久라고 주어 술어를 합할 수 있다. 단, 山高水深은 주어와 술어를 합칠 수 없다.

　다음 같은 사자성어(四字成語)가 주술구조의 한자어로 된 것이다.

年富力强(연부역강) : 나이가 젊고 힘이 강하다.

天高馬肥(천고마비) : 가을 하늘이 높고 말이 살찌다. 肥(살찔 비)

日暮途遠(일모도원) : 해는 지는데 아직도 갈 길이 멀다.

　　　　　　　　暮(저물 모) 途(길 도) 遠(멀 원)

子曰 君子不器.

자왈 군자(이) 불기(라)

공자가 말했다. 군자는 기물이 아니다.

君子不器는 주술구조다. 여기서는 동사 曰의 빈어(賓語)가 되었다. 군자는 절대선(絶對善)의 천도(天道)를 기준으로 한 원리 원칙을 따르고 실천하는 지식인이다. 포악무도(暴惡無道)한 통치자나 세도가 밑에서 맹목적으로 일하는 기물(器物)이 아니다.

4. 성어(成語)와 속담(俗談)

(1) 사자성어(四字成語)

苛斂誅求(가렴주구) : 가혹하게 세금을 거두어 백성들을 못살게
들볶음.
苛(매울 가) 斂(거둘 렴) 誅(벨 주)/苛斂(상어-동사) 誅求
(상어-동사)

甘言利說(감언이설) : 달콤하게 말하고, 이롭게 유혹한다.
甘(달 감) 利(이로울 리) 說(말씀 설)/甘言(상어-동사) 利說
(상어-동사)

去頭截尾(거두절미) : 앞뒤의 군소리를 생략하고 핵심이나 요점
만 말함.
截(끊을 절) 尾(꼬리 미)/去頭(동사-빈어) 截尾(동사-빈어)

牽强附會(견강부회) : 말을 억지로 끌어다 맞춘다.
牽(끌 견) 强(굳셀 강) 附(붙을 부) 會(모일 회)/牽强(상어)
附會(중심어)

見物生心(견물생심) : 실물을 보고 가지려는 욕심을 낸다.

物(만물 물)/見物(동사-빈어) 生心(동사-빈어)

見物은 生心의 상어(狀語)로 볼 수도 있다. 둘이 병렬했다고 보아도 된다.

結者解之(결자해지) : 맺은 사람이 푼다. 일을 만든 사람이 마무리를 한다.

結(맺을 결) 者(놈 자) 解(풀 해)/結者(주어) 解之(술어)

輕擧妄動(경거망동) : 경솔하고 그릇되게 행동함.

輕(가벼울 경) 擧(들 거) 妄(허망할 망) 動(움직일 동)/輕擧(상어-동사) 妄動(상어-동사)

苦盡甘來(고진감래) : 고생이 다 끝나고 즐거움이 온다.

苦(쓸 고) 盡(다될 진) 甘(달 감)/苦盡(주어-술어) 甘來(주어-술어)

骨肉相爭(골육상쟁) : 같은 형제나 겨레가 서로 싸운다.

骨(骱 골) 肉(고기 육) 相(서로 상) 爭(다툴 쟁)/骨肉(주어) 相爭(술어)

矯角殺牛(교각살우) : 소의 뿔을 교정하려다가 소를 죽인다. 부분적인 잘못을 고치려다가 전체를 망가뜨린다.

矯(바로잡을 교) 角(뿔 각) 殺(죽일 살) 牛(소 우)/矯角(상어) 殺牛(중심어)

口蜜腹劍(구밀복검) : 입에 꿀, 뱃속에 칼. 겉으로는 잘하는 척하지만 속으로는 해치고자 한다.

蜜(꿀 밀) 腹(배 복) 劍(칼 검)

口蜜을 口有蜜, 腹劍을 腹有劍으로 풀이할 수 있다. 口蜜

은 腹劍에 대해서 부사적 수식구, 즉 상어(狀語)가 된다. 또 구조상으로는 복구(複句)이다.

權謀術策(권모술책) : 온갖 모략과 술책을 가리지 않고 씀.

　　權(저울추 권) 謀(꾀할 모) 術(꾀 술) 策(채찍 책)

　　權謀 術策은 동사어 병렬. 權謀 術策은 다 정어-명사로 본다.

勞心焦思(노심초사) : 몹시 마음을 쓰고 속을 태운다.

　　勞(일할 로) 焦(탈 초) 思(생각할 사)/勞心(동사-빈어) 焦思(동사-빈어)

單刀直入(단도직입) : 군말을 빼고 직접 본론에 들어감.

　　單(홀 단) 刀(칼 도) 直(곧을 직) 入(들 입)/單刀(상어) 直入(중심어)

同苦同樂(동고동락) : 같이 고생하고 같이 즐긴다.

　　同(한가지 동) 苦(쓸 고) 樂(즐길 락)/同苦(상어-동사) 同樂(상어-동사)

同床異夢(동상이몽) : 같은 자리에서 잠을 자도 꿈은 다르다.

　　同床(명사지만 상어로 쓰였다) 異夢(동사성 서술어). 同床(정어) 異夢(명사 중심어, 피수식어로 볼 수도 있다.)

馬耳東風(마이동풍) : 말의 귀에 봄바람, 알지 못한다는 뜻. 쇠 귀에 경 읽기[牛耳讀經]와 같은 뜻.

　　馬耳(상어) 東風(동사로 본다)

萬頃蒼波(만경창파) : 한없이 넓고 푸른 바다.

　　萬(일만 만) 頃(밭 넓이 단위 경) 蒼(푸를 창) 波(물결 파)/萬頃(정어 혹은 주어) 蒼波(명사 혹은 술어)

面從腹背(면종복배) : 겉으로는 복종하면서 뒤로는 배반한다.

面(낯 면) 從(좇을 종) 腹(배 복) 背(등 배)/面從(상어-중심어) 腹背(상어-중심어)

命在頃刻(명재경각) : 목숨이 거의 넘어갈 지경이다.

命(목숨 명) 在(있을 재) 頃(잠깐 경) 刻(시각 각)/命(주어) 在(동사) 頃刻(빈어)

明若觀火(명약관화) : 불을 보듯이 분명한 사실이다.

明(밝을 명) 若(같을 약) 觀(볼 관)/明(주어) 若(동사) 觀火(빈어)

無爲徒食(무위도식) : 하는 일 없이 먹고 놀기만 함.

無(없을 무) 爲(할 위) 徒(맨손 도) 食(밥 식)/無爲(동사-빈어) 徒食(동사-빈어)

聞一知十(문일지십) : 하나를 듣고 열을 안다.

聞(동사-빈어) 知(동사-빈어)

博學多識(박학다식) : 학문이 넓고 식견이 많음.

博(넓을 박) 學(배울 학) 多(많을 다) 識(알 식)/博學(상어-동사) 多識(상어-동사)

背恩忘德(배은망덕) : 남한테 입은 은혜나 공덕을 잊고 배반함.

背(배반할 배) 恩(은혜 은) 忘(잊을 망) 德(덕 덕)/背恩(동사-빈어) 忘德(동사-빈어)

白骨難忘(백골난망) : 고마움을 죽어도 잊을 수 없다.

骨(뼈 골) 難(어려울 난) 忘(잊을 망)/白骨(상어) 難忘(중심어)

百年偕老(백년해로) : 부부가 평생을 함께 살며 같이 늙음.

　　偕(함께 해)/百年(상어) 偕老(동사 술어)

百折不屈(백절불굴) : 백 번 꺾어도 굴하지 않음.

　　折(꺾을 절) 屈(굽을 굴)/百折(상어) 不屈(동사 술어)

附和雷同(부화뇌동) : 자기 주장이 없이 덩달아 남의 언행을 따르고 행함.

　　附(붙을 부) 和(화할 화) 雷(우레 뢰)/附和(상어-동사) 雷同(상어-동사)

悲憤慷慨(비분강개) : 슬프고 분개하고 크게 개탄함.

　　悲(슬플 비) 憤(분할 분) 慷(강개할 강) 慨(분개할 개)/悲憤(상어-동사) 慷慨(상어-동사)

四顧無親(사고무친) : 어디에도 의지할 친척이 없이 홀로 외롭다는 뜻.

　　顧(돌아볼 고) 親(친할 친)/四顧(상어) 無親(동사 술어)

事必歸正(사필귀정) : 무슨 일이든 결국 옳은 대로 돌아감.

　　事(일 사) 必(반드시 필) 歸(돌아갈 귀) 正(바를 정)/事(주어) 必歸正(술어)

山海珍味(산해진미) : 잘 차린 귀하고 맛있는 음식.

　　珍(보배 진) 味(맛 미)/山海(두 명사가 정어로 쓰였다) 珍味(중심어) 珍(정어) 味(중심어)

雪上加霜(설상가상) : 불행한 일이 거듭 겹침.

　　雪(눈 설) 上(위 상) 加(더할 가) 霜(서리 상)/雪上(상어) 加霜(동사-빈어)

束手無策(속수무책) : 어찌할 도리가 없다.

　　束(묶을 속) 手(손 수) 無(없을 무) 策(계책 책)/束手(상어)
　　無策(동사 술어)

送舊迎新(송구영신) : 묵은 해를 보내고 새해를 맞음.

　　送(보낼 송) 舊(예 구) 迎(맞이할 영)/送舊(동사-빈어) 迎新
　　(동사-빈어)

信賞必罰(신상필벌) : 상과 벌을 엄격히 함.

　　信(믿을 신) 賞(상줄 상) 必(반드시 필) 罰(죄 벌)/信賞은
　　有信者授與賞, 必罰은 有惡者必受罰의 뜻이다.

身言書判(신언서판) : 신수, 말씨, 문필, 판단력. 선비가 갖추어
　　야 할 네 가지의 인격적 품위와 교양.

　　身(몸 신) 書(쓸 서) 判(판가름할 판)/身言(병렬) 書判(**병렬**)

抑强扶弱(억강부약) : 강자를 누르고 약자를 도운다.

　　抑(누를 억) 强(굳셀 강) 扶(도울 부) 弱(약할 약)/抑强(**동
　　사-빈어**) 扶弱(동사-빈어) 抑强 扶弱은 병렬하고 있다.

易地思之(역지사지) : 서로 입장을 바꾸어서 생각함.

　　易(바꿀 역) 地(땅 지) 思(생각할 사) 之(그것 **지**)/易地(**동
　　사-빈어**) 思之(동사-빈어) 之는 동사 다음에 붙는 **형식적**
　　조사(助詞)로 보기도 한다.

寤寐不忘(오매불망) : 밤낮으로 잊지 못함.

　　寤(깰 오) 寐(잠잘 **매**) 不(아닐 불) 忘(잊을 망)/寤寐(상어)
　　不忘(동사 술어)

玉石俱焚(옥석구분) : 선악의 구분 없이 함께 멸망함.

玉(옥 옥) 石(돌 석) 俱(함께 구) 焚(불사를 분)/玉石(주어)
俱焚(상어-동사, 술어)

外柔內剛(외유내강) : 겉은 부드러우나 속이 강직함. 외모는 유
순하나 내심은 의연하다.

外(밖 외) 柔(부드러울 유) 剛(굳셀 강)/外柔(주어-술어) 內
剛(주어-술어)

龍頭蛇尾(용두사미) : 시작은 좋으나 끝마무리가 신통치 않음.

龍(용 룡[용]) 蛇(뱀 사) 尾(꼬리 미)/龍頭(정어-중심어) 蛇
尾(정어-중심어)

有口無言(유구무언) : 무어라 할 말이 없다.

有(있을 유) 口(입 구) 無(없을 무) 言(말씀 언)/有口(동사-
빈어) 無言(동사-빈어)

異口同聲(이구동성) : 모든 사람이 같은 말을 함.

異(다를 이) 聲(소리 성)/異口(정어-명사) 同聲(상어-동사)

因果應報(인과응보) : 원인적인 업(業)에 결과적인 보(報)가
응한다.

因(인할 인) 果(실과 과) 應(응할 응) 報(갚을 보)/因果(주
어) 應報(상어-동사)

人生無常(인생무상) : 인간의 삶이 덧없고 변화가 많다.

人生(주어), 無는 동사로 본다. 常(빈어)

一網打盡(일망타진) : 한 그물로 모조리 다 잡는다.

網(그물 망) 打(칠 타) 盡(다될 진)/一網(상어) 打盡(술어
동사)

一罰百戒(일벌백계) : 하나를 벌주고 모든 사람에게 경계가 되
　게 함.
　　罰(죄 벌) 戒(경계할 계)/一罰(상어) 百戒(상어-동사 술어)
一魚濁水(일어탁수) : 한 마리 물고기가 강물을 흐리게 한다.
　　魚(고기 어) 濁(흐릴 탁) 水(물 수)/一魚(주어) 濁水(동사-
　　빈어)
自繩自縛(자승자박) : 자기가 엮은 줄로 자기가 얽매인다.
　　自(스스로 자) 繩(줄 승) 縛(묶을 박)/自繩(상어) 自縛(동사)
轉禍爲福(전화위복) : 화를 돌려 복이 되게 한다.
　　轉(구를 전) 禍(재화 화) 爲(할 위) 福(복 복)/轉禍(동사-빈
　　어) 爲福(동사-빈어)
朝令暮改(조령모개) : 정책이나 법을 자주 바꾼다.
　　朝(아침 조) 令(영 령) 暮(저물 모) 改(고칠 개)/朝令(상어-
　　동사) 暮改(상어-동사)
晝耕夜讀(주경야독) : 낮에는 경작하고 밤에는 글공부를 한다.
　　晝(낮 주) 耕(밭갈 경) 夜(밤 야) 讀(읽을 독)/晝耕(상어-동
　　사) 夜讀(상어-동사)
天壤之差(천양지차) : 하늘과 땅 사이의 차이.
　　天(하늘 천) 壤(흙 양) 差(어긋날 차)/天壤(정어) 之(구조 조
　　사) 差(명사, 중심어)
天佑神助(천우신조) : 하늘과 신령이 도움.
　　佑(도울 우) 神(귀신 신) 助(도울 조)/天佑(주어-술어) 神助
　　(주어-술어)

七顚八起(칠전팔기) : 여러번 실패하여도 다시 일어남.

　七(일곱 칠) 顚(넘어질 전) 八(여덟 팔) 起(일어날 기)/七顚
(상어-동사) 八起(상어-동사)

貪官汚吏(탐관오리) : 부정하게 재물을 탐내는 관리.

　貪(탐할 탐) 汚(더러울 오) 吏(벼슬아치 리)/貪官(정어-명
사) 汚吏(정어-명사)

八方美人(팔방미인) : 누구에게나 곱게 보이는 미인, 혹은 모든
일을 고루 잘하는 사람.

　美(아름다울 미)/八方(정어) 美人(명사)

表裏不同(표리부동) : 겉과 속이 다르다.

　表(겉 표) 裏(속 리) 不(아닐 부) 同(한가지 동)/表裏(주어)
不同(술어)

風前燈火(풍전등화) : 바람 앞의 등불, 몹시 위태롭다는 뜻.

　風(바람 풍) 燈(등불 등)/風前(정어) 燈火(중심어)

皮骨相接(피골상접) : 몸이 몹시 야위고 마르다.

　皮(가죽 피) 骨(뼈 골) 相(서로 상) 接(사귈 접)/皮骨(주어)
相接(술어)

鶴首苦待(학수고대) : 학처럼 목을 치켜올리고 몹시 기다림.

　鶴(학 학) 首(머리 수) 苦(쓸 고) 待(기다릴 대)/鶴首(상어)
苦待(동사 술어)

(2) 고사성어(故事成語)

刻舟求劍(각주구검) : 배를 타고 가다가 배 위에서 칼을 물 속에 떨어뜨리고 뱃전에 표시를 했다가 배가 물가에 도달하자 뱃전의 표시를 따라 칼을 찾는다는 고사로, 시대나 환경의 변화를 무시하고 고지식하게 행동한다는 뜻.

刻(새길 각) 舟(배 주) 求(구할 구) 劍(칼 검)

＊출전《여씨춘추(呂氏春秋)》

結草報恩(결초보은) : 풀을 엮어서 은혜를 갚는다.

結(맺을 결) 報(갚을 보) 恩(은혜 은)

＊출전은《춘추좌씨전(春秋左氏傳)》

춘추시대 위무자(魏武子)가 죽자 그의 아들 위과(魏顆)가 아버지의 젊은 첩을 순사(殉死)케 하지 않고 개가(改嫁)를 허락했다. 그후 위과가 출전하여 싸우다가 적군에게 몰리어 죽을 지경에 이르렀다. 그런데 적의 발이 풀에 걸려 그가 넘어졌으므로, 위과가 도리어 적장을 사로잡을 수 있었다. 그날 밤 꿈에 한 노인이 나타나 말했다. "나는 당신의 서모의 아비로 그대의 은덕으로, 내 딸이 목숨을 유지할 수 있었소. 그래서 내가 은혜에 보답하려고 신령이 되어 싸움터에 가서 풀을 엮어서 적장의 발을 걸어 넘어지게 한 것이오." 그러므로 죽어서도 은혜를 갚는다는 뜻이다.

鷄口牛後(계구우후) : 닭의 입이 될지언정 소의 꼬리가 되지 마라.

鷄(닭 계) 牛(소 우) 後(뒤 후)

* 출전 《사기(史記)》 소진열전(蘇秦列傳). 남의 뒤에 붙어사는 졸개가 되지 말고, 남의 선두에서 영도하는 지도자가 되라는 뜻.

鼓腹擊壤(고복격양) : 배를 두드리고 땅을 치며 노래하고 안락하게 산다.

鼓(북 고) 擊(부딪칠 격) 壤(흙 양)

* 출전 《사기》 오제본기(五帝本紀). 태평성세를 상징한다.

高枕安眠(고침안면) : 베개를 높이 하고 아무 걱정 없이 편하게 잠을 잔다. 불안하거나 위협을 받을 염려가 없다는 뜻.

枕(베개 침) 眠(잠잘 면)

* 출전 《사기》 및 《전국책(戰國策)》

空中樓閣(공중누각) : 공중에 떠 보이는 환상적인 누각처럼 허무하다.

樓(다락 루) 閣(누각 각)

* 출전 심괄(沈括) 《몽계필담(夢溪筆談)》

管鮑之交(관포지교) : 관중(管仲)과 포숙아(鮑叔牙)처럼 우정과 신의가 돈독한 사귐.

管(피리 관) 鮑(전복 포) 交(사귈 교)

* 출전 《사기(史記)》 관중열전(管仲列傳)

捲土重來(권토중래) : 한 번 패배한 군대가 재기하고 흙먼지를 드높이 날리며 다시 쳐들어온다.

捲(걷을 권)

＊출전 만당(晚唐)의 시인 두목(杜牧)의 시 구절이다.

勝敗兵家事不期 包羞忍恥是男兒

江東子弟多才俊 捲土重來未可知

승패는 병가에 노상 있는 일로 기약할 수 없다.

일시적인 수치나 창피는 가리고 참는 것이 남아의 할 일

이다.

강동에는 뛰어난 젊은 용사들이 많으니,

(항우가 다시 일어나) 흙먼지를 날리고 다시 일어날지 누

가 알리오.

항우(項羽)가 해하(垓下)에서 패전하고 장강(長江) 북방

오강(烏江)에 도망해 왔다. 그때에 정장(亭長)이 "아직도 용

감한 장정이 많이 있으니 재기하시오."라고 권했다. 그러나

항우는 자결했다. 이를 읊은 시이다.

錦衣夜行(금의야행) : 비단옷을 입고 밤길을 걷는다. 남이 알아

주지 않으면 보람도 없다는 뜻.

錦(비단 금) 衣(옷 의) 夜(밤 야) 行(갈 행)

＊출전《한서(漢書)》항적전(項籍傳)

大義滅親(대의멸친) : 대의를 위해서는 부모형제 사이에 사사로

운 정을 돌보지 않는다.

大(큰 대) 義(옳을 의) 滅(멸망할 멸) 親(친할 친)

大公無私(사사로운 인정에 매이지 않고 공리를 중하게 여긴

다)와 같은 뜻.

＊출전《춘추좌씨전》은공(隱公)

桃園結義(도원결의) : 유비(劉備)·관우(關羽)·장비(張飛)가 도원(桃園)에서 의형제를 맺고 생사고락(生死苦樂)을 같이 하자고 굳게 맹서를 했다.

　　* 출전《삼국지연의(三國志演義)》

塗炭之苦(도탄지고) : 진흙 구덩이나 숯불 속에 떨어진 것 같은 괴로움.

　　塗(진흙 도) 炭(숯 탄) 苦(쓸 고)

　　* 출전《서경(書經)》중훼지고(仲虺之誥)

同病相憐(동병상련) : 처지가 같은 사람끼리 서로 동정하고 도움.

　　病(병 병) 相(서로 상) 憐(불쌍히 여길 련)

　　* 출전은《오월춘추(吳越春秋)》

明鏡止水(명경지수) : 맑은 거울이나 잔잔한 물처럼 맑고 투명한 마음.

　　明(밝을 명) 鏡(거울 경) 止(멈출 지)

　　* 출전《장자(莊子)》덕충부편(德充符篇)

明哲保身(명철보신) : 총명하게 사리를 가리고 자신을 잘 보전함.

　　哲(밝을 철) 保(지킬 보)

　　* 출전《시경(詩經)》대아편(大雅篇)

拔本塞源(발본색원) : 나무뿌리를 뽑고 근원을 막는다.

　　拔(뺄 발) 本(밑 본) 塞(막힐 색) 源(근원 원)

　　* 출전《춘추좌씨전》소공(昭公)

傍若無人(방약무인) : 곁에 아무도 없는 것같이 행동함.

　　傍(곁 방) 若(같을 약) 無(없을 무)

　　* 출전《사기》자객열전(刺客列傳)

背水之陣(배수지진) : 강을 등지고 진을 친다. 비장한 각오로 대비한다는 뜻.

　　背(등 배) 水(물 수) 陣(줄 진)

　　* 출전《사기》회음후열전(淮陰侯列傳)

百年河淸(백년하청) : 무작정 황하의 물이 맑기를 기다린다는 뜻. 실현 가능성이 없다.

　　河(강 하) 淸(맑을 청)

　　* 출전《춘추좌씨전》양공(襄公)

伯牙絶絃(백아절현) : 자기의 마음을 잘 알아주는 종자기(鐘子期)가 죽자, 백아(伯牙)가 거문고의 줄을 끊고 다시는 거문고를 타지 않았다.

　　伯(맏 백) 牙(어금니 아) 絶(끊을 절) 絃(악기줄 현)

　　* 출전《열자(列子)》탕문편(湯問篇)

四面楚歌(사면초가) : 사면이 적군에 포위되고 고립무원이란 뜻.

　　楚(초나라 초) 歌(노래 가)

　　* 출전《사기》항우본기(項羽本紀)

三顧草廬(삼고초려) : 유비가 제갈량의 움막을 세 번이나 찾아가 드디어 제갈량을 군사로 맞이했다.

　　顧(돌아볼 고) 廬(오두막집 려)

　　* 출전《삼국지(三國志)》촉지(蜀志)

桑田碧海(상전벽해) : 뽕나무밭이 바다로 바뀐다. 세상의 변천을 말한 것.

桑(뽕나무 상) 碧(푸를 벽) 海(바다 해)

＊ 출전 유정지(劉廷芝)의 〈대비백두옹(代悲白頭翁)〉에 나오는 시 구절

塞翁之馬(새옹지마) : 인생의 길흉(吉凶)이나 화복(禍福)이 늘 바뀐다는 뜻. 인생을 크게 보아야 한다.

塞(변방 새) 翁(늙은이 옹)

＊ 출전《회남자(淮南子)》인간훈(人間訓)

脣亡齒寒(순망치한) : 입술이 없으면 이가 시리다. 이해관계가 서로 밀접하다는 뜻.

脣(입술 순) 亡(망할 망) 齒(이 치)

＊ 출전《춘추좌씨전》

漁父之利(어부지리) : 도요새와 조개가 싸우고 있는 사이에 어부가 쉽게 둘을 다 잡았다는 고사. 서로 싸우면 서로 망하고 제 삼자에게 이득을 준다는 뜻.

漁(고기 잡을 어) 利(이로울 리)

＊ 출전《전국책》

緣木求魚(연목구어) : 나무에 올라가 물고기를 구한다. 되지 않을 것을 바라거나 하려고 한다는 뜻.

緣(인연 연) 求(구할 구)

＊ 출전《맹자(孟子)》

臥薪嘗膽(와신상담) : 섶에 누워 자고 쓸개를 핥는다. 원수를 갚

거나 목적을 달성하기 위해 고생을 참고 견딘다.

臥(엎드릴 와) 薪(섶나무 신) 嘗(맛볼 상) 膽(쓸개 담)

* 출전 《사기》 월세가(越世家)

玩物喪志(완물상지) : 지나치게 금전이나 재물을 탐내거나 혹은
오락 취미나 관능적 쾌락에 빠져서 착한 본성이나 고귀한 뜻
을 상실한다는 뜻.

玩(놀 완) 喪(잃을 상) 志(뜻 지)

* 출전 《서경(書經)》

愚公移山(우공이산) : 우공이 산을 옮긴다는 뜻. 일을 꾸준하게
끝까지 하면 반드시 성취할 수 있다는 비유로 쓰인다.

愚(어리석을 우) 公(공자 공) 移(옮길 이)

* 출전 《열자》 탕문편(湯問篇)

日暮途遠(일모도원) : 해는 저물고 갈 길은 멀다. 시간은 없어
목적 달성이 어렵다는 뜻.

暮(저물 모) 途(길 도)

* 출전 《사기》 오자서전(伍子胥傳)

一毛不拔(일모불발) : 남을 위해서는 머리털 하나도 안 뽑는다.
철저한 개인주의·이기주의를 지칭한 말이다.

* 출전 《맹자(孟子)》. 양자는 철저히 자기만을 위한다. 털 하
나를 뽑아서 천하를 이롭게 해도 그는 안한다.(楊子取爲我
拔一毛 而利天下 不爲也)

一葉知秋(일엽지추) : 낙엽 하나를 보고 가을임을 안다. 秋는 세
월이 가다, 해가 저물다로 풀이해도 된다.

＊출전《회남자(淮南子)》

酒池肉林(주지육림) : 술이 못을 이루고 고기가 숲을 이룬다. 하
　(夏)나라 걸왕(桀王)의 황음무도를 탓한 말.
　酒(술 주) 池(못 지) 肉(고기 육) 林(수풀 림〔임〕)
　＊출전《십팔사략(十八史略)》

指鹿爲馬(지록위마) : 사슴을 가리켜 말이라고 한다. 억지 주장
　을 함.
　指(손가락 지) 鹿(사슴 록) 爲(할 위) 馬(말 마)
　＊출전《사기》진시황본기(秦始皇本紀)

秋高馬肥(추고마비) : 표면적으로는 가을 하늘이 드높고 말이
　살찐다는 가을의 청명한 풍경을 적은 구절 같다. 그러나 가
　을이 되면 변경지대 초원에 가을풀이 자라고 오랑캐 말들
　이 살이 찐다. 그래서 중원으로 쳐내려올 것이므로 대비를
　해야 한다는 뜻이 담겨 있다.
　＊출전《한서(漢書)》조충국전(趙充國傳)

兎死狗烹(토사구팽) : 토끼가 다 잡히고 죽으면, 사냥개를 삶아
　먹는다. 남을 이용하고 마지막에는 죽인다는 뜻.
　狗(개 구) 烹(삶을 팽)
　＊출전《사기》회음후열전

畵龍點睛(화룡점정) : 용을 그릴 때 마지막으로 눈을 그려 완성
　시킨다는 뜻. 가장 중요한 부분을 마쳐 일을 끝낸다는 뜻.
　畵(그림 화) 龍(용 룡) 點(점 점) 睛(눈동자 정)
　＊출전《수형기(水衡記)》

(3) 속담(俗談)

瓜田不納履 梨下不整冠.

과전(에) 불납리(요) 이하(에) 부정관(이라)

외밭에서 신을 고쳐 신지 않고, 배나무 밑에서는 관을 바로 쓰지
않는다.

窮人之事 翻亦破鼻.

궁인지사(는) 번역파비(라)

안 되는 놈은 자빠져도 코가 깨진다.

金剛山 食後景.

금강산(도) 식후경(이라)

금강산도 배부른 뒤의 구경이다.

旣借堂 又借房.

기차당(하니) 우차방(이라)

사랑채 빌리면 안방까지 달라 한다.

農夫餓死 枕厥種子.

농부(는) 아사(라도) 침궐종자(라)

농부는 굶어 죽어도 그 종자는 베고 죽는다.

待曉月 坐黃昏.

대효월(하고) 좌황혼(이라)

새벽달 보자고 초저녁부터 기다린다.

無足之言 飛于千里.

무족지언(이) 비우천리(라)

발 없는 말이 천 리 간다.

無贈弟物 有贈盜物.

무증제물(이나) 유증도물(이라)

동생 줄 것은 없어도 도둑 줄 것은 있다.

百聞不如一見.

백문(이) 불여일견(이라)

백 번 듣는 것이 한 번 보느니만 못하다.

不入虎穴 不得虎子.

불입호혈(이면) 부득호자(라)

호랑이굴에 들어가지 않으면 범 새끼를 못 잡는다.

三歲之習 至于八十.

삼세지습(이) 지우팔십(이라)

세 살 버릇 여든까지 간다.

水至淸則無魚 人至察則無徒.

수지청 즉무어(요) 인지찰 즉무도(라)

물이 너무 맑으면 고기가 없고, 사람이 너무 살피면 무리가 따르지 않는다.

始用升授 還以斗受.

시용승수(하고) 환이두수(라)

되로 주고 말로 받는다.

我腹旣飽 不察奴飢.

아복기포(엔) 불찰노기(라)

내 배 부르면 종 배고픈 줄 모른다.

忍一時之憤 免百日之憂.

인일시지분(이면) 면백일지우(라)

한때의 분을 참으면 백 일의 걱정을 면한다.

一日之狗 不知畏虎.

일일지구(이) 부지외호(라)

하룻강아지 범 무서운 줄 모른다.

鳥久止 必帶矢.

조구지(면) 필대시(라)

새도 오래 앉으면 살 맞는다.

妻妾之戰 石佛反面.

처첩지전(은) 석불(도) 반면(이라)

시앗 싸움에는 돌부처도 돌아앉는다.

千人所指 無病而死.

천인소지(면) 무병이사(라)

뭇 사람에게 손가락질 당하면 병 없어도 죽는다.

他人之宴 曰梨曰柿.

타인지연(에) 왈리 왈시(라)

남의 잔치에 배 놔라 감 놔라 한다.

제 2 편

문법과 구자(句子)

제1편과 제2편은

한문학습의 기본지식이다

잘 배워서 충분히 익히고

또 수시로 참고해야 한다

일반적으로 한문(漢文)이란 말을 여러 가지 뜻으로 쓰고 있다. 낱개의 한자(漢字)를 배우고 익히는 것을 한문공부라고 한다. 한자어를 배우고 익히는 것이나 혹은 한자로 쓰여진 고전을 배우고 익히는 것도 한문공부라고 한다.

그러나 이를 구분해서 바르게 말해야 한다. 낱개의 한자 공부는 한자학습(漢字學習)이다. 한자로 쓰여진 단어를 배우고 익히는 것은 한자어학습(漢字語學習)이다. 그리고 한자로 쓰여진 옛글, 즉 한문을 배우고 익히는 것이 한문학습(漢文學習)이다.

우리는 이미 제1편에서 한자 및 한자어에 대한 기본지식을 학습했다. 제2편에서는 한문 문장, 즉 구자(句子)를 학습한다. 아울러 한문 해독의 바탕이 되는 문법의 기본지식과 구자의 기본 구조와 여러 가지 표현형식을 학습하고 익히게 된다.

한문은 글씨말, 즉 서면어(書面語)다. 한문을 뒷받침하는 소리말, 즉 구두어(口頭語)는 옛날에도 없었다. 그러므로 한문학습은 어디까지나 문법을 바탕으로 해야 한다. 그렇지 않으면 기준을 잡을 수 없게 된다. 그래서 이 강좌에서는 문법학습을 강조하고 있는 것이다.

한마디 덧붙이겠다. 그간 우리는 한문문법의 체계와 용어 및 설명이 통일되지 않았으며 따라서 한문교육이 매우 혼란스럽고 또 비효율적이었다. 이에 필자는 중국에서 오랜 세월에 걸쳐 많은 학자에 의해 대체로 통일된 한문의 새로운 문법 체계와 용어를 바탕으로 이 책을 저술했다.

1. 문법 학습의 기본

(1) 한문 문법의 정착

한문(漢文)은 고대의 문장, 즉 고문(古文)이다. 한문은 순수한 문언문(文言文)이며 현재의 중국어와 같지 않다. 그러므로 고문의 문법, 즉 한문문법(漢文文法)도 현재의 중국어 문법과 같지 않다. 현재의 중국어는 소리말과 글씨말이 일치하지만 고대의 한문은 한자로 쓰여진 옛글일뿐 소리말로서의 한문은 존재하지 않는다.

그러나 중국은 물론 우리나라 및 일본에도 한문으로 쓰여진 문서나 책이 많으며 고대의 문화를 알고 연구하려면 한문해독이 필수적이다.

한문을 바르게 해독하기 위해서는 한문의 바탕이 되는 한자(漢字)와 한문 문장을 꾸미는 법칙인 한문문법을 잘 알아야 한다.

그러나 원칙적으로는 한문 역시 한민족(漢民族)의 고대한어(古代漢語)를 바탕으로 한 옛글이기 때문에 한어와 한문의 특성과 구조의 근간은 같다.

중국에서는 고문을 크게 상고(上古 : 周秦前漢), 중고(中古 : 後漢六朝唐宋), 근고(近古 : 元明淸) 세 시기로 나눈다. 그러나 고문의 전형은 상고의 한문을 근간으로 한 것이다.

그리고 그 고문의 기본문법은 이미 3500년 전 은(殷)나라의 갑골문

(甲骨文)의 기본문법과 같다. 물론 갑골문자의 자형(字形)은 오늘의 번체자(繁體字) 혹은 간체자(簡體字)와 크게 다르다.

그러나 人·馬·牛·山·水·火 등의 기본 원리는 같다. 또 갑골문의 기본구조도 상고의 한문과 대략 같다. 예를 들면 주어가 앞에 오고 술어가 뒤에 온다, 동사 다음에 목적어가 온다, 수식어가 앞에 있고 피수식어는 뒤에 있다는 등이다. 그러므로 고대 한문의 공통되는 기본문법을 알면 한문해독이 용이하게 된다.

중국은 넓은 땅에 다수의 부족이 저마다 다른 방언을 사용한다. 그러므로 현재도 전국적인 언어통일을 기하기 어렵다. 하물며 고대에는 어떠했겠는가.

뿐만 아니라 고대에는 귀갑(龜甲)이나 골편(骨篇) 혹은 죽간(竹簡)에 글을 조각했으므로 한 글자라도 생략하려고 노력했으며 따라서 고문에는 생략된 부분이 많다. 또 고문은 오랜 시대에 걸쳐 많은 사람들에 의해서 쓰여졌으므로 그 유형이나 특색이 다양하게 마련이다.

그런 중에도 《맹자(孟子)》와 《사기(史記)》의 글을 한문의 전형(典型)으로 삼을 수 있으며, 그를 바탕으로 문법을 정리할 수 있다. 한문 문법의 효시는 청말(淸末)에 나온 《마씨문통(馬氏文通)》이다. 그러나 그것은 서양의 문법을 원용한 것이므로 부적절했다. 그후 많은 학자들의 연구와 노력을 거쳐 약 30년 전에 한문문법의 체계와 용어가 대체로 통일되었다. 이 책의 문법 설명은 대체로 중국에서 통일된 학설을 바탕으로 했다.

(2) 새로운 문법 용어

<1> 구자 성분 용어(句子成分用語)

항목별로 설명을 하겠다.

* 문법(文法) : 사(詞)를 써서 구(句)를 만드는 규칙이다. 이를 요약해서 용사조구(用詞造句)의 법칙이라고 한다.

* 구(句) : 언어 진술의 단위다. 주고받는 말의 단위는 구(句)다. 구자(句子)라고도 하며, 재래의 문장(sentence)에 해당한다.

* 주술구(主述句) : 주어와 술어를 다 갖춘 구를 주술구라고 한다. 이를 전개구(展開句)라고도 한다.

* 비주술구(非主述句) : 주어와 술어를 다 갖추지 못한 구를 비주술구라고 한다. 미전개구(未展開句)라고도 한다.

* 단사구(單詞句) : 문답(問答)이나 감탄문에서는 외마디의 단사구(單詞句) 혹은 독사구(獨詞句)도 있다.

　　何人耶(누구냐?) 武士也(무사다.)

* 사(詞) : 구자(句子)를 구성하는 최소 단위는 사다. 사를 재래에는 단어(單語 : word, 낱말)라고 했다. 사는 음성과 의미의 통합체로 구의 성분이 된다. 구의 성분을 다음같이 부른다.

* 주어(主語)와 술어(述語) : 재래의 그것과 같다.

* 빈어(賓語) : 동사 다음에 있는 명사를 빈어라고 한다. 재래의 목적어보다 그 범위가 넓다. 빈어는 좁은 의미의 목적물만이 아니고 의미상으로 부사에 해당하는 것도 빈어라 한다. 즉 형태적으

로 동사 다음에 있는 모든 명사를 빈어라 한다.(단, 일부는 보어
로 본다)

　讀書(책을 읽는다), 飮水(물을 마신다) : 書, 水가 빈어. 다음
　같은 것도 빈어로 친다.
　登山(산에 오른다), 入學(학교에 들어간다), 在家(집에 있다)
　등의 山, 學, 家 등도 빈어다. 의미상으로는 목적물이 아니
　고, 장소나 위치를 나타낸다. 그래도 구조상으로는 빈어나.

* 보어(補語) : 동사나 형용사 술어 뒤에서 뜻을 보충하는 사(詞)나
　사조(詞組), 즉 어구(語句)를 보어라고 한다. 새 용어는 재래의
　보어의 뜻과 크게 다르다.
　　居於洛陽(낙양에 살다) : 於洛陽이 보어다. 뒤에서 앞의 동사의
　　뜻을 보충한다.
　　都洛陽(낙양을 도읍으로 정하다) : 이때의 洛陽을 빈어로 본다.
　　그러나 都於洛陽의 於洛陽은 보어다.
　　壯士度水適秦(장사가 강물을 건너, 진나라로 가다) : 度水 適
　　秦은 다 동사+빈어 구조다.
　　割鷄以牛刀(소를 잡는 큰칼로 닭을 잡는다) : 以牛刀가 보어다.
　　만약에 以牛刀割鷄라고 하면 뜻은 같으나 구조상으로 以牛
　　刀를 상어(狀語)라고 한다.

* 정어(定語) : 형용사적 수식어(形容詞的 修飾語). 반드시 앞에서
　뒤의 명사를 형용사적으로 수식한다.
* 상어(狀語) : 부사적 한정어(副詞的 限定語). 반드시 앞에서 뒤의

동사, 형용사 및 부사를 부사적으로 한정한다.

* 사조(詞組) : 사(詞)와 사를 결합했으나, 미처 구자(句子)가 되지 못한 한 묶음의 결합체를 사조라 한다. 사조는 구자의 성분이 된다. 사조는 재래의 숙어(phrase)에 해당하며, 단어(短語)라고도 한다.

* 단구(單句) : 구가 하나만 있으면 단구라고 한다.

* 복구(複句) : 단구가 두 개 이상 어울린 문장을 복구라고 한다.

<2> 품사 분류 용어(品詞分類用語)

* 품사분류(品詞分類) : 구자(句子)를 구성하는 단사(單詞)를 의미와 위치 및 기능을 기준으로 여러 품사로 나눈다.

* 실사(實詞)와 허사(虛詞) : 한문의 모든 품사를 크게 실사와 허사로 나눈다. 실사는 그 의미가 구체적이며 또 구에서 독립 성분이 될 수 있다. 허사는 실재하는 의미가 거의 없으며 구에서 독립 성분이 되지 못하고, 실사에 붙어서 문법관계 혹은 어기(語氣)나 감탄(感歎)을 표시하는 낱말이다. 다음에서 품사의 명칭을 간략하게 풀이하겠다.

* 명사(名詞) : 사물의 명칭, 재래의 명사와 같다.

* 방위사(方位詞) : 방위나 장소를 표시하는 말.
  東 西 南 北 上 中 下 左 右 前 後 등.

* 시간사(時間詞) : 연월일 및 시간을 나타내는 말.
  年 月 日 朝 夕 春 夏 秋 冬 등.

* 대사(代詞) : 인칭대사(人稱代詞), 지시대사(指示代詞), 의문대사

(疑問代詞)는 재래와 같다. 학설에 따라서는 者 所 或 등을 특수
대사(特殊代詞)에 넣기도 한다. 그러나 이 책에서는 이들을 구조
조사(構造助詞)로 본다.

* 동사(動詞) : 대체로 재래의 동사와 같다.

* 능원동사(能願動詞) : 가능(可能), 원망(願望), 응당(應當) 등의
뜻을 나타내는 것으로 재래의 조동사(助動詞)와 유사하다. 조동
사는 동사 앞에만 온다. 그러나 한문문법에서 말하는 능원동사는
동사 앞에는 물론, 형용사 앞에도 온다.

* 판단사(判斷詞) : 주어(主語)와 명사술어(名詞述語)를 연결하는
사로 동사 속에 포함한다. 대표적인 것은 是 爲 등이다. 기타도
많다.

* 형용사(形容詞) : 재래의 형용사와 대체로 같다. 그러나 형용사의
활용법에 있어 형용사가 주어나 빈어도 된다. 또 동사처럼 빈어
를 취한다는 점이 다르다.

> 小不可以敵大.(작은 것은 큰 것을 대적할 수 없다.)-《孟
> 子》: 小는 주어, 大는 빈어로 쓰였다.
>
> 不遠千里而來.(천리를 멀다 하지 않고 오다.)-《孟子》: 遠이
> 동사로 활용되고 千里를 빈어로 취했다.
>
> 飢者 不願千金 美一食.(굶주린 자는 천금을 바라지 않고 밥
> 한 그릇을 좋아한다.)-〈賈思勰, 齊民要術序〉: 美가 동사로
> 쓰였으며, 一食을 빈어로 취했다.
>
> 親賢臣 遠小人 此先漢所以興隆也.(현신을 친애하고 소인을
> 멀리하였다. 그것이 앞서 한나라가 흥성한 이유이다.)-〈諸

葛亮, 前出師表〉: 親, 遠이 동사로 쓰였고, 賢臣, 小人을 빈
어로 취했다.

* 수량사(數量詞) : 수사(數詞), 양사(量詞).
* 부사(副詞) : 재래의 설과 대략 같다. 단 한문에서는 명사, 형용사
  도 부사로 활용된다.
* 개사(介詞) : 재래의 전치사와 거의 같다. 개사는 단독으로 쓰이
  지 않고, 개사＋빈어의 사조(詞組)가 되어 상어(狀語)나 보어(補
  語)로 활용된다.
* 연사(連詞) : 재래의 접속사(接續詞)와 같다.
* 조사(助詞) : 어기조사(語氣助詞)는 재래의 조사와 같다. 구조조
  사(構造助詞)는 새로운 학설이다.
* 탄사(歎詞) : 재래의 감탄사와 같다.

참고 ◐ 사(詞)의 뜻을 알아야 한다

　문법만 알았다고 한문을 바르게 해독할 수 있는 것이 아니다. 한문에
쓰여진 한자＝단사의 실제의 뜻을 잘 알아야 한다. 즉 고대의 한문을 해
독할 때에는 우리가 상식적으로 알고 있는 한자의 뜻만으로는 불충분하
다. 일(一)을 예로 들고 설명하겠다.

一日一食(하루에 한 끼를 든다) : 一이 정어(定語)
一戰則勝(한번 싸우고 즉시 이겼다) : 一이 상어(狀語)
其中我有一(그 중에서 나는 하나를 가졌다) : 一은 하나라는 뜻이며,
　동사 有의 빈어(賓語)로 쓰였다.
孰能一之(누가 천하를 통일할 수 있나?) : 왕이 맹자에게 물은 말이다.
　一은 통일한다는 동사로 쓰였다.-《孟子》梁惠王 上

이상과 같이 한문의 사(詞)는 여러 가지 뜻과 품사로 전용된다. 또 다른 예를 들겠다.

明搏而殺之.(제미명이 사나운 개와 싸워서 주먹으로 쳐죽였다.)―《左傳》宣公 2年 : 搏(잡을 박) 이외의 한자는 다 알만하다. 그러나 明이 사람의 이름 제미명(提彌明)의 약자임을 알고 또 之가 사나운 개 [犬]임을 알아야 전체를 바르게 해독할 수 있다. 결국 한문은 전체의 문맥과 전후의 관계를 알아야 바르게 해석할 수 있다.

◑ 품사와 성분의 관계

한문에서는 주어의 핵심은 명사나 대사만 되는 것이 아니다. 동사, 형용사, 수량사 및 명사성 사조(名詞性 詞組) 등이 다 된다.

술어의 핵심도 동사만이 아니라 형용사, 부사, 명사, 수량사 및 동사성 사조(動詞性 詞組) 혹은 형용사성 사조(形容詞性 詞組) 등이 다 될 수 있다.

수식 한정어(修飾 限定語)에는 정어, 즉 형용사적 수식어와 상어, 즉 부사적 수식어의 둘이 있다. 수식어나 한정어는 앞에서 뒤의 말, 즉 피수식어(被修飾語＝中心語)를 수식 혹은 한정한다.

형용사적 수식어(形容詞的 修飾語)는 앞에서 뒤에 있는 명사를 수식한다. 이때의 수식어의 핵심은 형용사가 된다. 그러나 명사, 동사 등도 될 수 있다. 그러므로 이를 정어(定語)라는 새 용어로 부른 것이다.

부사적 수식어(副詞的 修飾語)는 앞에서 뒤에 있는 동사 및 형용사를 수식 혹은 한정한다. 이때에도 수식어의 핵심은 부사만이 아니라 형용사, 명사 등도 될 수 있다. 그러므로 이를 상어(狀語)라는 새 용어로 부른 것이다.

재래의 조동사를 새 용어로 능원동사(能願動詞)라고 부르며, 동사 속에 넣는다. 조동사라고 하면 동사 앞에만 오고 또 직접 빈어를 취할 수 없다. 그러나 능원동사는 다음에 동사만 오지 않고 형용사도 오고, 또 직접 빈

어를 취할 수 있다. 이상에서 학습한 한문문법의 새로운 용어를 다음같이
종합하여 도시할 수 있다.

구자성분(句子成分)

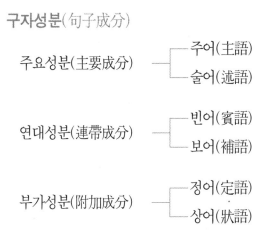

주요성분(主要成分) ── 주어(主語)
　　　　　　　　　　└ 술어(述語)

연대성분(連帶成分) ── 빈어(賓語)
　　　　　　　　　　└ 보어(補語)

부가성분(附加成分) ── 정어(定語)
　　　　　　　　　　└ 상어(狀語)

품사 분류(品詞分類)

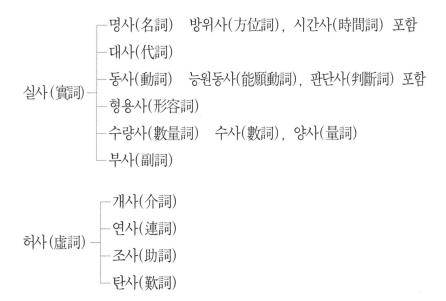

실사(實詞) ── 명사(名詞)　방위사(方位詞), 시간사(時間詞) 포함
　　　　　├ 대사(代詞)
　　　　　├ 동사(動詞)　능원동사(能願動詞), 판단사(判斷詞) 포함
　　　　　├ 형용사(形容詞)
　　　　　├ 수량사(數量詞)　수사(數詞), 양사(量詞)
　　　　　└ 부사(副詞)

허사(虛詞) ── 개사(介詞)
　　　　　├ 연사(連詞)
　　　　　├ 조사(助詞)
　　　　　└ 탄사(歎詞)

단사(單詞)의 분류

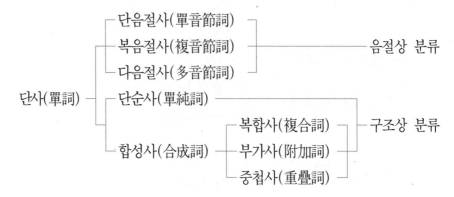

복음절 단순사(複音節 單純詞)

호접(蝴蝶 : 나비)   청령(蜻蛉 : 잠자리)

방불(髣髴 : 비슷하다)   영롱(玲瓏 : 아롱)

홀연(忽然 : 갑자기)   오호(嗚乎 : 아 !)

제갈량(諸葛亮 : 사람 이름) 등이다.

* 참조 : 제1편 한자어의 기본구조

(3) 한문의 어음 특성(語音特性)

문법의 특성을 바탕으로 언어를 크게 셋으로 나눈다.

① 고립어(孤立語 : Isolating language)

② 교착어(膠着語 : Aggulutinative language)

③ 굴절어(屈折語 : Inflectional language)

한문의 모체인 한어(漢語)는 고립어(孤立語)에 속한다. 특히 고대한어(古代漢語)의 어음 특성은 그대로 문법의 특성으로 이어진다.

문법은 구자(句子)를 꾸미는 규칙이며, 구자는 단사(單詞)를 구성 단위로 한다. 그러므로 단사의 특성과 문법의 특성은 밀접한 관계가 있다. 먼저 한문의 어음 특성을 설명하겠다.

예나 지금이나 한어(漢語)의 기본특성은 단음절성(單音節性)이다. 이 특성에서 어간사적 고립성(語幹詞的 孤立性)과 비종합적 분석성(非綜合的 分析性)이 파생한다. 이와 같은 특성이 한문문법에 크게 작용한다. 나누어 설명을 하겠다.

<1> 단음절성(單音節性)

한어 및 한문의 단사는 원칙적으로 단음절(單音節)이다. 하나의 개념을 한 음절로 표현한다. 한글과 비교해 보면 잘 알 수 있다.

日(일) : 해(1음절)　　　人(인) : 사람(2음절)
父(부) : 아버지(3음절)　　美(미) : 아름답다(4음절)

한자는 개념을 어간사적(語幹詞的)으로 표현한다.

日(일 rì)　月(월 yuè)　人(인 rén)
父(부 fù)　明(명 míng)　美(미 měi)

이 특성은 영어처럼 음절의 증폭(增幅)에 따른 파생사 구성용 부착사(派生詞 構成用 附着詞 : derivative affix) 혹은 문법적 굴절용 부착사(文法的 屈折用 附着詞 : inflectional affix)를 거절한다. 예를 들어 설명하겠다. 영어에서는

beau-ti-ful(아름다운 : 형용사)
beau-ti-ful-ly(아름답게 : 부사)
beau-ti-fy(아름답게 하다 : 동사)

등으로 파생사를 구성할 수 있다. 즉 어간(語幹 : beau)에 여러 부착사를 붙여서 여러 파생사를 만든다. 그러므로 음절도 개념도 변할 수

있다.

그러나 한어 및 한문은 그렇지 않다. 어떠한 경우에나 美(미)로 1 음절의 어간을 고집한다. 이 같은 단음절성 및 어간사적 특성은 바로 어간사적 고립성과 비종합적 분석성에 이어진다. 나누어 설명을 하겠다.

〈2〉 어간사적 고립성(語幹詞的 孤立性)

어간사저 고립성이란 곧 한문의 단사는 어떠한 경우에도 어간사로서의 원형을 변형하지 않고 독립적으로 자유롭게 구자의 성분이 되거나 혹은 여러 가지 품사적 기능을 감당할 수 있다는 뜻이다.

영어와 비교하면 알기 쉽다. 영어의 어간 go는 실제 말에서는 다음 같이 쓰인다.

I go.　　He goes.　　He went.

He has gone.　　We are going.

영어에서는 어간사의 형태가 변한다. 그러나 한문의 어간 去는 어떠한 경우에도 그 형태를 바꾸지 않는다.

我去 他去 昨日去 明日去.

즉 한문의 去는 3인칭 단수에도, 과거나 미래에도, 항상 去라는 어간사적 원형을 유지한다. 즉 인칭이나 시제 등의 문법적 제약을 받지 않는다.

〈3〉 비종합적 분석성(非綜合的 分析性)

비종합적 분석성이란 한문의 단사는 어간사(語幹詞)이기 때문에, 그 속에 문법적 기능을 종합적으로 내포할 수 없다는 뜻이다. 결국 어간사적 고립성에서 파생한 특성이다.

영어의 goes 속에는 3인칭 단수의 개념이 종합되어 있고, went 에는 go+과거가 종합되어 있다.

그러나 한문은 분석적으로 표현한다. 영어의 He went yesterday 를 한문에서는 昨日他去 혹은 昨日他去了로 표현한다. 즉 去는 어디 까지나 어간사적 원형을 유지한다.

그 대신 -了 혹은 昨日 등 다른 말을 덧붙여서 표현한다. 이러한 것을 비종합적 분석성이라고 한다.

(4) 한문의 문법 특성

이상과 같은 특성을 지닌 한문의 두드러진 문법적 특성을 다시 셋 으로 추릴 수 있다.

① 사조(詞組)나 구자(句子)의 뜻이 어순(語順)에 따라 크게 다르 게 된다.

② 품사전용(品詞轉用)의 폭이 크다.

③ 허사(虛詞)에 의해 문법관계가 달라진다.

다음에서 항목별로 나누어 설명하겠다.

<1> 어순(語順)

사의 위치에 따라 문법적 기능과 뜻이 다르게 된다.

高山(높은 산. 수식구조)

山高(산이 높다. 주술구조)

兄愛弟(형이 동생을 사랑하다. 兄이 주어)

弟愛兄(동생이 형을 사랑하다. 弟가 주어)

<2> 품사 전용

하나의 단사가 여러 품사로 쓰인다. 一을 예로 들겠다.

　一人(한 사람) : 一은 형용사적 수식어, 즉 정어.

　一戰則勝(한번 싸우고 이겼다) : 一은 부사적 수식어, 즉 상어.

　孰能一之(누가 통일할 수 있느냐) : 一은 동사, 之는 빈어.

　一者數之始也(일은 수의 시작이다) : 一은 명사.

親도 여러 가지 품사로 쓰인다.

　親友(친한 벗. 형용사)

　父親(아버지. 명사)

　親愛(절친하게 사랑하다. 부사)

　親親仁也(육친을 친애함이 인이다. 앞의 親은 동사, 뒤의 親은
　　명사로 빈어)

심지어 명사 人이 부사로 쓰이기도 한다.

　豕人立而啼(돼지가 사람처럼 서서 운다)-《左傳》: 人은 부사로
　　立의 상어로 쓰였다. 豕(돼지 시)

<3> 허사의 기능

허사(虛詞)에 의해서 실사(實詞)의 문법 관계와 구조 전체의 뜻이
달라진다.

　父或子(아버지 혹은 아들) : 或은 연사(連詞)

父與子(아버지와 아들) : 與는 연사

不及子(아버지 및 아들) : 及은 연사

父比子(아버지는 아들에 비해서) : 比는 개사(介詞)

父對子(아버지가 아들에 대해서) : 對는 개사

父之子(아버지의 아들) : 之는 구조조사(構造助詞)

父와 子가 허사에 따라 그 의미 관계가 다르게 된다. 허사가 본동사로 쓰여질 때도 있으니 잘 살펴야 한다.

父與子千金(아버지가 아들에게 천금을 주다) : 與(줄 여)는 술어,
千金은 빈어.

以千金與之(천금을 주다) : 之는 대사(代詞).

蘇秦之楚(소진이 초나라에 갔다) : 之(갈 지)는 동사, 이때의 楚
(초)를 빈어로 본다.

子思居於衛(자사가 위나라에 살았다) : 於는 장소를 표시하는 개
사(介詞). 於衛는 보어(補語).

子路宿於石門(자로가 석문에서 묵었다) : 於는 장소를 표시하는
개사. 於石門은 보어.

父嚴於子(아버지가 아들에게 엄격하게 한다) : 於는 ……에게의
뜻을 나타내는 개사. 於子는 보어.

於를 빈어 앞에 쓰기도 한다. 弟子讀書를 弟子讀於書라고도 한다.
의미상으로는 별 차이가 없다.

苛政猛於虎(가혹한 정치는 호랑이보다 무섭다) : 於는 비교의 뜻
을 나타내는 개사. 於虎(호랑이보다도)는 보어(補語)로 본다.

勞心者治人 勞力者治於人(정신을 쓰는 사람은 남을 다스리지만,
　　노동력을 쓰는 사람은 남에게 다스림을 받는다) : 於는 피동
　　(被動)의 뜻을 나타낸다.

雖我之死 有子存焉(비록 내가 죽어도, 나의 아들이 살아 있다) :
　　雖는 비록의 뜻을 나타내는 연사(連詞), 之는 자구(字句)의 주
　　어 술어를 연결하는 구조조사(構造助詞)로 본다.

王侯將相 寧有種乎(군왕, 제후, 대장, 재상이 무슨 특별한 씨가
　　있느냐? 아무나 될 수 있다) : 寧(어찌 녕)은 반문연사, 乎는 의
　　문어기조사.

生乎由是 死乎由是(사는 것도 이를 따르고, 죽는 것도 이를 따른
　　다) : 이때의 乎는 정돈(停頓)을 나타내는 어기조사(語氣助詞)
　　로 본다. 그러므로 허사(虛詞) 용법을 잘 알아야 한다.

以刀殺人(칼을 가지고 사람을 죽인다) : 以는 개사(介詞), 以刀는
　　개사구조(介詞構造)로 된 상어(狀語), 중심어는 殺(동사) 人
　　(빈어).

儒以文亂法 俠以武犯禁(유학자들은 글을 가지고 법도를 어지럽
　　히고, 협객은 무력으로 금법을 어긴다) -《韓非子》五蠹 : 以는
　　개사, 以文(상어) 亂法(서술어로 분석한다.) 以武犯禁도 같다.
　　以는 연사로 쓰이기도 하며, 그때에는 而와 같다.

修己以安人(자신을 수양하고 남을 안락하게 해준다) -《論語》:
　　자신을 수양하고, 그리고 백성을 안락하게 해준다. 以 속에는
　　그리고와 그것을 바탕으로의 뜻이 포함되어 있다.

溪深而魚肥(계곡 물이 깊고 물고기가 살이 올랐다) : 而는 연사
　　(連詞)다. 그러나, 그 속에는 물이 깊으니깐 따라서 물고기가

크게 잘 자랐다는 조건을 나타내는 뜻이 포함되어 있다.

強本而節用 則天不能貧(근본이 되는 농업생산에 힘을 쓰고 씀씀이를 절약하면 하늘도 가난하게 만들 수 없다)—《荀子》天論 : 而, 則은 연사(連詞).

허사의 용법을 잘 알아야 한문을 바르게 해석할 수 있다.

2. 단구(單句)의 구조와 유형

(1) 단구의 구성단위(構成單位)

<1> 문법과 구자의 정의(定義)

문법은 낱말을 엮어서 문장을 꾸미는 법칙이다. 한문문법에서는 낱말을 단사(單詞)라 하고 문장을 구자(句子)라 한다. 그러므로 단사를 엮어서 구자를 구성하는 규칙을 문법이라 한다. 이를 줄여서 용사조구(用詞造句)의 법칙이라고 한다.

사람은 말소리를 바탕으로 의사나 정감을 주고받는다. 그와 같은 말소리를 언어(言語)라고 한다. 언어는 소리와 뜻을 결합한 체계적인 전달 도구다.

언어는 구를 단위로 한다. 그러므로 구의 정의를 다음같이 요약할 수 있다. 구는 언어의 기본단위다. 사람이 주고받는 말은 구를 최소의 단위로 한다.

실제의 언어생활에서는 단구만을 주고받지 않는다. 여러 개의 단구를 결합해서 길게 말을 한다. 단구와 단구를 결합한 것을 복구(複句)라고 한다. 단구와 단구를 결합해서 복구를 꾸미는 구성 방식도 앞에서 학습한 다섯 가지 기본구조 방식을 바탕으로 하거나 혹은 활용한다.

```
           ┌─ 단구(單句, 言語單位)
구자(句子) ─┤
           └─ 복구(複句, 單句＋單句)
```

<2> 단구 성분 : 사(詞)·사조(詞組)·자구(子句)

구(句)를 구성하는 최소의 단위는 단사(單詞)다.

그러나 구를 구성하는 성분은 사(詞)만 되는 것이 아니다. 사＋사의 결합체인 사조(詞組) 및 주어＋술어의 작은 구자, 즉 자구(子句)도 된다. 예문을 들겠다.

大器晩成.

(대기만성)

큰 기물은 늦게 완성된다.

器(그릇 기) 晩(늦을 만). 大器는 큰 기물이나, 큰 인물이나, 큰 나라의 뜻으로 사조(詞組)다./晩(부사) 成(동사로 된 사조다)

君子懷德.

(군자회덕)

군자는 마음속에 덕을 품고 있다.－《論語》

懷(품을 회)/君子(주어. 복합사)

邦無道 富且貴焉 恥也.

(방무도 부차귀언 치야)

나라에 도가 없는데, 재물이 많고 고귀하게 살면 창피하다.－《論語》

邦(나라 방) 道(길 도) 富(가멸 부) 恥(부끄러워할 치)

邦無道(나라에 도가 없는데)는 조건, 富且貴焉(부귀를 누리면)도 조건, 恥也(창피하다)가 결론.

今日春來 明日花謝.

(금일춘래 명일화사)

오늘 봄이 왔는데 다음날에는 꽃이 시들고 떨어지네.

今日春來 明日花謝는 다 단구. 두 단구가 병렬(並列)한 복구다./今
日(부사) 春(주어) 來(동사)

(2) 단구의 구조와 그 유형

보통 문장, 즉 구자(句子)는 주어와 술어가 있다.

吾懼年老無子.

(오 구 년로 무자)

나는 늙어 아들 없음을 겁낸다.

吾(주어) 懼(두려워할 구)/동사 술어 年老無子가 懼의 빈어.

그러나 실제로 사람이 주고받는 말에는 긴 것도 있고 짧은 것도 있
다. 심지어 한마디의 말도 있다. 예를 보자.

誰啊(누구요)   我也(나요)

啊, 也는 어조사(語助詞). 이 문답은 외마디의 사(詞)로 되었다. 그
러나 상호간의 의사 전달을 충족하고 있다. 그러므로 구라고 할 수
있다. 또 다른 예를 들겠다.

許子必種粟而後食乎.(허자는 반드시 곡식을 자신이 재배해서 먹
나요?) 然.(그렇소.)

許子必織布然后衣乎.(허자는 반드시 자신이 베를 짜서 옷을 만
들어 입나요?) 否. 許子衣褐.(아니오. 허자는 베옷을 입소.)

許子冠乎.(허자는 관을 쓰나요?)　冠.(관을 씁니다.)

이상의 예문에서 외마디 소리나 하나의 사(詞)로 된 짧은 말을 미전개구(未展開句) 혹은 비주술구(非主述句)라 하고, 주어 술어를 갖춘 말을 전개구(展開句) 혹은 주술구(主述句)라고 한다.

미전개구, 즉 비주술구는 반드시 짧은 것만이 아니다. 한문은 주어 없이 서술만으로 된 문장이 얼마든지 있다. 그러므로 복잡한 미전개구가 있을 수 있다. 다음에서 미전개구와 전개구를 나누어 항목별로 설명하겠다.

참고　◑ **문장 분석**

許子必織布然后衣乎 : 許子(주어)　必(부사)　織(동사)　布(빈어)　然后(접속부사＝연사)　衣(명사가 동사 술어로 쓰였다)　乎(어조사).

許子衣褐 : 許子(주어)　衣(동사)　褐(빈어).

許子冠乎 : 許子(주어)　冠(명사가 술어로 쓰였다).

衣 冠은 원래는 명사다. 그러나 여기서는 동사로 쓰였다. 衣(동사) 褐(빈어)

<1> 미전개구(未展開句)

위에서 예로 든 誰 我 然 冠 등을 특히 외마디 말로 된 독사구(獨詞句)라고 하며, 역시 미전개문에 속한다. 독사구는 특별한 경우에만 통한다.

한문에는 다른 미전개구가 많다. 예를 들겠다.

六月雨.

(유월 우)

유월에 비가 오다.－《左傳》

六月(상어), 雨(술어). 주어 없이 술어로만 된 미전개구다. 雨는 여기서는 동사 술어로 쓰였다.

冬十月雨雪.

(동 시월 우설)

겨울 시월에 비눈이 내렸다.—《左傳》

冬, 十月은 상어, 雨雪은 명사가 술어로 쓰였다.

有美玉於斯.

(유 미옥 어사)

여기 아름다운 옥이 있다.—《論語》

有(동사) 美玉(빈어) 於斯(보어). 주어 없이 술어로만 된 구.

未有仁而遺其親者也.

(미유 인이 유기친자야)

인덕을 높이면서 자기 부친을 버린 사람은 아직 없었습니다.

—《孟子》

未有는 동사, 仁而遺其親者가 빈어. 仁而遺其親(어질면서 자기 부친을 버리는)은 정어, 者는 중심어, 즉 피수식어. 이러한 者를 구조조사라 한다.

다음같이 주어를 말할 필요가 없는 성어나 격언, 기타의 단문도 미전개구(未展開句)에 속한다.

食不語 寢不言.

(식 불어 침 불언)

식사하면서 말하지 않고, 잠잘 때는 중얼대지 않는다.—《論語》

일반적 서술이다./食(상어) 不語(동사) 寢(상어) 不言(동사).

懸羊頭 賣狗肉.

(현 양두 매 구육)

양의 머리를 내걸고 개고기를 판다.

懸(매달 현) 狗(개 구)/懸(동사) 羊頭(빈어) 賣(동사) 狗肉(빈어)이 병렬한 무주어구(無主語句).

不入虎穴 焉得虎子.

(불입 호혈 언득 호자)

호랑이굴에 들어가지 않으면, 어떻게 호랑이 새끼를 잡느냐.

不入虎穴이 조건을 나타낸다. 焉(어찌 언) 得(얻을 득)

亡羊而補牢 未爲晩也.

(망양 이보뢰 미 위만야)

양을 잃고 울타리를 보수해도 늦지 않다. ―《戰國策》

補(기울 보) 牢(우리 뢰). 일반적 서술문이다./亡羊而補牢(조건구, 상어) 未爲晩也(중심 술어). 亡(동사) 羊(빈어) 而(연사) 補(동사) 牢(빈어)로 분석한다.

한문에는 주어 없이 술어만으로 된 문장이 매우 많다. 예를 들어 보겠다.

溫故知新 可以爲師矣.

(온고지신 가이 위사의)

옛날의 학문을 잘 익힌 바탕 위에서, 새것을 알고 또 새롭게 다스려야 (비로소) 남들을 가르칠 스승이 될 만하다. ―《論語》爲政

미전개구다. 그러나 앞에 子曰이 붙으면 전체가 전개구로 변한다. 子曰 溫故而知新 可以爲師矣를 다음같이 분석한다./子(주어) 曰(동

사) 溫故……爲師矣(빈어).

<2> 전개구(展開句)와 유형

주어와 술어의 두 성분을 다 갖춘 구자(句子)를 전개구(展開句), 혹은 주술구(主述句)라고 한다.

주어+술어의 주술구를 다시 그 술어의 종류에 따라 다음같이 세 개의 유형으로 나눈다.

　① 명사 술어구(名詞述語句)

　② 형용사 술어구(形容詞述語句)

　③ 동사 술어구(動詞述語句)

항목을 나누어 예문을 들고 설명하겠다.

① 명사 술어구(名詞述語句)-판단구(判斷句)

술어가 명사(名詞)나 명사사조(名詞詞組)로 된 구자(句子)를 명사 술어구 혹은 판단구(判斷句)라고 한다. 기본적인 예문을 들겠다.

　荀卿 趙人.

　(순경 조인)

　순경은 조나라 사람이다.─《史記》

荀卿은 명사 주어, 趙人은 명사 술어.

　夫天下大器也.

　(부 천하 대기야)

　무릇 천하는 큰 그릇, 즉 공동체다.─《漢書》賈誼傳

夫는 발어조사(發語助詞), 天下는 주어, 大器는 명사 술어, 也는 종료를 나타내는 조사(助詞).

奢侈者　危亡之本也.

(사치자 위망지 본야)

사치는 (나라를) 기울고 망하게 하는 근본이다.

奢(사치할 사) 侈(사치할 치). 奢侈者가 주어, 危亡之本이 명사 술어, 也는 어조사(語助辭). 이때의 者는 단락(段落) 표시의 어조사.

伯夷　聖之淸者也.

(백이 성지 청자야)

백이는 성인 중에서도 청렴한 사람이다.

伯夷는 주어, 聖之淸者는 명사 술어, 也는 종료를 나타내는 어조사(語助辭). 者는 ……한 사람의 뜻을 나타내는 구조조사(構造助詞).

陳勝者　陽省人也.

(진승자 양성인야)

진승은 양성 사람이다.─《史記》

陳勝이 명사 주어, 陽省人이 명사 술어. 者는 주어 다음의 단락(段落)이나 정돈(停頓)을 표시하는 조사(助詞). 也는 종료를 나타내는 조사. 이때의 者를 ……하는 사람이라고 풀이할 필요가 없다.

奪項王天下者　必沛公也.

(탈 항왕 천하자 필 패공야)

항왕의 천하를 탈취할 사람은 반드시 패공이다.

명사 술어구의 부정은 명사 술어 앞에 非(아닐 비)를 붙인다. 非는 부정의 뜻을 나타내는 부사(副詞).

身非木石.

(신 비 목석)

사람의 몸은 목석이 아니다.─司馬遷 報任安書

此 非吾所謂道也.

(차 비 오 소위도야)

이것은 내가 말하는 도가 아니다.

予本非劍客也.

(여 본 비 검객야)

나는 본래 검객이 아니다.

② **형용사 술어구**(形容詞述語句) – 묘사구(描寫句)

月白風淸.

(월백 풍청)

날이 밝고 바람이 맑다.

月(주어) 白(형용사 술어) 風(주어) 淸(형용사 술어). 두 개의 단구(單句)가 병렬한 복구(複句).

君老矣 吾又不樂.

(군 로의 오 우 불락)

임금이 늙었다. 나도 즐겁지 않다. – 《春秋左氏傳》

老(형용사 술어), 不樂(부정의 형용사 술어). 不은 부사로 형용사 樂의 상어(狀語)로 쓰였다.

客舍靑靑 柳色新.

(객사 청청 유색 신)

객사가 푸릇푸릇 생기가 돌고 버드나무 색이 산뜻하다.

– 王維〈送元二使安西〉

靑靑 新이 형용사 술어. 客舍(주어) 靑靑(술어) 柳色(주어) 新(술어). 같은 구조의 단구(單句)가 병렬한 복구(複句)다.

芳草鮮美 落英繽紛.

(방초 선미 낙영 빈분)

향기로운 풀이 생생하고 아름답게 자랐고, 떨어지는 꽃잎이 어지 럽게 휘날린다.-陶淵明〈桃花源記〉

鮮美 繽紛은 형용사 술어. 鮮(고울 선) 美(아름다울 미) 繽(어지러 울 빈) 紛(어지러워질 분)/芳草(주어) 鮮美(술어) 落英(주어) 繽紛 (술어). 전체는 같은 구조로 된 복구(複句).

一寸光陰 不可輕.

(일촌 광음 불가 경)

짧은 시간도 가볍게 여기면 안된다.-朱子

一寸光陰(주어) 不可輕(술어).

行路難 難於山 險於水.

(행로 난 난어산 험어수)

가는 길이 험난하다. 산보다 더 험난하고 강물보다 더 위험하 다.-李白

行路(주어) 難(형용사 술어), 難(형용사) 於山(보어) 險(형용사) 於 水(보어). 전체의 주어는 行路. 行은 동사, 여기서는 정어로 쓰였다.

愛民者强 不愛民者弱.

(애민자 강 불애민자 약)

백성을 사랑하는 자는 강하고, 백성을 사랑하지 않는 자는 약하 다.-《荀子》

愛民者(주어) 强(형용사 술어) 不愛民者(주어) 弱(형용사 술어). 愛(동사) 民(빈어) 者는 ……하는 사람의 뜻을 나타내는 구조조사(構 造助詞). 백성을 사랑해야지, 백성이 따르고 나라도 있게 된다. 백성을 착취하면 백성이 흩어지고 나라도 없게 된다.

楚國之食貴于玉 薪貴于桂.

(초국지식 귀우옥 신 귀우계)

초나라의 곡식은 옥보다 더 귀중하고, 땔나무는 계수나무보다 더 귀중하다.─《戰國策》楚策

楚國之食이 주어, 貴于玉이 형용사 술어, 貴(형용사) 于玉(보어), 于(개사)＋玉(빈어)의 사조(詞組)가 貴의 보이. 薪이 주어, 貴于桂가 형용사 술어, 于桂는 보어다.

전체는 복구다. 즉 같은 구조의 楚國之食 貴于玉(초나라의 곡식은 옥보다도 귀하고)과 薪貴于桂(초나라의 땔나무는 계수나무보다도 더 귀중하다)가 병렬한 복구다.

③ **동사 술어구**(動詞述語句)─서술구(敍述句)

주어＋동사 술어로 된 구를 동사 술어구 혹은 서술구라고 한다. 그러나 동사 술어의 형식에 따라 그 종류가 다양하다. 기본 유형을 나누어 설명하겠다. 먼저 주어＋동사와 주어＋동사＋빈어 구조로 된 구를 들겠다.

月落烏啼.

(월락 오제)

달이 지자 까마귀 우짖는다.

月(주어) 落(동사 술어), 烏(주어) 啼(동사 술어)

장계(張繼)의 시, 풍교야박(楓橋夜泊)의 첫 구절에 나온다. 원시는 月落烏啼霜滿天(월락오제상만천) 江楓漁火對愁眠(강풍어화대수면)이다.

君子不憂不懼.

(군자 불우 불구)

군자는 걱정하지도 않고 겁내지도 않는다. ―《論語》

不은 부사로 동사나 형용사를 부정한다. 不憂 不懼는 부사＋동사. 憂(근심할 우) 懼(두려워할 구)

教學相長也.

(교학 상장야)

가르침과 배움은 서로 자란다.

教學은 두 개의 동사가 합해서 명사 주어로 쓰였다./相(부사) 長 (동사) 也(조사, 동사 술어).

君子懷德 小人懷土 君子懷刑 小人懷惠.

(군자 회덕 소인 회토 군자 회형 소인 회혜)

군자는 덕을 생각하고 소인은 토지를 생각한다. 군자는 법률을 생각하고 소인은 혜택 받기를 생각한다. ―《論語》 里仁

君子(주어) 懷(동사) 德(빈어) 小人(주어) 懷(동사＋빈어). 같은 구 조가 병렬한 복구(複句).

上醫醫國 其此癒人.

(상의 의국 기차 유인)

으뜸가는 의사는 나라의 병을 고치고, 다음가는 의사는 사람의 병을 치유한다. ―《國語》 晉語

癒(병 나을 유)/上醫(주어) 醫(동사) 國(빈어) 其此(주어) 癒(동사) 人(빈어) 역시 복구다.

子不言怪力亂神.

(자 불언 괴 력 란 신)

공자는 괴변, 무력, 난동 및 귀신 등에 대해서는 일체 말하지 않았다. -《論語》

言(동사) 怪力亂神(빈어). 怪·力·亂·神은 네 개의 명사가 병렬한 명사사조(名詞詞組)의 빈어.

有德者必有言 有言者不必有德.

(유덕자 필유언 유언자 불필유덕)

덕있는 사람은 반드시 말을 한다. (그러나) 말하는 사람이 반드시 덕이 있는 것이 아니다. -《論語》

有(동사) 德(빈어) 者(구조조사)가 주어로 쓰였다. 有德(덕이 있는)을 者(사람)가 받는다. 이때의 有德은 정어(定語), 者는 구조조사(構造助詞)다. 必(부사) 有(동사) 言(빈어)이 술어다.

其翼若垂天之雲.

(기익 약 수천지 운)

그 날개가 흡사 하늘에 드리운 구름 같다. -《莊子》

이때의 若은 동사로 빈어를 취한다. 垂天之雲이 빈어.

다음에는 주어＋동사＋보어 구조로 된 구를 학습하겠다.

王坐於堂上.

(왕 좌 어 당상)

왕이 당상에 앉아 있다. -《孟子》

王(주어) 坐(동사) 於堂上(보어)으로 분석한다. 이때 於를 생략하고 坐堂上이라고도 할 수 있다. 於堂上은 개사＋빈어 구조의 사조.

鄭人游於鄕校.

(정인 유 어 향교)

정나라 사람이 향교에 유학하다.-《春秋左氏傳》襄公

孔子辭之以疾.

(공자 사지 이 질)

공자가 병을 핑계하고 거절했다.-《論語》陽貨

以疾은 보어, 辭(동사) 之(빈어). 之는 대사(代詞)로 앞에 있는 陽貨欲見孔子를 가리킨다.

빈어가 길고 복잡한 경우에는 동사 다음에 之를 놓고, 빈어는 뒤에 돌린다.

臣聞之 鬼神非人實親 惟德是依.

(신 문지 귀신 비 인 실친 유 덕 시의)

신은 들었습니다. 귀신은 실로 사람을 친하게 여기는 것이 아니고, 오직 덕을 따른다고 들었습니다.-《春秋左氏傳》僖公 5년

臣(주어) 聞(동사) 之(빈어). 之는 鬼神非人實親 惟德是依를 대신한다. 鬼神非人實親 惟德是依(귀신은 실로 사람을 친하게 여기는 것이 아니고, 오직 덕을 따른다)에서도 간단한 빈어 人 德을 앞에 내세웠다.

한문에서는 빈어로 사용된 의문사나 부정구에 있는 간단한 대사를 앞에 내세운다.

客何好.(객은 무엇을 좋아하시오.)

子將奚先.(그대는 장차 무엇을 먼저 하려나.)

臣實不才 又誰敢怨.(신이 실로 재주가 없거늘, 또 누구를 감히 원망하겠는가.)

燕王不我信.(연나라 왕이 나를 믿지 못한다.)

臣未之聞也.(신은 아직 그 말을 듣지 못했습니다.)

行仁政而王 莫之能御也.

(행 인정 이왕 막지 능 어야)

인덕의 정치를 해서 왕 노릇을 하는 사람은 능히 제어할 수 없다.─《孟子》公孫丑上

莫之能御의 之는 앞에 내세운 어구 行仁政而王을 받는다.

● **쌍빈어구**(雙賓語句)

주술구(主述句) 중에는 두 개의 빈어를 취하는 동사가 있다. 이를 수여동사(授與動詞)라 한다. 먼저 예를 들겠다.

其人遺子孫千金.

(기인 유 자손 천금)

그 사람이 자손에게 천금을 물려주었다.

子孫(간접빈어), 千金(직접빈어). 직접빈어 앞에 以를 붙여 개사구조를 만들고, 주어 다음에 내세울 수 있다. 其人以千金遺子孫.(그 사람이 천금을 자손에게 물려주다) 이때의 以千金은 상어(狀語)가 된다. 遺(물려줄 유)

后稷敎民稼穡.

(후직 교 민 가색)

후직이 백성에게 농사하는 법을 가르쳤다.

敎(동사) 民(간접빈어) 稼穡(직접빈어) / 稼(심을 가) 穡(거둘 색)

魏王遺楚王美人.

(위왕 유 초왕 미인)

위나라 왕이 초나라 왕에게 미인을 보내주었다.

子犯以璧授公子.

(자범 이벽 수 공자)

자범이 벽옥을 공자에게 주었다. / 璧(둥근 옥 벽)

秦亦不以城予趙.

(진 역 불이성 여조)

진나라는 역시 성을 조나라에 주지 않았다.

不以城予趙를 不予趙城으로 쓸 수도 있다.

● 주어＋동사＋빈어＋보어 구조의 구자

漢王遇我甚厚.

(한왕 우아 심 후)

한나라 왕이 나를 심히 후하게 대우했다.

遇(동사) 我(빈어) 甚厚(보어) 甚(부사) 厚(형용사)의 사조(詞組). 전체의 주어는 漢王, 전체의 술어는 遇我甚厚(나를 심히 후하게 대우했다).

齊景公問政于孔子.

(제 경공 문 정 우공자)

제나라의 경공이 공자에게 정치를 물었다. ―《論語》顏淵

于孔子는 개사＋빈어로 된 보어다. 보어는 앞에 올 수 없다. 위의 글을 齊景公問政孔子라고 쓰면 쌍빈어 구조가 된다. 問孔子政이라고는 하지 않는다.

武王擒紂于牧野.

(무왕 금주 우목야)

무왕이 주를 목야에서 사로잡았다. ―《韓非子》喩老

擒(잡을 금, 동사) 紂(빈어) 于牧野(보어).

君使臣以禮 臣事君以忠.

(군 사 신 이례 신 사 군 이충)

임금은 신하를 예로써 부려쓰고, 신하는 임금을 충성으로 섬긴
다.―《論語》八佾

以禮 以忠은 다 개사＋빈어로 된 사조로 보어(補語)로 쓰였다. 만
약에 當 須 같은 능원동사를 쓸 경우에는 以禮 以忠을 상어(狀語)로
앞에 내세우는 것이 더 좋다. 臣當以忠事君.

● **연동술어구**(連動述語句)

하나의 주어에 두 개의 동사 술어가 딸린 구를 연동술어구라고 한
다. 이때의 두 개의 술어는 의미상으로 전과 후의 관계가 있다. 예문
을 들겠다.

客辭而去.

(객 사 이거)

객이 사퇴하고 갔다.

子路隨而入.

(자로 수 이입)

자로가 따라 들어갔다.

沛公起如厠.

(패공 기 여측)

패공이 일어나 측간에 갔다.―《史記》項羽本紀

起(일어나서) 如厠(측간에 가다), 如(갈 여)

遂拔以擊荊軻.

(수 발이 격 형가)

드디어 칼을 뽑아 형가를 쳤다.―《史記》刺客列傳

孔子時其亡也 而往拜之.

(공자 시 기망야 이 왕 배지)

공자는 (그가) 없을 때를 맞추어 가서 보려고 했다.−《論語》陽貨

● **겸어술어구**(兼語述語句)

　주어＋동사＋겸어＋술어로 된 구를 겸어술어구라고 한다. 이때의
겸어는 앞의 동사의 빈어이면서 동시에 뒤의 동사의 주어가 되는 명
사를 지칭한다. 예를 들고 설명하겠다.

使子路問之.

(사 자로 문지)

자로로 하여금 묻게 하다.

　子路는 동사 使의 빈어다. 동시에 다음에 있는 問之의 주어다. 즉
하나의 명사가 두 역할을 겸하고 있다. 그래서 겸어구조라고 한다.

予助苗長矣.

(여 조 묘 장의)

내가 묘를 자라게 도와주었다.

　苗는 앞의 동사 助의 빈어이면서 동시에 뒤의 동사 長의 주어다.

晉侯使賈華伐屈.

(진후 사 가화 벌굴)

진나라 임금이 가화를 시켜 굴을 치게 했다.−《春秋左氏傳》僖
公 6년

上令武士縛信 載后車.

(상 령 무사 박신 재 후거)

상이 무사에게 영을 내려 한신(韓信)을 포박하고 뒤 수레에 실었
다.−《史記》淮陰侯列傳

3. 구(句)의 표현과 허사 활용

앞에서는 한문의 낱개의 구(句), 즉 단구(單句)를 구조를 기준으로 여러 개의 유형을 나누었다. 여기서는 표현형식과 의미내용을 기준으로 그 유형을 살펴보겠다. 먼저 유형의 전체 개요를 들면 다음과 같다.

① 진술구(陳述句) : 일반적인 진술 혹은 서술하는 구자다. 대체로 어기(語氣)나 어감(語感)이 평탄하다. 긍정(肯定)과 부정(否定)이 다 있다.

② 의문구(疑問句) : 의문(疑問), 질문(質問), 반문(反問) 및 의아(疑訝)를 표현하는 말로, 대체로 어기나 어감이 말끝에서 상승한다. 긍정과 부정이 다 있다.

③ 기원구(祈願句) : 상대방으로 하여금 어떠한 일이나 행동을 하기를 바라는 말이나 글이다. 권유하는 말도 포함된다. 어기나 어감이 약간 길고 간곡하다. 긍정과 부정이 다 있다.

④ 명령구(命令句) : 상대방에게 명령하는 말이나 글이다. 어기나 어감이 강하고 짧게 끝난다. 명령구의 부정이 곧 하지 못하게 금하는 금지구(禁止句)다.

다음에서 항목을 나누어 예문을 들고 설명을 하겠다. 한문은 허사에 따라 그 뜻이 크게 다르게 된다. 따라서 여기서는 특히 허사의 용법에 중점을 두겠다. 즉 같은 구조의 한문도 허사에 따라 전체의 의미나 어감이 크게 다르게 되므로 허사를 잘 학습하고 익혀야 한다.

(1) 긍정과 부정 표현

功成而弗居.

(공 성 이 불거)

공을 이루면 머물러 있지 말고 떠나라. ─《老子》

주어가 없이 술어만 있는 미전개구(未展開句)의 진술구./功(주어) 成(술어) 弗(부사) 居(동사) 두 개의 사조(詞組)가 而(연사)에 의해 병렬했다.

陳勝者 陽城人也.

(진승 자 양성 인야)

진승은 양성 사람이다. ─《史記》陳涉世家

주어와 술어가 다 있는 전개구(展開句)로 된 진술구다. 者는 정돈을 표시한다. 也는 완료 표시의 허사.

魚我所欲也 熊掌亦我所欲也.

(어 아 소욕야 웅장 역 아 소욕야)

물고기는 내가 원하는 것이다. 웅장도 내가 원하는 것이다. ─《孟子》告子上

魚(제시어 주어) 我所欲也(명사 술어) 熊掌(제시어 주어) 亦(부사) 我所欲也(명사) 술어로 분석한다. 복구(複句)다. 我所欲의 所는 구조조사다.

朝聞道 夕死可矣.

(조 문도 석사 가의)

아침에 도를 듣고 터득하면, 저녁에 죽어도 좋다. ─《論語》里仁

矣, 耳, 焉, 而已 등이 구말(句末)에 쓰이는 조사다. 이상의 예문은
주로 허사가 뒤에 있는 중심구(中心句) 끝에 붙었다. 단 앞에 있는
종속구(從屬句)에도 허사를 붙일 수 있다.

直不百步耳 是亦走也.

(직 불 백보이 시 역 주야)

다만 백 보가 아닐 뿐이다. 그도 역시 도망간 것이다.―《孟子》
梁惠王上

昔者 吾舅死於虎 吾夫又死焉 今吾子又死焉.

(석자 오구 사어호 오부 우 사언 금 오자 우 사언)

옛날에 저의 시아버지가 호랑이에게 죽었고, 저의 남편도 호랑이
에게 물려 죽었고, 지금은 저의 아들이 또 죽었습니다.―《禮記》
檀弓

我知種樹而已 官理非吾業也.

(아 지 종수이이 관리 비 오업야)

나는 나무 키우는 것만 알 뿐이다. 관리로서 다스리는 일은 나의
업이 아니다.―柳宗元〈種樹郭橐駝傳〉

古者言之不出 恥躬之不逮也.

(고자 언지 불출 치 궁지 불체야)

옛사람이 말을 잘 하지 않은 것은, 몸소 실천이 미치지 못함을
부끄럽게 여기기 때문이다.―《論語》里仁

　　古者(옛사람)의 者는 실사(實詞)다. 言之不出(말을 하지 않는다)은
不出言이라고 할 것을 言을 강조하기 위해서 앞에 내놓았으므로 言之
라고 했다. 그러나 躬之不逮와는 같지 않다. 躬은 주어다. 躬之不逮行
之의 변형이다.

己所不欲 勿施於人.

(기소 불욕 물시 어인)

내가 바라지 않는 바를 남에게 시키지 마라. ─《論語》衛靈公

施(베풀 시), 己所不欲(내가 원하지 않는 바)은 의미상으로는 勿施於人의 빈어다. 그러나 형식상으로는 앞에 제시한 주어로 본다. 己所不欲의 所는 다음의 동사 不欲을 명사로 화하는 구조조사다.

不登高山 不知天之高也.

(부등 고산 부지 천지 고야)

높은 산에 올라가지 않으면, 하늘 높은 줄 모른다. ─《荀子》勸學

登(오를 등), 不登高山은 가정(假定)이나 조건의 상어(狀語), 不知天之高也는 중심구(中心句). 不知가 동사, 天之高가 빈어로 쓰였다. 주어＋술어가 빈어로 쓰일 때는 주어와 술어 사이에 之를 넣는다.

不嘗不譽之.

(불상 불예지)

언제나 칭찬하지 않는 때가 없다.

嘗(일찍 상) 譽(칭찬할 예), 한문에는 이중부정(二重否定)이 많다.

莫不有文武之道焉.

(막 불유 문무지 도언)

어디에도 문왕(文王)·무왕(武王)의 도가 없지 않다. 모든 나라가 다 따르고 있다는 뜻. ─《論語》子張

不嘗 不莫 不有는 이중부정(二重否定) 형식. 이중부정도 역시 뜻을 강조한다.

有朋自遠方來不亦樂乎.

(유 붕 자원방 래 불역 락호)

글벗이 멀리서 찾아와 함께 공부를 하니 또한 즐겁지 않으냐.-《論語》學而

魯侯不亦善於禮乎.

(노후 불역 선 어례호)

노나라 임금도 역시 예에 대하여 잘 알고 있지 않습니까.-《春秋左氏傳》昭公 5년

與其成周 不如城之.

(여기 수주 불여 성지)

주변을 지키는 것보다 차라리 성을 쌓는 것이 좋겠다.-《春秋左氏傳》昭公 32년

與其……不如~는 ……하는 것보다 ~하는 것이 더 좋다의 뜻. 이와 같이 앞과 뒤가 호응하는 관용어(慣用語)가 많다. 한문 학습에는 허사 용법이 중요하다.

재래의 토 달아 읽기는 與其成周(론) 不如城之(라)라 한다. 그러나 토 달아 읽기는 한문의 구조와 문법에 맞지 않으므로 지양해야 한다.

(2) 피동(被動)의 표현 방식

우리는 앞에서 부정의 뜻을 나타내는 여러 가지 표현방식을 학습했다. 이번에는 피동(被動)의 뜻을 나타내는 표현방식에 대해서 학습하겠다.

한문은 전후 관계에 따라 피동의 뜻으로 해석해야 할 때가 있으니 주의해야 한다. 예문을 들고 설명하겠다.

屈原放逐 乃賦離騷.

(굴원 방축 내 부 이소)

굴원은 추방되고 쫓겨나 시(詩) 〈이소(離騷)〉를 지었다. ―司馬遷
報任安書

放(추방될 방) 賦(지을 부). 굴원은 초나라의 충신이다. 우매한 임금과 간신들에게 추방되어 방랑하면서 장편의 시 〈이소〉를 지었다. 역사적 사실을 알아야 방축(放逐)을 피동의 뜻으로 풀 수 있다.

暴其民甚 則身弑國亡.

(폭 기민 심 즉 신시 국망)

자기 백성을 심히 포악하게 대했으므로 결국 자신도 피살되고 나라도 멸망한다. ―《孟子》離婁上

暴(사나울 폭) 甚(심할 심) 弑(죽일 시). 전후 관계로 身弑國亡을 피동의 뜻으로 풀이한다.

勞心者治人 勞力者治於人.

(노심자 치인 노력자 치어인)

마음을 쓰는 사람은 남을 다스리고, 힘을 쓰는 사람은 남에게 다스림을 받는다. ―《孟子》滕文公上

勞(일할 로). 勞(동사) 心(빈어) 治(동사) 人(빈어)은 능동, 治(동사) 於人(보어)은 피동.

兵破于陳涉 地奪于劉氏.

(병 파 우 진섭 지 탈 우 유씨)

군대는 진섭에게 패하고 토지는 유씨에게 뺏겼다. ―《漢書》

破于陳涉(진섭에게 격파되다) 奪于劉氏(유씨에게 탈취되다) 둘 다 보어다. 于=於는 ……에게 당한다는 뜻을 나타낸다.

身爲宋國笑.

(신 위 송국 소)

자신이 송나라의 웃음거리가 되었다. 송나라 사람에게 웃음을 받

다.-《韓非子》五蠹

爲……(동사~)를 직역하면 ……가 ~하게 되다, 의역하면 ……에게 ~하게 되다의 뜻으로 피동이 된다. 이때의 爲를 개사(介詞)로 본다.

多多益善 何爲爲我擒.

(다다 익선 하위 위아 금)

(그대는 부리는 병사가) 많으면 많을수록 더 좋다고 하면서 어찌해서 나에게 사로잡혔는가.-《史記》淮陰侯列傳

유빙(劉邦)이 한신(韓信)에게 한 말. 擒(사로잡을 금) 何爲(어찌해서) 爲我擒(나에게 잡히다) 爲我擒의 我를 생략할 수 있다.

爲 대신 被 見을 쓰기도 한다. 한자어의 被殺, 被擊 등의 被가 피동의 뜻을 나타낸다.

妻子爲戮.(처자가 피살되다) 戮(죽일 륙)

公子見逐於趙.(공자가 조나라에게 추방되었다.)

父兄被殺於敵.(부형이 적에게 피살되었다.)

萬乘之國 被圍於趙.

(만승지 국 피위 어조)

전차 만 승을 가진 큰 나라가 조에게 포위되었다.-《戰國策》齊策

圍(둘러쌀 위). 萬乘之國이 주어, 被圍於趙가 술어. 이때의 被는 피동의 뜻의 조동사로 본다.

先則制人 后則爲人所制.

(선 즉 제인 후 즉 위인 소제)

앞서면 남을 제압한다. (그러나) 뒤지면 남에게 제압을 당한다.-《史記》項羽本紀

制(마를 제). 爲……所~(……에게 ~당한다)도 피동의 표현방식이다. 다음에 어려운 예문을 학습하겠다.

欲予秦 秦城不可得 徒見欺.

(욕 여진 진성 불가득 도 견기)

(璧을) 진에게 주고 싶어도 진의 성을 얻지 못하고 공연히 기만을 당할 것이다.―《史記》藺相如列傳

予(줄 여) 徒(헛될 도) 見(당할 견) 欺(속일 기) 徒見欺(공연히 속임을 당할 것이다)

信而見疑 忠而被謗 能無怨乎.

(신 이 견의 충 이 피방 능 무원호)

신실하게 했는데도 의심을 받고, 충성을 바쳤는데도 비방을 받았으니 능히 원망이 없을 수 있겠는가.―《史記》屈原列傳

謗(헐뜯을 방) 怨(원망할 원)

太祖爲遊矢所中 所乘馬被創.

(태조 위 유시 소중 소승마 피창)

태조가 유시에 맞았고 타고 있던 말이 상처를 입었다.―《三國志》武帝紀

創(상할 창)

夫離法者罪 而諸先生以文學取 犯禁者誅 而羣俠以私劍養.

(부 리법자 죄 이 제선생 이문학 취 범금자 주 이 군협 이사검 양)

대개, 법을 어긴 사람은 죄를 받는다. 그러나 많은 유학자들은 (법이 아닌) 문학으로 뽑히었다. 금령을 어긴 자는 주살되게 마련이다. 그러나 협객들은 개인적인 검술을 가지고 (임금에게 양육

되고 있다.)—《韓非子》五蠹

離(이탈할 리) 誅(벨 주) 俠(호협할 협). 罪, 取, 誅, 養을 피동의 뜻으로 해석해야 한다. 以文學取(문학으로 뽑히었다. 피동), 以私劍養(개인적인 칼솜씨로 양육되고 있다. 피동)

예문을 보충하고 피동 표현의 형식을 총정리하겠다.

困平城 病流矢 陵遲不救者三代.
(곤 평성 병 류시 능지 불구자 삼대)
평성에 갇히고 유시에 맞아 상하고 쓰러져 다시 일어나지 못한 지 3대가 되었다.—柳宗元〈封建論〉

困[於]平城(피동) 病[於]流矢(피동) 陵遲(능욕당하고 지체하다) 不救者(살아나지 못함이) 三代(삼대에 걸치다)

厚者爲戮 薄者見疑.
(후자 위륙 박자 견의)
(신임이) 두터운 자는 피살되고 얕은 자는 의심을 받는다.—《韓非子》說難

爲戮 見疑는 다 피동으로 번역한다. 戮(죽일 륙)

請師見拒 辭行被拘.
(청사 견거 사행 피구)
출병을 청했다가 거절당하고, 사직하고 떠나려 하다가 구금되었다.—《後漢書》臧洪傳

拒(막을 거), 拘(잡을 구). 見拒 被拘도 피동.

世子申生爲驪姬所譖.
(세자 신생 위여희 소참)
세자 신생(申生)이 여희(驪姬)에게 참언되었다.—《禮記》檀弓

讒(참소할 참). 所讒(참소를 당하다). 춘추시대(春秋時代) 진(晉)나라 헌공(獻公)의 비 여희가 자기 소생으로 하여금 뒤를 잇게 하려고 세자 신생을 참소했다.

魏太子爲江充所敗.

(위 태자 위강충 소패)

위나라의 태자가 강충(江充)에게 지는 바 되었다.

爲⋯⋯所~(⋯⋯에게 ~되다)

不者 若屬皆且爲所虜.

(불자 약속 개 차 위소로)

안그러면, 너희들 모두가 장차 또 포로가 될 것이다. −《史記》項羽本紀

屬(무리 속) 虜(포로 로)

且夫有高人之行者 固見負于世.

(차 부 유고인지 행자 고 견부 우세)

또한 남보다 고결한 사람의 행동은 당연히 세상 사람들에게 반대를 받는다. −《商君書》

負(등질 부)

見, 爲, 被＋동사 爲(⋯⋯)＋所＋동사가 다 피동형의 뜻을 나타내는 방식이다.

(3) 의문(疑問) 표현

주로 의문 대사를 쓰는 경우가 많다. 예문을 들겠다.

周公何人也.(주공은 어떤 사람이냐.) 何(어찌 하)

魏大將誰也.(위나라의 대장은 누구냐?) 誰(누구 수)

孰可以代之.(누가 대신 하면 되겠느냐?) 孰(누구 숙)

禮與食孰重.(예의와 식물과 어느 쪽이 중하냐?)

君奚爲不見孟軻也.(임금님, 왜 맹자를 안 보려고 하십니까.) 奚
　(어찌 해) 軻(맹자의 이름)

大將軍安在.(대장군은 어디 있느냐.) 安(어디 안)

且焉置土石.(또한 그 많은 흙이나 돌들을 어디에 옮겨 놓겠느냐.)
　焉(어찌 언)

子來幾日矣.(그대가 온 지 몇일이 되었나.) 幾(얼마 기)

如何, 奈何, 如之何, 何如 같은 복합 의문사(複合疑問詞)를 쓰기도
한다.

年飢 用不足 如之何.

(연 기 용 부족 여지하)

금년에는 기근이 들고 씀씀이가 부족하니 어찌하랴.

取吾璧 不予我城 奈何.

(취 오벽 불여 아성 내하)

나의 벽옥(璧玉)만 취하고 성을 우리에게 넘겨주지 않으면 어떻
게 하느냐.

璧(둥근 옥 벽) 予(줄 여)는 수여동사(授與動詞), 두 개의 빈어를
취한다.

貧而無諂 富而無驕 何如.

(빈 이 무첨 부 이 무교 하여)

가난해도 아첨하지 않고, 부자로 살아도 교만하지 않으면 어떠합
니까. —《論語》學而

諂(아첨할 첨) 驕(교만할 교) 何如(어떠하냐)

子亦有異聞乎.

(자 역 유 이문호)

그대는 다른 말을 들었습니까.

어기조사(語氣助詞)를 가지고 의문을 표시하기도 한다.

王之所大欲 可得聞與.

(왕지 소 대욕 가 득 문여)

임금님이 크게 바라는 바를 저에게 들려주실 수 있습니까. 與＝歟

是耶 非耶.

(시야 비야)

그러냐, 안 그러냐.

天道是耶非耶.

(천도 시야 비야)

천도는 옳으냐 안 옳으냐.

知不足耶 知而不能行耶.

(지 부족야 지 이 불능행야)

아는 것이 모자라는가 알고도 행하지 못하는 것인가.

다음같이 반문의 의문표현 형식도 있다.

割鷄焉用牛刀.

(할계 언용 우도)

닭 잡는 데 왜 소 잡는 칼을 쓰느냐. 焉(어찌 언)

君子去仁 惡乎成名.

(군자 거인 오호 성명)

군자가 인덕(仁德)을 멀리하면 어떻게 군자란 이름에 어울리겠
느냐.

惡(어찌할 오, 미워할 오, 악할 악, 모질 악)

燕雀安知鴻鵠之志哉.

(연작 안지 홍곡지 지재)

제비나 참새 같은 작은 새가 어찌 큰기러기의 뜻을 알겠는가.

安(어찌 안) 燕(제비 연) 雀(참새 작) 鴻(큰기러기 홍) 鵠(고니 곡).
여기서 安……哉는 어찌 ……하랴?

師與商孰知.

(사 여상 숙 지)

사(師=子張)와 상(商=子夏)은 누가 더 슬기로우냐.-《論語》
先進

獨樂樂 與人樂樂 孰樂.

(독 락악 여인 락악 숙 락)

임금이 혼자서 음악을 즐기는 것하고 백성들과 함께 음악을 즐기

는 것하고 어느 쪽이 더 즐거울까요.-《孟子》梁惠王下

孰(누구 숙, 어느 것)/獨(부사) 樂(락. 동사) 樂(악. 빈어) 與人
(남)과 더불어(상어) 樂(동사) 樂(빈어) 孰(의문 주어) 樂(술어)로
분석한다.

我孰與城北徐公美.

(아 숙여 성북 서공 미)

나와 성북의 서공은 어느 쪽이 더 아름다우냐.-《戰國策》齊策

孰與(어느 것이 더 좋으냐) 孰은 누구, 어느 것의 뜻을 나타내는
의문대사(疑問代詞), 孰與는 비해서 어느 쪽이 더 좋으냐의 뜻을 나
타낸다. 孰與는 차라리 ……함이 좋다는 뜻도 있다.

公之視廉將軍孰與秦王.

(공지 시 염장군 숙여 진왕)

제공(諸公)이 보기에 염장군(廉將軍)과 진왕(秦王), 어느 쪽이 더 무섭게 보이느냐.

天之蒼蒼 其正色邪 其遠而無所至極邪.

(천지 창창 기 정색야 기 원 이 무소지극야)

하늘이 창창한 것은, 그것이 본래의 바른 하늘의 빛인가, 너무 멀어서 끝에 닿지 못해서 저렇게 보이는 것일까.―《莊子》逍遙遊

邪＝耶. 반문(反問)이나 부정의문(否定疑問)도 허사를 활용하여 여러 가지로 표현한다.

何爲不去也.

(하위 불거야)

왜 떠나지 않습니까.―《禮記》檀弓下

何爲不……也(왜 ……하지 않느냐?) 何가 의문사이기 때문에, 爲 앞에 내세웠다. 이때의 爲는 개사(介詞)다.

何由知吾可也.

(하유 지 오가야)

무엇으로 내가 할 수 있다는 것을 아시오.―《孟子》梁惠王上

何由……也(무엇으로 연유하여 ……하느냐?)

吳起何如人也.

(오기 하여인야)

오기는 어떠한 사람이냐.―《史記》吳起列傳

以子之矛 攻子之盾 何如.

(이 자지 모 공 자지 순 하여)

그대의 창을 가지고 그대의 방패를 뚫으면 어떻게 되느냐.―《韓非子》難勢

矛(창 모) 攻(칠 공) 盾(방패 순)

何草不黄 何日不行.

(하초 불황 하일 불행)

어느 풀인들 시들지 않나, 어느 날인들 가지 않나.─《詩經》小雅

何草不黄 何……不~(의문+부정).

君子于役 如之何 勿思.

(군자 우역 여지하 물사)

역사에 나간 군자를, 어찌 생각하지 않으리오.─《詩經》王風 君

子于役

彼惡敢當我哉.

(피 오 감당 아재)

그가 어찌 감히 나를 당하랴.─《孟子》梁惠王下

焉有君子而可以貨取乎.

(언유 군자 이 가이 화취호)

어찌 군자로서 재물을 받고 (벼슬을) 취할 수 있겠느냐.─《孟

子》公孫丑下

焉有(어찌 ……하야), 以貨取(재물로써 벼슬을 취한다)

豈惟口腹 有飢渴之害 人心 亦皆有害.

(기유 구복 유 기갈지해 인심 역개 유 해)

어찌 입이나 배에만 기갈의 해가 있겠느냐, 사람의 마음에도 해

가 있게 마련이다.─《孟子》盡心上

居馬上得之 寧可以馬上治之乎.

(거 마상 득지 영 가이 마상 치지호)

마상에서 싸워 얻었으나, 어찌 마상에서 나리를 다스리랴?─《史

記》酈生陸賈列傳

寧可以……乎(어찌 ……할 수 있느냐?) 居馬上得之는 말을 타고 전쟁을 해서 나라를 얻었으나의 뜻.

必報仇 吾寧事齊楚.

(필 보구 오 녕사 제 초)

반드시 복수를 하겠다. 나는 차라리 제와 초를 섬기겠다.-《國語》晉語

報(갚을 보) 仇(원수 구)

禮與其奢也 寧儉.

(예 여기사야 영검)

예의는 사치스럽게 꾸미는 것보다 차라리 검소하게 하는 것이 좋다.-《論語》八佾

與奢也(사치하느니) 寧儉(차라리 검소하게 한다)

與其害其民 寧我獨死.

(여기 해 기민 영 아 독사)

백성들을 해치는 것보다 차라리 혼자 죽겠다.-《春秋左氏傳》定公 13년

與其…… 寧~(……하느니, 차라리 ~하겠다)

君子質而已矣 何以文爲.

(군자 질 이이의 하 이문 위)

군자는 질박해야 한다, 왜 문식(文飾)을 하랴.-《論語》顔淵

而已矣(……할 뿐이다) 何以文爲(왜 화려하게 꾸미느냐) 質은 알차다, 실질적이다.

奚以知其然也.

(해 이지 기연야)

무엇으로 그렇다는 것을 아느냐. -《莊子》逍遙遊

奚(어찌 해)가 의문사이기 때문에 以 앞에 왔다.

(4) 기사(祈使) · 명령 · 감탄 표현

말하는 사람이 상대방에게 어떻게 하기를 바라거나 명령하는 말을 기사구(祈使句) 혹은 명령구(命令句)라고 한다. 명령하는 말은 그 어기(語氣)가 강하고 짧게 마련이다. 기사구는 기원구(祈願句)라고도 하며 그 어기가 명령구에 비해 부드럽고 길다.

부정하는 명령구나 기사구가 곧 금지구(禁止句)다. 그 어기나 어감(語感)은 촉박하게 짧고 강한 경우도 있고 혹은 비교적 길고 부드러운 경우도 있다.

한편 말하는 사람의 감탄(感歎)이나 경악(驚愕) 등을 나타내는 말을 감탄구(感歎句)라고 한다. 그 어기는 짧고 촉박할 때도 있고 혹은 길고 느릴 때도 있다.

기사구와 감탄구는 원칙적으로는 항목을 따로 해야 한다. 그러나 설명할 내용이나 예문이 많지 않으므로 이 책에서는 함께 묶었다.

① 기사구 · 명령구 · 금지구

來! 吾與爾言.

(내! 오 여이 언)

와라! 내가 너에게 말하리라. 與(더불어 여) 爾(너 이)

君勞, 出休矣.

(군 로, 출 휴의)

그대 수고했소. 나가서 쉬시오.

來도 명령. 也, 乎, 哉 등 조사를 쓰는 경우도 있다.

帝其念哉.

(제 기 념재)

임금님, 잘 생각하십시오. 念(생각할 념)

女其行乎.

(여 기 행호)

그대여 (어서) 가시오. 女＝汝(너 여)

諾, 先生休矣.

(낙 선생 휴의)

알았습니다. 선생 그만하십시오. 諾(대답할 낙) 休(쉴 휴)

알아들었으니, 그만하라는 뜻.

其……哉 其……乎는 간접적으로 기원(祈願)의 뜻을 나타낸다. 休矣는 그 이상 더 말하지 말라는 뜻이다. 부드러운 금지(禁止)를 표시한다.

可疾去矣 愼勿留.

(가 질 거의 신 물류)

빨리 떠나라. 정말 머물러 있지 마라. 疾(빨리 질) 愼(삼갈 신) 留(머무를 류)

可疾去矣도 간접적 명령이다. 勿留(머물러 있지 마라)는 금지의 명령이다. 勿, 毋, 無, 莫 등이 같은 뜻의 조동사다.

必勿忘越.

(필 물 망 월)

반드시 월나라를 잊지 마라.

子勿擊也.

(자 물 격 야)

그대 치지 마시오.

願先生勿泄也.

(원 선생 물 설 야)

선생 바라건대 누설하지 마시오. 泄(샐 설)

莫用衆人之議也.

(막용 중인지 의 야)

대중의 의견을 듣고 따르지 마시오. 議(의논할 의)

愼勿違我語.

(신 물위 아 어)

진실로 내 말을 어기지 마시오. 違(어길 위)

爲政必以德 毋忘所以立.

(위정 필 이덕 무망 소이 립)

정치는 반드시 덕을 가지고 해야 한다. 덕을 세우는 바탕을 잊지
마시오. -《史記》鄭世家

 아무런 표시 없이 전후의 관계로 기사나 명령의 뜻을 나타내기도
한다. 또 앞에 使, 請, 願을 쓰면, 겸어구조(兼語構造)가 된다.

女爲君子儒 無爲小人儒.

(여 위 군자유 무 위 소인유)

그대는 군자다운 유학자가 되어라, 소인의 유학자가 되지 마라. -
《論語》雍也

願王熟計之也.

(원 왕 숙 계지 야)

바라건대 임금님, 잘 계책을 세우십시오. -《戰國策》漁父之利
願(동사) 王(빈어+주어) 熟計之(술어) 王이 겸어(兼語)

公子有德於人 願公子忘之也.

(공자 유덕 어인 원 공자 망지 야)

공자가 남에게 덕을 베풀어도 바라건대 공자는 그것을 잊으시

오.-《史記》魏公子列傳

願公子忘之也의 之는 有德於人(남에게 덕을 베푼 일)이다.

願, 請 다음의 빈어를 생략할 수도 있다.

願爲小相焉.

(원 위 소상 언)

작은 보좌역이 되고 싶다.-《論語》先進

請事斯語矣.

(청 사 사어 의)

그 말을 따라 행하려고 한다.-《論語》顏淵

이때의 願, 請은 조동사, 즉 능원동사(能願動詞)다.

② **감탄구**(感歎句)

감탄에도 여러 가지가 있다. 칭찬하고 찬미하는 감탄도 있고 비탄

하고 애통하는 감탄도 있다. 어기(語氣)도 일정하지 않다. 대체로 칭

찬하는 경우는 소리가 짧고 높지만, 비탄하는 경우는 대체로 낮고 길

게 마련이다.

美哉! 禹公.

(미재! 우공)

훌륭하다! 우공은.

禹公이 주어, 美哉는 술어다. 그러나 강조하기 위해서, 술어를 앞에

내세웠다. 다음의 예문도 같다.

大哉 堯之爲君也.

(대재 요지 위군야)

위대하다! 요의 임금됨이여.

君子哉 若人.

(군자재 약인)

저 같은 사람이 (참으로) 군자로다!

信哉 是言也.

(신재 시 언야)

그 말은 믿음직하다. 是言也 信哉도 감탄문이 된다.

逝者 如斯夫 不舍晝夜.

(서자 여 사부 불사 주야)

가는 사람들도 저와 같이 (강물 흐르듯이) 밤낮없이 가는구나.－
《論語》子罕

逝(갈 서) 舍(쉴 사)

噫! 斗筲之人何足算也.

(희 두소지 인 하 족 산야)

아! (기량이) 되나 말 같은 (옹졸한) 사람을 어찌 들어 말할 만
하겠느냐.－《論語》子路

噫(탄식할 희) 斗(말 두) 筲(대그릇 소)

回也 不改其樂 賢哉 回也.

(회야 불개 기락 현재 회야)

안회는 항상 (안빈낙도의) 즐거움을 고치지 않고 지키고 있다. 안
회는 참으로 현명하니라.－《論語》雍也

其樂은 安貧樂道를 지키는 즐거움.

古之愚也直 今之愚也邪而已矣.

(고지 우야 직 금지 우야 사이이의)

옛날에 어리석은 사람은 고지식했으나, 오늘의 어리석은 사람은 사악하기만 하다.―《論語》陽貨

愚(어리석을 우) 直(곧을 직) 邪(간사할 사)

嗟乎 一人之心 千萬人之心也.

(차호 일인지 심 천만인지 심야)

아아! 한 사람의 마음이 곧 천만인의 마음이니라.―杜牧〈阿房宮賦〉

嗟(탄식할 차) 임금 한 사람의 마음 갖기에 따라, 천만명의 백성들의 마음이 좌우된다. 임금이 덕을 세우면 백성들이 보답하려 하고 악덕하게 하면 백성들이 미워한다.

嗚呼 滅六國者 六國也 非秦也.

(오호 멸 육 국자 육 국야 비 진야)

아아! 육국(六國)을 멸망케 한 나라는 바로 육국 자신들이다. 진(秦)나라가 아니다.―杜牧〈阿房宮賦〉

嗚(탄식소리 오) 呼(부를 호)

嗟夫 使六國各愛其人 則足以拒秦.

(차부 사 육국 각애 기인 즉 족이 거진)

아아! 여섯 나라로 하여금 저마다 자기 나라 백성을 사랑하고 잘 다스렸다면 충분히 진(秦)나라의 침략을 막을 수 있었을 것이다.―杜牧〈阿房宮賦〉

嗟乎 師道之不傳也久矣 欲人之無惑也難矣.

(차호 사도지 부전야 구의 욕 인지 무혹야 난의)

아아! (딱하다!) 사도(師道)가 전해지지 않은 지 오래되었구나.

(그러니) 사람들이 미혹하지 않으려 해도 어렵다 하겠노라.―韓

愈〈師說〉

惑(미혹할 혹)

顏淵死 孔子曰 噫! 天喪予 天喪予.

(안연 사 공자 왈 희! 천 상여 천 상여)

안연이 죽자, 공자가 (한탄하며) 말했다. 아아! 하늘이 나를 망치

는구나, 하늘이 나를 망치는구나!―《論語》先進

噫(탄식할 희) 喪(죽을 상) 予(나 여)

4. 복구(複句)의 유형과 허사

단구(單句)와 단구가 합친 큰 문장을 복구(複句)라고 한다. 앞에서 말했듯이 말은 구조물이다. 그 구조를 다시 정리해보자.

① 사(詞)＋사(詞) : 원칙적으로 사조(詞組)가 된다. 특수한 경우에는 짧은 구자(句子)가 된다.

② 사조(詞組)＋사조(詞組) : 원칙적으로는 구자(句子)가 된다. 즉 주어 술어를 갖춘 전개구(展開句) 혹은 한쪽만 있는 미전개구(未展開句)가 된다. 특수한 경우에는 보다 큰 사조일 때도 있다.

③ 구자(句子)＋구자(句子) : 복구(複句)가 된다. 복구를 복합구(複合句)라고도 부른다.

④ 복구를 크게 둘로 나눈다. 병렬복구(竝列複句)와 주종복구(主從複句)다. 주종복구를 수식복구(修飾複句)라고도 한다.

⑤ 하나하나의 구자가 모여 큰 문장, 즉 복구가 되면, 그 하나하나의 구자는 분구(分句) 혹은 자구(子句)라고 한다.

⑥ 병렬복구는 앞뒤에 있는 두 분구가 의미상으로는 관련이 있으나, 문법적으로는 대등하다.

⑦ 주종복구는 앞에 있는 분구가 뒤에 있는 분구를 형용사적으로 수식하거나 혹은 부사적으로 한정한다.

(1) 병렬복구(並列複句)와 허사

두 개 혹은 두 개 이상의 구자가 병렬해서 꾸민 큰 문장을 병렬복구라고 한다. 병렬한 구자는 문법적으로는 대등하다. 그러나 의미상으로는 서로 이어지고 또 상호 관련이 있다. 병렬복구를 다시 크게 둘로 나눈다.

① 대등·연속·누가의 병렬복구
② 선택·반전·종합의 병렬복구

단 이 분류는 방편상의 분류다. 실제 상황에서는 서로 혼합된 뜻이 있게 마련이다. 극단적인 예를 들겠다.

吾年未四十 而視茫茫 而髮蒼蒼 而齒牙動搖.
(오 년 미 사십 이 시망망 이 발창창 이 치아동요)

나는 나이 아직 사십이 못되었으나, 그런데도 눈이 침침하고, 또 머리가 창백하고 또 치아가 흔들흔들하다. —韓愈〈十二郎文〉

視(볼 시) 茫(아득할 망) 髮(터럭 발) 蒼(푸를 창) 齒(이 치) 牙(어금니 아) 動(움직일 동) 搖(흔들릴 요)

병렬한 구(句)나 연사 而의 뜻에는 대등·연계·반전·종합의 뜻이 혼합되어 있다. 而視茫茫 而髮蒼蒼 而齒牙動搖는 대등한 병렬이면서, 체진(遞進)이라고도 본다. 특히 吾年未四十과 而視茫茫은 반전의 뜻이 심하며, 이를 주종(主從)의 복구로 볼 수도 있다. 즉 吾年未四十(나는 아직 사십도 못되었는데)은 원인이나 이유를 나타내는 종속구(從屬句)로 보고, 而視茫茫(그런데도 시력이 침침하다)은 중심구(中心句)로 볼 수 있다. 결국 문법학습은 큰 법칙을 배우는 것이지, 실제의 말의 세밀한 어감이나 뜻을 다 분석할 수 있는 것이 아니다.

<1> 대등·연속·누가

勞苦而功高.

(노고 이 공고)

일하기에는 고생스러웠으나, 공적은 높이 나타났다.

勞(일할 로) 苦(쓸 고) 功(공 공) 高(높을 고)/勞(주어)+苦(형용사 술어)와 功(주어)+高(형용사 술어)가 연사(連詞) 而에 의해서 결합된 병렬구조의 복구다. 이때에 연사 而가 없어도 무관하다. 즉 勞苦而功高나 勞苦功高나 같은 구조 같은 뜻으로 볼 수 있다. 단 勞苦功高는 사조(詞組)나 사자성어로 보아도 된다.

父子不相見 兄弟妻子離散.

(부자 불 상견 형제 처자 이산)

부자가 서로 만나보지 못하고 형제나 처자가 서로 뿔뿔이 흩어진다.─《孟子》梁惠王下

相(서로 상) 妻(아내 처) 離(떼놓을 리) 散(흩을 산)

飢者易爲食 渴者易爲飮.

(기자 이 위식 갈자 이 위음)

배가 고픈 사람은 쉽게 먹고 목이 마른 사람은 쉽게 마신다.─《孟子》公孫丑上

飢(주릴 기) 易(쉬울 이)

亂則國危 治則國安.

(난 즉 국위 치 즉 국안)

흩어지면 나라가 위태롭고, 다스려지면 나라가 평안하다.─《荀子》王霸

亂(어지러울 란) 危(위태할 위). 亂은 서술어만 있는 미전개구(未展

開句)다. 則은 연사(連詞)다. 다음에 國(주어) 危(술어)가 결합했다. 엄격히 말하면 亂則國危도 복구다. 그런데, 같은 구조의 治則國安이 또 결합했다.

古之學者爲己 今之學者爲人.

(고지 학자 위기 금지 학자 위인)

옛날의 글 배우는 사람은 자기 수양을 위해서 (배웠으나), 오늘의 글 배우는 사람은 남을 위해서 배운다. (남이 주는 벼슬을 위해서 배운다)—《論語》憲問

古之學者爲己 今之學者爲人은 단순한 병렬로 볼 수 있다. 그러나 의미상으로는 반전관계가 있다.

漢王有天下大半 而諸侯皆附之.

(한왕 유 천하 태반 이 제후 개 부지)

한나라 왕이 천하의 태반을 차지했다. 그러자 제후들이 모두 그에게 붙었다.—《史記》項羽本紀

楚軍大亂壞散 而漢王乃得與數十騎遁去.

(초군 대란 괴산 이 한왕 내 득 여수십기 둔거)

초나라 군대가 크게 혼란하고 괴멸되고 분산되었다. 그래서 한나라 임금이 수십 기의 부하들과 함께 도망해 갈 수 있었다.—《史記》項羽本紀

亂(어지러울 란) 壞(무너질 괴) 散(흩을 산) 得(얻을 득) 騎(말탈 기) 遁(달아날 둔, 돈). 得은 能과 같다.

小固不可以敵大 寡固不可以敵衆 弱固不可以敵强.

(소 고 불가이 적대 과 고 불가이 적중 약 고 불가이 적강)

작은 나라는 당연히 큰 나라에 대적할 수 없고, 수가 적은 군대는 당연히 수가 많은 군대에 대적할 수 없고, 약한 힘은 당연히 강한 힘에 대적할 수 없다.-《孟子》梁惠王上

小는 작은 나라, 작은 힘, 작은 것 등의 뜻을 다 포함한다. 固(굳을 고) 敵(맞서 싸울 적)/小(주어) 不可以敵大(술어). 다른 구도 같게 분석한다. 小, 大, 寡, 衆, 弱, 强은 다 명사화되었다.

知者樂水 仁者樂山 知者動 仁者靜 知者樂 仁者壽.
(지자 요수 인자 요산 지자 동 인자 정 지자 락 인자 수)

지적인 사람은 물을 좋아하고, 어진 사람은 산을 좋아한다. 지적인 사람은 활동적이고 어진 사람은 조용하다. 지적인 사람은 현실적으로 즐기지만 어진 사람은 정신적 수명을 길게 누린다.-《論語》雍也

형식상으로는 병렬이다. 의미상으로는 知者樂水 知者動 知者樂 仁者樂山 仁者靜 仁者壽가 인과관계가 된다.

子曰 吾十有五而志于學 三十而立 四十而不惑 五十而知天命 六十而耳順 七十而從心所欲 不踰矩.
(자왈 오십 유오 이 지우학 삼십 이 립 사십 이 불혹 오십 이 지천명 육십 이 이순 칠십 이 종심소욕 불유구)

공자가 말했다. 나는 열다섯 살에 학문에 뜻을 두었고, 30살에 자립했고, 40살에는 (지킬 바 도에) 미혹하지 않았고, 50살에는 천명을 알게 되었고, 60살에는 남의 말을 있는 그대로 듣게 되었고, 70살에는 마음 내키는 대로 해도 틀을 넘지 않게 되었다.-《論語》爲政

七十(나이 70살이 되어) 而(그래서) 從心所欲(마음이 원하는 대로 좇아도) 不踰矩(틀이나 규범을 넘지 않게 되다) 踰(넘을 유) 矩(곱자구). 전체가 단순 병렬이 아니고 점진적 발전을 표현한 구절이다.

　往者不可諫也　來者猶可追也.

(왕자 불가 간야 내자 유 가추야)

지나간 일은 간하고 탓할 수 없으나 장차 일어날 일은 아직 따라갈 만하다. ―《論語》微子

往(갈 왕) 諫(간할 간) 猶(오히려 유) 追(쫓을 추). 往者 來者는 의미상으로는 不可諫 猶可追의 빈어다.

그러나 형태상으로는 주어로 본다. 빈어를 앞에 내세운 것이라고 분석하면 안된다.

　庖有肥肉　廐有肥馬　民有飢色　野有餓莩　此率獸而食人也.

(포 유비육 구 유비마 민 유기색 야 유아부 차 솔수 이사인야)

귀족들의 푸주간에는 기름고기가 그득하고 마구간에는 살찐 말들이 자라고 있다. 그러나 백성들 얼굴에는 굶주린 빛이 넘치고 길거리에는 굶어 죽은 사람들이 누워있다. 이러한 정치 현상은 곧 위정자가 동물을 데려다가 백성을 잡아먹게 함과 같다.―《孟子》梁惠王上

庖(부엌 포) 肥(살찔 비) 廐(마구간 구) 飢(주릴 기) 餓(주릴 아) 莩(굶어죽을 부) 率(거느릴 솔) 獸(짐승 수) 食(먹일 사). 庖有肥肉와 廐有肥馬는 형식상으로는 대등 병렬이다. 그러나 의미상으로는 반전의 주종복구로 볼 수 있다. 此率獸而食人也는 결론을 내린 구절이다.

〈2〉 선택·반전·종합

병렬한 구의 뜻이 점진적으로 이어지고 확대된다. 혹은 앞에 있는 여러 개의 구의 뜻을 마지막의 구가 종합한다. 연사 혹은 접속부사를 쓰기도 한다.

非徒無益 而又害之.

(비도 무익 이 우 해지)

비단 무익할 뿐만 아니라 오히려 또 해가 된다. —《孟子》公孫丑上

徒(다만 도) 益(더할 익) 害(해칠 해). 非徒는 非但과 같다. 非
但……而~는 ……일 뿐만 아니라, 또 ~하다의 뜻을 나타내는 상관
연사. 이와 같이 허사를 씀으로서 앞뒤의 관계가 분명하게 된다.

非獨儀知之矣 行道之士盡知之矣.

(비독 의 지지의 행 도지사 진 지지의)

비단 장의(張儀)만이 알뿐이 아니라, 길가는 선비들도 다 알고
있다. —《史記》張儀列傳

獨(홀로 독) 盡(다될 진)

黎民不飢不寒 然而不王者 未之有也.

(여민 불기 불한 연이 불왕자 미지유야)

백성이 굶주리지 않고 추위에 떨지 않고, 그러고서 왕이 못된 사
람은 아직 없습니다. —《孟子》梁惠王上

黎(검을 려) 黎民(일반 백성, 서민, 민초), 然而(그렇게 하고서, 그
래 가지고) 不王者의 王은 동사로 임금노릇을 하다, 임금이 되다의
뜻. 然而(그러하고서)는 연사다.

抑, 且 등도 연사로 앞뒤의 구를 연결한다.

夫子至于是邦也 必聞其政 求之與 抑與之與.

(부자 지우 시방야 필문 기정 구지여 억여지여)

선생께서 어느 나라에 가시든지 반드시 그 나라의 정치에 대한
문의를 받으시는데, 선생이 스스로 구하신 것이냐 아니면 남이

선생에게 문의를 한 것이냐?-《論語》學而

抑은 혹은, 아니면 등의 뜻을 나타내는 연사. 求之與의 與는 의문조사, 與之與의 앞의 與(준다)는 본동사(本動詞), 뒤의 與는 의문조사. 抑은 다음 같이 반전(反轉)의 뜻을 나타내기도 한다.

若聖與仁 則吾豈敢 抑爲之不厭 誨人不倦 可謂云爾
已矣.

(약 성여인 즉 오기감 억 위지 불염 회인 불권 가위 운이이의)

성명(聖明)이나 인덕(仁德)을 내가 어찌 감히 바라겠는가? 다만 실행하는 데 물리지 않고, 남에게 글을 가르치는 데 게으르지 않게 한다고는 말할 수 있을 뿐이니라.-《論語》述而

抑은 오직, 그저, 억지로 말하자면의 뜻이다. 역시 연사로 본다. 爾已矣는 而已矣와 같다.

非獨此五國爲然而已也 天下之亡國皆然矣.

(비독 차 오국 위연이이야 천하지 망국 개연의)

비단 이들 다섯 나라만 그런 것이 아니라, 천하의 망국은 다 그러합니다.-《戰國策》魏策

爲然(그렇게 되다, 그러하다), 而已也는 복합 어미조사(複合語尾助詞). 앞뒤의 구가 병렬하고 있다. 다음 같이 뜻이 반전해도 역시 병렬 구조로 본다.

死馬且買之五百金 況生馬乎.

(사마 차 매지 오백 금 황 생마 호)

죽은 말조차 오백 금으로 사들인다면, 더욱이 산 말은 어떠하겠느냐. 더 비싸게 사들일 것이 아니냐.-《戰國策》燕策

與其……不如(不若)~는 ……하는 것보다 ~하는 것만 못하다. 즉

……하느니 차라리 ~하겠다는 뜻을 나타내는 관용어다. 이에 연결된
문장도 병렬구조로 본다.

與其生而無義 固不如烹.

(여기 생이 무의 고 불여 팽)

살아서 의가 없는 것보다, 단연코 끓는 물에 처형되는 편이 좋
다.—《史記》田單列傳

禮 與其奢也 寧儉.

(예 여기 사야 영검)

예의는 사치스럽게 차리는 것보다 차라리 검소하게 차려라.—《論
語》八佾

與其……寧~는 ……하느니, 차라리 ~한다. 寧……無~는 ……할지
언정, ~하지 않는다의 표현법도 있다.

寧爲鷄口 無爲牛后.

(영 위 계구 무 위 우후)

닭의 입이 될지언정 소꼬리가 되지 마라.—《史記》蘇秦列傳

與其有譽於前 孰若無毀於其后 與其有樂於身 孰若無
憂於其心.

(여기 유 예어전 숙약 무훼 어기후 여기 유 락어신 숙약 무우 어기심)

앞에서 칭찬을 받는 것보다, 뒤에서 욕먹지 않는 것이 좋다. 몸에
즐거움이 있는 것보다, 마음에 걱정이 없는 편이 좋다.—韓愈〈送
李原歸盤谷序〉

吾日三省吾身 爲人謀而不忠乎 與朋友交而不信乎 傳
不習乎.

(오 일 삼성 오신 위인모 이 불충호 여붕우 교 이불신호 전 불습호)

나는 날마다, 세 번, 나 자신을 돌이켜 반성해 본다. 남을 위해 일을 도모함에 있어 충성하지 못한 일은 없었는가, 벗과 사귐에 있어 신의를 잃은 일이 없었는가, 스승으로부터 배운 학문을 몸소 실천하고 익히지 않은 일은 없었는가.-《論語》學而

老吾老 以及人之老 幼吾幼 以及人之幼 天下可運於掌.
(노 오로 이 급 인지 로 유 오유 이 급인지 유 천하 가운 어장)
우선 나의 집안 어른들을 어른으로 받들어 모시고 (그런 효성을) 남의 어른에까지 미친다. 아울러 나의 집안의 어린 사람들을 어린이답게 우애하고 (그 우애를) 남의 어린 사람에게까지 미치면, 천하를 손바닥 안에 쥐고 다룰 수 있습니다.-《孟子》梁惠王上

老吾老는 孝다. 幼吾幼는 弟=悌다. 《논어》에서 유자(有子)가 말했다. 어버이 섬기는 효(孝)와 동생을 우애하는 제(悌)는 천하에 인덕을 이루게 하는 근본이다.(孝弟也者 爲仁之本歟). 이때의 爲仁은 곧 천하의 인애(仁愛)의 덕치(德治)를 실현한다는 뜻이다.

德之不修 學之不講 聞義不能徙 不善不能改 是吾憂也.
(덕지 불수 학지 불강 문의 불능사 불선 불능개 시 오우야)
덕을 닦지 않고, 학문을 강구하지 않고, 도의를 들어 알고도 따르지 않고 착하지 못한 것을 고치려 하지 않는다. 이러한 모든 것이 곧 내가 걱정하는 것들이다.-《論語》述而

庖有肥肉 廐有肥馬 民有飢色 野有餓莩 此率獸而 食人也.
(포 유 비육 구 유 비마 민 유 기색 야 유 아부 차 솔수 이 사인야)
푸주간에는 비계가 있고 마구간에는 살찐 말이 있으나, 백성들에게는 굶주린 빛이 넘치고 길에는 굶주린 사람들이 쓰러져 있다.

이러한 현상은 위정자가 짐승에게 사람을 먹이는 짓이니라.─《孟子》梁惠王上

　이상의 예문 중 중복된 것도 있다. 그와 같이, 앞뒤 구의 관계가 의미상으로 다양하게 풀이할 수 있다. 이상은 외형상 구조상으로는 ① 대등·연속·누가의 병렬복구 및 ② 선택·반전·종합의 병렬복구에 속한다고 볼 수 있다. 그러나 의미상으로는 앞의 구가 뒤의 구에 대한 조건이나 양보의 뜻을 나타내는 종속구(從屬句)로 풀이할 수도 있는 것이다.

(2) 주종복구(主從複句)

　앞에서 학습한 병렬복구(竝列複句)는 대등한 관계에 있는 두 개 혹은 그 이상의 분구(分句＝子句)를 결합한 것이다. 그러나 지금부터 학습하려는 주종복구(主從複句)는 중심구(中心句)와 종속구(從屬句)로 형성된 복구다. 중심구는 전체의 주체가 되는 핵사구이고, 종속구는 그 중심구를 부사적으로 수식 혹은 한정하는 분구이다. 예를 먼저 들겠다.

　(1) 不築 必將有道.(담을 쌓지 않으면, 반드시 도둑을 맞을 것이다.) : 不築(쌓지 않으면)이 가령(假令)이나 조건을 표시하는 종속구(從屬句)다. 必將有道(반드시 장차 도둑을 맞는다)가 중심구(中心句)다. 不築은 必將有道를 부사적으로 수식하는 상어(狀語)다. 둘이 다 미전개구(未展開句)다.

　(2) 今子食我 是逆天命也.(만약에 그대가 나를 잡아먹는다면, 그것은 천명을 거역하는 짓이다.) : 今子食我(만약에 지금 나를 먹으면)

종속구, 이때의 今(만약)은 연사(連詞)로, 若과 같다. 是(그것은. 주어) 逆(동사) 天命(빈어) 也(조사)가 전체의 중심구다.

주종복구(主從複句)를 종속구가 표시하는 의미에 따라 대략 ① 인과(因果)복구 ② 조건(條件)복구 ③ 가정(假定)복구 ④ 양보(讓步)복구 등으로 나눈다.

<1> 인과복구(因果複句)

한문에서는 원인이나 이유를 나타내는 분구(分句), 즉 종속구(從屬句)는 앞에 온다. 병렬복구의 경우도 앞에 있는 구자가 의미상으로 이유나 원인을 암시할 때가 있다.

天雨墻壞.

(천우 장괴)

하늘에서 비가 내려, 담이 무너졌다.

이때의 天雨와 墻壞는 병렬복구로 본다. 그러나 비가 오자, 곧 담이 무너졌다라는 뜻을 강조하기 위하여 天雨則墻壞라고 하면 주종복구(主從複句)가 된다. 원인이나 이유를 나타내는 주종복구는 대개 연사나 접속 부사 같은 허사를 활용한다.

父母之愛子 則爲之計深遠.

(부모지 애 자 즉 위지 계 심원)

부모가 자식을 사랑하기 때문에, 그들을 위해 깊고 먼 계책을 세운다. -《戰國策》趙策

父母之愛子가 이유를 나타내는 종속구(從屬句)다. 之는 종속구의 주어와 술어를 연결하는 조사다. 則은 연사(連詞), 爲之計深遠 앞에 놓는다.

彼竭我盈 故克之.

(피갈 아영 고 극지)

그들은 용기가 고갈되고 우리는 용기가 차 넘쳤다. 그래서 우리
가 이긴 것이다.—《春秋左氏傳》莊公 10년

彼竭我盈(그들은 기운이 고갈되었고, 우리는 기운이 솟아 찼다)
이 故克之(그래서 그들을 극복했다)의 이유 원인을 알리는 종속구다.
故는 연사(連詞).

虎以爲然 故遂與之行.

(호 이위 연 고 수 여지 행)

호랑이는 (여우의 말을) 믿었다. 그래서 마침내 같이 갔다.—《戰
國策》楚策

앞에 있는 虎以爲然이 종속구, 연사 故가 중심구 앞에 있다.

吾少也賤 故多能鄙事.

(오 소야 천 고 다능 비사)

나는 어려서 천하게 자랐다. 그래서 속된 일을 잘 할 수 있다.—
《論語》子罕

是故, 是以, 以此, 以故, 由是 등도 주종(主從) 두 구를 연결하는
데 쓰인다.

太伯不從 是以不嗣.

(태백 부종 시이 불사)

태백이 따르지 않아서 (그래서) 뒤를 계승하지 못했다.—《春秋左
氏傳》僖公 5년

漢敗楚 楚以故不能過滎陽而西.

(한 패초 초 이고 불능 과형양 이 서)

한이 초를 무찔렀다. 그래서 초는 형양을 거쳐서 서쪽으로 갈 수 없었다.—《史記》項羽本紀

左乃陷大澤中 以故漢追及之.

(좌 내함 대택중 이고 한 추급지)

왼쪽으로 돌아가자 이내 큰 늪에 빠졌다. 그런 고로 한의 군대가 쫓아 닿게 되었다.—《史記》項羽本紀

다음에는 길고 어려운 예문을 들고 한문 해석법을 학습하고 익히 겠다.

道義重 則輕王公矣.

(도의 중 즉 경 왕공 의)

나 자신이 도의를 중히 여기고 실천하면 도의에서 벗어난 왕이나 공경들을 경시하게 된다.—《荀子》修身

先帝不以臣卑鄙 猥自枉屈 三顧臣於草廬之中 咨臣以 當世之事 由是感激 遂許先帝以驅馳也.

(선제 불 이신 비비 외 자왕굴 삼 고신 어초려지중 자신 이 당세지사 유시 감격 수 허 선제 이 구치야)

선제께서 신을 비천하다고 여기지 않으시고 외람하게도 스스로 몸을 굽혀 세 차례나 신의 초막으로 찾아오셔서 신에게 당시의 정세를 자문하셨습니다. 그래서 신은 감격하고 드디어 선제께 허 락하고 말을 몰고 달렸습니다.—諸葛亮〈前出師表〉

卑(낮을 비) 鄙(천할 비) 猥(함부로 외) 枉(굽을 왕) 屈(굽을 굴).

先帝不以臣卑鄙……三顧……咨臣……事가 이유나 원인을 말하는 종 속구다.

由是……遂許……以驅馳也가 중심구다. 由是는 연사.

漢王授我上將軍印 予我數萬衆 解衣衣我 推食食我 言
聽計用 故吾得至於此.

(한왕 수아상장군 인 여 아 수만중 해의 의아 추식 식아 언청 계용 고 오
득지어차)

한왕이 나에게 상장군의 인신을 주고, 나에게 수만의 군대를 주
고, 자기 옷을 벗어 나에게 입히고, 자기 음식을 미루어 나에게
먹게 하고, 내 말을 듣고 내 계략을 썼다. 그래서 내가 이 자리에
이르게 된 것이다.—《史記》淮陰侯列傳

漢王授我上將軍印 予我數萬衆 解衣衣我 推食食我 言聽計用이 이
유나 원인을 알리는 종속구, 故吾得至於此가 결과나 결론을 내리는
중심구.

解(동사) 衣(명사 빈어) 衣(동사) 我(빈어), 推(동사) 食(명사 빈어)
食(동사) 我(빈아)로 분석한다. 漢王授我上將軍印의 授는 두 개의 빈
어를 취하는 수여동사(授與動詞). 予我數萬衆의 予도 수여동사. 我數
萬衆이 빈어.

故堯舜有九年之水 湯有七年之旱 而國無捐瘠者 以蓄
積多以備先具也.

(고 요순 유 구년지수 탕 유 칠년지한 이 국 무연척자 이 축적다 이 비선
구야)

요임금 순임금 때에 9년이나 홍수가 나고, 탕임금 때에 7년이나
가물었어도, 굶고 병들어 죽은 사람이 없었던 것은 축적을 많이
미리 갖추어 대비했기 때문이다.—晁錯〈論貴粟疏〉

故……以~(……함으로써 ~하다)라는 관용구도 있다. 故……은 중
심구, 以~은 이유를 표시하는 종속구다.

故는 여러 가지로 다르게 쓰인다. 유고(有故)의 故는 사고의 뜻, 온

고이지신(溫故而知新)의 故는 옛것의 뜻, 고의(故意)의 故는 부사다.

> 玉不琢 不成器 人不學 不知道 是故古之王者 建國君民
> 敎學爲先.

(옥불탁 불성기 인불학 부지도 시고 고지왕자 건국 군민 교학 위선)

옥돌은 다듬지 않으면 옥기가 되지 않고, 사람은 배우지 않으면 도를 모른다. 그러므로 옛날에, 나라를 세우고 백성들에게 임금노릇을 하는 사람은 (무엇보다도) 교육과 학문을 앞세웠다.—《禮記》學記

玉不琢은 원인이나 조건을 나타내는 종속구, 不成器가 중심구다. 人不學도 원인이나 조건을 나타내는 종속구, 不知道가 중심구다. 다음 단계에서는 玉不琢 不成器 人不學 不知道가 다 원인이나 이유를 나타내는 종속구가 된다. 是古(그래서, 그런 고로)는 연사(連詞), 중심구 古之王者 建國君民 敎學爲先의 앞에 붙었다. 建(동사) 國(빈어) 君(동사) 民(빈어)로 분석한다.

> 强本而節用 則天不能貧 養備而動時 則天不能病 循道
> 而不貳 則天不能禍 故水旱不能使之飢 寒暑不能使之
> 疾 祅怪不能使之凶.

(강본 이절용 즉 천 불능빈 양비 이동시 즉 천 불능병 순도 이불이 즉 천 불능화 고 수한 불능사지기 한서 불능사지질 요괴 불능사지흉)

근본이 되는 농업생산에 힘쓰고 절약하면 하늘도 사람을 가난하게 만들지 못한다. 잘 양육하고 잘 갖추고 활동하면 하늘도 사람을 병들게 하지 못한다. 도를 따르고 실천하고 어기지 않으면 하늘도 사람에게 화를 내리지 못한다. 고로 홍수나 가뭄도 사람을 굶주리게 하지 못하고, 추위나 더위도 사람을 병들게 하지 못한다. 요사스런

괴물들도 사람에게 흉악한 재앙을 끼치지 못한다.─《荀子》天論

여기서 말하는 道는 천도(天道)이고 곧 우주의 이법(理法)이다. 천도를 따라 생산하고 활동하고 절용(節用)하면 건전하게 살 수 있다는 사상이다.

强本의 强은 원래 형용사지만, 여기서는 동사술어로 쓰였으며, 本이 빈어다. 한문은 문법만 안다고 뜻을 바르게 깊게 풀 수 있는 것이 아니다. 이때의 本은 《한서(漢書)》에서 '농업은 천하의 큰 근본이다(農天下之大本也)'라고 말한 바, 농업 생산이다. 한편 節用은 《논어(論語)》에서 공자가 '천승의 나라를 다스릴 때에 모든 정사를 하늘의 도리에 맞게 처리하고 씀씀이를 절약하고 백성을 사랑하고 때에 맞추어 백성을 부려 쓴다(道千乘之國 敬事而信 節用而愛人 使民以時)'라고 말한 바 있다. 이러한 것을 알아야 바르게 해석하고 또 기쁨을 느끼게 될 것이다. 많이 읽고 알아야 한문공부가 즐겁게 된다. 주자는 격물치지(格物致知)를 중시했다.

〈2〉 조건복구(條件複句)

원칙적으로 조건을 제시하는 종속구가 앞에 오고 그것을 받는 중심구, 즉 주구(主句)는 뒤에 온다. 조건에는 사실적인 조건과 가설적인 조건이 있다. 먼저 예문을 들겠다.

朝聞道 夕死可矣.

(조 문도 석사 가의)

아침에 도를 듣고 터득하면 저녁에 죽어도 좋다.

不入虎穴 不得虎子.

(불입 호혈 부득 호자)

호랑이굴에 들어가지 않으면 호랑이 새끼를 얻지 못한다.

朝聞道가 조건구(條件句), 夕死可矣가 결론구(結論句)다. 不入虎 穴이 조건구, 不得虎子가 결론구다. 허사 없이도 연결할 수 있다. 그 러나 허사를 쓰면 뜻이 며왈하게 나타난다.

殺臣 宋莫能守.

(살신 송 막능수)

만약에 신을 죽인다면, 송나라는 수비할 수 없게 된다.─《墨子》 公輸

沛公不先破關中 公豈敢入乎.

(패공 불 선파 관중 공 기감 입호)

패공이 만약에 관중을 격파하지 않았으면, 공께서 어찌 감히 관 중에 들어가겠습니까.

殺臣은 若殺臣과 같은 조건구, 宋莫能守가 결론구다. 沛公不先破 關中도 若沛公不先破關中과 같은 조건구, 公豈敢入乎가 결론구다. 조건구 앞에 붙는 허사는 대략 다음과 같다. 若, 如, 令, 苟, 則, 卽, 假令, 假說 등이다. 다음에 예문을 들고 설명하겠다.

仁則榮 不仁則辱.

(인 즉 영 불인 즉 욕)

어질면 번영하고, 어질지 않으면 욕을 본다.─《孟子》公孫丑上

仁과 不仁이 조건구다. 연사(連詞) 則은 결론구, 즉 중심구(中心句) 앞에 붙인다.

子如不言 則小子何述焉.

(자 여 불언 즉 소자 하 술언)

선생님이 말씀을 안하시면, 저희들이 어떻게 풀이를 하겠습니까.─

《論語》陽貨

若漢挑戰 愼勿與戰 無令得東而已.

(약 한 도전 신 물여전 무령득 동이이)

만약에 한이 도전을 해도, 절대로 어울려 싸우지 마시오. 다만 그들로 하여금 동쪽으로 가지 못하게 하시오.─《史記》高祖本紀

子如不言, 若漢挑戰이 조건구다. 子如不言의 如는 주어 다음에 들어갔다. 그래서 접속부사(接續副詞)라고 부르기도 한다.

如彼豎子用臣之計 陛下安得而夷之乎.

(여 피 수자 용신지계 폐하 안득 이이지호)

만약에 바보(즉 韓信)가 나(즉 蒯通)의 계책을 썼더라면, 폐하(즉 劉備)가 어떻게 그를 처치할 수 있었겠습니까.─《史記》淮陰侯列傳

일찍이 괴통(蒯通)이 한신(韓信)에게 한 고조(漢高祖, 즉 劉備)에게 반란하고 먼저 치라고 말한 적이 있다. 그러나 한신이 듣지 않았으며, 반대로 잡히어 처형되었다. 이 말은 고조에게 잡혀온 괴통이 고조에게 한 말이다.

令耕漁不爭 陶器不窳 舜又何德而化.

(영 경어 부쟁 도기 불유 순 우 하덕이화)

가령 농부나 어부가 서로 다투지 않고, 도기나 기물들이 찌그러지지 않는다면, 순임금인들 또 어떻게 (백성들을) 덕으로 교화하겠느냐.─《韓非子》難一

窳(비뚤 유). 令耕漁不爭 陶器不窳이 조건구, 令은 假令과 같다. 令은 사역동사(使役動詞)로도 쓴다.

今我在也 而人皆藉吾弟 令我百歲后 皆魚肉之矣.

(금 아재야 이 인개자오제 영 아 백세후 개 어육지의)

지금 내가 살아 있는데도, 사람들이 모두 나의 동생을 욕하고 헐
뜯고 있다. 만약에 내가 백년 후에 (죽어 없으면) 모두가 내 동생
을 고기같이 뜯어먹을 것이다.─《史記》魏其武安侯列傳

苟無民 何以有君.

(구 무민 하이 유군)

만약에 백성이 없다면, 어떻게 임금이 있겠는가.─《戰國策》齊策

苟子之不欲 雖賞之不竊.

(구 자지 불욕 수 상지 부절)

만약에 그대가 욕심내지 않는다면, 비록 상을 준다 해도 훔치지
않을 것이다.─《論語》顏淵

苟는 연사 이외로, 부사로 구차하게, 경솔하게, 소홀하게의 뜻으로
쓰이기도 한다.

非其義也 餓不苟食 死不苟生.

(비기의야 아불구식 사불구생)

의가 아니면, 굶주려도 함부로 먹지 않고, 죽어도 구차하게 살지
않는다.─《商君書》畫策

연사 없이 부정의 뜻을 나타내는 조건구도 있다.

君非姬氏 居不安 食不飽.

(군 비 희씨 거 불안 식 불포)

임금이 희씨 성이 아니었으므로, 살아도 불안하고 먹어도 배부르
지 않았다.─《春秋左氏傳》僖公 4년

今不取 後世必爲子孫憂.

(금 불취 후세 필 위사손 우)

지금 (顓臾가 지키고 있는 성을) 취하지 않으면, 반드시 후세에
는 자손들의 걱정거리가 될 것이다.-《論語》季氏

伯夷非其君 不事 非其友 不友.

(백이 비기군 불사 비기우 불우)

백이(伯夷)는 임금다운 임금이 아니면 섬기지 않고, 벗다운 벗이
아니면, 벗하지 않았다.

微 같은 특수한 연사를 앞에 붙이는 경우도 있다.

噫! 微斯人 吾誰與歸.

(희 미사인 오 수 여귀)

아아! 만약 이러한 사람이 아니라면, 나는 누구와 더불어 함께
어울리겠는가.-范仲淹 〈岳陽樓記〉

噫(탄식할 희) 微(없을 미) 斯(이 사) 誰(누구 수) 與(더불어 여)
歸(돌아갈 귀)

美哉禹公! 明德遠矣 微禹 吾其魚乎.

(미재 우공 명덕 원의 미우 오 기어호)

위대하다 우공! 그는 덕을 멀리까지 밝혔다. (전국을 돌며 治水
를 했다) 만약에 우공이 아니었다면 우리는 물고기가 되었을 것
이다.-《春秋左氏傳》昭公 元年

有母弟 可立 不卽立長.

(유 모제 가립 부 즉립장)

같은 어머니의 동생이면 세울 수 있으나, 아니면 즉 장자를 내세
워야 한다.-《史記》魯世家

不卽(아니면 즉)도 압축된 부정의 조건구로 볼 수 있다. 가정이나
조건의 뜻을 나타내는 예문을 더 들겠다.

不違農時 穀不可勝食也.

(불위 농시 곡 불가 승식야)

농사짓는 때를 어기지 않고 (백성들이) 농사를 짓게 하면 곡식이
다 먹을 수 없을 만큼 생산될 것이다.

河內凶 則移其民於河東 移其粟於河內.

(하내 흉 즉 이기민 어하동 이기속 어하내)

하내 지방에 흉년이 들면, 백성들을 하동으로 옮기고, 곡식을 하
내로 옮긴다.

無罪歲 斯天下之民至焉.

(무 죄세 사 천하지민 지언)

임금은 죄를 하늘과 농사 작황에 돌리지 마시오. 그러면 천하의
백성들이 다 왕을 따라올 것이오.

如有不嗜殺人者 卽天下之民 皆引領而望之矣.

(여유 불기살인자 즉 천하지민 개 인영 이 망지의)

만약에 살인을 좋아하지 않는 임금이 있다면, 천하의 백성들이
모두 목을 뽑아 올리고 그를 바라볼 것이다.

縱江東父兄憐而王我 我何面目見之 縱彼不言 籍獨不
愧於心.

(종 강동부형 련 이왕아 아 하면목 견지 종 피불언 적 독불괴어심)

설사 강동의 부형들이 동정해서 나를 왕으로 받들어도, 나는 무
슨 면목으로 그들을 대하겠소. 설사 그들이 말을 안 해도, 나 항
적(項籍=項羽)은 홀로 마음속이 부끄럽지 않겠소. ―《史記》項
羽本紀

<3> 양보복구(讓步複句)

양보의 뜻을 나타내는 종속구가 앞에 있는 복구를 양보복구라고 한다. 먼저 예문을 들겠다.

國雖大 好戰必亡.
(국수대 호전필망)
나라가 비록 커도, 싸우기를 좋아하면 반드시 망한다.―《漢書》主父偃傳

國雖大가 양보의 뜻을 나타내는 종속구, 好戰必亡은 중심구, 즉 주구(主句)다.

雖에 대해서는 여러 가지로 설명할 수 있다.

① 國雖大같이 雖가 國(주어) 다음, 大(술어) 앞에 붙은 경우는 이 雖를 접속부사(接續副詞)라고 부르기도 한다.

② 만약에 雖를 주어 앞에 붙여, 雖國大라고 하면 이 雖는 분명히 연사(連詞)다.

③ 그러나 다음 같이 설명하기도 한다. 雖는 어디까지나 연사다. 그러니까, 원칙적으로 雖國大라고 해야 한다. 그러나, 주어 國을 강조하기 위하여 앞에 내세웠고, 허사(虛詞)에 속하는 연사 雖를 뒤로 돌렸다. 어느 경우에도 다 통한다. 일반적으로는 ③을 취한다.

한편 여기서는 앞에 있는 종속구의 뜻이 양보(讓步)의 뜻을 나타낸다고 말했으나, 엄격히 따지면, 원인, 이유, 가정, 조건, 양보, 반전(反轉) 등이 서로 혼잡하기도 한다. 예를 들어 설명하겠다.

國大 好戰 必亡.(나라가 크다, 싸우기 좋아하다, 망한다.)

이 구절을 다음 같이 여러 가지 형식과 여러 가지 뜻으로 활용할 수 있다.

① 國大以好戰亡矣. : 以는 ……했으므로, 그런 까닭으로의 뜻이 있다. 이때에는 원인이나 이유의 뜻이 나타난다.

② 國大而好戰亡矣. : 而는 그리고의 뜻이 있다. 이때에는 國大 好戰은 병렬복구가 된다.

③ 若國大好戰必亡矣. : 若國大(만약에 나라가 크다고)는 가령(假令) 혹은 조건을 나타낸다.

④ 雖國大好戰必亡矣. : 雖國大(비록 나라가 크다고 하더라도)는 양보(讓步)를 나타낸다. 이 양보는 반전(反轉)의 뜻으로 이어진다. 즉 비록 크다고 하더라도, 그럼에도 불구하고 ……하면, (반대로 ~하게 된다)로 이어진다.

앞에서 가령 조건이라고 한 예문을 다시 들겠다.

縱江東父兄憐而王我 我何面目見之.
(종 강동부형 련이 왕아 아 하면목 견지)
설사 강동의 부형들이 동정해서 나를 왕으로 받들어도, 나는 무슨 면목으로 그들을 대하겠소.

이때의 설사는 비록의 뜻과 비슷하다. 이상에서 보듯이 주종복구(主從複句)의 종속구(從屬句)의 의미상의 분류는 서로 혼동 혼합하는 경우가 있다. 그러므로 실제로 한문을 해석하는 경우에는 전후관계와 의미를 잘 헤아려야 한다. 다음에서 양보구(讓步句)에 관한 예문을 들고 풀이를 하겠다.

其身不正 雖令不從.
(기신 부정 수 령 부종)
(다스리는 사람의) 몸가짐이 바르지 않으면, 비록 명령을 내려도

(백성들이) 복종하지 않을 것이다. -《論語》子路

雖令(비록 영을 내려도)가 종속구(從屬句), 不從(따르지 않는다)이 중심구다. 이때의 雖는 부사로 본다. 其身不正은 가정이나 조건의 뜻을 나타내는 종속구, 雖令不從이 중심구다.

雖有十皇帝 不能治也.

(수 유 십황제 불능 치야)

비록 열 명의 황제가 있어도, 다스릴 수 없다. -《韓非子》五蠹

雖有百秦 將無奈我何.

(수 유 백진 장 무 내아하)

비록 백 개의 진나라가 있어도, 나를 어찌하지 못할 것이다. -《戰國策》齊策

雖有百秦(비록 백 개의 진이 있어도)은 가정이나 양보의 뜻을 나타내는 종속구, 將無奈我何가 중심구.

雖才高于世 而無驕尚之情.

(수 재 고우세 이 무 교상지정)

비록 재능은 세상에 높이 돋아났으나 (그러나) 그는 교만하고 자만하는 태도를 내보이지 않았다. -《後漢書》張衡傳

驕尚之情의 情은 표정, 태도의 뜻.

以佚道使民 雖勞不怨 以生道殺民 雖死不怨殺者.

(이일도 사민 수로 불원 이생도 살민 수사 불원살자)

(백성을) 안일하게 하는 도리로써 백성을 부려쓰면, 비록 고생스러워도 원망하지 않는다. 백성의 생명을 보호하는 법의 도리로 (살인 강도 같은) 범죄자를 죽이면, 비록 사형을 내린다 해도, (백성은) 사형을 내린 사람을 원망하지 않는다. -《孟子》盡心上

이일도(以佚道)는 모든 백성을 안락하게 해주는 도리, 즉 사회적 공익사업을 위해서라는 뜻, 이생도(以生道)는 모든 백성의 생명과 안전을 보호하기 위해서라는 뜻.

楚雖有富大之名 而實空虛 其卒雖多 然而輕走易北.
(초 수유 부대지명 이 실공허 기졸 수다 연이 경주 이배)

초나라는 비록 재물이 많고 강대하다고 이름은 나 있으나 (그러나) 실속은 공허하다. 그 군대도 비록 수는 많으나 그러나 쉽게 도망가고 쉽게 패배한다. ─《史記》張儀列傳

老嫗力雖衰 請從吏夜歸.
(노구 력 수쇠 청 종리 야귀)

늙은 할멈이라 기력은 비록 쇠해도 나리를 따라 이 밤으로 싸움터에 가기를 청합니다. ─杜甫〈石壕吏〉

諸侯之禮 吾未之學也 雖然 吾嘗聞之矣.
(제후지 례 오 미지학야 수연 오 상문지의)

제후가 지키고 행하는 예절에 대해서, 저는 아직 배우고 익히지 못했습니다. 그러나 저도 전에 듣기는 했습니다. ─《孟子》滕文公上

雖는 종속구에 붙인다. 雖然(그러하지만)은 종속구와 중심구 사이에 놓는다.

苟非吾所有 雖一毫而莫取.
(구 비 오소유 수 일호 이 막취)

만약 내가 소유하고 있는 것이 아니면, 비록 털 하나라도 취해 가지면 안된다. ─蘇東坡〈前赤壁賦〉

苟非吾所有(만약 혹은 적어도 내 소유가 아니면)는 雖一毫而莫取

의 종속구, 雖一毫는 莫取의 종속구다.

雖有天下易生之物也 一日暴之 十日寒之 未能生者也.

(수유 천하 이생지 물야 일일 폭지 십일 한지 미능 생자야)

비록 천하에서 가장 잘 생존하고 성장하는 것이라 해도 하루만 뜨거운 불에 쪼이고 또 열흘만 차게 얼리면, 아무것도 살아 남을 것이 없다.－《孟子》告子上

한문 고전의 뜻을 바르게 알고 깊이 해석하기 위해서는 한자의 뜻을 잘 알아야 한다. 여기 나타나는 생(生)이란 글자는 물론 산다는 뜻이다. 그러나 죽지 않고 산다는 것은 곧 성장하고 번성하고 발전한다는 뜻이 내포되어 있음을 알아야 한다.《역경(易經)》계사전(繫辭傳)에 천지지대덕왈생(天地之大德曰生)이라는 말이 있다. 이 글을 직역하면 '천지의 큰 덕은 삶이다'라고 할 수 있다. 그러나 깊은 뜻은 '하늘과 땅이 어울려 나타내는 큰 공덕은 만물을 낳고 살게 하고 번식하고 번성케 함이다'이다.

이와 같은 깊은 뜻을 알아야 한문의 고전, 특히 경전(經典)의 가르침이 현대적인 뜻을 지니고 활용될 수 있다. 성현의 깊은 가르침을 현대적으로 풀이하고 오늘의 인류위기를 구제하고 또 나가서 진정한 도의세계를 창건해야 한다. 그것이 우리 한학자의 사명이다.

良藥 苦於口 利於病.

(양약 고어구 이어병)

좋은 약은 입에는 쓰지만, 병에는 효험이 있다.

上下交征利 而國危矣.

(상하 교 정리 이 국 위의)

위와 아래가 서로 자기 이득만을 취하면, 나라가 기울고 위태롭게 된다.

政者 正也.

(정자 정야)

정치는 바르게 함이다.

正은 一과 止를 합친 글자로, 하나에 가서 멈추다의 뜻이다. 하나는 곧 절대선(絶對善)의 천도(天道)다.

참고 ◑ 종합 복습

<1> 구문상의 용어

　주요성분(主要成分) : 주어(主語), 술어(述語)

　연대성분(連帶成分) : 빈어(賓語), 보어(補語)

　부가성분(附加成分) : 정어(定語), 상어(狀語)

　빈어(賓語) : 재래의 목적어가 포함된다.

　보어(補語) : 뒤에서 앞의 말의 뜻을 보충한다.

　정어(定語) : 형용사적 수식어

　상어(狀語) : 부사적 수식어에 해당한다.

<2> 자(字)·사(詞)·사조(詞組)·구자(句子)

　• 자(字)와 사(詞) : 언어 진술(陳述)의 단위는 구자(句子)다. 그리고 구자를 구성하는 단위는 사(詞)다. 한문은 한자로 쓰여졌고 한 자(字)가 한 사(詞)가 되는 경우가 많으므로 흔히 자(字)=사(詞)로 착각한다. 그러나 자와 사는 엄연히 다르다. 자는 서사(書寫)의 단위이고, 진술의 단위인 구자를 꾸미는 단위는 사다.

　山, 高, 鳥, 飛는 한 글자, 한 음절의 한 사소(詞素)로 된 단순사(單純詞)다. 사소는 새로운 문법용어로 의미요소(意味要素)라는 뜻이다. 결국 위의 사(詞)들은 한 음절의 사소로 된 하나의 사(詞), 즉 단순사(單純詞)다. 다음 같이 두 자로 쓰여진 두 음절로 된 단순사도 있다.

• 지주(蜘蛛) : 거미, 參差(참치) – 들쭉날쭉, 窈窕(요조) – 아름답고 안
존하다, 彷徨(방황) – 오락가락하다.

기타 인명(人名), 지명(地名), 혹은 관직명(官職名)도 단순사다.

단순사를 음절상으로 분류하면 다음과 같다.

$$
\text{단순사}
\begin{cases}
\text{1음절 1사소 : 人, 山, 馬} \\
\text{2음절 1사소 : 葡萄, 琵琶} \\
\text{다음절 1사소 : 諸葛亮, 翰林學士}
\end{cases}
$$

<3> 단순사(單純詞)와 복합사(複合詞)

하나의 의미요소, 즉 하나의 사소(詞素)로 된 사(詞＝낱말)를 음절수를
불문하고 단사(單詞) 혹은 단순사(單純詞)라고 한다. 한편 두 개의 사소
로 된 사(詞)를 복사(複詞) 혹은 복합사(複合詞)라고 한다. 복합사는 2음
절, 2사소가 결합한 하나의 사다. 예를 들겠다.

• 대인(大人) : 절대선(絶對善)의 천도(天道)를 따르고 실천하는 덕 있
는 사람(어른의 뜻도 있다). 그러나 영어의 a big man(몸이 큰 사람)의
뜻이 아니다. 즉 大人은 형용사 대(大)와 명사 인(人)이 결합한 사조(詞
組＝숙어)가 아니고 하나의 복합사(複合詞)다.

• 소인(小人) : 금전이나 명리(名利)를 탐하는 저속한 이기주의자(利己
主義者), 알기 쉽게 말하면 돈이나 무력 및 술책을 바탕으로 사는 사람이
곧 소인이다.

• 군자(君子) : 학문과 덕행을 겸비하고 도덕정치에 참여하고 지(知)·
인(仁)·용(勇)의 삼달덕(三達德)을 실천하는 참다운 지식인을 군자라 한
다. 뇌물을 받고 공금을 축내는 정치인들은 대인이나 군자가 아니고 소인
이다. 군자를 사조(詞組)로 보고 임금의 아들, 혹은 임금과 아들이라는 뜻
으로 풀이할 수도 있다.

복합사(複合詞)는 물론 두 글자 두 음절이다. 그러나 두 개의 사(詞)의
결합이 아니고, 두 개의 사소(詞素)가 결합한 하나의 낱말이다. 우리가 잘

아는 국가(國家)는 하나의 복합사다. 國과 家는 저마다, 사소(詞素)이다.

<4> 사조(詞組)

사조(詞組)는 새 용어로 재래의 숙어(熟語 : phrase)에 해당하며 혹 단어(短語)라고도 한다. 사조는 사(詞)와 사로 엮어진 의미의 결합체로, 구자의 성분이 된다. 즉 사조는 구조상으로 사(詞)와 구자(句子) 사이에 있는 문법단위이다. 예문을 들고 설명하겠다.

• 虎狼食肉(범과 이리는 고기를 먹는다) : 虎狼은 虎와 狼의 두 개의 사(詞)가 결합한 사조(詞組)다. 여기서는 주어가 되었다. 술어는 食肉이다. 食(동사) 肉(빈어)으로 분석한다.

• 深山有虎狼(깊은 산중에 범과 이리가 있다) : 虎狼이 有의 빈어(賓語), 深山(상어) 有(동사) 虎狼(빈어)로 분석한다.

• 秦虎狼之國也(진은 범과 이리같이 사나운 나라다) : 虎狼은 정어=형용사적 수식어로, 國을 수식하고 있다. 秦(주어) 虎狼之國(술어) 也(어조사), 虎狼(정어) 之(조사) 國(중심어=피수식어)로 분석한다.

<5> 구자(句子)와 자구(子句)

자구(子句)는 작은 구자라는 뜻으로 분구(分句)라고도 하며, 재래의 절(節 : clause)에 해당한다. 즉 자구는 큰 구자 속에 있는 작은 구자이다. 예를 들겠다.

• 年少(나이가 어리다) : 연소는 주어(年)와 술어(少)를 갖춘 구자(句子)다. 그러나, 보다 큰 구자의 한 성분이 될 수 있으며, 그때에는 자구(子句) 혹은 분구(分句)라 한다.

• 寡人年少(나는 나이가 어리다) : 과인(寡人)은 덕이 적은 사람, 즉 임금이 자신을 낮춰서 부르는 말이다. 이때에 年少가 술어로 쓰였다.

• 年少者不可出入(어린 사람은 출입할 수 없다) : 年少는 者를 수식하는 정어(定語)로 쓰였다. 다른 예를 들고 설명하겠다.

• 我稱頌杜甫詩聖(나는 두보를 시성이라 칭송한다) : 我(주어) 稱頌(동사) 杜甫詩聖(빈어), 빈어 杜甫詩聖을 다시 杜甫(주어) 詩聖(술어)으로 분석한다. 즉 주어＋술어가 동사 稱頌의 빈어구(賓語句)로 쓰였다. 큰 문장 속에 있는 작은 문장을 자구(子句)라고 한다.

제 3 편

계몽한문(啓蒙漢文)과 명심보감(明心寶鑑)

앞에서 학습한 기본지식을 활용하여 한문문장을 해독해 보자.

한문을 해독하기 위해서는 먼저 한자 및 한자어의 음과 뜻을 잘 알아야 한다.

다음에는 한문을 구조상으로 바르게 분석할 줄 알아야 한다. 그러므로 앞에서 학습한 기본구조(基本構造)를 거듭 복습하고 충분히 익혀야 한다.

제3편에서는 짧고 쉬운 한문을 추렸다. 단, 내용면에서는 심성함양(心性涵養)과 윤리도덕(倫理道德)의 바탕이 되는 계몽한문(啓蒙漢文)을 주로 했다.

대략 다음과 같다

제1장 삼자경(三字經) 선독(選讀)

제2장 사자소학(四字小學) 선독

제3장 동몽선습(童蒙先習) 및 계몽편(啓蒙篇) 선독

제4장 명심보감(明心寶鑑) 선독

제1장 삼자경(三字經) 선독(選讀)

《삼자경》은 남송(南宋)의 학자 왕응린(王應麟 : 1223~1296)이 편찬한 아동용 계몽서(啓蒙書)라고 전한다. 그러나 실은 그 이전부터 민간에 전해오던 세 글자로 엮어진 계몽한문을 그가 정리했을 것이다.

세 글자로 된 쉬운 한문이기 때문에 아이들의 계몽서로 민간에서 오래, 또 광범하게 애독되었다. 그러므로 그후에도 여러 사람의 이름으로 편찬된 《삼자경》이 많이 간행되었다.

이 책은 최근 상해(上海) 지식출판사(知識出版社)의 백화몽학(白話蒙學)에 실린 삼자경을 판본으로 삼았다. 원본 속에서 특히 심성함양(心性涵養)이나 인격도야(人格陶冶) 및 윤리도덕(倫理道德)에 관한 것을 추렸다.

人之初 性本善.1)

인지초(에) 성본선(이라)

사람이 처음 태어났을 때의 성품은 본래 착하다.

어구 설명 ○人之初(인지초)—사람이 처음 태어났을 때. 개인적으로는 어렸

---

1) 人(사람 인) 之(갈 지) 初(처음 초) 性(성품 성) 本(본래 본) 善(착할 선)

을 때, 총체적으로는 인류의 초창기를 말한다. ○性本善(성본선)－인간의 성품은 본래 착하다. 인간의 본성은 착하다.

(참고) 인간은 만물의 영장이다. 따라서 하늘로부터 받은 본성은 착하다. 착한 본성은 곧 윤리도덕을 실천하는 도덕성(道德性)이다. 그와 반대되는 것이 동물적·본능적·이기적 욕심이다. 남을 속이거나 살상(殺傷)하고 남의 재물을 탈취하는 야만성이다. 사람은 정신적·도덕적 삶을 살아야 한다.

性相近 習相遠.2)

성(은) 상근(이나) 습(이) 상원(하니라)

사람의 본성은 서로 비슷하다. (그러나) 배우고 익힘에 따라 서로 크게 멀어진다.

(어구 설명) ○性相近(성상근)－본래의 성품은 서로 비슷하다. ○習相遠(습상원)－배우고 익힘에 따라서 서로 멀어진다. 즉 크게 차이가 나고 다르게 된다. 習은 학습의 뜻, 즉 배우고 익힘.

(참고) 인간은 만물의 영장이다. 하늘은 인간에게 착한 본성을 주었다. 그러므로 인간은 선천적으로 가정에서는 부모에게 효도하고 사회적으로는 윤리와 도덕을 따르고 실천하는 숭고하고 착한 본성을 지니고 있다. 단 선본성(善本性)은 바른 교육을 통해 계발되고 또 훈련을 통해 길들여져야 바르게 나타난다. 외형적 육신(肉身)은 음식을 섭취하면 스스로 성장한다. 그러나 내면적 심성(心性)이나 인격은 정신적 양식을 섭취해야 계발되고 발달한다.

養不教 父之過.3)

양(이) 불교(는) 부지과(니라)

---

2) 相(서로 상) 近(가까울 근) 習(익힐 습) 遠(멀 원)
3) 養(기를 양) 不(아닐 불) 教(가르칠 교) 父(아비 부) 過(지날 과)

자식을 (육체적으로만) 양육하고 (정신적으로) 바르게 교육하지 않는 것은 아버지의 잘못이다.

어구 설명 ㅇ養不教(양불교)－자식을 육체적으로만 양육하고, 정신적·도덕적으로 바르게 가르치지 않는 것은. ㅇ父之過(부지과)－아버지의 잘못이다. 부모는 자식에게 윤리도덕을 교육해야 한다.

敎不嚴 師之惰.4)

교(이) 불엄(은) 사지타(니라)

교육하되 엄하게 하지 않으면 스승이 태만해서이다.

어구 설명 ㅇ敎不嚴(교불엄)－가르치되 엄하게 (훈도하지) 않는 것은. 敎의 깊은 뜻은 하늘의 도리를 가르쳐 깨우치고 동시에 몸소 실천하게 훈육함이다. 즉 지식보다 윤리도덕 및 예의범절을 몸에 익히게 해야 한다. ㅇ師之惰(사지타)－스승의 태만이다. 스승이 태만해서이다.

참고 스승은 학생들에게 바른 도리를 가르치고 동시에 엄하게 훈육해야 한다. 학식이나 기능만 가르치고 심성함양과 인격도야를 소홀히 하면 재주와 기술을 악용해서 남을 해치는 악덕한 인간이 되며 사회나 국가에 해를 끼친다.

子不學 非所宜.5)

자(이) 불학(은) 비소의(니라)

자식이 배우려 하지 않는 것은 옳은 일이 아니다.

어구 설명 ㅇ子(자)－아들, 자제(子弟). ㅇ不學(불학)－배우려 하지 않는다.

---

4) 嚴(엄할 엄) 師(스승 사) 惰(게으를 타)

5) 子(아들 자) 學(배울 학) 非(아닐 비) 所(바 소) 宜(마땅할 의)

○非所宜(비소의)-옳은 바가 아니다. 옳지 않다.

참고 자식된 몸으로 부모나 스승에게 배우지 않으면 훌륭한 사람이 될 수 없다. 특히 예의범절이나 윤리도덕을 잘 배우고 익혀야 한다.

幼不學 老何爲.6)

유(이) 불학(이면) 노(이) 하위(리오)

어려서 배우지 않으면 늙어서 무엇을 할 수 있으랴?

어구 설명 ○幼不學(유불학)-어려서 배우지 않으면. ○老何爲(노하위)-늙어서 무엇을 할 수 있으랴? 혹은 무엇이 되랴?

玉不琢 不成器.7)

옥(은) 불탁(이면) 불성기(니라)

옥돌도 다듬고 갈지 않으면 옥그릇이 되지 않는다.

어구 설명 ○玉不琢(옥불탁)-옥돌도 쪼고 갈고 닦지 않으면. ○不成器(불성기)-옥그릇이 되지 못한다.

人不學 不知義.8)

인 불학(이면) 부지의(라)

사람은 배우지 않으면 바른 도리를 알지 못한다.

어구 설명 ○人不學(인불학)-사람은 배우지 않으면. ○不知義(부지의)-정의(正義)나 도의(道義)를 알지 못한다.

---

6) 幼(어릴 유) 不(아닐 불) 老(늙은 로) 何(무엇 하) 爲(할 위)
7) 玉(옥 옥) 琢(쫄 탁) 成(이룰 성) 器(그릇 기)
8) 人(사람 인) 不(아닐 불) 學(배울 학) 知(알 지) 義(옳을 의)

참고   《예기(禮記)》에는 玉不琢 不成器 人不學 不知道 다음에 '좋은 음식이 있어도 먹지 않으면 진미를 모르듯이 지극히 좋은 도리도 배우지 않으면 좋다는 것을 모른다(雖有嘉肴不食 不知其旨也 雖有至道不學 不知其善也)'라는 구가 있다.

三才者 天地人.9)

삼재자(는) 천지인(이라)

하늘·땅·사람을 삼재라 한다.

어구 설명   ○三才者(삼재자)－세 가지 기능적 요소, 문화를 발전시키는 세 가지 바탕. ○天地人(천지인)－하늘, 땅, 인간.

참고   재(才)는 기능(機能) 혹은 재료(材料)의 뜻이다. 절대선(絶對善)인 하늘이 우주천지 자연만물을 창조하고 또 운행하고 있다. 자연만물은 시간의 흐름에 따라 생육화성(生育化成)한다. 특히 인간은 역사와 문화를 계승하고 발전하게 하고 있다. 그와 같은 창조와 발전의 바탕이 곧 천지인(天地人)의 셋이다. 하늘은 천도(天道)를 내리고, 사람은 행동적으로 실천하여[人行], 지상세계에 지덕(地德)을 세운다. 삼재(三才)를 천도, 인행, 지덕으로 확대 해석할 수도 있다. 자연과학(自然科學)에서 절대시하고 따르는 자연법칙이 천도이다. 과학자의 연구 노력이 인행이다. 과학적 성과가 지덕이다.

三光者 日月星.10)

삼광자(는) 일월성(이라)

세 가지 광명의 근원은 곧 해·달·별이다.

---

9) 三(석 삼) 才(재주 재) 者(놈 자) 天(하늘 천) 地(땅 지)
10) 光(빛 광) 者(놈 자) 日(해 일) 月(달 월) 星(별 성)

어구 설명 ㅇ三光者(삼광자)—빛을 발산하는 세 가지, 광명의 근원이 되는 세 가지. ㅇ日月星(일월성)—해와 달과 별. 빛을 받아야 존재가 나타난다. 학식이 바로 빛이다.

爲人子 方少時 親師友 習禮儀.11)

위인자(는) 방소시(에) 친사우(하고) 습예의(하니라)

자식된 사람은 어린 시절에, 스승과 벗을 친애하고 예의범절을 익혀야 한다.

어구 설명 ㅇ爲人子(위인자)—남의 자식이 되다, 사람의 자식된 몸. ㅇ方少時(방소시)—바야흐로 어린 시절에. ㅇ親師友(친사우)—스승과 벗을 가까이하고 또 친애함. ㅇ習禮儀(습예의)—예의범절을 실천하고 익히다.

爲學者 必有初 小學終 至四書.12)

위학자(이) 필유초(하니) 소학종(하고) 지사서(니라)

배움에 있어서는 반드시 기본을 잘 다져야 한다. 소학의 가르침을 마치고 다음에 사서 공부를 해야 한다.

어구 설명 ㅇ爲學者(위학자)—공부를 하는 사람, 글을 배우는 사람. ㅇ必有初(필유초)—반드시 먼저 배우고 또 익혀야 할 것이 있다. ㅇ小學終(소학종)—소학을 마치고. ㅇ至四書(지사서)—그 다음에 사서를 배워야 한다.

참고 《소학(小學)》은 송(宋)의 유자징(劉子澄)이 주자(朱子)의 지도를 받아서 편찬한 책이며 주로 아이들에게 예의범절을 바르게 익히고 윤리

---

11) 爲(할 위) 方(모 방, 바야흐로) 少(적을 소) 時(때 시) 親(친할 친) 師(스승 사) 友(벗 우) 習(익힐 습) 禮(예도 례) 儀(거동 의, 예의)

12) 學(배울 학) 必(반드시 필) 有(있을 유) 初(처음 초) 小(작을 소) 終(끝날 종) 至(이를 지) 書(글 서)

도덕을 실천케 하는 계몽서(啓蒙書)이다. 어려서 실천적인 《소학》의 가
르침을 배우고 또 몸에 익혀야 한다. 그런 다음에 사서(四書) 같은 심오
한 학문을 배워야 한다. 그래야 학식과 덕행을 겸한 군자(君子 : 참다운
선비)가 될 수 있다. 사서(四書)는 《대학(大學)》·《논어(論語)》·《맹자
(孟子)》·《중용(中庸)》이다. 특히 주자(朱子)의 사서집주(四書集註)를
공부해야 한다.

孝經通 四書熟 如六經 始可談.13)

효경통(하고) 사서숙(하면) 여육경(을) 시가담(이니라)

《효경》에 통달하고 사서에 숙달해야 비로소 《육경》에 대해서 말
하고 논할 수 있다.

어구 설명   ○孝經通(효경통)-《효경》에 통달하다. 통달은 효도 효행의 원
리와 뜻을 잘 알고 아울러 바르게 효도를 실천한다는 뜻이다. ○四書熟
(사서숙)-사서에 숙달하다. ○如六經(여육경)-《육경》과 같은 글에 대해
서. 육경은 《시경(詩經)》·《서경(書經)》·《역경(易經)》·《주례(周禮)》·
《예기(禮記)》·《춘추(春秋)》이다.

幼而學 壯而行 上致君 下澤民.14)

유이학(이오) 장이행(이니) 상치군(이오) 하택민(하니라)

어려서는 배워 익히고 성장하여서는 몸소 실천하여, 위로는 임금
에게 충성하고 아래로는 만민에게 은혜를 베풀어야 한다.

어구 설명   ○幼而學(유이학)-어려서 배운다, 학문을 배우고 덕행을 익힌

---

13) 孝(효도 효) 經(날 경, 경서) 通(통할 통, 꿰뚫다) 熟(익을 숙) 如(같을 여)
　　始(처음 시) 可(옳을 가, 가히) 談(말씀 담, 말하다)
14) 幼(어릴 유) 而(말 이을 이) 學(배울 학) 壯(씩씩할 장) 行(갈 행) 上(위 상)
　　致(보낼 치, 바치다) 君(임금 군) 下(아래 하) 澤(못 택, 은택) 民(백성 민)

다. ㅇ壯而行(장이행)-어른이 되어 (사회에 나가서는) 바른 도리를 따르고 행한다. 壯은 장정(壯丁), 어른의 뜻. ㅇ上致君(상치군)-위로는 나라의 중심인 임금에게 충성을 다한다. ㅇ下澤民(하택민)-아래로는 만민을 돌보고 은혜를 베풀어주다.

참고 어려서 학문을 배우고 덕행을 익혀야 인격을 완성하고 좋은 선비가된다. 그런 다음에 사회에 나가서 바른 도(道)를 따르고 행해야 한다. 위로는 국가에 충성하고 아래로는 만민에게 은덕을 베풀어야 한다.

揚名聲 顯父母 光於前 裕於後.[15)

양명성(하고) 현부모(하니) 광어전(이오) 유어후(라)

공을 세워 이름을 높이고 부모님과 가문을 빛나게 해야 한다. (그래야) 살아서는 (선조에게) 영광을 돌리고 죽은 후에는 자손들에게 복을 누리게 할 것이다.

어구 설명 ㅇ揚名聲(양명성)-자신의 명성을 선양한다. ㅇ顯父母(현부모)-부모님의 이름을 빛내다. ㅇ光於前(광어전)-선조에게 영광을 돌리다. 於前은 선조에게. ㅇ裕於後(유어후)-후손에게도 그들이 잘살고 복을 누리게 한다. 살아서도 영광되고, 죽은 후에 자손의 제사를 잘 받다로 풀 수도있다.

참고 자식이 사회나 국가에 공을 세우면 자기 명성만이 높이 나지 않고, 부모도 영광을 누리고 자식이나 후손들도 여러 가지로 음덕(陰德)을 입는다.

人遺子 金萬籯 我教子 惟一經.[16)

---

15) 揚(오를 양) 名(이름 명) 聲(소리 성) 顯(나타날 현) 光(빛 광) 於(어조사 어) 前(앞 전) 裕(넉넉할 유) 後(뒤 후)

16) 人(사람 인, 남) 遺(남길 유, 물려주다) 金(황금 금) 萬(일만 만) 籯(바구니

인유자(에) 금만영(이나) 아교자(에) 유일경(이라)

다른 사람은 만 광주리 가득히 황금을 채워 자식에게 물려주지만, 나는 자식에게 다만 한 권의 경전을 교육하겠다.

어구 설명 ○人遺子(인유자)－남은 자식에게 물려준다. ○金萬籝(금만영)－황금 만 광주리. ○我敎子(아교자)－나는 자식을 가르친다. ○惟一經(유일경)－오직 한 권의 경서.

참고 ◐ 성현(聖賢)의 글을 교육하자

사랑하는 자식에게 성현(聖賢)의 글을 교육해야 그가 커서 훌륭한 사람이 된다. 훌륭한 사람은 곧 학덕(學德)을 겸비하고 경세제민(經世濟民)하는 선비를 말한다. 훌륭한 사람이 되기 위해서는 부지런히 성현의 경전을 공부해야 한다. 육조(六朝)시대 진(晉)나라의 도연명(陶淵明)도 다음과 같은 권학(勸學) 시를 남겼다.

盛年不重來 一日再難晨
及時當勉勵 歲月不待人.
(젊은 시절은 두 번 오지 않고
하루에 아침이 두 번 거듭되지 않는다.
때를 놓치지 말고 노력하고 힘들여 공부를 해라,
세월은 사람을 기다리지 않는다)

영) 惟(생각할 유, 오직)

제2장   사자소학(四字小學) 선독(選讀)

《사자소학》은 전부터 우리나라 민간에서 넓게 읽혔던 아동용 계몽 한문이다. 한 구절을 네 글자로 엮은 쉬운 한문이다. 내용 중에는 삼강 오륜에 관한 가르침이 많다. 먼저 효도와 효행에 관한 실천사항을 구체적으로 제시했다. 다음에는 형제자매 및 일가친척이 서로 친애하고 상부상조(相扶相助)하라고 가르치고 있다. 특히 벗을 사귐에 있어 굳은 신의를 바탕으로 서로 권학(勸學) 보인(輔仁)하라고 가르치고 있다.

《사자소학》은 전부터 한문 입문서로 활용해 왔으므로 여러 가지 판본이 있다. 그러나 원저자나 편찬자가 누구인지 알 수가 없으며 또 판본에 따라 글귀가 서로 다르기도 하다. 본서에서는 필자가 여러 판본을 검토하고 취사 선택해서 엮었다. 주로 한문의 기초를 익히고 아울러 심성함양(心性涵養)과 예의범절(禮儀凡節)을 익히는 데 도움이 되는 한문을 추렸다. 토 달아 읽기는 해석에 도움이 되게 현대적으로 했다.

父生我身 母鞠吾身.[1]

---

1) 我(나 아) 身(몸 신) 鞠(기를 국) 吾(나 오)

부생아신(하시고) 모국오신(하시다)

아버님은 나의 몸을 태어나게 하시고, 어머님은 나의 몸을 기르셨노라.

어구 설명 ○父生我身(부생아신) — 아버지가 나의 몸과 생명의 근원이 되는 씨를 주시다. ○母鞠吾身(모국오신) — 어머니가 생명의 근원을 받아 복중에서 기르셨으며 또 출산 후에는 나를 애지중지 양육하셨다. 鞠(국)은 보살펴 기르다. 《시경(詩經)》에 어머니가 나를 기르시다(母兮鞠我)라고 있다.

문법 父(주어) 生(동사) 我身(빈어) 母(주어) 鞠(동사) 吾身(빈어) 父生我身과 母鞠吾身이 병렬했다.

참고 부모님이 나를 낳고 양육하셨다. 부모님의 은공에 감사해야 한다.

腹以懷我 乳以哺我.2)

복이회아(하시고) 유이포아(하시다)

어머님이 복중에 나를 잉태하고 또 나를 낳고 나에게 젖을 먹이어 기르셨다.

어구 설명 ○腹以懷我(복이회아) — 복중에 나를 품으시다. 복중에 회태(懷胎)하시다. ○乳以哺我(유이포아) — 나에게 젖을 먹여 키우시다.

문법 腹以는 以腹(배로써)의 도치형(倒置形), 懷〈동사 我〈빈어, 乳以哺我는 젖으로 나를 양육하다, 혹은 젖을 먹여서 나를 키우다로 풀이할 수 있다. 腹以懷我는 以腹懷我와 같다. 문장 앞에 허사(虛詞) 以를 내세우지 않고 실사(實辭)를 내세운다.

---

2) 腹(배 복) 以(써 이) 懷(품을 회) 乳(젖 유) 哺(먹을 포)

以衣溫我 以食飽我.3)

이의온아(하시고) 이식포아(하시다)

부모님께서 옷으로써 나를 따뜻하게 감싸주시고 밥으로써 나를
배부르게 먹여 주신다.

(어구 설명) ㅇ以衣溫我(이의온아)－옷으로써 나를 따뜻하게 감싸주시다.
ㅇ以食飽我(이식포아)－밥으로써 나를 배부르게 먹여 주시다.

(문법) 以(개사) 衣(빈어), 以衣(옷으로써)가 溫我(나를 따뜻하게 감싸다)의
상어(狀語), 溫我, 飽我는 다 동사+빈어구조, 溫과 飽는 원래는 형용사
다. 그러나 여기서는 동사로 我를 빈어로 취하고 있다.

恩高如天 德厚似地.4)

은고여천(하고) 덕후사지(니라)

은혜가 하늘같이 높고, 은덕이 땅같이 크고 많다.

(어구 설명) ㅇ恩高如天(은고여천)－은혜 높기가 하늘과 같다. ㅇ德厚
似地(덕후사지)－부모님의 은혜가 크고 많기가 흡사 두꺼운 땅처럼
한량이 없다는 뜻.

(문법) 恩(주어) 高(술어), 如(동사) 天(빈어)이 보어로 쓰였다. 德(주어) 厚
(술어) 似(동사) 地(빈어)가 보어로 쓰였다.

(참고) 나를 양육해 주신 부모님의 은공은 하늘만큼이나 높고 또 땅처럼 두
껍고 무겁다. 부모님의 은공에 감사하고 보답해야 한다. 그러나 자식이

---

3) 以(써 이) 衣(옷 의) 溫(따뜻할 온) 食(밥 식) 飽(배부를 포)
4) 恩(은혜 은) 高(높을 고) 如(같을 여) 天(하늘 천) 德(덕 덕) 厚(두터울 후)
   似(같을 사) 地(땅 지)

동물적·이기적 욕심을 채우기에 바쁘고 또 육체적 쾌락에 탐닉(耽溺)하면 부모에게 감사하고 보답할 여유가 없게 된다. 부모은중경(父母恩重經)이라는 불교의 경전이 있다. 모친이 자식을 회태(懷胎)하고, 복중에 10개월 간 품었다가 마침내 출산하고 다시 젖을 먹이어 양육한다. 그 어려움이 얼마나 큰가. 부모님의 은공을 생각하고 또 감사해야 한다.

爲人子者 曷不爲孝.5)

위인자자(이) 갈불위효(리오)

사람의 자식된 자로서 어찌 효도하지 않으랴?

어구 설명 ○爲人子者(위인자자)—사람의 아들 된 자. ○曷不爲孝(갈불위효)—어찌 효도하지 않을 수 있으랴?

문법 爲人子者(주어) 曷不爲孝(술어), 爲(동사) 人子(빈어) 爲人子(사람의 아들 된. 정어) 者(자. 중심어) 曷不(부사) 爲(동사) 孝(빈어)

欲報深恩 昊天罔極.6)

욕보심은(이나) 호천망극(이니라)

부모님의 깊은 은혜에 보답하고자 하나, 그 은혜가 하늘처럼 끝없이 크기 때문에 다 보답할 수 없다.

어구 설명 ○欲報深恩(욕보심은)—어버이의 깊은 은혜에 보답하고자 하나. ○昊天罔極(호천망극)—넓은 하늘처럼 (어버이의 은혜가) 끝없이 크고 높다는 뜻. 《시경(詩經)》에 있는 말이다.

참고 가정은 사회의 기본단위(基本單位)이다. 가정이 번성하고 발전하기

---

5) 曷(어찌 갈) 孝(효도 효)
6) 欲(하고자 할 욕) 報(갚을 보) 深(깊을 심) 恩(은혜 은) 昊(하늘 호) 天(하늘 천) 罔(없을 망) 極(다할 극)

위해서는 부모를 가정의 주체로 모시고, 모든 자식들이 일심동체(一心同體)가 되어야 한다. 그렇게 하는 것이 곧 효도다. 효도는 공동체 번영의 기본 도리이다. 그러므로 효는 모든 덕행의 근본이라고 말한다.

父母呼我 唯而趨之.7)

부모호아(하시면) 유이추지(하니라)

부모님께서 나를 부르시면 예하고 즉시 달려가라.

어구 설명 ○父母呼我(부모호아)-부모님이 부르면. ○唯(유)-예하고 대답하다. ○趨之(추지)-부모님에게로 달려가다.

문법 父母(주어) 呼(동사) 我(빈어) 唯(예하고 대답한다. 외마디 문장, 독사구[獨詞句]), 而(연사) 趨(동사) 之(그곳. 대사로 빈어) 之를 동사 다음에 붙는 허사로 볼 수도 있다.

有命必從 勿逆勿怠.8)

유명(이면) 필종(하고) 물역 물태(하니라)

하명을 내리시면 반드시 순종하고 거역하거나 미루지 말라.

어구 설명 ○有命(유명)-부모님이 명령을 하시다, 분부를 내리시다. ○必從(필종)-반드시 복종한다. ○勿逆(물역)-부모님 명령에 거역하면 안된다. ○勿怠(물태)-부모님이 내리신 분부를 즉시 행하라. 분부를 따르고 행함에 게으름 피우면 안된다.

문법 有(동사) 命(빈어)이 必(부사) 從(동사)의 조건구, 勿(부사) 逆(동사) 勿(부사) 怠(동사) 둘 다 금지(禁止)의 명령구(命令句)다.

---

7) 呼(부를 호) 唯(대답할 유) 而(말 이을 이) 趨(달릴 추) 之(갈 지)
8) 有(있을 유) 命(명령 명) 必(반드시 필) 從(좇을 종) 勿(말 물) 逆(거스를 역) 怠(게으를 태)

侍坐親側 進退必恭.9)

시좌친측(이면) 진퇴필공(하라)

부모님 곁에 시좌하고 있을 때에는 진퇴를 경건하게 해야 한다.

어구 설명 ○侍坐(시좌)—웃어른을 모시고 앉아 있다. ○親側(친측)—부모님 곁에. ○侍坐親側(시좌친측)—부모님 곁에 앉아 있다. 혹은 시중을 들다. ○進退(진퇴)—나가고 물러남. ○必恭(필공)—반드시 공순하게 하다, 경건하고 신중하게 하다.

참고 부모님 곁에 있을 때는 행동거지를 신중하게 취해야 한다. 侍坐親側 勿怒責人(부모님 곁에 있을 때는 [남에게] 성을 내거나 책망하지 마라)으로 된 판본도 있다.

膝前勿坐 親面勿仰.10)

슬전(에) 물좌(하고) 친면(을) 물앙(하라)

부모님 무릎 앞에 바싹 다가앉지 말고 또 부모님의 얼굴을 정면으로 쳐다보지 마라.

어구 설명 ○膝前(슬전)—부모님의 무릎 앞에. ○勿坐(물좌)—바싹 다가앉지 마라. ○親面(친면)—부모의 얼굴. ○勿仰(물앙)—정면에서 쳐다보지 마라.

문법 膝前은 勿坐의 빈어, 뜻을 강조하기 위해 앞에 내세웠다. 전치빈어 (前置賓語)라고 한다. 親面勿仰도 같다.

---

9) 侍(모실 시) 坐(앉을 좌) 親(친할 친) 側(곁 측) 進(나아갈 진) 退(물러날 퇴) 必(반드시 필) 恭(공손할 공)

10) 膝(무릎 슬) 坐(앉을 좌) 親(부모 친) 面(낯 면) 仰(우러를 앙)

侍坐親前 勿踞勿臥.11)

시좌친전(이면) 물거물와(하라)

부모님 앞에서는 걸터앉지 말고 눕지도 말아라.

어구 설명　○侍坐親前(시좌친전)—부모님 앞에 앉아 있을 때는. ○踞(거)—걸터앉다. ○臥(와)—눕거나 엎드리다.

父母衣服 勿踰勿踐.12)

부모의복(을) 물유물천(하니라)

부모님의 의복을 넘지도 말고 밟지도 마라.

어구 설명　○父母衣服(부모의복)—혹시 방바닥에 부모님의 의복이 놓여 있더라도. ○勿踰勿踐(물유물천)—그 옷을 넘거나 밟으면 안 된다.

父母出入 每必起立.13)

부모출입(엔) 매필기립(하니라)

부모님께서 출입하실 때에는 매번 기립하고 (정중히 인사를 올려야 한다).

어구 설명　○父母出入(부모출입)—부모님께서 출입하실 때에는. ○每(매)—매번, 그때마다. ○必起立(필기립)—반드시 기립하고 인사를 올리다. 부모님이 출입하실 때는 아랫사람들은 반드시 인사를 올려야 한다.

---

11) 侍(모실 시) 坐(앉을 좌) 親(어버이 친) 踞(웅크릴 거) 臥(엎드릴 와)
12) 衣(옷 의) 服(옷 복) 踰(넘을 유) 踐(밟을 천)
13) 出(날 출) 入(들 입) 每(매양 매) 必(반드시 필) 起(일어날 기) 立(설 립)

出入門戶 開閉必恭.14)

출입문호(엔) 개폐필공(하라)

대문이나 방문을 드나들 때에는 반드시 문을 조용하고 조심스럽게 열고 닫아라.

어구 설명 ○出入(출입)−나가거나 들어오거나. ○門戶(문호)−대문이나 방문을. ○開閉(개폐)−열고 닫을 때에는. ○必恭(필공)−반드시 공손하게 하다. 즉 문을 조심스럽게 조용히 여닫는다.

문법 出入門戶가 開閉必恭의 상어(부사어구). 出入(동사) 門戶(빈어), 開閉(주어) 必恭(술어), 한글로 번역하면 개폐를 공손하게 하라가 된다. 구조상으로 開閉는 주어이다.

勿立門中 勿坐房中.15)

물립문중(하고) 물좌방중(하라)

문을 가로막고 한가운데 서 있지 마라. 방 한복판에 앉아 있지 마라.

어구 설명 ○勿立(물립)−서 있지 마라. ○門中(문중)−문 한가운데를 차지하고. ○勿坐(물좌)−앉아 있지 마라. ○房中(방중)−아이들은 방 한복판에 앉지 말고 구석에 앉아야 한다.

참고 부모를 모시고 사는 자식은 집안에서 모든 행동거지(行動擧止)를 신중하고 공손하게 해야 한다. 사회에 나가서도 윗사람 앞에서는 공손하고 신중한 태도를 취해야 한다.

---

14) 門(문 문) 戶(지게 호) 開(열 개) 閉(닫을 폐) 恭(공손할 공)

15) 勿(말 물) 立(설 립{입}) 中(가운데 중) 坐(앉을 좌) 房(방 방)

行勿慢步 坐勿倚身.16)

행(에) 물만보(하고) 좌(에) 물의신(하니라)

걸을 때에는 방자하게 걷지 말고 앉아 있을 때에는 몸을 기대지
마라.

어구 설명　○行(행)―걸을 때에는. ○勿(물)―……하지 마라. ○慢步(만
보)―거만하거나 방자한 자세로 느릿느릿 걸음을 걷다. ○坐(좌)―앉아
있을 때에는. ○倚身(의신)―몸을 기대다.

出必告之 返必拜謁.17)

출필고지(하고) 반필배알(이라)

외출할 때에는 반드시 부모님에게 고해 올리고, 돌아오면 반드시
부모님을 뵙고 아뢰어 올려라.

어구 설명　○出(출)―자식은 외출할 때에는. ○告之(고지)―부모에게 고하
고 알린다. ○返(반)―집에 돌아온다, 귀가한다. ○拜謁(배알)―절하고 아
뢰어 올린다.

若告西適 不復東往.18)

약고서적(하면) 불부동왕(하라)

만약에 서쪽으로 간다고 말했으면, 다시 동쪽으로 가지 말아야
한다.

---

16) 慢(게으를 만) 步(걸음 보) 坐(앉을 좌) 倚(의지할 의) 身(몸 신)
17) 告(알릴 고) 返(돌아올 반) 拜(절 배) 謁(아뢸 알)
18) 若(만일 약) 適(갈 적) 復(다시 부) 往(갈 왕)

어구 설명 ○若(약)−만약. ○告西適(고서적)−서쪽으로 간다고 부모에게 고했으면. ○不復(불부)−다시 ……하지 않는다. ○東往(동왕)−동쪽으로 가다.

문법 若(연사＝접속사) 告(동사) 西適(빈어) 전체가 不復東往(다시 동쪽으로 가지 않는다)의 상어, 즉 부사구.

昏必定褥 晨必省候.19)

혼필정욕(하고) 신필성후(하라)

저녁에는 반드시 부모님의 잠자리를 안정해 올리고, 아침에는 반드시 부모님을 뵙고 인사를 올려라.

어구 설명 ○昏(혼)−저녁에는. ○定褥(정욕)−부모님의 이부자리를 안정해 올린다. ○晨(신)−새벽이나 아침에는. ○省候(성후)−친히 뵙고 문안 인사를 올린다.

言語必愼 居處必恭.20)

언어(는) 필신(하고) 거처(는) 필공(하라)

주고받는 말을 신중히 하고 몸가짐을 공손히 하라.

어구 설명 ○言語(언어)−말, 言은 표출하는 말, 語는 대응하는 말. ○愼(신)−신중하게 하다. ○居處(거처)−거처하는 태도, 평상시의 몸가짐. ○恭(공)−공손하게 하다.

문법 言語(주어) 必愼(술어) 居處(주어) 必恭(술어)로 분석한다. 그러나 의미상으로 言語(말을 주고받을 때)와 居處(평상시에 있을 때)는 상어

---

19) 昏(어두울 혼) 定(정할 정) 褥(요 욕) 晨(새벽 신) 省(살필 성) 候(물을 후)
20) 言(말씀 언) 語(말씀 어) 愼(삼갈 신) 處(살 처) 恭(공손할 공)

(狀語)다.

鷄鳴而起 必盥必漱 晨必先起 暮須後寢.21)

계명이기(하여) 필관필수(하고) 신필선기(하고) 모수후침(하니라)

새벽에 닭이 울면 일어나서 세수하고 양치질하고 (부모에게 인사 드린다.) 새벽에는 부모님보다 먼저 일어나고 밤에는 뒤늦게 자야 한다.

(어구 설명) ○鷄鳴而起(계명이기)─닭이 울면 즉시 일어난다. ○必盥必漱 (필관필수)─반드시 세수하고 양치질한다. ○晨必先起(신필선기)─새벽에 는 부모님보다 먼저 일어난다. ○暮須後寢(모수후침)─밤에는 부모님보다 늦게 취침한다.

父母有病 憂而謀瘳 父母不食 思得良饌.22)

부모유병(이시면) 우이모추(하고) 부모불식(이시면) 사득량찬(하니라)

부모님께서 병환에 걸리시면 근심하고 치료를 강구해야 한다. 부 모님께서 진지를 안 드시면 부모님 입에 맞도록 좋은 반찬을 구해 올리도록 해야 한다.

(어구 설명) ○父母有病(부모유병)─부모님이 아프시면. ○憂而謀瘳(우이모 추)─걱정하고 치유할 방도를 강구한다. ○父母不食(부모불식)─부모님이 음식을 안 드시면. ○思得良饌(사득량찬)─좋은 반찬을 마련해서 올릴 생 각을 한다.

---

21) 鷄(닭 계) 鳴(울 명) 盥(대야 관) 漱(양치질할 수) 晨(새벽 신) 暮(저물 모)
    須(모름지기 수) 寢(잠잘 침)
22) 病(병 병) 憂(근심할 우) 謀(꾀할 모) 瘳(나을 추) 食(밥 식) 思(생각할 사)
    得(얻을 득) 良(좋을 량) 饌(반찬 찬)

勿與人鬪 父母憂之 見善從之 知過必改.23)

물여인투(하라) 부모우지(니라) 견선종지(하고) 지과필개(하라)

남들과 다투거나 싸우지 마라. 부모님이 걱정하신다. 남의 착한 일을 보거든 이를 본받고 따라서 착한 일을 행하고, 자신의 허물이나 과오를 알면 반드시 고치도록 해야 한다.

어구 설명   ○勿與人鬪(물여인투)-남들과 다투거나 싸우지 마라. ○父母憂之(부모우지)-부모가 걱정한다. (부모를 생각해서라도 남들과 싸우면 안 된다) ○見善從之(견선종지)-남의 좋은 점이나 선행(善行)을 보거든 그를 본받고 따라서 나도 선을 행해야 한다. ○知過必改(지과필개)-나의 허물이나 결점 혹은 과실을 알았으면 즉시 고쳐야 한다.

문법   勿(부정 부사), 與人鬪를 부정한다. 與(개사) 人(빈어)은 개사구조(介詞構造)의 사조(詞組)로 동사 鬪의 부사적 수식어. 즉 상어(狀語)이다. 勿與人鬪와 父母憂之 사이에는 不然이 들어가야 한다. 勿與人鬪는 가정구(假定句), 父母憂之는 중심구(中心句)다.

言行相違 辱及于先 我身能善 譽及父母.24)

언행상위(면) 욕급우선(하고) 아신능선(이면) 예급부모(니라)

자식된 내가 말과 행동을 어긋나게 하면 그 욕이 선조나 부모에게 미친다. 내가 능히 착하고 또 선을 행하면 그 명예가 부모나 선조에게 미친다.

어구 설명   ○言行相違(언행상위)-말과 행동이 어긋나다. 거짓말을 하거나

---

23) 勿(말 물) 與(줄 여, 더불어, -와 함께) 鬪(싸움 투) 憂(근심할 우) 見(볼 견) 善(착할 선) 從(좇을 종) 知(알 지) 過(지날 과, 허물, 잘못) 改(고칠 개)
24) 違(어길 위) 辱(욕되게 할 욕) 及(미칠 급) 譽(기릴 예)

신의가 없다는 뜻. ○辱及于先(욕급우선)－나는 물론 부모나 선조에게도 욕이 미친다. ○我身能善(아신능선)－몸가짐이 착하거나 또 내가 선을 행하면. ○譽及父母(예급부모)－그 칭찬이나 영광이 부모나 선조에게도 미친다.

夏則涼枕 冬則溫被 若得美果 歸獻父母.25)

하즉양침(하고) 동즉온피(하라) 약득미과(어든) 귀헌부모(하라)

여름에는 부모님의 베개를 서늘하게 해 올리고 겨울에는 덮으실 이불을 따뜻하게 해 올려라. 만약 맛있는 과일을 얻거든 가지고 돌아와서 부모님께 올려라.

어구 설명 ○夏則涼枕(하즉량침)－여름에는 부모님의 베개를 시원하게 해 올리다. 의복이나 침구 등을 시원하게 해 올리다. ○冬則溫被(동즉온피)－겨울에는 의복이나 침구 등을 따뜻하게 해 올린다. ○若得美果(약득미과)－만약에 좋은 과실을 얻으면. ○歸獻父母(귀헌부모)－돌아가 부모에게 바친다.

문법 夏(상어) 則(연사) 涼(동사) 枕(빈어) 涼枕은 구조상으로는 동사＋빈어이다. 그러나 의미상으로는 베개를 시원하게 한다로 사역의 뜻이 된다. 冬則溫被도 같게 분석한다. 若得美果는 부사적 조건구. 즉 상어(狀語)다.

참고 항상 부모님을 안락하게 모셔야 한다. 여름에는 시원하게 해드리고 겨울에는 따뜻하게 모셔야 한다. 나가서 좋은 음식을 먹을 때에도 집에 계신 늙은 부모님 생각을 해야 한다.

---

25) 夏(여름 하) 則(곧 즉) 涼(서늘할 량) 枕(베개 침) 冬(겨울 동) 溫(따뜻할 온) 被(이불 피) 若(같을 약) 得(얻을 득) 美(아름다울 미) 果(실과 과) 歸(돌아갈 귀) 獻(바칠 헌)

身體髮膚 受之父母 不敢毀傷 孝之始也.26)

신체발부(는) 수지부모(로니) 불감훼손(이) 효지시야(니라)

나의 몸과 머리털·피부, 곧 몸 전체는 부모님으로부터 물려받은 것이다. 그러므로 감히 훼손하거나 상하지 않게 해야 한다. 그것이 효도의 시작이다.

어구 설명 ○身體髮膚(신체발부)─몸과 사지와 머리털과 피부, 즉 육신 전체의 뜻. ○受之父母(수지부모)─몸을 부모로부터 받았다. ○不敢(불감)─감히 ……하지 않는다. ○毀傷(훼상)─훼손하거나 다친다. ○孝之始也(효지시야)─효도 효행의 시발이다. 효도의 첫 단계라는 뜻.

참고 가문을 계승하고 집안을 흥성케 하고 더 나가서는 국가에 봉사하고 또 역사 문화 발전에 기여하는 일이 다 활동으로 이루어진다. 그러므로 몸을 건전하게 지니는 것이 효도의 시발이라고 말하는 것이다.

立身行道 揚名後世 以顯父母 孝之終也.27)

입신행도(하고) 양명후세(하야) 이현부모(이) 효지종야(라)

훌륭한 사람이 되어 도를 행하고 후세에 이름을 높이고 가문과 부모님을 빛나게 하는 것이 효도의 마지막 단계이다.

어구 설명 ○立身行道(입신행도)─학문과 덕행을 겸한 훌륭한 사회적 지도자가 되다. ○揚名後世(양명후세)─이름을 후세에까지 높이 알리고. ○以顯父母(이현부모)─그래 가지고 부모님의 이름을 세상에 알리는 것이. ○孝之終也(효지종야)─최종단계의 효도이다.

---

26) 身(몸 신) 體(몸 체) 髮(터럭 발) 膚(살갗 부) 受(받을 수) 敢(감히 감) 毀(헐 훼) 傷(상처 상) 孝(효도 효) 始(처음 시)

27) 立(설 립) 道(길 도) 揚(오를 양) 顯(나타날 현) 終(끝날 종)

事親如此 可謂人子 不能如此 禽獸無異.28)

사친여차(라야) 가위인자(라) 불능여차(이면) 금수무이(라)

이상과 같이 부모님을 섬겨야 비로소 사람의 자식이라 말할 수
있다. 만약에 이와 같이 효도를 못하면 금수와 다를 바가 없다.

어구 설명 ○事親如此(사친여차)−이와 같이 부모님을 모시고 섬겨야 한다.
○可謂人子(가위인자)−사람의 자식된 도리를 다한다고 말할 수 있다.
○不能如此(불능여차)−그렇게 못하면. 즉 이상과 같은 효도를 다 하지
못하면. ○禽獸無異(금수무이)−금수와 다를 바 없다.

참고 이상은 대체로 효도 효행에 관한 여러 가지 실천 사항이다. 우선 나
를 키워주신 부모님을 공경하고 잘 섬겨야 한다. 다음으로 국가적 차원에
서 충군애국(忠君愛國)해야 한다. 단 이때의 기준은 절대선(絶對善)의
천도(天道)이다. 즉 임금이나 신하가 함께 천도를 따라 덕치(德治)를 펴
야 한다. 효도는 자기 한집안의 이익만을 위하는 것이 아니다. 그러한 이
기주의는 천도에 어긋나며 따라서 진정한 효도가 아니다.

事君之道 與父一體 使臣以禮 事君以忠.29)

사군지도(는) 여부일체(라) 사신이례(하고) 사군이충(이라)

임금을 섬기는 도리는 부모님 섬기는 (효도의 도리와) 같다.
임금은 예양으로써 신하를 다스리고 신하는 충성으로써 임금을

---

28) 事(섬길 사) 親(양친 친) 如(같을 여) 此(이 차) 可(옳을 가) 謂(이를 위)
不(아닐 불) 能(능할 능) 禽(날짐승 금) 獸(짐승 수) 無(없을 무) 異(다
를 이)

29) 事(일 사, 섬기다) 君(임금 군) 之(갈 지, −의) 道(길 도, 도리) 與(줄 여,
더불어) 體(몸 체) 使(하여금 사, 부려 쓰다) 臣(신하 신) 以(써 이, −로써)
禮(예도 례) 忠(충성 충)

섬긴다.

[어구 설명] ○事君之道(사군지도)−임금을 섬기는 도리. ○與父一體(여부일체)−아버지에게 효도하는 도리와 같다. ○使臣以禮(사신이례)−임금은 예양(禮讓)으로써 신하를 부리고 다스려야 한다. ○事君以忠(사군이충)−신하는 충성으로써 임금을 섬겨야 한다.

[참고] 임금을 섬긴다 함은 곧 국가에 충성함이다. 효도의 도리를 바탕으로 임금에게 충성해야 한다. 효도나 충성은 천도를 기준으로 한 덕행이며, 예절이다. 예(禮)도 천리(天理)를 기준으로 한다. 충(忠)을 주자(朱子)는 자기의 최선을 다함을 충이라 한다(盡己之謂忠)고 풀었다

盡己謂忠 以實謂信 人不忠信 何謂人乎.[30]

진기위충(이오) 이실위신(이라) 인불충신(이면) 하위인호(아)

자기가 최선을 다함을 충성이라 하고, 알차게 성과를 맺게 함을 신의라고 한다. 충성과 신의가 없으면 어찌 사람이라 말하랴?

[어구 설명] ○盡己謂忠(진기위충)−자기의 최선을 다함을 충이라 한다. ○以實謂信(이실위신)−알차고 좋은 성과를 거두는 것을 신이라 한다. ○人不忠信(인불충신)−사람이 충성과 신의를 지키고 행하지 않으면. ○何謂人乎(하위인호)−어찌 사람이라고 말할 수 있는가?

[참고] 충성과 신의의 바른 뜻을 알자. 자기의 최선을 다하는 것을 충이라 한다. 무도(無道)한 임금에게 굴종(屈從)하는 것은 충이 아니다. 최선을 다해서 알차고 좋은 성과를 거두는 것을 신의라 한다. 도에 어긋나는 악하고 범죄적 약속을 지키고 행하는 것은 진정한 신의가 아니다.

---

30) 盡(다될 진) 己(자기 기) 謂(이를 위) 實(열매 실) 信(믿을 신) 不(아닐 불) 何(어찌 하) 乎(인가 호)

修身齊家 治國之本 士農工商 德崇業廣.31)

수신제가(는) 치국지본(이라) 사농공상(은) 덕숭업광(이라)

자신을 수양하고 가족과 가정을 가지런히 하는 것이 곧 나라를 다스리는 바탕이다. 선비와 농부 공인과 상인 등은 저마다 덕을 높이고 또 각자의 직분을 잘 수행하고 발전케 해야 한다.

어구 설명 ○修身(수신)—자신을 수양한다. ○齊家(제가)—가정의 모든 가족을 공평하게 사랑하고 화목하게 하다. ○治國之本(치국지본)—나라를 잘 다스리는 근본이다. ○士農工商(사농공상)—士는 학덕(學德)을 겸비하고 국가 정치에 참여하는 선비, 農은 농업이나 목축 등 식량 생산을 담당하는 농민계층, 工은 공업이나 과학 기술을 담당하는 기술자, 商은 상품을 유통시키는 상인계층. ○德崇業廣(덕숭업광)—사람들이 저마다 덕(德)을 높이고 각자의 직책을 수행하여 각자의 공업(功業)을 넓히고 높인다.

夫婦之道 二姓之合 夫道剛直 婦德柔順.32)

부부지도(는) 이성지합(이라) 부도강직(하고) 부덕유순(이라)

부부의 도리는 서로 성을 달리하는 두 집안의 남성과 여성이 결혼하여 가정을 꾸미고 자손을 번성하기 위함이다. 남편이 지킬 도는 강직이고 아내가 지닐 덕은 유순이다.

---

31) 修(닦을 수) 身(몸 신, 나) 齊(가지런할 제, 균등하게 다스리다) 家(집 가) 治(다스릴 치) 國(나라 국) 之(갈 지, -의) 本(밑 본, 뿌리, 근본) 士(선비 사) 農(농사 농) 商(헤아릴 상, 장사) 德(덕 덕) 崇(높을 숭) 業(업 업) 廣(넓을 광)

32) 夫(지아비 부, 남편) 婦(며느리 부, 아내) 姓(성 성) 合(합할 합) 剛(굳셀 강) 直(곧을 직) 德(덕 덕, 덕성, 덕행) 柔(부드러울 유) 順(순할 순)

어구 설명　○夫婦之道(부부지도)－부부가 지킬 도리. ○二姓之合(이성지합)－성을 달리하는 두 집안의 남자와 여자가 결합한다. ○夫道剛直(부도강직)－남편이 지키고 행할 도리는 강직하게 함이다. 강직은 억세고 곧다. ○婦德柔順(부덕유순)－아내가 지키고 행할 덕행은 유순함이다.

愛之敬之 夫婦之禮 夫唱婦隨 家道成矣.33)

애지경지(함이) 부부지례(라) 부창부수(하니) 가도성의(라)

서로 사랑하고 공경하는 것이 부부의 예의다. 남편이 주장하고 아내가 따라야 집안의 법도가 바르게 선다.

어구 설명　○愛之敬之(애지경지)－남편과 아내가 서로 사랑하고 서로 공경한다. ○夫婦之禮(부부지례)－부부가 함께 지킬 예의 범절. ○夫唱婦隨(부창부수)－남편이 주장하고 아내가 따르다. 그러므로 남편은 더욱 인격을 높이고, 사랑을 베풀어야 한다. ○家道成矣(가도성의)－가정의 법도가 바르게 선다. 부부가 화목해야 집안이 흥한다.

貧窮患難 親戚相救 婚姻喪死 隣保相助.34)

빈궁환난(에) 친척상구(하고) 혼인상사(에) 인보상조(하라)

가난이나 어려움에 빠지고 혹은 우환이나 재난을 당한 사람이 있으면 일가 친척이 나서서 서로 구제해 주어야 한다. 이웃간에 혼인이나 장례를 치르는 사람이 있으면 서로 도와주어야 한다.

---

33) 愛(사랑 애) 之(갈 지, 지시 대사) 敬(공경할 경) 禮(예도 례) 唱(노래 창) 隨(따를 수) 家(집 가) 成(이룰 성) 矣(어조사 의)

34) 貧(가난할 빈) 窮(다할 궁) 患(근심 환) 難(어려울 난) 親(친할 친) 戚(겨레 척) 救(건질 구, 돕다) 婚(혼인할 혼) 姻(혼인 인) 喪(죽을 상) 隣＝鄰(이웃 린)

어구 설명　○貧窮患難(빈궁환난)－貧은 가난, 窮은 곤궁, 患은 우환, 難은 재난. ○親戚相救(친척상구)－일가 친척들이 나서서 서로 도와주다. ○婚姻喪死(혼인상사)－결혼 혹은 장례 같은 대사를 치를 때. ○隣保相助(인보상조)－이웃끼리 서로 협조하고 도와주다. 친척이나 이웃간에 서로 사랑하고 서로 도와주어야 한다. 자고로 동양에서는 상부상조(相扶相助)의 미풍양속(美風良俗)의 전통이 있다. 이러한 전통을 잘 지키고 선양하자.

兄弟姉妹 友愛而已 骨肉雖分 本生一氣.35)

형제자매(는) 우애이이(라) 골육수분(이나) 본생일기(니라)

형제 자매는 어디까지나 서로 사랑하고 공경해야 한다. 뼈와 살, 즉 몸은 서로 다르지만 본래는 같은 (생명의 근원인) 기에서 태어난 동기이다.

어구 설명　○友愛而已(우애이이)－오직 서로 우애롭게 지내야 한다. 而已는 오직 ……이다, 어디까지나 ……해야 한다. ○骨肉雖分(골육수분)－뼈와 살, 즉 외형적인 육신은 비록 나뉘고 다르지만. ○本生一氣(본생일기)－본래는 같은 한 기(氣)에서 태어났다. 기는 생명의 근원, 같은 부모의 뜻도 된다.

形體雖各 素受一血 比之於木 同根異枝.36)

형체수각(이나) 소수일혈(이니) 비지어목(이면) 동근이지(니라)

---

35) 兄(맏 형) 弟(아우 제) 姉(손윗누이 자) 妹(누이 매) 友(벗 우) 愛(사랑 애) 而(말 이을 이) 已(이미 이) 骨(뼈 골) 肉(고기 육, 살) 雖(비록 수) 分(나눌 분) 本(근본 본, 뿌리) 生(날 생) 一(한 일, 같다) 氣(기운 기)

36) 形(모양 형) 體(몸 체) 雖(비록 수) 各(각각 각) 素(흴 소, 근본, 바탕) 受(받을 수) 一(한 일) 血(피 혈) 比(견줄 비) 之(갈 지, 그것) 於(어조사 어, -에) 木(나무 목) 同(한가지 동, 같다) 根(뿌리 근) 異(다를 이) 枝(가지 지)

형태나 체격은 비록 다르지만 본래는 부모님의 한 피를 받고 태어난 것이다. 나무에 비유하면 같은 뿌리에서 자라난 서로 다른 가지와 같다.

> **어구 설명** ○形體雖各(형체수각)－형체는 저마다 다르지만, 각각이지만. ○素受一血(소수일혈)－본래는 부모님의 한 피를 받은 것이다. ○比之於木(비지어목)－比는 비유하다, 비교하다, 之는 형제자매의 관계, 於木은 나무에. ○同根異枝(동근이지)－같은 뿌리에서 자라난 다른 가지.

比之於水 同源異流 兄友弟恭 不敢怒怨.37)

비지어수(면) 동원이류(나라) 형우제공(하고) 불감노원(하라)

물에 비유하면 같은 샘에서 흐르는 다른 물줄기와 같다. 그러므로 형은 아우를 사랑하고 아우는 형을 공경해야 한다. 아울러 서로 성내거나 원망하는 일이 없어야 한다.

> **어구 설명** ○比之於水(비지어수)－형제나 자매의 관계를 물에 비유하면. ○同源異流(동원이류)－같은 샘에서 나와 흐르는 다른 물줄기와 같다. ○兄友弟恭(형우제공)－형은 아우를 아끼고 사랑하고, 아우는 형을 공경하고 받든다. ○不敢怒怨(불감노원)－서로 성내거나 혹은 원망하지 않는다. 不敢은 감히 ……하지 않는다.

> **참고** 형제자매는 같은 뿌리에서 자란 나무의 가지 혹은 같은 샘에서 나온 물줄기와 같다. 서로 사랑하고 협동해서, 집안의 번영과 발전에 이바지해야 한다. 제멋대로 자기 욕심만을 채우면 가정이 파탄난다.

---

37) 比(견줄 비, 비교, 비유) 於(어조사 어,－에) 水(물 수) 同(한가지 동, 같다) 源(근원 원) 異(다를 이) 流(흐를 류) 兄(맏 형) 友(벗 우, 우애하다) 弟(아우 제) 恭(공손할 공) 不(아닐 불) 敢(감히 감) 怒(성낼 노) 怨(원망할 원)

兄有過失 和氣以諫 弟有過誤 怡聲以訓.38)

형유과실(이면) 화기이간(하고) 제유과오(이면) 이성이훈(하라)

형이 잘못하면 아우는 온화하게 충간하고 아우에게 과오가 있으면 형은 부드러운 소리로 훈계해야 한다.

어구 설명　○兄有過失(형유과실)－형에게 과실이 있으면. ○和氣(화기)－부드러운 기색으로. ○以諫(이간)－충간(忠諫)한다. 以는 而와 같은 연사(連詞＝접속사). ○弟有過誤(제유과오)－아우에게 과오가 있으면. ○怡聲(이성)－부드러운 소리로. ○以訓(이훈)－훈계하고 타이르다.

兄弟有疾 憫而思救 兄弟有惡 隱而勿視.39)

형제유질(이면) 민이사구(하고) 형제유악(이면) 은이물시(하라)

형제간에 질병에 걸린 사람이 있으면 함께 민망하게 여기고 병구완에 힘을 써라. 형제 중에 (혹) 악한 일을 저지른 경우에는 (그의 악덕을 집안일로 덮어두고 남에게) 알리거나 보이지 않게 하라.

어구 설명　○兄弟有疾(형제유질)－형제 중에 질병에 걸린 사람이 있으면. ○憫而思救(민이사구)－민망히 여기고 치유할 방도를 생각하다. ○兄弟有惡(형제유악)－형제 중에 악한 일을 저지른 사람이 있으면. ○隱而勿視(은이물시)－숨기고 남에게 알리거나 보이지 않게 하라.

---

38) 有(있을 유) 過(허물 과) 失(잃을 실, 잘못) 和(화할 화) 氣(기운 기) 以(써 이) 諫(간할 간) 誤(그릇할 오) 怡(기쁠 이) 聲(소리 성) 訓(가르칠 훈)

39) 疾(병 질) 憫(근심할 민) 思(생각할 사) 救(건질 구, 구원) 惡(악할 악) 隱(숨길 은) 勿(말 물) 視(볼 시)

我有憂患 兄弟亦憂 我有歡樂 姉妹亦樂.40)

아유우환(이면) 형제역우(하고) 아유환락(이면) 자매역락(이라)

나에게 우환이 있으면 다른 형제들도 함께 걱정하고, 나에게 환
락이 있으면 다른 자매들도 즐거워한다.

어구 설명　○我有憂患(아유우환)－나에게 근심과 걱정이 있으면. ○兄弟亦
憂(형제역우)－다른 형제들도 역시 걱정한다. ○歡樂(환락)－기쁘고 즐겁
다. ○姉妹亦樂(자매역락)－다른 자매들도 역시 즐거워한다.

私其衣食 夷狄之道 率先垂範 兄弟亦效.41)

사기의식(은) 이적지도(니라) 솔선수범(이면) 형제역효(라)

형제간에 의복이나 음식 및 재물을 (철저히) 사유화하고 (가족적
인 공유생활을 하지 않는 것은) 곧 오랑캐의 도리다. 좋은 일을 내
가 앞장서서 실천하고 본을 보이면 남들도 본받고 따라 행하게 될
것이다.

어구 설명　○私其衣食(사기의식)－형제간에 의복 음식물 및 기타의 재물
등을 과도하게 사유화하다. ○夷狄之道(이적지도)－오랑캐의 도리 혹은
생활 방식. ○率先垂範(솔선수범)－내가 남보다 앞장서서 본을 보이다.
○亦效(역효)－다른 형제들이 역시 본받고 따라 행한다.

---

40) 我(나 아) 憂(근심할 우) 患(근심 환, 걱정) 亦(또 역) 歡(기뻐할 환) 樂(즐거
운 락, 풍류 악) 姉=姊(손윗누이 자) 妹(누이 매)

41) 私(사사로울 사) 食(밥 식) 夷(오랑캐 이) 狄(오랑캐 적) 道(길 도, 도리,
이치) 率(거느릴 솔) 先(먼저 선) 垂(드리울 수) 範(모범 범, 본) 效(본받
을 효)

我事人親 人事我親 長者慈幼 幼者敬長.42)

아사인친(이면) 인사아친(이오) 장자자유(면) 유자경장(이라)

내가 남을 친근하게 섬기면 남도 나를 친근하게 대해 줄 것이다.
어른이 어린아이를 자애롭게 사랑하면 어린아이도 어른을 공경하고
존경한다.

어구 설명   ○我事人親(아사인친)－내가 남을 친근하게 섬긴다, 친절하게 대
한다. ○人事我親(인사아친)－남도 나를 친근하게 섬긴다. ○長者慈幼(장
자자유)－어른이나 나이 많은 사람이 솔선수범하고 어린 사람에게 자애롭
게 대하면. ○幼者敬長(유자경장)－연소자도 무언중에 감화되고 교화되어
연장자를 공경하고 존경하게 된다.

참고   형제자매는 같은 부모에서 태어난 한동기간이다. 나무에 비유하면 같
은 뿌리나 그루에서 자라난 가지와 같다. 혹은 같은 샘에서 솟아난 물줄
기와 같다. 그러므로 서로 사랑하고 공경해야 한다.

人之處世 不可無友 擇友交之 有所補益.43)

인지처세(에) 불가무우(하니) 택우교지(하면) 유소보익(이라)

사람이 세상에 처함에 벗이 없을 수 없으니 좋은 벗을 택하여 사
귀면 도움을 받고 이로울 수가 있을 것이다.

어구 설명   ○人之處世(인지처세)－사람이 세상에 처함에, 之는 구조 조사
(構造助詞), 주어와 술어를 연결. ○不可無友(불가무우)－벗이 없을 수
없다. ○擇友交之(택우교지)－좋은 벗을 택하여 사귀다. 之는 좋은 벗,

---

42) 事(섬길 사) 親(친할 친) 長(어른 장) 慈(사랑할 자) 幼(어릴 유) 敬(공경
할 경)
43) 處(살 처) 世(세상 세) 擇(가릴 택) 交(사귈 교) 補(도울 보) 益(더할 익)

대사. ○有所補益(유소보익)－도움이 되고 이로울 바가 있다. 所는 구조
조사.

友其正人 我亦自正 近墨者黑 近朱者赤.44)

우기정인(이면) 아역자정(이라) 근묵자흑(이오) 근주자적(이니라)

언행이 바른 사람을 벗으로 삼고 사귀면 나도 자연히 바르게 될
것이다. 먹을 가까이하면 검어지고 주묵을 가까이하면 붉게 물들게
된다.

어구 설명 ○友其正人(우기정인)－바른 사람을 벗으로 삼다. 友는 동사로
쓰였다. 其는 별로 뜻이 없다. ○我亦自正(아역자정)－나도 역시 스스로
바르게 된다. ○近墨者黑(근묵자흑)－먹을 가까이하면 검게 물든다. ○近
朱者赤(근주자적)－주묵을 가까이하면 붉게 물든다.

居必擇隣 就必有德 哀慶相問 美風良俗.45)

거필택린(하고) 취필유덕(하니라) 애경상문(은) 미풍량속(이니라)

반드시 이웃을 가려 거처를 정하고 덕 있는 사람과 어울려야 한
다. 이웃간에 슬픈 일이나 경사가 있으면 서로 찾아 인사를 차리는
것은 미풍양속이다.

어구 설명 ○居必擇隣(거필택린)－거처를 정할 때에는 반드시 이웃을 가려
야 한다. ○就必有德(취필유덕)－반드시 덕 있는 사람과 사귀고, 따라

---

44) 其(그 기) 正(바를 정) 亦(또 역) 自(스스로 자) 近(가까울 근) 墨(먹 묵)
  朱(붉을 주) 赤(붉을 적)
45) 居(있을 거) 必(반드시 필) 擇(가릴 택) 隣(이웃 린) 就(좇을 취) 德(덕 덕)
  哀(슬플 애) 慶(경사 경) 美(아름다울 미) 風(바람 풍) 良(좋을 량) 俗(풍
  속 속)

야 한다. ○哀慶相問(애경상문)－슬픈 때 혹은 경사에 서로 찾고 돕는다. ○美風良俗(미풍양속)－아름답고 좋은 풍습이다.

朋友責善 以友輔仁 人無責友 易陷不義.46)

붕우(는) 책선(이니) 이우보인(이라) 인무책우(면) 이함불의(하니라)

벗은 서로 선을 행하도록 독려해야 하며 벗의 덕으로 나의 인덕을 높여야 한다. 선을 독려하는 벗이 없으면 불의에 빠지기 쉽다.

어구 설명 ○朋友責善(붕우책선)－벗은 서로 선을 행하도록 권한다. ○以友輔仁(이우보인)－벗함으로써 인덕을 도와야 한다. ○人無責友(인무책우)－만약 사람에게 서로 인덕을 권장하고 도와주는 좋은 벗이 없으면. ○易陷不義(이함불의)－불의에 빠지기 쉽다.

多友之人 當事無誤 知心而交 勿與面交.47)

다우지인(은) 당사무오(라) 지심이교(하라) 물여면교(하라)

좋은 벗이 많으면 일을 당해도 그릇되는 일이 없다. 벗은 마음을 알고 사귀어라 얼굴만으로 사귀지 마라.

어구 설명 ○多友之人(다우지인)－벗이 많은 사람, 많은 벗이 있는 사람. ○當事(당사)－어려운 일을 당했을 때, 어려운 일을 처리할 때. ○無誤(무오)－그릇됨이 없다, 벗의 도움을 받고 잘 처리할 수 있다는 뜻. ○知心而交(지심이교)－속마음을 알고 사귀어야 한다. ○勿與面交(물여면교)－얼굴과 사귀지 마라, 즉 외면만 보고 사귀지 마라.

---

46) 朋(벗 붕) 責(꾸짖을 책) 善(착할 선) 易(쉬울 이) 陷(빠질 함) 義(옳을 의)
47) 多(많을 다) 當(당할 당) 誤(그릇할 오) 勿(밀 물) 交(사귈 교)

内疎外親 是謂不信 行不如言 亦曰不信.48)

내소외친(이) 시위불신(이요) 행불여언(이) 역왈불신(이요)

속으로 간격을 두면서 겉으로만 친한 척하는 것을 불신이라 한다. 행동이 말과 같지 않은 것도 역시 불신이라 한다.

어구 설명 ○内疎(내소)-본심으로는 소원하면서. ○外親(외친)-겉으로는 친한 척한다. ○是謂不信(시위불신)-그런 것을 불신이라 한다. ○行不如言(행불여언)-행동이 말과 같지 않은 것도.

孔孟之道 程朱之學 明其道而 不計其功.49)

공맹지도(와) 정주지학(은) 명기도이 불계기공(이라)

공자 맹자의 도리와 정자 주자의 학문은 다 같이 바른 도리를 밝히고 세속적인 공리를 꾀하지 않음이다.

어구 설명 ○孔孟之道(공맹지도)-공자와 맹자가 주장한 사상적 기본 도리. ○程朱之學(정주지학)-정자 주자의 상리학(性理學)에서 강조하는 도리나 원칙. ○明其道而(명기도이)-바른 도리를 밝힘이다, 而는 연사(連詞=접속사)다. ○不計其功(불계기공)-자신의 공리(功利)를 도모하지 않는다.

飽食煖衣 逸居無教 即近禽獸 聖人憂之.50)

포식난의(하고) 일거무교(이) 즉근금수(라) 성인우지(라)

---

48) 疎=疏(트일 소) 親(친할 친) 信(믿을 신) 如(같을 여)

49) 程(단위 정) 朱(붉을 주) 計(꾀할 계) 功(공 공)

50) 飽(물릴 포) 煖(따뜻할 난) 逸(안일할 일) 教(가르침 교) 即(곧 즉) 禽(날짐승 금) 獸(짐승 수) 憂(근심할 우)

배부르게 먹고 따뜻하게 입고 편안하게 살되 윤리 도덕에 대한
교육이 없다면 짐승과 가까운 존재가 된다. 성인은 이를 걱정하여
(윤리 도덕을 가르쳤다.)

어구 설명 ○飽食(포식)−배부르게 잘 먹는다. ○煖衣(난의)−따뜻하게 옷
을 입는다. ○逸居(일거)−편하게 산다. ○無敎(무교)−윤리 도덕에 대한
교육이 없다면. ○則(즉)−곧. ○近禽獸(근금수)−금수에 가까운 존재가
된다. ○聖人憂之(성인우지)−성인이 걱정을 하고 (윤리 도덕을 교육했다).

참고 《맹자(孟子)》에 있다. 성인, 즉 요(堯)임금이 설(契)을 교육 장관에
임명하고 백성에게 오륜(五倫)을 가르치게 했다. 즉 부자유친(父子有
親)・군신유의(君臣有義)・부부유별(夫婦有別)・장유유서(長幼有序)・
붕우유신(朋友有信)을 가르쳤다.

仁義禮智 人性之綱 禮義廉恥 是謂四維.[51]

인의례지(는) 인성지강(이요) 예의렴치(는) 시위사유(라)

인의예지는 사람의 덕성의 기본 줄기이며, 예의염치는 나라를 안
정케 하는 네 가지 기틀이니라.

어구 설명 ○仁(인)−적극적으로는 남을 사랑하고 도움을 주는 덕행을 인
(仁)이라 한다. 소극적으로는 남을 관대하게 용서해 줌이다. ○義(의)−적
극적으로는 사회 정의를 바로 세우고 도의를 실천하는 덕행을 의(義)라
한다. 소극적으로는 악(惡)을 처단함이다. ○人性之綱(인성지강)−(네 가
지 덕성 덕행이) 인간의 선본성(善本性)에서 나온 도덕적 강령이다. ○禮
(예)−천리(天理)에 맞는 문화적 생활양식을 예(禮)라고 한다. 도리에 어
긋나게 꾸민 허례허식은 예가 아니다. ○廉(렴)−청렴결백하게 함. ○恥

---

51) 仁(어질 인) 義(옳을 의) 禮(예도 례{예}) 智(슬기 지) 性(성품 성) 綱(벼리
강) 廉(청렴할 렴{염}) 恥(부끄러워할 치) 是(이 시) 維(받칠 유)

(치)-부끄럽게 여기고 창피한 줄 안다. ○是謂四維(시위사유)-관자(管子)는 예의염치(禮義廉恥) 네 가지를 국가를 바르게 유지하는 기본적인 줄기라고 했다. 예의염치를 안 가리면 사회나 국가가 문란하게 된다.

참고 예(禮)는 천도천리(天道天理)를 따르고 실천하는 덕행이고, 일상생활면에서는 예의범절을 지킴이다. 지(智)는 절대선(絕對善)인 하늘의 도리를 알고 실천하는 덕행이다. 아울러 학식이나 기술 기능을 천도에 맞게 활용하는 슬기를 참다운 지(智)라 한다. 지식 기능을 간교(奸巧)하게 악용하는 것은 참다운 슬기가 아니다.

모든 사람이 윤리 도덕을 따르고 실천해야 한다. 그래야 공동체의 평화와 질서가 유지되고 또 함께 잘살고 번영하며 크게는 인류의 역사와 문화가 선방향(善方向)으로 발전할 것이다.

인류가 오랜 세월에 걸쳐 자연법칙을 터득한 것처럼 동양의 성현(聖賢)들도 오랜 세월에 걸친 관찰과 노력으로 절대인 하늘[天]과 절대선(絕對善)의 도리인 천도(天道)를 터득하고 윤리 도덕을 제정했던 것이다. 다시 말하면 동양의 정신문화도 인류생활의 역사적 발전의 귀결인 것이다.

참고 ◑ **삼강**(三綱) **오륜**(五倫)

(1) **삼강**(三綱) : 강(綱)은 기강이 되는 중심적 존재라는 뜻이다.
   군위신강(君爲臣綱) : 임금은 신하의 기강이자 중심적 존재이고,
   부위자강(父爲子綱) : 아버지는 자식의 기강이자 중심적 존재이고,
   부위부강(夫爲婦綱) : 남편은 아내의 기강이고 중심적 존재이다.
(2) **오륜**(五倫) : 윤(倫)은 서로 어울려 함께 잘사는 도리라는 뜻이다.
   부자유친(父子有親) : 부모와 자식 사이에는 육친애가 있어야 하고,
   군신유의(君臣有義) : 임금과 신하 사이에는 서로 지킬 예의가 있어야
                  하고,

　　부부유별(夫婦有別) : 남편과 아내 사이에는 서로 지킬 분별이 있어야
　　　　　　　　　　　　하고,

　　장유유서(長幼有序) : 연장자와 연소자 사이에는 서로 지킬 서열이 있
　　　　　　　　　　　　어야 하고,

　　붕우유신(朋友有信) : 벗과 친구 사이에는 서로 돈독히 지킬 신의가
　　　　　　　　　　　　있어야 한다.

　동양의 윤리는 쌍무적 도덕률이다. 그러므로 서로 상대를 가리고 지켜
야 한다. 즉 내가 자식일 때에는 부모에게 효도한다. 그러나 내가 부모가
되면, 자식들을 자비롭게 사랑해야 한다는 식이다.

제3장   동몽선습(童蒙先習)·계몽편(啓蒙篇) 선독(選讀)

　옛날의 아동들이 《천자문(千字文)》 다음에 배우는 책이 곧 《동몽선습》·《계몽편》 두 책이었다. 《동몽선습》은 조선 명종(明宗) 때의 유학자 박세무(朴世茂)가 아동에게 윤리 도덕의 기본을 깨우치려고 편찬한 계몽서(啓蒙書)다.

　그로부터 백 년 후에 송시열(宋時烈)이 발문(跋文)을 지어 아동 교육에 유익한 책이라고 높였고, 또 영조(英祖) 임금이 서문을 붙여 국민들의 교화의 기본서적임을 밝혔다.

　《계몽편》은 작자를 잘 알 수 없다. 우주 천지의 기본 도리를 밝히고 아울러 인격의 수양 및 윤리 실천을 강조한 책이다.

　비록 옛날의 아동용 계몽 서적이라 하지만, 오늘날에도 많은 사람들이 깊이 공부를 해야 할 것이다. 그래야 혹심한 개인주의에 빠져 폭력이나 무력을 마구 휘둘러 남들을 유린하고 자기만의 동물적 욕구를 채우고 있는 오늘의 인류를 윤리 도덕적으로 구제할 수 있을 것이다.

文雖約 而錄則博 卷雖小 而包則大.1)

문수약(이나) 이록즉박(하고) 권수소(나) 이포즉대(라)

글은 비록 간략하나 기록한 내용의 범위는 넓고, 책은 비록 작으나 그 속에 포함되어 있는 내용은 방대하다.

어구 설명 ㅇ文雖約(문수약)―글이나 문장은 비록 간약(簡約)하지만. ㅇ而(이)―그러나. ㅇ錄則博(녹즉박)―적은 바 내용은 넓다. ㅇ卷雖小(권수소)―책의 권수는 비록 적지만. ㅇ包則大(포즉대)―속에 품고 있는 내용이나 뜻이 크다.

噫 孝於親 然後忠於君 弟於兄 然後敬于長 以此觀之 五倫之重 孝悌爲先.2)

희(라) 효어친 연후(에) 충어군(하며) 제어형 연후(에) 경우장(하니) 이차관지(면) 오륜지중(에) 효제위선(이라)

아! 부모에게 효도하면 임금에게 충성하고, 형님을 잘 공경하면 (사회에서도) 연장자를 공경한다. 이렇게 본다면 오륜 중 효와 제가 가장 앞세워야 할 중대한 덕행이다.

어구 설명 ㅇ噫(희)―아! 감탄사. ㅇ孝於親(효어친)―어버이에게 효도한다. ㅇ然後(연후)―그런 다음에, 그래야. ㅇ忠於君(충어군)―임금에게 충성한

---

1) 雖(비록 수) 約(묶을 약) 而(말 이을 이) 錄(기록할 록) 則(곧 즉) 博(넓을 박) 卷(책권 권) 包(쌀 포)

2) 噫(탄식할 희) 孝(효도 효) 於(어조사 어, ―에) 親(어버이 친) 然(그러할 연) 後(뒤 후) 忠(충성 충) 君(임금 군) 弟(아우 제) 兄(맏 형) 敬(공경할 경) 于(어조사 우, ―에) 長(길 장) 以(써 이) 此(이 차) 觀(볼 관) 之(이 지) 倫(인륜 륜) 重(무거울 중) 悌(공경할 제) 爲(할 위) 先(먼저 선)

다. ○弟於兄(제어형)—형님을 공경한다. 弟(제)는 悌(제)와 같은 뜻. 於(어)는 ~에게. ○敬于長(경우장)—연장자를 공경한다. 于(우)는 於(어)와 같다. ~에게 혹은 빈어 앞에 오는 개사. ○以此觀之(이차관지)—이것을 가지고 보면. ○五倫之重(오륜지중)—오륜의 무게에 있어. ○孝悌爲先(효제위선)—효와 제가 으뜸이다. 孝(효)는 부모에게 효도한다. 悌(제)는 형님을 공경한다.

참고 이상은 영조(英祖)가 쓴 서문의 글이다. 《동몽선습》이 비록 권수도 적고 문장도 간략하지만, 내용의 뜻은 깊고 넓고 또 중대하다고 했다. 아울러 오륜 중에서도 효제(孝悌)가 가장 중요하다고 말했다. 다음부터는 《동몽선습》의 본문에서 추린 것이다.

天地之間 萬物之中 惟人最貴 所貴乎人者 以其有五倫也.3)

천지지간 만물지중(에) 유인(이) 최귀(하니) 소귀호인자(는) 이기유오륜야(라)

천지간에 있는 만물 중에서 오직 사람만이 가장 존귀하니, 사람을 존귀하게 여기는 까닭은 오륜을 지키기 때문이다.

어구 설명 ○天地之間(천지지간)—하늘 땅 사이에 (있는). ○萬物之中(만물지중)—모든 물건 중. ○惟人最貴(유인최귀)—다만 사람이 가장 귀하다. ○所貴乎人者(소귀호인자)—사람을 귀하게 여기는 바는, (까닭은), 所(소)는 ……하는 바, 까닭은. ○貴乎人(귀호인)—사람을 귀하다고 여긴다. ○其有五倫也(기유오륜야)—바로 오륜을 지키고 실천하기 (때문이다.)

---

3) 間(사이 간) 萬(일만 만) 物(만물 물) 惟(생각할 유) 最(가장 최) 貴(귀할 귀) 乎(인가 호, -에) 其(그 기) 倫(인륜 륜)

是故 孟子曰 父子有親 君臣有義 夫婦有別 長幼
有序 朋友有信 人而不知五常 則其違禽獸不遠
矣.4)

시고(로) 맹자왈 부자유친(하며) 군신유의(하며) 부부유별(하며) 장유유서
(하며) 붕우유신(이라하시니) 인이부지오상(하면) 즉기위금수불원의(니라)

그런고로 맹자가 말했다. 아버지와 자식 사이에는 육친애가 있어야
하고, 임금과 신하 사이에는 예의가 있어야 하고, 남편과 아내 사이에
는 분별이 있어야 하고, 어른과 어린이 사이에는 서열이 있어야 하고,
벗과 벗 사이에는 신의가 있어야 한다. 사람이면서 이상의 다섯 가지
윤리를 지킬 줄 모르면 금수와 별로 다르지 않을 것이다.

어구 설명　ㅇ是故(시고)—그런 고로. ㅇ孟子(맹자)—전국(戰國)시대 사람
(기원전 372~289). 산동성(山東省) 추현(鄒縣) 사람으로, 공자의 학문과
사상을 더욱 발전시킨 유학자로 아성(亞聖)이라 일컬음. ㅇ父子有親(부
자유친)—부자간에는 육친애(肉親愛)가 있어야 한다. ㅇ君臣有義(군신유
의)—임금과 신하 사이에는 의리(義理)가 있어야 한다. ㅇ夫婦有別(부부
유별)—남편과 아내는 서로 분별(分別)이 있어야 한다. ㅇ長幼有序(장유
유서)—연장자와 연하자 사이에는 선후의 질서가 있어야 한다. ㅇ朋友有
信(붕우유신)—벗이나 친구 사이에는 신의(信義)가 있어야 한다. ㅇ人而
不知五常(인이부지오상)—사람이면서 오륜을 모르면. ㅇ則(즉)—즉. ㅇ其
(기)—그는 (오륜을 모르는 그 자는). ㅇ違禽獸(위금수)—금수와 다를 바.

---

4) 是(이 시) 故(연고 고) 親(친할 친) 臣(신하 신) 義(옳을 의) 夫(지아비 부)
婦(아내 부) 長(길 장) 幼(어릴 유) 序(차례 서) 朋(벗 붕) 友(벗 우) 信(믿
을 신) 常(항상 상) 違(어길 위) 禽(날짐승 금) 獸(짐승 수) 遠(멀 원) 矣(어
조사 의)

○不遠矣(불원의)−멀지 않다. 즉 금수와 같다는 뜻.

참고 사람이 서로 어울려 함께 잘 사는 도리를 윤리(倫理)라고 한다. 인간의 기본 윤리는 다음의 다섯 가지이다.

① 부부(夫婦) 관계 : 남성과 여성이 사랑으로 어울려 부부가 되고 사랑의 자녀를 출산하면 부모와 자식의 관계가 생긴다.

② 부자(父子) 관계 : 부모와 자녀의 관계를 대표해서 부자 관계라 한다. 부모 밑에 많은 자녀가 태어나 자라면 연장자와 연하자의 관계가 발생한다.

③ 장유(長幼) 관계 : 형님과 위의 누이를 장(長)이라 하고, 아우와 어린 누이를 유(幼)라 한다. 가정에서의 장유 관계는 사회에서는 선배 후배 혹은 어른과 아이의 관계로 확대된다.

④ 붕우(朋友) 관계 : 여러 사람이 어울려 사는 사회 생활을 하면, 자연히 벗이나 친구가 있게 마련이다. 학교에서는 학우(學友), 직장에서는 동료(同僚)라고 한다.

⑤ 군신(君臣) 관계 : 가정과 사회 다음의 확대된 공동체가 곧 국가이다. 국가를 다스리는 중심인물을 임금이라 한다. 임금을 중심으로 모든 신하 및 국민이 일심동체(一心同體)가 되어 저마다 충성해야 국가가 흥성하고 모든 국민이 행복하게 살 수 있다.

이상의 다섯 가지 윤리를 오륜(五倫)이라 하고 이를 오상(五常)이라고도 한다. 상(常)은 불변(不變)의 도리라는 뜻이다.

然則父慈子孝 君義臣忠 夫和婦順 兄友弟恭 朋友輔仁 然後方可謂之人矣.[5]

연즉 부자자효(하며) 군의신충(하며) 부화부순(하며) 형우제공(하며) 붕우

---

[5] 慈(사랑할 자) 義(옳을 의) 忠(충성 충) 和(화할 화) 順(순할 순) 友(벗 우) 恭(공손할 공) 輔(도울 보) 謂(이를 위) 矣(어조사 의)

보인(하니) 연후(에) 방가위지인의(니라)

그러하니 아버지는 자애롭고 아들은 효성하고, 임금은 예의를 지키고 신하는 충성을 다하고, 남편은 부드럽게 대하고 아내는 순종하고, 형은 우애를 베풀고 동생은 공경하고, 벗들은 서로 인덕을 높이도록 도와야 한다. 그래야 비로소 사람이라 말할 수 있다.

어구 설명 ○然則(연즉)-그러한즉, 그러므로. ○父慈子孝(부자자효)-아버지는 아들을 자애(慈愛)하고, 아들은 아버지에게 효노한다. ○君義臣忠(군의신충)-임금은 도의(道義)와 예양(禮讓)으로써 신하에게 대하고, 신하는 충성(忠誠)으로써 임금을 섬긴단. 충성은 바른 도리를 따라 최선을 다한다는 뜻이다. ○夫和婦順(부화부순)-남편은 아내를 부드럽게 대하고 사랑하고, 아내는 남편에게 순종한다. ○兄友弟恭(형우제공)-형은 아우를 우애(友愛)하고, 동생은 형을 공경(恭敬)한다. ○朋友輔仁(붕우보인)-벗이나 친구는 서로 신의를 지키고 동시에 선행을 권면(勸勉)하여 서로 인덕(仁德)을 높이는 데 도움이 되게 해야 한다. ○然後(연후)-이상과 같이 한 다음에. ○方(방)-비로소. ○可謂之人矣(가위지인의)-사람이라 말할 수 있다. ○謂之(위지)-말한다, 之는 형식적으로 붙인 빈어.

참고 동양의 전통 윤리는 쌍무적으로 지키고 실천하는 도덕적 규범이다. 임금은 포악무례해도 좋으니, 신하만 일방적으로 충성하라는 식의 가르침이 아니다. 아버지는 방탕하고 무도하게 행동해도 좋으니, 아들만 무조건하고 아버지에게 맹종하라는 식의 가르침이 아니다. 임금은 절대선(絶對善)인 천도(天道)를 따라 도의를 지켜야 한다. 그래야 신하가 충성으로 그를 보좌할 수 있다. 만약에 임금이 포학무도한 짓을 하는데, 그 밑에서 맹목적으로 순종하면, 그것은 곧 임금의 악덕이나 죄악을 방조하는 것이 된다. 윤리 도덕의 기준은 천도다. 쌍무적으로 천도를 따라 선(善)을 행해야 비로소 윤리 도덕이 바로 선다.

《동몽선습》은 다음에서 오류을 개별적으로 풀이했다. 이 책에서는 중
요한 구절만을 뽑아 해독하겠다.

孔子曰 五刑之屬 三千 而罪莫大於不孝.6)

공자왈 오형지속(이) 삼천(이로되) 이죄막대어불효(라)

공자가 말했다. 오형에 속하는 죄목이 3천 가지나 되지만, 그 중
에도 불효보다 더 큰 죄는 없다.

어구 설명 ○五刑(오형)－다섯 가지 형벌. 묵형(墨刑 : 이마에 먹 글씨를 새
겨 넣는 형벌), 의형(劓刑 : 코를 베는 형벌), 비형(剕刑 : 발뒤꿈치를 베는
형벌), 궁형(宮刑 : 불알을 까는 형벌), 대벽(大辟 : 목을 잘라 죽이는 형
벌). ○屬(속)－속하다. ○罪(죄)－그 죄가. ○莫大於不孝(막대어불효)－
불효보다 더 큰 것이 없다. ○莫大(막대)－크지 않다, 큰 것이 없다. ○於
不孝(어불효)－불효보다.

참고 불효보다 더 큰 죄는 없다(罪莫大於不孝). 부모는 곧 나의 생명의
근본이다. 산 사람이 자기 생명의 뿌리를 무시하면 자기 자신을 무시하는
꼴이 된다.

苟或君而不能盡君道 臣而不能修臣職 不可與共 治天下國家也.7)

구혹군이불능진군도(하며) 신이불능수신직(하면) 불가여공치천하국가야
(니라)

혹시라도 임금이 임금의 도리를 다하지 못하거나, 신하가 신하의

---

6) 刑(형벌 형) 屬(엮을 속) 罪(허물 죄) 莫(없을 막) 孝(효도 효)
7) 苟(진실로 구) 或(혹 혹) 能(능할 능) 盡(다될 진) 道(길 도) 修(닦을 수)
   職(벼슬 직) 與(더불어 여) 共(함께 공) 治(다스릴 치)

직책을 완수하지 못한다면, 함께 천하나 국가를 다스릴 수가 없다.

어구 설명 ○苟或(구혹)-가령, 혹. ○君而不能盡君道(군이불능진군도)-임금이면서 임금의 도리를 다하지 못하면. ○臣而不能修臣職(신이불능수신직)-신하가 되어 신하의 직책을 다하지 못하면. ○不可(불가)-……할수 없다. ○與共治(여공치)-더불어 함께 다스리다. ○天下國家(천하국가)-천하나 국가를. 治(치)의 빈어.

참고 임금이나 신하가 저마다 자기의 도리를 다하고 동시에 임금과 신하기 밀접하게 협동해야 한다. 그래야 천하나 국가를 다스릴 수 있다.

夫婦二姓之合 生民之始 萬福之原. [8]

부부(는) 이성지합(이며) 생민지시(요) 만복지원(이라)

남편과 아내는 성을 달리하는 두 집안의 남녀의 결합이며 백성을 태어나게 하는 시초로 만복의 근원이다.

어구 설명 ○夫婦(부부)-성장한 남성과 여성이 결혼하여 부부가 되는 것은. ○二姓之合(이성지합)-성씨를 달리하는 두 남녀가 결합하는 것이다. 한 조상의 자손은 서로 결혼할 수 없다. ○生民之始(생민지시)-부부는 백성을 출산하고 양육하고 번성케 하는 시발점이다. ○萬福之原(만복지원)-만복의 근원이다.

참고 사람은 부부에 의해서 생산된다. 그러므로 부부를 생민(生民)의 시발점이라고 한다. 부부에 의해서 출산한 사람, 즉 만물의 영장인 사람만이 천도(天道)를 따라 지덕(地德)을 세운다. 지덕은 곧 자연과학을 포함한 모든 문화다. 그러므로 부부를 만복의 근원이라고 말하는 것이다. 서로 사랑하는 부부라야 사랑의 자녀를 출생한다.

---

8) 夫(지아비 부) 婦(아내 부) 姓(성 성) 合(합할 합) 生(날 생) 民(백성 민) 始(처음 시) 萬(일만 만) 福(복 복) 原(근원 원)

是故 娶妻不娶同姓 爲宮室辨內外 男子居外 而
不言內 婦人居內 而不言外.9)

시고(로) 취처(에) 불취동성(하며) 위궁실(에) 변내외(하여) 남자(는) 거외
이불언내(하고) 부인(은) 거내 이불언외(하니라)

그러므로 아내를 맞이하되 동성동본을 맞이하지 않고, 집을 짓되
안과 밖을 구별하여, 남편은 밖에 거처하면서 안의 일을 말하지 않
고, 부인은 안에 거처하면서 밖의 일을 말하지 않는다.

어구 설명   ○是故(시고) – 그런고로. ○娶妻(취처) – 아내를 취할 때에. ○不
娶同姓(불취동성) – 동성동본을 아내로 취하지 않는다. ○爲宮室(위궁
실) – 집을 짓고 방을 들일 때에. ○辨內外(변내외) – 내외를 분별한다.
○居外(거외) – 바깥채에 거처한다. ○而(이) – 그리고 ○不言內(불언내) –
안채에 대한 말을 하지 않는다. ○婦人(부인) – 부인, 아내. ○居內而不言
外(거내이불언외) – 안채에 거처하며 바깥일을 말하지 않는다.

참고   자연과학에서도 음과 양을 구분하고 저마다의 기능이 다름을 인정한
다. 그와 마찬가지로 남자 여자, 남편과 아내의 기능이나 직분은 구분되
어야 한다. 이것과 사회적 법적인 남녀동등과는 별개의 문제이다.

須是夫敬其身 以帥其婦 婦敬其身 以承其夫 內
外和順 父母其安樂之矣.10)

---

9) 娶(장가들 취) 妻(아내 처) 爲(할 위) 宮(집 궁) 室(집 실) 辨(분별할 변)
   內(안 내) 外(밖 외) 居(있을 거) 言(말씀 언)
10) 須(모름지기 수) 敬(공경할 경) 身(몸 신) 以(써 이) 帥(통솔할 수) 承(받
    들 승) 內(안 내) 外(밖 외) 和(화할 화) 順(순할 순) 安(편안할 안) 樂
    (즐길 락)

수시 부경기신(하여) 이수기부(하고) 부경기신(하여) 이승기부(하며) 내외 화순(하여야) 부모기안락지의(리라)

모름지기 남편은 자기 몸가짐을 경건히 하여 아내를 통솔하고 아 내도 스스로의 몸가짐을 경건히 하여 남편의 뜻을 받들어야 한다. 안과 밖이 잘 어울리고 순탄해야 부모님도 안락하실 것이다.

어구 설명　o須是(수시)－모름지기 ……해야 한다. o夫敬其身(부경기신)－ 남편이 자기 몸가짐을 경건히 하다. o以(이)－그럼으로써, 그렇게 해 가 지고. o帥其婦(수기부)－자기 아내를 통솔하다, 지휘하다. o婦敬其身 (부경기신)－아내도 자기 몸가짐을 경건히 하고. o以(이)－그래 가지고. o承其夫(승기부)－자기 남편을 받든다. o內外和順(내외화순)－內는 아 내, 外는 남편, 和는 화목하고 사랑하다, 順은 유순하고 순종하다. 즉 남 편은 아내를 부드럽게 사랑하고, 아내는 남편에게 순종한다. o父母其安 樂之矣(부모기안락지의)－부모가 비로소 안락할 것이다. 其는 그때에, 비 로소로 풀이한다. 之는 형식적인 빈어, 矣는 종결의 조사.

참고　부부가 같이 몸가짐을 경건하게 해야 한다. 敬의 뜻은 깊다. 절대선 (絶對善)인 하늘이나 하늘의 도리를 받들고 따르고 실천한다는 뜻이다. 주자(朱子)는 敬을 주일무적(主一無適 : 하나를 중심하고 밖으로 나가지 않음이다)이라고 풀었다.

子思曰 君子之道 造端乎夫婦.11)

자사왈 군자지도(는) 조단호부부(라하시니라)

자사가 말했다. 군자의 도리는 부부에서부터 바로잡힌다.

어구 설명　o子思(자사, 기원전 492~432)－공자의 손자. 《중용(中庸)》을 저술했다. 증자(曾子)에게 배우고 맹자(孟子)를 가르쳤다. 안회(顏回), 증

---

11) 思(생각할 사) 君(임금 군) 道(길 도) 造(지을 조) 端(끝 단)

자, 자사, 맹자를 사성(四聖)이라고 한다. ○君子之道(군자지도)－군자가 지키고 행할 도리. 군자는 학문과 덕행을 쌓고 왕도덕치에 참여하는 유학자, 최고의 지식인. ○造端乎夫婦(조단호부부)－부부에서부터 시발점이 만들어진다.

참고 매우 중요한 말이다. 남편과 아내가 하늘의 도리를 따르고 실천하고 저마다 몸가짐을 경건히 해야 한다. 그래야 착한 자식을 낳는다. 그리고 그들이 성장하여 군자가 되면 비로소 그 나라에 군자의 도리가 서고 또 행해질 것이다. 결국 국가 사회를 좋게 만들기 위해서는 부부가 착해야 한다. 이상은 부부가 서로 지킬 도리를 말했다. 다음은 연장자와 연하자가 서로 지키고 행할 윤리적 행동거지에 대한 구절을 몇 가지 추리겠다.

長幼天倫之序. 12)

장유(는) 천륜지서(라)

연장자와 연하자의 서열은 하늘에 의해 정해진 질서이다.

어구 설명 ○長幼(장유)－연장자와 연하자, 가정에서는 형과 아우, 사회에서는 선배나 후배를 이른다. ○天倫之序(천륜지서)－천륜으로 정해진 순차다. ○天倫(천륜)－절대적인 하늘의 위계(位階), 순차(順次), 질서(秩序) 및 서열(序列)을 합한 뜻.

참고 하늘이 시간을 운행한다. 그러므로 사람은 과거 현재 미래의 시간의 흐름을 절대로 따르게 마련이다. 그와 마찬가지로 형과 아우, 연장자와 연하자의 순서도 하늘이 정해준 절대적 서열이다. 인간이 자의(恣意)로 뒤집거나 바꿀 수 없다.

---

12) 長(길 장) 幼(어릴 유) 天(하늘 천) 倫(인륜 륜(윤)) 序(차례 서)

長慈幼 幼敬長 然後 無侮少陵長之弊 而人道正
矣.13)

장자유(하며) 유경장 연후(에) 무모소릉장지폐(하여) 이인도정의(리라)

연장자는 어린이를 사랑하고 연하자는 어른을 공경하여야, 어린이
를 업신여기거나 어른을 능욕하는 일이 없고 따라서 사회에 사람의
도리가 바르게 지켜질 것이다.

어구 설명 ○長慈幼(장자유)─나이 많은 사람이 어린 사람을 사랑한다. 자
애를 베푼다. ○幼敬長(유경장)─연하자가 연상자를 공경한다. ○然後(연
후)─그런 다음에. ○無(무)─없다. ○侮少陵長(모소릉장)─어린 사람을
모욕하거나 어른을 능욕하는. ○之弊(지폐)─……하는 폐단. ○而(이)─그
리고, 그러함으로. ○人道正矣(인도정의)─사람의 도리가 바르게 된다.

兄弟 同氣之人 骨肉至親 尤當友愛 不可藏怒宿
怨 以敗天常也.14)

형제(는) 동기지인(이며) 골육지친(이라) 우당우애(요) 불가장노숙원(하여)
이패천상야(이니라)

형제는 같은 기를 타고난 사람이며 함께 뼈와 살을 나눈 지극히
가까운 육친이니 더욱 우애롭게 하고 절대로 속에 노여움이나 원한
을 품고 묻음으로써 천륜을 파괴하는 일이 없어야 한다.

---

13) 慈(사랑할 자) 敬(공경할 경) 然(그러할 연) 侮(업신여길 모) 少(어릴 소)
    陵(업신여길 릉) 弊(해질 폐) 道(길 도)
14) 氣(기운 기) 骨(뼈 골) 尤(더욱 우) 當(마땅히 당) 藏(감출 장) 怒(성낼 노)
    宿(묵을 숙) 怨(원망할 원) 敗(깨뜨릴 패) 常(항상 상)

어구 설명　○同氣之人(동기지인)－(형제는) 같은 부모로부터 같은 기를 받고 태어난 사람이다. ○骨肉至親(골육지친)－같은 뼈와 살을 나눈 지극히 친근한 육친이다. ○尤當友愛(우당우애)－더욱 마땅히 우애롭게 해야 한다. ○友愛(우애)－두터운 정과 사랑. ○不可(불가)－……하면 안 된다. ○藏怒宿怨(장노숙원)－노여움을 속에 품고 원망을 묻어 둔다. ○以(이)－그래서, 그럼으로써. ○敗天常(패천상)－천륜(天倫)과 같다. 하늘이 정해준 절대적인 관계와 윤리 질서.

참고　형제는 같은 부모로부터 같은 기(氣)와 뼈[骨] 및 살[肉]을 나누어 받고 태어났다. 옛사람들은 막연하게 기라고 말했으나, 그 속에는 질료(質料), 핏줄기, 세포(細胞) 및 유전자(遺傳子) 등이 다 포함된다. 형제는 형체(形體)는 다르지만 근본적인 기는 같다. 그러므로 우리는 하나라는 일체감(一體感)을 가지고 서로 우애롭게 받들고 협동해야 한다. 다음에서는 붕우(朋友)의 도리에 관한 구절을 추려 풀이하겠다.

> 朋友同類之人　益者三友　損者三友.　友直　友諒
> 友多聞　益矣.　友便辟　友善柔　友便佞　損矣.[15)]

붕우(는) 동류지인(이라) 익자(가) 삼우(요) 손자(가) 삼우(니라) 우직(하며) 우량(하며) 우다문(이면) 익의(요) 우편벽(하며) 우선유(하며) 우편녕(이면) 손의(니라)

붕우는 같은 무리이며 함께 어울릴 사람이다. 붕우에는 유익한 벗이 세 종류 있고 반대로 해로운 벗이 세 종류 있다. 강직하고 성실하고 박학다식한 벗은 유익한 붕우요, 반대로 편벽되고 연약하고

---

15) 朋(벗 붕) 友(벗 우) 類(무리 류) 益(유익할 익) 損(손해볼 손) 直(곧을 직) 諒(신실할 량) 聞(들을 문) 便(편할 편) 辟(허물 벽) 善(착할 선) 柔(부드러울 유) 佞＝侫(아첨할 녕)

아첨하는 벗은 해로운 붕우이다.

어구 설명 ㅇ朋友(붕우)—벗이나 친구. ㅇ同類之人(동류지인)—함께 무리를 이루고 살 사람. ㅇ益者(익자)—나에게 유익한 벗. ㅇ三友(삼우)—세 가지의 벗이다. ㅇ損者(손자)—나에게 손해가 되는 벗. ㅇ友直(우직)—벗이 곧다. ㅇ友諒(우량)—벗이 참되고 신실하다. ㅇ友多聞(우다문)—식견이 많고 박학하다. ㅇ益矣(익의)—나에게 이롭다. ㅇ便辟(편벽)—공정하지 못하고 한 쪽으로 치우치다. ㅇ善柔(선유)—유약(柔弱)하다. ㅇ便佞(편녕)—아첨하다.

참고 사람은 무리를 이루고 살게 마련이다. 따라서 함께 어울려 일하고 함께 어울려 놀 친구가 있게 마련이다. 그러나 벗 중에는 나에게 유익한 사람도 있고 반대로 손해를 끼칠 사람도 있다. 정직하고 곧고 참되고 신실하고 박학다식한 벗은 유익한 벗이다. 반대로 편벽되고 유약하고 아첨을 잘하는 벗은 손해를 끼칠 벗이다.

友也者 友其德也.16)

우야자(는) 우기덕야(라)

벗함이란 곧 상대방의 덕을 벗으로 사귐이니라

어구 설명 ㅇ友也者(우야자)—벗이라고 하는 것, 벗을 삼는다는 것은. 也者는 ……은, ……라고 하는 것은. ㅇ友其德也(우기덕야)—그 사람의 덕을 벗으로 삼는 것이다. 友는 동사로 쓰였다.

참고 보통은 함께 노는 벗만을 생각한다. 그러나 진정한 벗은 함께 공부하고 덕성을 높이는 벗이다. 인간의 삶의 가치는 역사나 문화 발전에 기여함에 있다. 그러므로 학문과 덕행을 높이는 것을 중하게 여겨야 한다.

---

16) 友(벗 우) 也(어조사 야) 者(놈 자) 其(그 기) 德(덕 덕)

取友必端人 擇友必勝己.17)

취우필단인(하며) 택우필승기(하라)

벗을 사귐에 있어서는 반드시 품행단정한 사람을 취해야 하고, 벗을 가림에 있어서는 반드시 학식이나 덕행이, 나보다 뛰어난 사람을 택해야 한다.

어구 설명　○取友(취우)－벗을 취함에 있어. ○必端人(필단인)－반드시 품행단정한 사람이라야 한다. ○擇友(택우)－벗을 택함에는. ○必勝己(필승기)－반드시 자기보다 뛰어난 사람이라야 한다.

참고　《논어(論語)》에 자기만 못한 사람을 벗으로 삼지 마라(勿友不如己者)란 말이 있다.

苟或交遊之際 不以切磋琢磨 爲相與 但以歡狎戲謔 爲相親 則安能久而不疎乎.18)

구혹교유지제(에) 불이절차탁마(로) 위상여(하고) 단이환압희학(으로) 위상친(이면) 즉안능구이불소호(리오)

만약에 벗과 사귐에 있어 절차탁마의 도리로 사귀지 않고 오로지 장난하며 즐거워하거나 희롱하고 놀면서 어울리면 그런 사귐이 어찌 오래 갈 것이며 따라서 벗과의 사이도 멀어지지 않을 수 있겠느냐.

어구 설명　○苟或(구혹)－만약에 혹시라도. ○交遊之際(교유지제)－벗과

---

17) 取(취할 취) 端(바를 단) 擇(가릴 택) 勝(이길 승) 己(자기 기)
18) 際(사이 제) 磋(갈 차) 琢(쪼을 탁) 磨(갈 마) 歡(기뻐할 환) 狎(익숙할 압)
　　戲(희롱할 희) 謔(희롱거릴 학) 安(어찌 안)　疎＝疏(트일 소)

사귐에 있어. ㅇ不以(불이)-……로써 하지 않는다. ㅇ切磋琢磨(절차탁마)-옥(玉) 돌을 자르고, 갈고, 쪼고 닦는다는 뜻으로 학문이나 덕행을 높인다는 비유. ㅇ爲相與(위상여)-서로 짝하다. 不以切磋琢磨 爲相與(절차탁마로써 서로 어울리지 않고). ㅇ但(단)-다만. ㅇ以歡狎戲謔 爲相親(이환압희학 위상친)-즐겨 어울려 놀고 희롱하는 것으로 서로 친하면. ㅇ則(즉)-곧, 즉. ㅇ安能久(안능구)-그 사이나 사귐이 어찌 오래 갈 수 있겠느냐? ㅇ而(이)-또, 그리고. ㅇ不疎乎(불소호)-어찌 사이가 멀어지지 않을 수 있겠느냐?

참고 도의지교(道義之交)라야 오래가고 유익하다. 술 마시고 놀기만 하는 사귐은 오래가지 못하고 또 해롭다.

人之行 不外乎五者 而惟孝爲百行之源.[19]

인지행(이) 불외호오자 이유효위백행지원(이라)

인간이 행할 바는 이상의 다섯 가지 속에 다 포괄된다. 그 중에도 오직 효도가 백행의 근본이 된다.

어구 설명 ㅇ人之行(인지행)-사람의 윤리적 행동. ㅇ不外乎五者(불외호오자)-오륜 이외에는 없다. 즉 오륜에 다 포함된다. ㅇ而(이)-그러나. ㅇ惟(유)-오직, 다만. ㅇ孝爲百行之源(효위백행지원)-효도 효행이 모든 행동의 근본이 된다.

참고 인간의 윤리적 행동 규범을 오륜으로 추릴 수 있다. 그 중에서 효도가 가장 핵심이 된다.

居則致其敬 養則致其樂 病則致其憂 喪則致其哀 祭則致其嚴.[20]

---

19) 惟(생각할 유) 孝(효도 효) 源(근원 원)

거즉치기경(하고) 양즉치기락(하며) 병즉치기우(하고) 상즉치기애(하며) 제즉치기엄(이니라)

부모님 거처를 보살필 때에는 공경을 다하고, 봉양해 올릴 때에는 마냥 즐겁게 해드리고, 병드시면 더없이 걱정을 하고, 상례에는 애도를 다하고, 제사드릴 때에는 엄숙함을 다해야 한다.

어구 설명 ○居(거)-평소에 부모가 계실 때. ○致其敬(치기경)-자식이 공경을 다 바치다. ○養則致其樂(양즉치기락)-공양해 올릴 때에는 부모를 안락하게 해 올린다. ○病則致其憂(병즉치기우)-부모가 병을 앓으면 자식은 진실로 근심걱정을 해야 한다. ○喪則致其哀(상즉치기애)-부모님의 상례를 치를 때에는 마냥 애도하는 마음을 가져야 한다. ○祭則致其嚴(제즉치기엄)-제사를 모실 때에는 엄숙하게 해야 한다.

참고 부모님 생존시에는 경애하는 마음으로 봉양해 올려야 한다. 병환이 나시면 지극히 걱정하는 마음으로 간호를 해야 한다. 사망하시면 애통한 마음으로 상례를 올리고, 제사를 엄숙하게 지내야 한다.

東方初無君長 有神人 降于太白山檀木下 國人立以爲君 與堯竝立 國號朝鮮 是爲檀君.21)

동방(에) 초무군장(하더니) 유신인(이) 강우태백산단목하(하거늘) 국인(이) 입이위군(하다) 여요병립(하여) 국호(를) 조선(이라하니) 시위단군(이라)

동방 나라에 처음에는 임금이 없었는데, (하늘로부터) 신령한 사

---

20) 居(있을 거) 致(바칠 치) 敬(공경할 경) 養(기를 양) 樂(즐길 락) 病(병 병) 憂(근심할 우) 喪(죽을 상) 哀(슬플 애) 祭(제사 제) 嚴(엄할 엄)

21) 初(처음 초) 神(귀신 신) 降(내릴 강) 太(클 태) 檀(박달나무 단) 國(나라 국) 與(더불어 여) 堯(요임금 요) 竝(아우를 병) 號(부르짖을 호) 朝(아침 조) 鮮(고울 선)

람이 태백산 박달나무 밑에 강림하였다. 나라 사람들이 (그분을) 받들어 임금으로 세웠다. 중국의 요임금과 나란히 임금노릇을 하였으며, 국호를 조선이라 일컬었다. 이분이 단군이시다.

어구 설명 ○東方(동방)-우리나라를 동방이라고 했다. ○初(초)-태초에. ○無君長(무군장)-임금, 수장(首長). ○有神人(유신인)-신이면서 동시에 사람인 분이 있었다. ○降于(강우)- ……에 강림하다. ○太白山(태백산)-단군이 강림했다고 전하는 산, 묘향산(妙香山)의 옛이름. ○檀木下(단목하)-박달나무 밑에. ○國人立以爲君(국인립이위군)-나라 사람들이 (그분을) 세워서 임금으로 삼았다. ○與堯竝立(여요병립)-중국의 요와 같이 병립해서 임금노릇을 하다. ○國號朝鮮(국호조선)-국호를 조선이라 하다. ○是爲檀君(시위단군)-이분이 바로 단군이시다.

참고 이상은 《동몽선습》의 글이다. 다음은 《계몽편》의 구절이다.

萬物之中 惟人最靈.22)

만물지중(에) 유인(이) 최령(하니라)

만물 중에 오직 사람이 가장 영특하다.

어구 설명 ○萬物之中(만물지중)-천지 자연만물 중에서. ○惟(유)-다만, 오직. ○人最靈(인최령)-사람이 가장 영특하다.

生我者 爲父母 我之所生 爲子女.23)

생아자(는) 위부모(요) 아지소생(은) 위자녀(이라)

나를 낳은 분은 부모이시다. 나는 태어난 바, 자녀이다.

어구 설명 ○生我者(생아자)-나를 낳고 살게 하시는 분은. ○爲父母(위부

---

22) 萬(일만 만) 物(만물 물) 惟(오직 유) 最(가장 최) 靈(신령 령)
23) 生(날 생) 我(나 아) 者(놈 자) 爲(할 위) 所(바 소)

모)-부모이시다. ○我之所生(아지소생)-내가 태어나 사는 바는, 所에는 피동의 뜻이 있다. 즉 나는 부모에 의해서 출생했다는 뜻이다. 그러므로 나는 그 부모의. ○爲子女(위자녀)-자녀가 된다.

(참고) 모든 사람은 부모에 의해서 자식으로 태어나 살고 있다. 그러므로 나를 낳고 키워준 부모에게 효도해야 한다. 어린 자식 때에 부모에게 효도하고 형제자매간에 서로 사랑하고 협동하는 윤리 도덕이 몸에 배고 습관이 되어야, 커서 사회적으로도 남을 사랑하고 나라를 위해 유익한 일을 할 수 있다.

人非父母 無從而生 且人生三歲然後 始免於父
母之懷 故欲盡其孝 則服勤至死 父母歿 則致喪
三年 以報其生成之恩.24)

인비부모(면) 무종이생(하며) 차인생삼세연후(에) 시면어부모지회(라) 고(로) 욕진기효(면) 즉복근지사(하고) 부모몰(하시면) 즉치상삼년(하여) 이보기생성지은(이라)

사람은 누구나 부모가 아니면 태어나지 못하며 또한 태어난 후에도 3년이 지나야 비로소 부모의 품을 떠날 수 있다. 그러므로 부모에 대한 효를 다하고자 하면 부모님 돌아가실 때까지 뜻을 받들고 부지런히 섬겨야 하며 돌아가신 후에는 3년 간의 거상을 지성껏 치름으로써 나를 낳아 키워 주신 은혜에 보답해야 한다.

(어구 설명) ○人非父母(인비부모)-사람은 부모가 아니면. ○無從而生(무종이생)-따라서 낳고 살 도리가 없다. ○且(차)-아울러, 또한. ○人生三歲

---

24) 非(아닐 비) 從(좇을 종) 且(또 차) 歲(해 세) 始(처음 시) 免(면할 면) 懷(품을 회) 欲(하고자 할 욕) 盡(다할 진) 服(복종할 복) 勤(부지런할 근) 至(이를 지) 歿(죽을 몰) 致(보낼 치) 喪(죽을 상) 報(갚을 보) 恩(은혜 은)

然後(인생삼세연후)—사람이 태어난 지 3년이 된 다음에. ○始免於(시면어)—비로소 ……을 면한다. ○父母之懷(부모지회)—부모의 품. ○欲盡其孝(욕진기효)—효도를 다하고자 하면. ○服勤至死(복근지사)—돌아가실 때까지 받들고 부지런히 섬기다. ○父母歿(부모몰)—부모가 돌아가시면. ○致喪三年(치상삼년)—3년 간 거상한다. ○報其生成之恩(보기생성지은)—자기를 낳고 키워준 은혜에 보답하다.

(참고) 누구나 출생하여 3년 간은 부모의 품에서 자란다. 그와 마찬가지로 부모님이 돌아가시면 최소한 3년 간의 거상(居喪)을 해야 한다.

臣之事君 如子之事父 唯義所在 則舍命效忠.25)

신지사군(이) 여자지사부(하며) 유의소재(면) 즉사명효충(이니라)

그러므로 나라를 대표하는 임금을 섬기는 신하는 자식이 부모에게 효도하듯 정성을 다하고 오직 대의명분을 위해서는 목숨을 바치고 충성해야 한다.

(어구 설명) ○臣之事君(신지사군)—신하가 임금 섬기는 태도는. ○如子之事父(여자지사부)—자식이 아버지 섬기는 듯이 한다. ○唯(유)—오직. ○義所在(의소재)—의가 있으면, 대의명분에 맞으면. ○舍命效忠(사명효충)—목숨을 버리고 충성을 다한다.

(참고) 임금은 나라와 국민을 대표하는 중심적 존재이며 동시에 공동선의 정점을 상징하는 존재다. 임금은 공동체를 하나로 묶는 최고의 통치자이다. 그를 높이고 그에게 충성함은 곧 공동체로서의 국가에 충성함이다. 국가를 대표하는 임금은 덕을 갖추어야 한다. 만약에 임금이 실덕(失德)하고 악덕한 짓을 하면 신하는 그를 간해서 바른 길을 가게 해야 한다.

---

25) 事(섬길 사) 如(같을 여) 唯(오직 유) 義(옳을 의) 在(있을 재) 舍(버릴 사) 命(목숨 명) 效(본받을 효) 忠(충성 충)

그래도 듣지 않으면, 신하는 떠나야 한다. 악한 자에게 무조건하고 복종하고 붙어먹는 것은 충성이 아니다. 옛 성현들이 말한 충성의 뜻을 깊이 알아야 한다.

君子 以文會友 以友輔仁.26)

군자(는) 이문회우(하고) 이우보인(이라)

군자는 글로써 서로 벗하고, 벗함으로써 서로 인덕을 도와야 한다.

어구 설명 ○君子(군자)−학문과 덕행을 가지고 나라 정치에 참여하는 진정한 지식인들. ○以文會友(이문회우)−학문을 가지고 서로 어울리고 벗한다. ○以友輔仁(이우보인)−벗함으로써 서로 인덕을 높이는 데 도움이 되게 한다.

참고 함께 공부하는 벗과 어울려야 한다. 함께 어울려 먹고 마시고 놀기만 하는 벗은 손우(損友)다.

父慈而子孝 兄愛而弟敬 夫和而妻順 事君忠 而接人恭 與朋友信 而撫宗族厚 可謂成德君子也.27)

부자이자효(하며) 형애이제경(하며) 부화이처순(하며) 사군충 이접인공(하며) 여붕우신 이무종족후(하면) 가위성덕군자야(니라)

내가 부모된 자리에서는 자녀를 자애롭게 돌보고 자녀된 몸으로서는 부모에게 효도한다. 내가 형의 자리에 있으면 아우를 사랑하

---

26) 以(써 이) 文(글 문) 會(모일 회) 友(벗 우) 輔(도울 보) 仁(어질 인)

27) 慈(사랑할 자) 愛(사랑 애) 敬(공경할 경) 和(화할 화) 順(순할 순) 接(사귈 접) 恭(공손할 공) 信(믿을 신) 撫(어루만질 무) 宗(마루 종) 族(겨레 족) 厚(두터울 후) 謂(이를 위) 成(이룰 성) 德(덕 덕)

고 아우로서는 형을 공경한다. 남편으로서는 아내에게 부드럽게 대하고 아내로서는 남편에게 순종한다. 임금을 섬김에 충성을 다하고 남에게는 공손하게 대한다. 벗에게는 신의를 지키고 일가 친척을 후하게 돌봐준다. 이상과 같이 해야 가히 덕을 이룬 군자라 하겠다.

어구 설명 ○父慈而子孝(부자이자효)−아버지는 자식을 자애하고, 자식은 아버지에게 효도한다. ○兄愛而弟敬(형애이제경)−형은 동생을 사랑하고, 동생은 형을 공경한다. ○夫和而妻順(부화이처순)−남편은 부드럽게 대하고 아내는 순종한다. ○事君忠(사군충)−임금을 섬김에 충성한다. ○接人恭(접인공)−사람과 접할 때 공손하게 한다. ○與朋友信(여붕우신)−친구에게 신의를 지킨다. ○撫宗族厚(무종족후)−종족을 후하게 돌봐준다. ○可謂(가위)−말할 수 있다. ○成德君子(성덕군자)−덕을 이룬 군자.

참고 동양에서 높이는 윤리 도덕은 쌍무적 생활 규범이다. 서로 따르고 지키고 실천을 해야 한다. 또 입장이 바뀌면 지키고 행할 규범도 다르게 된다. 어려서는 부모에게 효도하지만 성장하여 어른이 되고 아버지가 되면 자식에게 자애를 베풀어야 한다.

凡人稟性 初無不善 愛親敬兄忠君弟長之道 皆
已具於吾心之中 固不可求之於外面 而惟在我力
行 而不已也.[28]

범인품성(이) 초무불선(이니) 애친 경형 충군 제장지도(이) 개이구어오심지중(이니) 고불가구지어외면(이오) 이유재아역행 이불이야(니라)

모든 사람이 하늘로부터 받은 성품은 본래 선하지 않은 것이 없

---

28) 凡(무릇 범) 稟(줄 품) 性(성품 성) 善(착할 선) 道(길 도) 皆(다 개) 已(이미 이) 具(갖출 구) 固(굳을 고) 求(구할 구)

다. 이에 부모를 사랑하고 형을 존경하고 임금에게 충성하고 연장자를 공경하는 등의 윤리성은 다 본래부터 내 마음 속에 갖추어져 있다. 따라서 그와 같은 윤리성을 밖에서 찾을 것이 아니라 오직 내 자신이 지속적으로 힘써 실천하면서 높이도록 해야 한다.

어구 설명 ○凡(범)―무릇, 대개. ○人稟性(인품성)―사람이 하늘로부터 받은 성품, 본래의 성품. ○初無不善(초무불선)―애당초부터 나쁜 것이 없다. 다 착하다. ○愛親(애친)―어버이를 사랑한다. ○敬兄(경형)―형님을 공경한다. ○忠君(충군)―임금에게 충성한다. ○弟長(제장)―연장자에게 공손하게 한다. 弟는 悌와 같음. ○皆已具於吾心之中(개이구어오심지중)―(그와 같은 도리가) 모두 원래부터 자기 마음속에 갖추어져 있다. ○固(고)―굳이, 구태여. ○不可求之(불가구지)―구할 수 없다, 구하면 안 된다. ○於外面(어외면)―(자기의) 마음 밖에서. ○惟在我力行(유재아역행)―오직 자신이 힘써 실천하다. ○而不已也(이불이야)―끝남이 없다. 계속 행한다.

참고 사람은 만물의 영장으로 선천적으로 윤리 도덕성을 지니고 있다. 그러므로 착한 본성을 따르기만 하면 도덕을 행하게 될 것이다. 그러나 착한 본성을 따르지 않고 동물적 본능이나, 이기심(利己心)만을 따르면 윤리 도덕을 행할 수 없다. 그러므로 학문과 수양을 통해서 동물적 본능과 이기심을 억제해야 한다.

人非學問 固難知其何者爲孝 何者爲忠 何者爲弟 何者爲信 故必須讀書窮理 求觀於古人 體驗於吾心 得其一善 勉行之 則孝弟忠信之節 自無不合於天叙之則矣.29)

---

29) 學(배울 학) 問(물을 문) 固(굳을 고) 難(어려울 난) 信(믿을 신) 必(반드시

인비학문(이면) 고난지기하자위효 하자위충 하자위제 하자위신(이라) 고
(로) 필수독서궁리(하며) 구관어고인(하며) 체험어오심(하여) 득기일선(하
여) 면행지(면) 즉효제충신지절(이) 자무불합어천서지칙의(니라)

사람은 누구나 학문이 아니고서는 어떻게 하는 것이 윤리에 맞는
지를 알기가 어렵다. 즉 어떻게 하는 것이 효도이며, 어떻게 하는
것이 충성이며, 어떻게 하는 것이 공경이며, 어떻게 하는 것이 신의
를 지키는 것인지를 알기가 어렵다. 그러므로 반드시 책을 읽고 도
리를 깊이 생각하고 옛사람들의 행실을 살펴보고 아울러 내가 스스
로 마음속으로 체험을 하고 한가지 선행이라도 힘써서 실행을 해야
한다. 그렇게 하면 내가 행하는 효제 충신의 예절이 자연히 하늘이
정해준 법도와 일치하게 된다.

이구 설명 ㅇ人非學問(인비학문)−사람은 학문이 아니면. ㅇ固難知(고난
지)−참으로 알기 어렵다. ㅇ其何者爲孝(기하자위효)−어떻게 하는 것이
효도인가? ㅇ必須(필수)−반드시 ……해야 한다. ㅇ讀書窮理(독서궁리)−
책을 읽고 도리를 깊이 찾는다. ㅇ求觀於古人(구관어고인)−옛날 사람들
의 행적을 찾아서 본다. ㅇ體驗於吾心(체험어오심)−자기 마음으로 체득
하고 체험한다. ㅇ得其一善(득기일선)−하나하나 선행을 하다. ㅇ勉行之
(면행지)−적극적으로 노력한다. ㅇ孝弟忠信之節(효제충신지절)−자기가
행하는 효제충신의 예절이나 절도가. ㅇ自無不合(자무불합)−스스로 합치
하지 않음이 없다. ㅇ天敍之則(천서지칙)−하늘의 법도.

참고 독서 궁리해야 절대선인 하늘의 도리를 터득하고 윤리 도덕을 실천
할 수 있다. 그것이 학문의 목적이다.

필) 須(모름지기 수) 讀(읽을 독) 窮(다할 궁) 理(다스릴 리) 求(구할 구)
觀(볼 관) 體(몸 체) 驗(증험할 험) 得(얻을 득) 勉(힘쓸 면) 節(마디 절)
敍(차례 서) 則(법칙 칙)

제4장   명심보감(明心寶鑑) 선독(選讀)

　명심(明心)은 맑고 밝은 마음을 행동으로 밝게 나타낸다는 뜻이다. 보감(寶鑑)은 보배스러운 거울이다. 거울은 용모나 몸치장을 바로잡을 때에 사용한다. 여기서는 마음을 밝게 행동으로 나타내기 위한 귀감이 될 좌우명(座右銘)을 추린 책의 뜻으로 쓰였다.

　마음은 보이지 않는다. 그러나 있으며, 행동으로 나타난다. 착한 마음은 선행(善行)으로 나타나고, 나쁜 마음은 악행(惡行)으로 나타난다. 선악(善惡)을 분별하는 기준은 절대선(絶對善)인 하늘의 도리, 즉 천도(天道)이다. 하늘의 도리는 우주 천지 만물이 조화를 이룬 속에서 시간의 흐름에 따라 더욱 번성하고 발전하는 도리이다.

　그러므로 우주와 하나가 되고 자연과의 조화 속에서 사람들이 서로 사랑하고 협동하여 함께 문화적으로 번영 발전하려는 마음과 행동은 선(善)이고, 반대로 나만의 이기적 탐욕을 채우기 위하여 자연을 파괴하고 남을 억압 유린하는 마음과 행동은 악(惡)이다.

　하늘은 인간에게만 영특한 심성(心性)과 지능(知能)을 주었다. 그러므로 누구나 배우고 깨달으면 천도를 터득하고 선을 행할 수 있다.《명심보감》은 모든 사람에게 착한 마음가짐과 착하게 말하고, 착하게 행동할 것을 가르친 수양과 처세의 지침서이다.

(1) 위선적덕(爲善積德 : 선을 행하고 덕을 쌓음)

爲善者天報之以福 爲不善者天報之以禍.[1]

위선자(는) 천보지이복(하고) 위불선자(는) 천보지이화(니라)

선을 행한 사람에게는 하늘이 복으로써 보답하고, 악을 행한 사람에게는 하늘이 재화로써 벌한다.

어구 설명　○爲善者(위선자) — 선을 행한 사람에게는. ○天報之(천보지) — 하늘이 보답한다. ○以福(이복) — 복으로써. ○爲不善者(위불선자) — 불선, 즉 악을 행한 사람에게는. ○天報之以禍(천보지이화) — 하늘이 그에게 재화를 내린다. 재화로써 보답한다, 즉 벌을 내린다는 뜻.

문법　爲善者天報之以福의 爲善者는 앞에 내세운 빈어다. 즉 天報之의 之다. 天(주어) 報(동사) 之(빈어) 以福(보어) 즉 하늘이(天) 보답한다(報), 선을 한 사람에게(爲善者), 복으로써(以福)로 분석한다. 爲不善者天報之以禍도 같은 방식으로 분석한다. 者는 ……한 사람의 뜻이다.

一日不念善 諸惡皆自起.[2]

일일불념선(이면) 제악(이) 개자기(니라)

하루라도 선하기를 염원하지 않으면 모든 악한 생각이나 악한 행동이 스스로 나타난다.

어구 설명　○一日(일일) — 하루라도, 하루만이라도. ○不念善(불념선) — 선을

---

1) 善(착할 선) 報(갚을 보) 以(써 이) 福(복 복) 不(아닐 불) 禍(재화 화)
2) 念(생각할 념) 諸(모든 제) 惡(악할 악) 起(일어날 기)

행하겠다고 염원하지 않으면, 念은 마음속으로 절실히 생각하다. ㅇ諸惡 (제악)―모든 악한 생각이나 악한 행동. ㅇ自起(자기)―저절로 나타나다.

문법 一日(상어) 不念善(중심어) 不(부사) 念(동사) 善(빈어) 一日不念善 (조건을 표시하는 상어구) 諸惡皆自起(중심구). 諸惡(주어) 皆自起 (술어) 皆(부사로 상어) 自(부사로 상어) 起(중심어)

終身行善 善猶不足 一日行惡 惡自有餘.[3]

종신행선(이라도) 선유부족(이요) 일일행악(이라도) 악자유여(니라)

죽을 때까지 평생 선을 행해도 선은 역시 부족하다. 그러나 하루 만이라도 악을 행하면 그 악에 남음이 있다.

어구 설명 ㅇ終身(종신)―죽을 때까지, 평생을 두고. ㅇ行善(행선)―선을 행 한다, 착한 일을 하다. ㅇ猶(유)―여전히, 아직도, 그래도. ㅇ善猶不足(선 유부족)―그의 선은 아직도 부족하다. ㅇ一日行惡(일일행악)―단 하루만 악을 행해도. ㅇ惡自有餘(악자유여)―악은 오히려 남음이 있다.

문법 終身行善이 善猶不足의 조건구, 終身(상어) 行善(동사 술어) 善(주 어) 猶不足(술어). 一日行惡이 惡自有餘의 조건구. 一日(상어) 行惡(동사 술어) 惡(주어) 自有餘(술어) 行(동사) 惡(빈어) 自(부사) 有(동사) 餘 (빈어)로 분석한다.

참고 착한 일을 한 사람에게는 하늘이 상복(賞福)을 내려주고 악을 저지 른 자에게는 하늘이 재화(災禍)로써 벌을 내린다. 이러한 가르침은 불교 나 기독교에서도 강조한다. 선과 악은 마음속에서 싹트고 겉으로 나타나 게 마련이다. 사람은 하늘로부터 착한 본성(本性)을 받아 지니고 있다. 본성은 곧 천도를 따르고 실천하는 도덕성이다.

3) 終(끝날 종) 身(몸 신) 猶(오히려 유) 足(발 족) 餘(남을 여)

恩義廣施 人生何處 不相逢 讐怨莫結 路逢狹處
難回避.4)

은의(를) 광시(하라) 인생하처(에) 불상봉(가) 수원(을) 막결(하라) 노봉협
처(에) 난회피(니라)

항상 모든 사람에게 은혜와 의리를 넓게 베풀어라. 인간 세상, 그
어느 곳에서 서로 만나지 않으랴? 남에게 원수지거나 원한을 맺게
하지 마라. 길 좁은 곳에서 마주치면 회피하기 어려우니라.

어구 설명 ○恩義(은의) – 은혜와 의리(義理)를. ○廣施(광시) – 넓게 베풀다.
○人生(인생) – 사람이 살다 보면, 혹은 인간 세상. ○何處(하처) – 어느
곳, 어떤 장소. ○不相逢(불상봉) – 서로 만나지 않겠느냐? 어디선가 다시
만나게 된다는 뜻. ○讐怨莫結(수원막결) – 원수지고, 원한을 맺게 하지
마라. ○路逢(노봉) – 길에서 마주치다. ○狹處(협처) – 좁은 곳. ○難回避
(난회피) – 회피하기 어렵다.

문법 恩義廣施의 恩義, 讐怨莫結의 讐怨은 의미상으로는 빈어다. 뜻을 강
조하기 위해 앞에 내세웠다. 이를 제시어(提示語) 혹은 전치빈어(前置賓
語)라고 한다.

於我善者 我亦善之 於我惡者 我亦善之 我旣於
人無惡 人能於我無惡哉.5)

---

4) 恩(은혜 은) 義(옳을 의) 廣(넓을 광) 施(베풀 시) 處(장소 처) 逢(만날 봉)
讐(원수 수) 怨(원망할 원) 莫(없을 막) 結(맺을 결) 狹(좁을 협) 難(어려울
난) 避(피할 피)

5) 於(어조사 어) 善(착할 선) 惡(악할 악) 旣(이미 기) 能(능할 능) 哉(어조사
재)

어아선자(라도) 아역선지(하고) 어아악자(라도) 아역선지(하노라) 아기어인
(에) 무악(이니) 인능어아(에) 무악재(라)

나에게 잘해 준 사람에게도 나는 잘해주고 나에게 해악을 끼친
사람에게도 나는 잘해준다. 내가 이미 남에게 악하게 함이 없으므
로 남도 나에게 악하게 할 수 없을 것이다.

어구 설명 ○於我善者(어아선자) ─ 나에게 잘해 준 사람에게. ○亦(역) ─ 역
시. ○善之(선지) ─ 그 사람에게 잘하다. ○於我惡者(어아악자) ─ 나에게
해악(害惡)을 끼친 사람에게도. ○我旣於人無惡(아기어인무악) ─ 내가
이미 남에게 악하게 함이 없으므로. ○旣(기) ─ 먼저, 이미. ○人能於我無
惡哉(인능어아무악재) ─ 남도 나에게 무악(無惡)할 수 있으리라. 무악은
악하게 하지 않는다는 뜻.

문법 於我善者(나에게 잘해준 사람)는 뜻을 강조하기 위해서, 빈어(賓語=
목적어)를 앞에 내세운 것이다. 我亦善之의 之에 해당한다. 於我惡者 我
亦善之도 같은 구조이다. 我旣於人無惡(조건구) 人能於我無惡哉(중심
구).

一日行善 福雖未至 禍自遠矣 一日行惡 禍雖未
至 福自遠矣.6)

일일행선(이면) 복수미지(나) 화자원의(요) 일일행악(이면) 화수미지(나)
복자원의(라)

하루동안 선을 행하면 비록 복이 미처 오지 않는다 해도 그만큼
화는 스스로 멀어진다. 한편 하루동안 악을 행하면 비록 화가 미처

---

6) 行(행할 행) 善(착할 선) 福(복 복) 雖(비록 수) 至(이를 지) 禍(재화 화) 矣(어
조사 의)

오지 않는다 해도, 그만큼 복은 스스로 멀어진다.

어구 설명 ○一日行善(일일행선)－단 하루동안 선을 행하다. ○雖(수)－비록. ○未至(미지)－미처 오지 않아도. ○禍自遠矣(화자원의)－(선을 행한 만큼) 화가 스스로 멀어진다. ○矣(의)－어조사. ○一日行惡(일일행악)－하루동안 악을 행하면. ○禍雖未至(화수미지)－화가 비록 아직 이르지 않아도. ○福自遠矣(복자원의)－복이 스스로 멀어진다.

문법 一日行善(첫번째 조건구, 상어구) 福雖未至(두번째 조건구) 禍自遠矣(중심구), 福(주어) 雖未至(술어) 禍(주어) 自遠矣(술어)로 분석한다. 福雖未至 禍自遠矣는 병렬한 상어＝부사적 수식구. 雖(접속 부사) 自(부사) 一日行惡 禍雖未至 福自遠矣도 같은 방식으로 분석한다.

順天者存 逆天者亡.[7]

순천자(는) 존(하고) 역천자(는) 망(하니라)

하늘에 순종하는 사람은 살고 하늘에 거역하는 자는 망한다.

어구 설명 ○順天者(순천자)－하늘에 순종하는 사람, 하늘의 도리를 따르고 행하는 사람. ○存(존)－살다. 생명을 누리고 살아서 번성한다. ○逆天者(역천자)－하늘에 거역하는 자, 하늘의 도리를 어기고, 동물적·이기적 탐욕을 채우기 위해 남을 속이거나 해치는 자. ○亡(망)－망한다, 죽고 멸망한다.

문법 順天者(주어) 存(술어) 逆天者(주어) 亡(술어) 順天者存 逆天者亡 같은 구조의 두 문장이 병렬했다. 전체는 복구(複句), 하나하나는 자구(子句).

참고 여기서 말하는 천(天)은 종교적인 의미의 천신(天神)이 아니라 하늘의 도리, 즉 천도(天道)를 말한다. 자연법칙을 어기면 과학적 성과를 거

---

7) 順(순할 순) 存(있을 존) 逆(거스를 역)

두지 못한다. 윤리 도덕을 따르고 행하지 못하면 사회나 나라가 혼란에 빠지고, 사람들이 서로 싸우고 다투게 된다.

天聽寂無音 蒼蒼何處尋 非高亦非遠 都只在人心.8)

천청(이) 적무음(하니) 창창하처심(고) 비고역비원(이라) 도지재인심(이라)

하늘은 (사람들의 행적을) 보고 듣고 살피되 조용히 말이 없으며 또 하늘은 높고 푸르기만 하니 하늘의 실체를 어디에서 찾고 어떻게 알겠느냐? 그러나 하늘은 높지도 않고 멀리 있는 것도 아니다. 오직 사람의 마음속에 있다. (하늘의 실체나 도리를 마음으로 터득한다는 뜻)

어구 설명 ○天聽(천청)─하늘이 듣다. 즉 하늘이 사람들의 행적을 보고 듣고 살핀다는 뜻. ○寂無音(적무음)─조용하고 소리가 없다. 즉 하늘은 무형(無形)의 실체(實體)로, 아무 말도 하지 않는다는 뜻. ○蒼蒼(창창)─하늘은 아득히 높고, 푸르고 푸르다. ○何處尋(하처심)─(하늘의 뜻이나 도리를) 어디에서 찾을까? 즉 어떻게 알 수 있나? ○非高(비고)─높지 않다. ○亦非遠(역비원)─또 멀리 있지도 않다. ○都(도)─모두, 다. ○只(지)─오직. 다만. ○在人心(재인심)─사람의 마음속에 있다. 즉 하늘의 실체나, 뜻이나 도리를 마음으로 터득한다는 뜻.

문법 天聽(주어) 寂無音(술어 주어) 天(생략) 蒼蒼(술어) 何處(어디에서)는 동사 尋의 빈어로 본다. 의문이나 부정의 빈어는 동사 앞에 온다. [예 : 不之知(그것을 모른다)] 주어 天이 생략 非高(술어) 亦非遠(술어) 都(주어) 只(부사) 在人心(술어) 天(주어) 聽(술어) 구조로 된 사조(詞

---

8) 聽(들을 청) 寂(고요할 적) 蒼(푸를 창) 處(살 처) 尋(찾을 심) 高(높을 고) 遠(멀 원) 都(모두 도) 只(다만 지)

組)로 寂無晉을 술어로 취하고 있다. 非高 亦非遠은 다 술어, 병렬하고 있다.

人間私語 天聽若雷 暗室欺心 神目如電.9)

인간사어(라도) 천청(은) 약뢰(하고) 암실기심(이라도) 신목(은) 여전(이니라)

남모르게 속삭이는 비밀스런 말도 하늘이 듣기에는 우레같이 크게 들리고, 어두운 방안에서 지기의 양심을 속이는 행위도 신령의 눈에는 번개처럼 밝게 나타나 보인다.

어구 설명　○私語(사어)－남모르게 속삭이는 비밀스런 말. ○天聽(천청)－하늘이 듣기에는, 하늘의 귀에는. ○若雷(약뢰)－우레같이 크게 들린다. ○暗室(암실)－어두운 방안에서. ○欺心(기심)－자기의 양심을 속이는 행위. ○神目(신목)－신령의 눈에는. ○如電(여전)－번갯불처럼 밝게 나타나 보인다.

문법　人間私語는 天聽의 빈어로, 강조하기 위해서 앞에 내세웠다. 若(동사) 雷(빈어) 전체를 天聽의 보어(補語)로 친다. 暗室(장소, 상어) 欺心(중심어) 欺(동사) 心(빈어) 神目을 주어로 본다.

若人作不善 得顯名者 人雖不害 天必戮之.10)

약인작불선(하야) 득현명자(는) 인수불해(나) 천필륙지(하니라)

만약에 어떤 자가 악한 일을 해서 이름을 내고 (일시 잘사는 경우) 비록 다른 사람들이 그 자를 해치지 않는다 해도, 하늘은 반드

---

9) 聽(들을 청) 雷(우레 뢰) 暗(어두울 암) 室(집 실) 欺(속일 기) 神(귀신 신) 電(번개 전)
10) 顯(나타날 현) 雖(비록 수) 害(해칠 해) 戮(죽일 륙)

시 그 자를 벌주고 죽게 할 것이다.

어구 설명 ㅇ若(약)-만약에. ㅇ作不善(작불선)-악을 행하다, 악한 짓을 하다. ㅇ得顯名者(득현명자)-이름을 내고 또 잘산다. ㅇ雖(수)-비록 ……일지라도. ㅇ人雖不害(인수불해)-비록, 다른 사람들이 그 자를 해치지 않는다 해도. ㅇ天必戮之(천필륙지)-하늘은 반드시 그를 벌주고 멸한다.

문법 若人作不善(가정의 뜻을 나타내는 상어), 得顯名者(중심구), 若은 연사(連詞=접속사)로 본다. 者는 ……하는 사람 혹은 구두점을 대신하는 허사(虛詞)로 본다. 人雖不害(양보의 뜻을 나타내는 상어) 天必戮之(중심구)

種瓜得瓜 種豆得豆 天網恢恢 疎而不漏.[11]

종과득과(요) 종두득두(니라) 천망(이) 회회(하나) 소이불루(니라)

오이를 심으면 오이를 거두고, 콩을 심으면 콩을 거둔다. 하늘의 그물은 크고 넓고 또 성글지만 새거나 빠뜨리지 않는다.

어구 설명 ㅇ種瓜得瓜(종과득과)-오이를 심으면, 오이를 거두고. ㅇ種豆得豆(종두득두)-콩을 심으면, 콩을 거둔다. ㅇ天網(천망)-하늘의 그물. ㅇ恢恢(회회)-크고 넓다. ㅇ疏(소)-성기다, 사이가 뜨다. ㅇ不漏(불루)-새거나 빠뜨리지 않는다.

문법 種瓜하면 得瓜하고 種豆하면, 得豆한다. 種瓜, 得瓜, 種豆, 得豆는 다 동사-빈어 구조의 사조(詞組). 天網(주어) 恢恢(술어) 疎而不漏(성글지만 새게 하지 않는다)도 天網의 술어다. 不漏 다음의 빈어가 생략되었다. 하늘은 크게 보고 또 장기적으로 헤아린다. 선덕(善德)에는 상을 주고, 악덕(惡德)은 벌한다. 그래서 天網恢恢 疎而不漏라고 한 것이다.

---

11) 種(심을 종) 瓜(오이 과) 得(얻을 득) 豆(콩 두) 網(그물 망) 恢(넓을 회) 疎=疏(트일 소) 漏(샐 루)

子曰 獲罪於天 無所禱也.12)

자왈 획죄어천(이면) 무소도야(라)

공자가 말했다. 하늘에 죄를 지면 빌 곳이 없다.

어구 설명 ○獲罪(획죄)-죄를 짓다. ○於天(어천)-하늘에 대해서, 하늘 앞에. ○無所禱(무소도)-빌고 또 용서받을 데가 없다.

문법 獲(동사) 罪(빈어) 於天(보어) 無(동사) 所禱(빈어) 也(조사) 所는 다음의 말을 명사화하는 구조 조사.

子曰 死生有命 富貴在天.13)

자왈 사생(이) 유명(하고) 부귀(는) 재천(이라)

공자가 말했다. 생사가 천명에 달려 있고 부귀는 하늘에 매여 있다.

어구 설명 ○死生(사생)-죽고 사는 것, 인간의 수명. ○有命(유명)-명(命)이 있다. 명은 천명, 즉 인간의 수명은 천명으로 주어진다는 뜻. ○富(부)-재물을 많이 가짐. ○貴(귀)-신분이 고귀함. ○在天(재천)-하늘에 매여 있다. 하늘에 의해서 부귀가 주어진다.

문법 死生(주어) 有(동사) 命(빈어) 富貴(주어) 在(동사) 天(빈어)으로 분석한다. 死生有命과 富貴在天이 병렬한 복구(複句).

萬事分已定 浮生空自忙.14)

만사분이정(이어늘) 부생(이) 공자망(이라)

---

12) 獲(얻을 획) 罪(허물 죄) 所(바 소) 禱(빌 도).

13) 死(죽을 사) 有(있을 유) 命(천명 명) 富(가멸 부) 貴(귀할 귀) 在(있을 재)

14) 萬(일만 만) 事(일 사) 分(나눌 분) 已(이미 이) 定(정할 정) 浮(뜰 부) 空(빌 공) 自(스스로 자) 忙(바쁠 망)

인간 세상 만사의 분수가 이미 하늘에 의해서 정해져 있거늘, 떠도는 인생들이 허망하게 수선부리고 안달을 떤다.

어구 설명 ○萬事(만사)－모든 일, 그 뜻이 넓다. 나에게 주어진 운명이나, 팔자를 위시하여 수명·빈부·귀천 및 사업의 성패, 일의 득실 등이 다 포함된다. ○分已定(분이정)－하늘에 의해서 분수가 이미 정해져 있다. ○浮生(부생)－뜬구름같이 떠도는 허무한 인생, 즉 하늘의 도리를 따르지 않고 허망한 욕심을 좇는 인생. ○空自忙(공자망)－공연히 바쁘게 수선부리고 안달을 떤다. 인간의 본성을 망각하고 돈이나 권력을 추구하거나, 관능적 쾌락을 위해 들떠 사는 것이 곧 공자망이다. 사람이 사람답게 살아야 한다. 그것이 사람의 본분(本分)이다.

문법 萬事(대주어) 分(소주어) 已定(술어) 浮生(주어) 空(부사 상어) 自(부사 상어) 忙(술어)

(2) 군자덕행(君子德行)

孝於親 子亦孝之 身旣不孝 子何孝焉.[1]

효어친(이라야) 자역효지(하니라) 신기불효(면) 자하효언(이리오).

아버지인 나 자신이 부모에게 효도를 해야, 장차 나의 자식이 본받고 나에게 효도를 할 것이다. 나 자신이 먼저 부모에게 효도를 안하면, 자식인들 어찌 나에게 효도를 하랴?

어구 설명 ○孝於親(효어친)－아버지인 나 자신이 솔선해서 어른, 즉 양친에게 효도를 해야. ○子亦孝之(자역효지)－나의 자식도 나를 본받고 따라

---

1) 孝(효도 효) 親(양친 친) 亦(또 역) 旣(이미 기)

서 나에게 효도를 할 것이다. ○身旣不孝(신기불효)-먼저 나 자신이 부모에게 효도를 안하면. ○子何孝焉(자하효언)-자식인들 어찌 나에게 효도를 하랴?

孝順還生孝順子 忤逆還生忤逆子 不信但看簷頭水 點點滴滴不差異.2)

효순(은) 환생효순자(요) 오역(은) 환생오역자(니라) 불신(이면) 단간첨두수(하라) 점점적적불차이(니라)

내가 부모에게 효순해야 효순할 자식을 낳는다. 내가 부모에게 불효하고 거역하면 불효하고 거역할 자식을 낳는다. 이 말이 믿어지지 않으면 다만 처마의 낙숫물을 보라. 물방울이 점점이 같은 자리에 떨어지노라.

어구 설명　○孝順(효순)-내가 부모에게 효순해야. ○還生孝順子(환생효순자)-나도 역시 효순하는 자식을 낳는다. ○還(환)-다시, 또한. ○忤逆(오역)-내가 부모에게 어긋나게 하고, 거역하다. ○還生忤逆子(환생오역자)-나도 역시 어긋나고 거역하는 자식을 낳는다. ○不信(불신)-이 말을 믿지 못하겠으면. ○但看(단간)-다만 보라. ○簷頭水(첨두수)-처마 끝에서 떨어지는 낙숫물을 (보라). ○點點滴滴(점점적적)-방울방울 점점이. ○不差異(불차이)-다르지 않는 (같은 곳에 떨어진다는 뜻).

문법　孝順(효순하면. 조건의 상어), 還生孝順子(효순하는 자식을 낳다. 술어구로 중심어). 孝順을 주어로 보아도 무방하다. 忤逆 還生忤逆子도 같게 분석한다.

---

2) 順(순할 순) 還(다시 환) 忤(거스를 오) 逆(거스를 역) 但(다만 단) 簷(처마 첨) 頭(미리 두) 點(점 점) 滴(물방울 적) 差(어긋날 차) 異(다를 이)

見人之善 而尋己之善 見人之惡 而尋己之惡 如
此方是有益.3)

견인지선(이어든) 이심기지선(하고) 견인지악(이어든) 이심기지악(이니) 여
차(라야) 방시유익(하니라)

남의 선행을 보면 나도 선행을 하려고 생각하고 남의 잘못을 보
면 나에게는 잘못이 없나하고 찾아본다. 이렇게 해야 비로소 유익
하다.

어구 설명　◦見人之善(견인지선)－남의 선행을 보면. ◦而(이)－그러면.
◦尋己之善(심기지선)－자기도 착하게 하려고 노력한다, 尋은 찾는다, 생
각한다는 뜻. ◦見人之惡(견인지악)－남의 잘못이나 악한 것을 보면.
◦尋己之惡(심기지악)－자신에게도 잘못이나, 악한 일이 없나 찾아본다.
생각해 본다. ◦如此(여차)－이렇게 하면, 이렇게 하는 것이. ◦方是有益
(방시유익)－비로소 유익하다, 바야흐로 유익하다.

문법　見人之善(앞에 있는 조건구, 상어) 而(연사=접속사) 尋(동사) 己之
善(빈어, 중심어구, 주어가 없다). 見人之惡(조건구) 尋己之惡(중심어
구) 如此는 부사 혹은 주어. 方是(부사) 有益(술어)

大丈夫當容人 無爲人所容.4)

대장부당용인(이언정) 무위인소용(하라)

대장부는 마땅히 남의 잘못을 용서해 줄지언정, 남에게 용서를
받는 바 되어서는 안된다.

---

3) 善(착할 선) 尋(찾을 심) 己(자기 기) 如(같을 여) 方(모 방) 是(옳을 시)
益(더할 익)
4) 丈(어른 장) 夫(지아비 부) 當(마땅히 당) 容(용서할 용)

어구 설명 ○當(당)－마땅히 ……하다, 능원동사＝조동사. ○容人(용인)－남을 용서함, 남의 잘못을 관대하게 용서함. ○無(무)－ ……하지 마라. ○爲人所容(위인소용)－남에게 용서를 받는다.

문법 大丈夫(주어) 當(조동사) 容(동사) 人(빈어), 無(부정사)는 爲人所容(남에게 용서를 당한다)을 부정한다. 爲……所~는 피동의 뜻이 된다.

道吾善者是吾賊 道吾惡者是吾師.5)

도오선자(는) 시오적(이오) 도오악자(는) 시오사(니라)

나의 잘한 점만을 들어 말하는 사람은 나를 해치는 자이고, 나의 잘못을 들어 말하는 사람은 나의 스승이다.

어구 설명 ○道吾善者(도오선자)－나의 선을 말하는 사람, 지나치게 칭찬하거나 아첨하는 사람, 道는 동사로 말하다의 뜻. ○是吾賊(시오적)－그는 곧 나의 적, 賊은 해치는 사람의 뜻. ○道吾惡者(도오악자)－나의 악을 들어 말하는 사람, 나의 잘못을 지적하는 사람. ○是吾師(시오사)－곧 나의 스승이다.

문법 道吾善者(나의 선을 말하는 사람은. 다음같이 분석한다). 道(동사) 吾善(빈어) 道吾善(나의 선을 말하는. 정어), 者(사람)이 중심어. 是吾賊은 道吾善者의 술어. 道吾惡者 是吾師도 같은 방식으로 분석한다. 道吾惡(정어) 者(중심어), 道吾惡者는 주어, 是吾師는 술어.

勤爲無價之寶 愼是護身之符.6)

근위무가지보(요) 신시호신지부(니라)

근면은 값을 헤아릴 수 없을 만큼 귀중한 보배이고, 신중함은 몸

---

5) 道(말할 도) 吾(나 오) 是(이 시) 賊(도둑 적) 師(스승 사)
6) 勤(부지런할 근) 價(값 가) 寶(보배 보) 愼(삼갈 신)

을 지켜 주는 부적이니라.

어구 설명　○勤(근)－근면. ○無價之寶(무가지보)－값을 헤아릴 수 없을 만큼 귀중한 보배. ○愼(신)－신중함, 몸가짐을 신중하게 함. ○護身(호신)－몸을 지켜 주는, 보호해 주는. ○符(부)－부적.

문법　勤(주어) 爲無價之寶(술어) 愼(주어) 是護身之符(술어) 爲, 是는 명사 술어를 연결하는 판단사(判斷詞). 勤爲無價之寶, 愼是護身之符. 전체는 복구(複句).

참고　남을 거울로 삼는 슬기와 아량을 가지고 자신의 덕성과 인격을 높여야 한다. 공자는 《논어》에서 말했다. "세 사람이 함께 가면 그 중에는 반드시 내가 본받고 따라서 배울만한 스승이 있게 마련이다.(三人行 必有我師焉)" 이와 반대되는 것이 함께 어울려 협잡하고 집단적으로 범죄하고, 악하게 벌은 돈으로 마시고 노는 사귐이다. 이러한 사귐은 망하는 사귐이다.

保生者寡慾 保身者避名 寡慾易 無名難.7)

보생자과욕(하고) 보신자피명(이라) 과욕(은) 이(나) 무명(은) 난(이라)

삶을 잘 간직하려는 사람은 욕심을 적게 하고, 몸을 잘 간직하려는 사람은 이름나기를 피해야 한다. 욕심을 적게 하기는 쉬우나 이름나기를 피하기는 어렵다.

어구 설명　○保生者(보생자)－삶을 잘 간직하려는 사람. ○寡慾(과욕)－욕심을 적게 해야 한다. ○保身者(보신자)－몸을 잘 보전하려는 사람. ○避名(피명)－뜬 이름이나 세속적 명성을 피해야 한다. ○寡慾易(과욕이)－욕심을 적게 하는 일은 (어느 정도) 용이하지만. ○無名難(무명난)－명성이나 이름이 나지 않게 하기는 어렵다.

---

7) 保(지킬 보) 寡(적을 과) 慾(욕심 욕) 避(피할 피)

문법 保生者(주어) 寡慾(술어), 保身者(주어) 避名(술어) 寡慾(주어) 易(술어), 無名(주어) 難(술어). 保(동사) 生(빈어)이 者의 정어(定語=형용사적 수식어)다. 保生, 保身, 寡慾, 避名, 無名(동사+빈어 구조)

子曰 君子有三戒 少之時 血氣未定 戒之在色 及
其壯也 血氣方剛 戒之在鬪 及其老也 血氣旣衰
戒之在得.8)

자왈 군자유삼계(하니) 소지시(엔) 혈기미정(이라) 계지재색(하고) 급기장야(엔) 혈기방강(이라) 계지재투(하고) 급기로야(엔) 혈기기쇠(라) 계지재득(이니라)

공자가 말했다. 군자에게는 세 가지 경계할 일이 있다. 어릴 때에는 혈기가 미처 안정되지 못했으니 여색을 경계하고, 장성하면 혈기가 마냥 세차므로 싸움을 경계하고, 늙으면 혈기가 이미 쇠했으니 탐욕을 경계해야 한다.

어구 설명 ○君子(군자)-학식과 덕행을 겸비한 선비. ○三戒(삼계)-세 가지 삼가야 할 일. ○血氣(혈기)-피 속에 있는 기(氣). ○未定(미정)-아직 안정되지 못함. ○戒之在色(계지재색)-경계할 것이 여색에 있다. 여색을 경계해야 한다. ○及(급)- ……함에 이르러. ○壯(장)-장년이 되다. ○方剛(방강)-마냥 세차고 강하다. ○鬪(투)-싸움, 투쟁. ○旣衰(기쇠)-이미 쇠퇴함. ○得(득)-재물이나 명예를 얻으려는 탐욕.

문법 君子(주어) 有(동사) 三戒(빈어), 少之時(상어) 血氣(주어) 未(조동사) 定(동사) 戒之(동사성 주어) 在(동사) 色(빈어), 少之時(상어) 血氣未定(상어), 둘이 다 戒之在色(중심어)의 상어. 즉 부사적 수식어다. 及

---

8) 戒(경계할 계) 氣(기운 기) 壯(씩씩할 장) 剛(굳셀 강) 鬪(싸움 투) 旣(이미 기)

其壯也(상어) 血氣方剛(상어), 戒之在鬪(중심어), 及其老也(상어) 血氣旣衰(상어), 戒之在得(중심어). 戒之의 之는 앞에 있는 戒가 동사임을 알리는 허사(虛詞). 굳이 이것, 그것이라고 번역할 필요가 없다.

참고 명철보신(明哲保身)하기 위해서는 우선 욕심을 적게 해야 한다. 또 세속적인 명리(名利)에 집착하지 말아야 한다. 욕심을 억제하는 일은 어느 정도까지는 할 수 있다. 그러나 이름나기를 피하기는 참으로 어렵다. 재물에 대한 욕심보다 명예욕이 더 강하게 마련이다. 오늘의 타락한 사회에서는 끝없는 탐욕을 채우기 위해 온갖 악덕을 자행하고 있다. 따라서 사람들은 명철보신하지 못하고 욕되게 살게 마련이다.

食淡精神爽 心淸夢寐安.9)

식담(이면) 정신상(이오) 심청(이면) 몽매안(이라)

먹는 음식이 담박하면 정신도 상쾌하고 마음이 맑으면 꿈자리도 편하다.

어구 설명 ○食淡(식담)—먹는 것이 담박하다. ○爽(상)—상쾌하다. ○心淸(심청)—마음이 맑다. ○夢寐安(몽매안)—잠자리 꿈자리가 편하다. 寐는 잠자다.

문법 食(주어) 淡(술어)이 精神(주어) 爽(술어)의 상어(狀語＝부사적 수식어)이다. 心(주어) 淸(술어)이 夢寐(주어) 安(술어)의 상어다. 食淡精神爽과 心淸夢寐安은 같은 구조로, 병렬한 복구(複句).

定心應物 雖不讀書 可以爲有德君子.10)

정심응물(이면) 수부독서(라도) 가이위유덕군자(니라)

---

9) 淡(담박할 담) 精(정미 정) 神(귀신 신) 爽(시원할 상) 淸(맑을 청) 夢(꿈 몽) 寐(잠잘 매)

10) 定(정할 정) 應(응할 응) 雖(비록 수) 讀(읽을 독) 德(덕 덕) 君(임금 군)

마음을 바르게 정하고 사물을 잘 처리하면, 비록 글공부를 안해도, 덕있는 군자가 될 수 있다.

어구 설명 ○定心(정심)—마음을 바로잡다, 바르게 정한다. ○應物(응물)—사물을 잘 처리함. 적절히 대응함. ○雖不讀書(수부독서)—비록 글이나 책을 읽지 않아도, 즉 글공부가 없어도. ○可以爲有德君子(가이위유덕군자)—가히 덕있는 군자가 될 수 있다, 덕있는 군자라 하겠다.

문법 定心應物과 雖不讀書는 둘 다 상어(狀語)로, 可以爲有德君子(중심어)의 부사적 수식어다.

酒中不語 眞君子 財上分明 大丈夫.[11]

주중불어(이) 진군자(요) 재상분명(이) 대장부(니라)

술 취한 중에도 말이 없어야 참된 군자이고, 재물에 대한 셈이 분명해야 사내 대장부다.

어구 설명 ○酒中(주중)—술자리에서 혹은 취중에. ○不語(불어)—허튼소리를 하지 않는다. ○財上分明(재상분명)—재물이나 금전에 대한 셈이나 명분을 분명하게 밝힌다.

문법 酒中(상어) 不語(중심어), 眞君子는 주어 없는 명사 술어구, 酒中不語는 眞君子의 조건구, 즉 상어. 財上分明(상어), 大丈夫(중심어, 명사 술어)

萬事從寬 其福自厚.[12]

만사종관(이면) 기복자후(니라)

---

11) 酒(술 주) 語(말씀 어) 眞(참 진) 財(재물 재) 分(나눌 분) 丈(어른 장) 夫(지아비 부)

12) 萬(일만 만) 事(일 사) 從(좇을 종) 寬(너그러울 관) 福(복 복) 厚(두터울 후)

만사를 침착하고 너그럽게 대하면, 복이 저절로 후하게 된다.

어구 설명   ○萬事從寬(만사종관) – 만사를 침착하고 관대하게 처리하다.
○自厚(자후) – 스스로 후하게 되다.

欲量他人 先須自量 傷人之語 還是自傷 含血噴
人 先汚其口.13)

욕량타인(커든) 선수자량(하라) 상인지어(는) 환시자상(이니) 함혈분인(이
면) 선오기구(니라)

남을 헤아리려면 먼저 자신을 헤아려라. 남을 해치는 말은 도리
어 자신을 해친다. 피를 입에 물고 남에게 뿜으면 먼저 제 입을 더
럽힌다.

어구 설명   ○量(양) – 헤아리다, 저울질하고 비평하다. ○自量(자량) – 자기
자신을 헤아리다. ○傷人之語(상인지어) – 남을 해치거나 욕하는 말. ○還
是(환시) – 도리어. ○自傷(자상) – 자신을 상하게 한다. ○含血(함혈) – 입
에 피를 품고. ○噴人(분인) – 남에게 뿜는다. ○汚(오) – 더럽히다.

瓜田不納履 李下不整冠.14)

과전(에) 불납리(하고) 이하(에) 부정관(이라)

외밭에서는 신을 고쳐 신지 말고, 자두나무 아래에서는 갓을 바
르게 고쳐 쓰지 마라.

어구 설명   ○瓜田(과전) – 참외나 외밭. ○不納履(불납리) – 몸을 굽혀 신을

13) 欲(하고자 할 욕) 量(헤아릴 량) 須(모름지기 수) 傷(상처 상) 還(돌아올
환) 含(머금을 함) 噴(뿜을 분) 汚(더러울 오)
14) 納(바칠 납) 履(신 리) 李(오얏 리) 整(바로잡을 정) 冠(갓 관)

고쳐 신다. ○李下(이하)―자두 혹은 오얏나무 아래. ○不整冠(부정관)―
손을 치켜들고 갓을 고쳐 쓰지 말라는 뜻.

禍不可倖免 福不可再求.15)

화(는) 불가행면(이오) 복(은) 불가재구(니라)

하늘이 내리는 화는 요행으로 면할 수 없고, 또 하늘이 내리는
복도 두 번 다시 구하면 안된다.

[어구 설명] ○禍(화)―죄지은 자에게 하늘이 내리는 재화. ○倖免(행면)―요
행으로 면하다.

耳不聞人之非 目不視人之短 口不言人之過 庶幾君子.16)

이불문인지비(하고) 목불시인지단(하고) 구불언인지과(라야) 서기군자
(니라)

귀로는 남을 비방하는 말을 듣지 말고, 눈으로는 남의 단점을
보지 않고, 입으로는 남의 허물을 말하지 않아야 비로소 군자에
가깝다.

[어구 설명] ○耳不聞(이불문)―귀로 듣지 않음. ○人之非(인지비)―남을 비
방하는 말. 非는 誹(비방할 비)에 통함. ○人之短(인지단)―남의 단점.
○人之過(인지과)―남의 과실, 허물. ○庶幾(서기)―가깝다. 거의 ~와
같다.

[참고] 군자는 남의 장점은 살리고 단점은 고치게 도와주어야 한다. 남의 결

---

15) 禍(재화 화) 倖(요행 행) 免(면할 면)
16) 聞(들을 문) 視(볼 시) 短(짧을 단) 過(지날 과) 庶(뭇 서) 幾(거의 기)

점만을 들춰내고 공격하면, 서로 존립할 수 없게 된다.

(3) 안분지족(安分知足)

知足可樂 務貪則憂.1)

지족가락(이요) 무탐즉우(니라)

족할 줄 알면 항상 즐거우나 탐욕을 부리면 항상 걱정스럽다.

어구 설명   ○知足(지족)-만족할 줄 알면. ○可樂(가락)-항상 즐겁다. ○務貪(무탐)-탐욕을 부리다. 務는 애를 쓰다. 힘쓰다. 탐욕을 채우려고 애를 쓰다. ○則(즉)-그러면. ○憂(우)-근심 걱정이 일어나고 만사가 짜증스럽게 된다.

문법   知足(상어=부사적 수식어), 可樂(중심어, 술어), 務貪(탐욕을 부리면. 상어), 則(접속 부사), 혹은 연사, 憂(걱정스럽다. 형용사 술어), 可는 접두사(接頭辭), 可愛(귀엽다, 사랑스럽다), 可惜(아깝다) 可憐(불쌍하다)

참고   안분지족(安分知足)이란 자기 분수에 안주(安住)하고 하늘이 나에게 준 모든 것에 만족하고 감수하며 그 속에서 성실하게 산다는 뜻이다. 안빈낙도(安貧樂道)라고도 한다.

知足者 貧賤亦樂 不知足者 富貴亦憂.2)

지족자(는) 빈천역락(하고) 부지족자(는) 부귀역우(니라)

스스로 족할 줄 아는 사람은 가난하고 천해도 즐겁게 살지만, 만

---

1) 足(만족할 족) 可(옳을 가) 樂(즐길 락) 務(힘쓸 무) 貪(탐할 탐) 則(곧 즉) 憂(근심할 우)
2) 貧(가난할 빈) 賤(천할 천) 富(부할 부) 貴(귀할 귀) 憂(근심할 우)

족을 모르는 사람은 부귀를 누려도 역시 걱정스럽기만 하다.

어구 설명 ○知足者(지족자)−만족할 줄 아는 사람. ○貧賤(빈천)−가난하고 천하게 살아도. ○亦(역)−역시. ○樂(락)−즐겁다. ○不知足者(부지족자)−스스로 족할 줄 모르는 사람. ○富貴(부귀)−부귀를 누려도. ○亦憂(역우)−역시 근심 걱정을 한다.

문법 知足者(주어) 貧賤亦樂(술어), 不知足者(주어) 富貴亦憂(술어).

知足常足 終身不辱 知止常止 終身無恥.3)

지족상족(이면) 종신불욕(하고) 지지상지(면) 종신무치(니라)

족할 줄 알고 항상 만족하면 평생토록 욕되지 않을 것이다. 머무를 줄 알고 항상 머무르면 평생토록 창피함이 없을 것이다.

어구 설명 ○知足常足(지족상족)−족할 줄 알고 항상 만족한 마음으로 산다. ○終身(종신)−평생토록. ○不辱(불욕)−욕을 보지 않는다. ○知止常止(지지상지)−머무를 줄 알고 항상 적당하게 머무르다. ○無恥(무치)−창피한 꼴을 당하지 않는다.

문법 知足常足(상어), 終身不辱(중심어구). 知止常止(상어), 終身無恥(중심어구).

滿招損 謙受益.4)

만초손(하고) 겸수익(이라)

가득 차면 줄어들게 마련이고, 겸손하면 이득을 얻게 마련이다.

어구 설명 ○滿招損(만초손)−가득 차면 줄어들게 마련이다. ○謙受益(겸

---

3) 辱(욕될 욕)
4) 滿(찰 만) 招(부를 초) 損(덜 손) 謙(겸손할 겸) 受(받을 수) 益(더할 익)

수익)−겸손하면 도리어 득을 받는다.

(문법) 滿(주어) 招(동사) 損(빈어), 謙(주어) 受(동사) 益(빈어)로 분석한다.

(참고) 《서경(書經)》, 즉 상서(尙書) 대우모(大禹謨)에 있는 말이다. 자연의 이치는 높이 올라가면 다시 아래로 떨어지고, 가득 차면 줄어들게 마련이다. 달도 차면 진다(月滿則虧), 사물도 극에 달하면 쇠퇴한다(物盛則衰), 환락이 극에 달하면, 슬픔이 많아진다(歡樂極兮 哀情多). 노자는 다음과 같이 말했다. "부귀를 누리면서 남에게 교만하면 스스로 남에게 허물을 남기게 된다(富貴而驕 自遺其咎). 많이 지니면, 크게 잃게 된다(多藏必厚亡)."

安分身無辱 知機心自閑 雖居人世上 却是出人間.5)

안분(이면) 신무욕(이요) 지기(면) 심자한(이라) 수거인세상(이나) 각시출인간(이로라)

분수에 만족하면 몸에 욕됨이 없고 천기를 터득하면 마음이 한가하게 마련이다. 그러므로 비록 인간 세상에 살고 있어도 인간 세상을 해탈한 것과 같으니라.

(어구 설명) ○安分(안분)−자기 분수에 안주(安住)함. ○身無辱(신무욕)−몸에 욕됨이 없다. ○知機(지기)−천기(天機)나 도리의 기미(機微)를 알다. 천기는 우주의 법칙 혹은 하늘의 메커니즘(Mechanism). ○心自閑(심자한)−마음이 스스로 한가롭다. ○却是(각시)−도리어. ○出人間(출인간)−세상에서 벗어나다, 속세를 해탈하다.

(문법) 安分(상어), 身無辱(중심어). 雖居人世上(상어구) 却是出人間(중심

---

5) 辱(욕될 욕) 機(틀 기) 閑(한가할 한) 雖(비록 수) 却(도리어 각)

어구)

참고 송(宋)대의 소옹(邵雍)이 지은 시로, 격양시(擊壤詩) 혹은 안분음(安分吟)이라고도 한다. 하늘의 오묘한 뜻과 도리를 깨닫고 하늘과 하나가 되면 추악한 인간 속세에서 해탈할 수 있다. 천기(天機)는 곧 우주의 기미(機微)한 도리이다. 지기(知機)는 곧 절대선(絕對善)의 하늘의 도리를 알고 따르고 산다는 뜻이다. 안분(安分)은 자기 분수에 만족한다는 뜻이다. 사람이면서 동물같이 사는 것은 안분이 아니다.

施恩勿求報 與人勿追悔.[6]

시은(이어든) 물구보(하고), 여인(이어든) 물추회(하라)

은혜를 베풀되 그에 대한 보답을 바라지 말고, 남에게 준 다음에는 후회하지 마라.

어구 설명 ○施恩(시은)─남에게 은혜를 베풀다. ○勿求報(물구보)─보답을 바라지 마라. ○與人(여인)─남에게 주다. ○勿追悔(물추회)─나중에 후회하지 마라.

忍一時之忿 免百日之憂.[7]

인일시지분(이면) 면백일지우(니라)

한순간의 분을 참으면, 백일의 근심을 면할 수 있다.

어구 설명 ○忍(인)─참다, 인내함. ○一時(일시)─순간적인, 일시의 (분노). ○忿(분)─분기, 분노. ○免(면)─면하다, 모면하다. ○百日之憂(백일지우)─백일 동안의 걱정, 근심.

---

6) 施(베풀 시) 恩(은혜 은) 勿(말 물) 求(구할 구) 報(갚을 보) 與(줄 여) 追(쫓을 추) 悔(뉘우칠 회)

7) 忍(참을 인) 忿(성낼 분) 免(면할 면)

문법 忍(동사) 一時之忿(빈어), 免(동사) 百日之憂(빈어) 忍一時之忿(상어) 免百日之憂(중심어). 一時(장어) 之(구조조사) 忿(중심어) 百日之憂도 같다.

得忍且忍 得戒且戒 不忍不戒 小事成大.8)

득인차인(하고) 득계차계(하라) 불인불계(면) 소사성대(니라)

참고 또 참아야 하며 삼가고 또 삼가야 한다. 참지 않고 삼가지 않으면 작은 일을 크게 만든다.

어구 설명 ○得(득)—⋯⋯해야 한다. ○且(차)—거듭, 또한. ○戒(계)—삼가고, 조심하다. ○小事成大(소사성대)—작은 일을 큰 낭패거리로 만든다. 작은 일이 큰 일이 된다.

문법 得(능원동사=조동사) 忍(동사) 且(부사) 忍(동사) 得忍과 且忍이 병렬했다. 得戒且戒도 같이 분석한다. 不忍(참지 않고), 不戒(삼가지 않으면). 不忍不戒이 小事成大의 상어(狀語=부사적 수식구)다. 小事(주어) 成大(술어), 成(동사) 大(형용사)가 빈어로 쓰임.

참고 삼가라는 뜻은 광범하다. 과격한 감정이나 행동 및 욕심 등이 다 포함된다. 처음에는 작은 마음에서 싹트지만, 커지면 엄청나게 큰 낭패를 초래한다. 《명심보감》에 다음 같은 말이 있다. '입을 병을 막듯이 단속하고 욕심 억제하기를 성을 지키듯이 하거라(守口如瓶, 防意如城)' 또 공자는 '모든 덕행의 근본 중, 참음을 으뜸으로 삼아라(百行之本 忍之爲上)'라고 말했다. 다음에는 근학(勤學), 부지런히 공부하라는 가르침에 대한 말을 몇 개 추리겠다. 《예기(禮記)》에 '옥돌은 갈고 다듬지 않으면, 보배스러운 그릇이 되지 않고 사람은 배우지 않으면 도의를 모른다(玉不琢 不成器, 人不學 不知義)'는 말이 있다. 성인의 말이나 경서(經書)를

8) 得(얻을 득) 忍(참을 인) 且(또 차) 戒(경계할 계) 成(이룰 성)

배워야 사람다운 사람이 되고 또 절대선(絶對善)의 도(道)를 따라 살 수 있다.

博學而篤志 切問而近思 仁在其中矣.9)

박학이독지(하고) 절문이근사(면) 인재기중의(니라)

넓게 배우고 뜻을 독실하게 세우고, 절실하게 반문하고 자신을 중심하고 생각하면, 그 속에서 인을 터득할 것이다.

어구 설명 ○博學(박학)─넓게 배우다. ○篤志(독지)─뜻을 독실하게 세우다. ○切問(절문)─문제의 핵심을 잡고 절실하게 묻다. ○近思(근사)─내 자신을 중심하고, 몸소 실천할 방도를 생각하다. ○仁(인)─인애(仁愛), 인도(仁道), 인덕(仁德) 등을 포괄한다. ○在其中矣(재기중의)─그렇게 하는 과정에서 인에 대한 모든 것을 터득할 것이다.

문법 博學 篤志가 而(연사=접속사)에 의해서, 병렬했다. 切問近思도 而에 의해서 병렬했다. 博學, 篤志, 切問, 近思는 다 동빈구조의 사조(詞組)다. 仁在其中矣는 그렇게 하는 과정에서 인을 터득하게 된다는 뜻이다. 其中은 곧 博學而篤志 切問而近思.

참고 박학(博學)으로 식견을 넓게 하고, 독지(篤志)로 지향할 바, 목적의식을 높게 하고 자신이 행해야 할 바를 절실하게 묻고 또 자신이 행할 덕행을 가까운 것부터 실천해야 한다. 인덕(仁德)도 점차로 실천해 나가는 과정에서 터득하게 된다.

惟見學者顯達 不見學者無成.10)

유견학자현달(이요) 불견학자무성(이니라)

---

9) 博(넓을 박) 學(배울 학) 篤(도타울 독) 志(뜻 지) 切(끊을 절) 仁(어질 인)
10) 惟(오직 유) 顯(나타날 현) 達(통달할 달)

오직 배운 사람이 현달한다. 배운 사람이 성공 못한 예는 보지 못했다.

어구 설명　○惟(유)-오직. ○見(견)-보다, ……한 일이 있다, ……한다로 풀이할 수 있다. ○學者顯達(학자현달)-배운 사람이 현달(顯達)한다. 나타나고 성공한다, 입신출세(立身出世)한다. ○不見(불견)-보지 못하다. ○無成(무성)-성공하지 못한다.

學者乃身之寶　學者乃世之珍　是故學則乃爲君子
不學則爲小人　後之學者宜各勉之.[11]

학자(는) 내신지보(요) 학자(는) 내세지진(이라) 시고(로) 학즉 내위군자
(요) 불학즉 위소인(이니) 후지학자(는) 의각면지(하라)

학문은 자신에게는 보배가 되고, 학문은 세상이 진귀하게 높이는 것이다. 학문을 배우면 군자가 되고, 안 배우면 소인이 된다. 후학자는 각각 힘써 배우도록 하라.

어구 설명　○學者(학자)-학문, 혹은 배움의 뜻이다. 者를 허사로 본다. ○身之寶(신지보)-몸의 보배, 나 자신을 귀중하게 만드는 보배라는 뜻. ○世之珍(세지진)-세상에서 진귀하게 여기는 것. ○君子(군자)-학식과 인덕(仁德)을 갖춘 인격자. ○小人(소인)-물질적 이득만을 탐하는 자, 동물적·이기적 욕심을 채우려는 사람.

문법　學者(주어) 乃(부사) 身之寶(명사 술어), 學者(주어) 乃(부사) 世之珍(명사 술어). 是故(그러므로. 부사어) 學則乃爲君子를 學(상어=부사적 수식어) 則(접속 부사) 乃(부사) 爲(동사) 君子(빈어)로 분석한다.

---

11) 寶(보배 보) 珍(보배 진) 宜(마땅할 의) 勉(힘쓸 면)

至樂莫如讀書 至要莫如敎子.12)

지락(은) 막여독서(요) 지요(는) 막여교자(니라)

지극한 즐거움은 독서보다 더할 것이 없고, 가장 긴요한 일은 자식을 가르치는 일보다 더할 것이 없다.

어구 설명 ○至樂(지락)―지극한 즐거움, 최고의 락. ○莫如(막여)―……보다 더할 것이 없다. ○至要(지요)―가장 긴요한 것.

문법 至樂(주어) 莫(부정 부사) 如(동사) 讀書(빈어) 至要(주어) 莫(부정 부사) 如(동사) 敎子(빈어)로 분석한다. 至(정어) 樂(중심어), 至(정어) 要(중심어)로 분석한다.

一日淸閑 一日仙.13)

일일청한(이면) 일일선(이라)

하루만이라도 마음을 맑게 하고 한가하게 살면, 그날만큼은 바로 신선이 된 것이니라.

어구 설명 ○一日(일일)―단 하루라도, 그날만큼은. ○淸閑(청한)―마음을 맑게 하고, (세속적 욕심을 버리고) 한가하게 산다면. ○仙(선)―신선과 같다.

문법 一日(상어) 淸閑(술어) 一日(술어) 仙(술어). 一日~, 一日을 상관접속구(相關接續句)로 보고 ~하는 날, 바로 그날은 ……한다로 해석할 수 있다.

참고 오늘의 위기를 극복하기 위해서는 동양의 정신문화를 높이고 윤리

---

12) 至(지극할 지) 如(같을 여) 讀(읽을 독) 書(글 서) 要(긴요할 요)
13) 淸(맑을 청) 閑(한가할 한) 仙(신선 선)

도덕을 실천해야 하며, 따라서 잘 배워야 한다. 배우면 군자가 되고, 안 배우면 소인이 된다.(學則乃爲君子 不學則爲小人)

(4) 부녀의 네 가지 덕행(婦女四德)

女有四德之譽 一曰婦德 二曰婦容 三曰婦言 四曰婦工也.1)

여유사덕지예(하니) 일왈부덕(이요) 이왈부용(이요) 삼왈부언(이요) 사왈부공야(니라)

여자에게는 기려야 할 네 가지 덕이 있다. 첫째는 부덕, 즉 부인다운 덕행이고, 둘째는 부용, 즉 부인다운 꾸밈이고, 셋째는 부언, 즉 부인다운 말씨이고, 넷째는 부공, 즉 부인다운 일솜씨이다.

어구 설명 ○四德之譽(사덕지예)−기려야 할 네 가지 덕. 譽(예)는 높이고 기리다. ○婦德(부덕)−부녀자가 지키고 행해야 할 덕행. ○婦容(부용)−부녀자가 지녀야 할 용모나 태도. ○婦言(부언)−부인다운 말씨, 언변. ○婦工(부공)−부녀자의 솜씨, 여러 가지 가사를 처리하는 기술.

문법 女(주어) 有(동사) 四德之譽(빈어) 一(주어) 曰(동사) 婦德(빈어)로 분석한다. 二曰婦容, 三曰婦言, 四曰婦工也도 같게 분석한다.

참고 부덕(婦德)을 세우기 위해서는 부도(婦道)를 바르게 따르고 실천해야 한다. 여자다운 용모나 언행은 우아하고 단정해야 한다. 특히 주부는 살림솜씨가 좋아야 한다. 안살림의 주체는 주부이다. 일상생활이나 관혼상제(冠婚喪祭) 등 대소사도 주부가 주관한다. 주부는 슬기롭고 솜씨가

---

1) 譽(기릴 예) 婦(아내 부) 容(얼굴 용) 工(장인 공)

뛰어나야 한다. 주부가 밖으로 떠돌면 그 가정은 파탄난다.

婦德者不必才名絶異 婦容者不必顔色美麗 婦言
者不必辯口利詞 婦工者不必技巧過人也.[2]

부덕자(는) 불필재명절이(요) 부용자(는) 불필안색미려(요) 부언자(는) 불
필변구이사(요) 부공자(는) 불필기교과인야(라)

부덕은 반드시 재능과 명성이 뛰어나야 함이 아니고, 부용은 반
드시 용모가 아름답고 고와야 함이 아니고, 부언은 반드시 구변이
좋고 말을 잘함이 아니고, 부공은 반드시 손재주가 남보다 뛰어나
야 함이 아니다.

어구 설명 ○不必(불필)-반드시 ……함이 아니다. ○才名(재명)-재주와
명성. ○絶異(절이)-남다르게 뛰어나다. ○顔色(안색)-용모, 외모나 몸
차림까지 포함한다. ○美麗(미려)-아름답고 곱다. ○辯口(변구)-구변,
언변이 좋다. ○利詞(이사)-딱 떨어지게 말을 잘함. ○技巧(기교)-손재
주. 기술이나 솜씨가 좋다. ○過人(과인)-남보다 뛰어남.

문법 婦德者(주어), 不必才名絶異(술어), 不必才名絶異를 다시 다음같이
분석한다. 不(부사) 必(부사) 才名(주어) 絶異(형용사 술어), 이때의 婦
德者를 대주어(大主語), 才名을 소주어(小主語)로 보기도 한다. 대주어
는 큰 제시어(提示語), 소주어는 큰 제시어의 일부이다. 婦容者不必顔色
美麗 婦言者不必辯口利詞 婦工者不必技巧過人也도 같게 분석한다.

참고 네 가지 부덕이 별로 특이한 것이 아님을 말하고 있다. 부덕(婦德),
부용(婦容), 부언(婦言), 부공(婦工)은 외형적으로 혹은 인위적으로 가식
하고 꾸미는 것이 아니고, 성실한 생활태도임을 깨우치려고 한 것이다.

---

2) 才(재주 재) 絶(끊을 절) 異(다를 이) 顔(얼굴 안) 麗(고울 려) 辯(말잘할
　　변) 利(날카로울 리) 詞(말씀 사) 技(재주 기) 巧(공교할 교) 過(지날 과)

부녀자들이 지녀야 할 사덕(四德)은 곧 누구나 평범하게 실행할 수 있는 덕행이다. 유별나게 뛰어난 것이 아니다.

다음에서 항목별로 설명을 가했다.

其婦德者 淸貞廉節 守分整齊 行止有恥 動靜有
法 此爲婦德也.3)

기부덕자(는) 청정렴절(하야) 수분정제(하고) 행지유치(하야) 동정유법(이
니) 차위부덕야(라)

부덕은 (다음과 같이 함이다) 맑고 곧은 마음가짐과 청렴하고 절개있는 몸가짐으로, 분수를 지키고 단정하고 엄숙한 태도를 항상 지녀야 한다. 행동거지에 수줍음이 있고 움직일 때나 조용히 있을 때나 법도에 맞게 해야 한다. 이상과 같이 함을 부인다운 덕행, 즉 부덕이라고 한다.

어구 설명　○淸貞(청정)－맑고 곧음. ○廉節(염절)－청렴하고 절개를 지킴. ○守分(수분)－자기 분수를 지킴. ○整齊(정제)－단정하고 엄숙함. 자신의 태도나 주위의 환경을 단정하고 엄숙하게 유지함. ○行止(행지)－가다 멈추다, 즉 행동거지(行動擧止). ○有恥(유치)－부끄러움이나 수줍음이 있다. 창피함을 알다. ○動靜(동정)－행동하고 활동할 때나 조용히 있을 때나. ○有法(유법)－법도를 지키다. 법도에 맞게 하다. 예의범절을 따르고 지킨다.

婦容者 洗浣塵垢 衣服鮮潔 沐浴及時 一身無穢
此爲婦容也.4)

---

3) 貞(곧을 정) 廉(청렴할 렴) 節(절개 절) 守(지킬 수) 整(가지런할 정) 齊
(가지런할 제) 恥(부끄러워할 치) 靜(고요할 정)

부용자(는) 세완진구(하야) 의복선결(하며) 목욕급시(하야) 일신무예(니) 차위부용야(라)

부용은 다음과 같이 함을 말한다. 옷을 세탁하여 먼지와 때를 말끔히 빨고, 의복은 산뜻하고 정결하게 가꾸어 차려입으며, 때맞추어 목욕을 말끔히 하고, 온몸에 더러움이 없게 한다. 이상과 같이 함을 부인다운 용모 가꾸기, 즉 부용이라고 한다.

어구 설명 ○洗浣(세완)-세탁하고 빨래함. ○塵垢(진구)-먼지와 때. ○鮮潔(선결)-산뜻하고 정결함. ○沐浴(목욕)-沐은 머리를 감다. 浴은 몸을 씻다. ○一身(일신)-전신. ○無穢(무예)-더러움이 없다.

婦言者 擇詞而說 不談非禮 時然後言 人不厭其言 此爲婦言也.5)

부언자(는) 택사이설(하야) 부담비례(하고) 시연후언(하야) 인불염기언(이니) 차위부언야(라)

부언은 다음과 같이 함을 말한다. 할 말을 골라서 하며, 예의에 벗어난 말을 하지 않으며, 때가 된 후에야 말을 하며, 그러므로 남들이 그 말을 싫어하지 아니한다. 이상과 같이 함을 부인다운 말씨, 즉 부언이라고 한다.

어구 설명 ○擇詞而說(택사이설)-말을 골라서 함. ○不談非禮(부담비례)-예의에 어긋나는 말은 하지 않음. ○時然後(시연후)-말할 때가 된 후에,

---

4) 洗(씻을 세) 浣(빨 완) 塵(티끌 진) 垢(때 구) 鮮(고울 선) 潔(깨끗할 결) 及(미칠 급) 穢(더러울 예)

5) 擇(가릴 택) 詞(말씀 사) 說(말씀 설) 談(말씀 담) 禮(예도 례) 然(그러할 연) 厭(싫을 염)

때맞추어 적절하게. ○人不厭其言(인불염기언)─남들이 그 말을 싫어하지 않음, 즉 남이 듣기 싫어하는 말을 하지 않는다는 뜻도 있다.

婦工者 專勤紡績 勿好暈酒 供具甘旨 以奉賓客 此爲婦工也. 6)

부공자(는) 전근방적(하고) 물호훈주(하며) 공구감지(하야) 이봉빈객(이니) 차위부공야(니라)

부공은 다음과 같이 함을 말한다. 오로지 길쌈을 부지런히 하고, 얼큰하게 술 마시기를 좋아하지 말며, 맛있는 음식을 고루 마련하여 귀한 손님들을 대접한다. 이상과 같이 함을 부인다운 솜씨, 즉 부공이라 말한다.

어구 설명 ○專勤(전근)─오로지, 부지런히 힘쓰다. ○紡績(방적)─길쌈. ○勿好(물호)─좋아하면 안된다. ○暈酒(훈주)─얼큰한 술 또는 술에 얼큰하게 취함. ○供具(공구)─갖추고 구비함. ○甘旨(감지)─맛있는 음식. ○以(이)─……로써, 그래 가지고. ○奉賓客(봉빈객)─손님 대접을 함.

此四德者 是婦人之所不可缺者 爲之甚易 務之在正 依此而行 是爲婦節. 7)

차사덕자(는) 시부인지소불가결자(라) 위지심이(하고) 무지재정(하니) 의차이행(이면) 시위부절(이니라)

이상의 네 가지 부덕은 부인들이 소홀히 하면 안되는 것들이며, 행하기가 아주 쉬우니 바르게 행하도록 힘써야 한다. 사덕에 따라

---

6) 專(오로지 전) 紡(자을 방) 績(길쌈할 적) 暈(어지러울 훈) 甘(달 감) 旨(맛있을 지) 奉(받들 봉) 賓(손 빈)
7) 缺(빌 결) 甚(심할 심) 易(쉬울 이) 務(힘쓸 무) 依(의지할 의)

행동하는 것이 바로 부인이 따르고 지켜야 할 범절이니라.

어구 설명 ○所不可缺者(소불가결자)─빠뜨려서는 안되는 것. ○爲之甚易(위지심이)─행하기가 매우 쉽다. ○務之在正(무지재정)─힘써 행하면, (부덕이) 바르게 된다. ○依(의)─의지하다. 따라서. ○婦節(부절)─부인이 행할 범절(凡節), 절도(節度) 및 절개(節介).

문법 此四德者(주어), 是婦人之所不可缺者(술어), 是(판단사) 婦人之所不可缺者(판단사의 빈어), 所不可缺者의 所는 다음의 말을 명사화하는 구조조사(構造助詞), 者는 허사(虛詞). 爲之(주어) 甚易(술어), 務(동사) 之(빈어) 在(동사) 正(빈어)로 분석한다. 依此而行(주어) 是爲婦節(술어)

婦人之禮 語必細.8)

부인지례(는) 어필세(니라)

부인이 지킬 예절은 곧 말을 조용히 하는 것이다.

어구 설명 ○婦人之禮(부인지례)─부인이 지켜야 할 예절. ○語必細(어필세)─반드시 말을 조용히 해야 한다.

賢婦令夫貴 惡婦令夫賤.9)

현부(는) 영부귀(요) 악부(는) 영부천(이라)

현명한 아내는 남편을 귀하게 만들고, 완악한 아내는 남편을 천하게 만든다.

어구 설명 ○賢婦令夫貴(현부령부귀)─현명한 아내는 자기 남편을 귀하게 만든다. ○惡婦令夫賤(악부령부천)─악한 아내는 자기 남편을 천하게 만든다.

---

8) 禮(예도 례) 細(작을 세)
9) 賢(어질 현) 令(시킬 령) 賤(천할 천)

참고 현명한 아내는 남편을 존중하고 내조의 공으로, 자기 남편을 훌륭한 존재로 만든다. 그러나 악한 아내는 자기 남편을 들볶아서 결과적으로 악덕한 존재가 되게 한다. 다음과 같은 말도 있다. '집안에 어진 아내가 있으면 남편이 뜻밖의 화를 당하지 않는다(家有賢妻 夫不遭橫禍).' 가정주부가 가정을 잘 다스리고 가족들의 마음을 안락하게 해주어야 한다. 그러면 남편을 위시하여 모든 가족들도 즐겁고 편한 마음으로 밖에서 활동하며 따라서 뜻밖의 화를 초래하지 않을 것이다. 가정주부는 일가친척을 화목케 해야 한다. 주부가, 혹심한 개인주의나 이기주의에 빠지고, 자기 욕심만 채우려고 하면 결국은 일가친척을 소외하고 심지어는 시부모까지 학대하는 수가 있다.

《명심보감》에 다음 같은 말이 있다. '어진 아내는 육친을 화목하게 하고, 간악한 아내는 육친의 화목을 깨뜨린다(賢婦和六親, 佞婦破六親).'

이상의 사부덕(四婦德)은 행하기 용이한 평범한 범절이다. 고전의 가르침의 깊은 뜻과 정신을 오늘의 생활에 활용하는 슬기가 있어야 한다. 외형적인 생활면에서 오늘과 옛날은 크게 다르다. 그러나 내면적인 정신 생활면에서는 부녀자가 지키고 따를 덕성이나 덕행에는 큰 변동이 없다. 사람들이 윤리 도덕을 무시하고 동물적·이기적 탐욕만을 채우면 가정이 파탄나고, 사회가 문란해진다. 부녀가 부덕을 안 지키고 난잡하면 가정이나 사회뿐만 아니라, 국가의 기풍이 쇠미해진다.

(5) 증보편(增補篇)

周易曰 善不積 不足以成名 惡不積 不足以滅身
小人以小善 爲無益 而弗爲也 以小惡 爲無傷 而
弗去也 故惡積 而不可掩 罪大 而不可解.1)

주역(에) 왈 선부적(이면) 부족이성명(이요) 악부적(이면) 부족이멸신(이어
늘) 소인(은) 이소선(으로) 위무익이불위야(하고) 이소악(으로) 위무상이불
거야(니라) 고(로) 악적이불가엄(이요) 죄대이불가해(니라)

《주역》에서 말했다. 선행을 오래 행하지 않으면 선인의 이름을
듣기에 부족하고, 악행도 오래 하지 않으면 일신을 망치기에는 부
족하다. 그래서 소인은 작은 선으로는 이로움이 없다고 선을 행하
지 않고, 작은 악으로는 몸을 다치지 않는다고 악을 버리지 않는
다. 그런 고로 악이 쌓여 가리울 수 없게 되고 죄가 커져서 풀 수
없게 된다.

어구 설명 ㅇ周易(주역)-상고(上古)로부터 전해오던《역(易)》을 주(周)의
문왕(文王), 주공(周公), 공자(孔子)가 설명을 가한 것으로《역경(易
經)》이라고도 함. ㅇ滅身(멸신)-몸을 망치다. ㅇ以小善(이소선)-작은
선으로서는, 작은 선을 행해도. ㅇ爲無益(위무익)-이익될 게 없다 하고.
위(爲)는 생각하다, 여기다. ㅇ弗爲(불위)-작은 선을 행하지 않는다. ㅇ爲
無傷(위무상)-(작은 악을 행해도) 몸을 해치지 않는다고 생각하고. ㅇ弗
去(불거)-작은 악을 멀리하지 않고 (행한다). ㅇ掩(엄)-가리다. ㅇ解
(해)-(죄를) 풀다. (죄에서) 벗어나다.

참고 적진성산(積塵成山)이라고 한다. 흙먼지가 쌓여 산이 된다는 뜻이다.
또 적수성해(積水成海)라고 한다. 작은 것이 모여서 큰 것이 된다는 뜻
이다. 선을 한번 행하고 이득이 안된다고 선행을 중단해서는 안된다. 반
대로 악행을 해도 당장에 패가망신하지 않고 벌받지 않는다고 계속 악을
행해도 안된다. 하늘은 사람들을 통해서 보고 듣고 있다.

---

1) 周(두루 주) 易(바꿀 역, 쉬울 이) 積(쌓을 적) 滅(멸할 멸) 弗(말 불) 掩(가릴
엄) 解(풀 해)

履霜堅氷至 臣弒其君 子弒其父 非一旦一夕之
事 其由來者漸矣.2)

이상(이면) 견빙지(라) 신시기군(하며) 자시기부(이) 비일단일석지사(라)
기유래자점의(니라)

서리를 밟으면 굳은 얼음이 얼게 된다고 했으니, 신하로서 자기
임금을 죽이고, 아들이 자기 아버지를 죽이는 일이 하루아침이나
하루저녁에 이루어지는 것이 아니다. 그렇게 된 유래는 오래 두고
차츰 만들어진 것이다.

어구 설명 ○履霜(이상)-서리 내린 땅을 밟게 되면. ○堅氷至(견빙지)-
(그 다음에) 얼게 된다. ○弒(시)-윗사람을 죽임. ○旦(단)-아침. ○由來
(유래)-내력, 연유.

참고 초가을에 땅에 서리가 내리고 다시 추워지면 얼음이 얼게 된다. 극악
무도한 범죄도 하루아침에 까닭없이 돌발하는 것이 아니다. 작은 악덕(惡
德)이 쌓여서 큰 죄악으로 자라난다.

幼兒或詈我 我心覺懽喜 父母嗔怒我 我心反不
甘 一喜懽一不甘 待兒待父心何懸 勸君今日逢
親怒 也應將親作兒看.3)

유아혹리아(하면) 아심각환희(하고) 부모진노아(하면) 아심반불감(이라) 일
희환일불감(하니) 대아대부심하현(고) 권군금일봉친노(어든) 야응장친작아
간(하라)

---

2) 履(밟을 리) 霜(서리 상) 堅(굳을 견) 弒(죽일 시) 漸(점점 점)
3) 詈(꾸짖을 리) 懽(기쁠 환) 嗔(성낼 진) 懸(매달 현)

어린 자식놈이 철없이 나를 보고 욕을 하면 부모된 나는 마음으로 기쁨을 느끼지만 부모님이 나에게 화를 내시면 자식된 나는 속으로 언짢게 여긴다. 한쪽은 기쁘고 한쪽은 언짢으니 자식과 부모 대하는 마음이 이다지도 다른가? 그대에게 권하니 오늘 부모님이 성을 내시거든 부모님을 자식 보듯 기쁜 마음으로 대하게.

어구 설명 ○或詈我(혹리아)-자식이 부모된 나를 욕하거나 꾸짖다. ○懽喜(환희)-기쁘고 좋아한다. ○嗔怒(진노)-화를 내고 성내다. ○一喜懽(일희환)-자식에 대해서는 즐겁게 느끼고. ○一不甘(일불감)-부모에 대해서는 언짢게 여김. ○待兒待父心(대아대부심)-자식과 부모를 대하는 마음. ○何懸(하현)-어찌 이다지도 다르냐? ○逢親怒(봉친노)-어른께서 진노하시더라도. ○將親(장친)-어버이를. ○作兒看(작아간)-자식 대하듯 하라.

兒曹出千言 君聽常不厭 父母一開口 便道多閑
管 非閑管親掛牽 皓首白頭多諳諫 勸君敬奉老
人言 莫敎乳口爭長短.4)

아조(는) 출천언(하되) 군청상불염(하고) 부모(는) 일개구(하면) 변도다한관(이라) 비한관친괘견(이라) 호수백두다암간(이라) 권군경봉노인언(하고) 막교유구쟁장단(하라)

어린아이들이 천 마디 말을 해도 그대는 항상 듣기에 염증을 내지 않으면서, 부모님이 어쩌다가 한 번 말씀을 하시면 부질없이 잔소리하신다고 불평할 것이다. 그러나 부질없는 잔소리가 아니고 부모가 걱정을 하신 것이며, 백발이 되어도 모든 것을 살피고 타이르

---

4) 聽(들을 청) 管(간섭할 관) 牽(끌 견) 皓(흴 호) 諳(욀 암)

는 것일세. 그대에게 권하니 어른의 말씀을 공경하여 받들고 젖내
나는 입으로 어른 앞에서 장단을 따지지 말게.

어구 설명 ○兒曹(아조)—아이들. 조(曹)는 무리. ○出千言(출천언)—천 마
디 말을 지껄여도. ○君聽常不厭(군청상불염)—부모된 그대는 자식의 말
을 듣고도 항상 싫지 않다. ○父母一開口(부모일개구)—한편 부모가 한번
입을 열고 말을 하면. ○便道多閑管(변도다한관)—(자식이 부모에게) 쓸
데없는 일에 간섭한다고 말을 한다. ○非閑管(비한관)—(그러나 부모가)
쓸데없이 간섭하는 것이 아니고. ○親掛牽(친괘견)—친히 걱정하고 지도
함이다. ○皓首白頭(호수백두)—호호백발, 백발의 노인. ○諳諫(암간)—
많은 것을 잘 알고 타이르다. ○敬奉(경봉)—공경하고 받들다. ○乳口(유
구)—젖내나는 입. 자식의 입.

富貴養親易 親常有未安 貧賤養兒難 兒不受饑
寒 一條心兩條路 爲兒終不如爲父 勸君養親如
養兒 凡事莫推家不富.[5]

부귀(엔) 양친이(로되) 친상유미안(하고) 빈천(엔) 양아난(하되) 아불수기
한(이라) 일조심양조로(에) 위아종불여위부(라) 권군양친(을) 여양아(하고)
범사(를) 막추가불부(하라)

부귀를 누릴 때에 양친을 공양하기는 쉬우나 그래도 양친의 마음
은 항상 편치 않은 바가 있느니라. 빈천한 때에 자식들 키우기는
힘이 들지만 그렇다고 아이들을 굶주리고 헐벗게 하지는 않는다.
한 가닥 마음으로 두 가닥 길을 따라야 할 경우에 자식 사랑과 어
버이 사랑이 결국은 같지 않게 되더라. 그대에게 권하노니 어버이

---

5) 饑(주릴 기) 條(가지 조) 凡(무릇 범) 莫(말 막) 推(밀 추)

공양을 자식 위하듯 하며 모든 것을 집안의 가난으로 돌리고 핑계대지 마라.

어구설명 ○富貴養親易(부귀양친이)−부귀를 누릴 때에 양친을 물질적으로 잘 봉양하기는 쉽다. ○親常有未安(친상유미안)−양친은 항상 정신적으로 편안하지 않다. ○貧賤養兒難(빈천양아난)−빈천하게 살면 아이들을 키우기 어렵다. ○兒不受饑寒(아불수기한)−아이들을 굶주리게 하고 추위에 떨게 하지 않는다. ○一條心(일조심)−한 가닥의 마음. ○兩條路(양조로)− 두 갈래의 길. ○莫推(막추)−핑계대지 마라.

親有十分慈 君不念其恩 兒有一分孝 君就揚其名 待親暗待兒明 誰識高堂養子心 勸君漫信兒曹孝 兒曹親子在君身.6)

친유십분자(하되) 군불념기은(하고) 아유일분효(하되) 군취양기명(이라) 대친암대아명(하니) 수식고당양자심(고) 권군만신아조효(하라) 아조친자재군신(이니라)

어버이께서 십분의 자애로 키워주셨거늘 그대는 그 크나큰 은혜를 생각지 않고, 아이들이 한푼의 효도를 하면 그대는 그것을 들어 자랑하노라. 어버이 섬김에는 어둡고 자식 대함에만 밝으니 누가 부모님의 자식 키우는 마음을 알아주랴? 그대에게 권하노니 부질없이 자식 효도 믿지를 마라. 그대가 바로 자식의 어버이요 어버이의 자식이니라.

어구설명 ○十分慈(십분자)−충분히 넘치는 자애(慈愛)로써. ○念(념)−깊이 생각하고 고마워함. ○一分孝(일분효)−자식이 어쩌다가 한푼의 효도

---

6) 慈(사랑할 자) 恩(은혜 은) 揚(오를 양) 識(알 식) 漫(질펀할 만)

를 하면. ○就(취)—당장, 곧. ○揚其名(양기명)—아들의 이름을 들고 자랑을 한다. ○待(대)—대하다. ○誰識(수식)—누가 알아주랴? ○高堂(고당)—부모님의 뜻. ○養子心(양자심)—자식 키우는 마음. ○漫信(만신)—부질없이 믿다, 漫은 만(慢)과 같은 뜻. ○兒曹親子(아조친자)—아이들의 어버이이자 동시에 어버이의 자식. 친(親)은 위와 아래에 다 걸림.

참고 이상의 시는 팔반가(八反歌) 중에서 뽑은 것이다. 자식 사랑하는 마음을 돌려서 부모에게 효도를 하라는 풍자시(諷刺詩)다. 동물도 새끼를 한동안은 극진히 아끼고 키운다. 그러나 동물은 새끼가 어미에게 보답하지 않는다. 효도는 다만 사람만이 한다. 뒤집어 말하면 효도를 안하면 사람이 아니다. 어린 자식을 귀여워하고 철없이 응석부리는 것을 기쁘게 느끼는 것도 좋다. 그러나 동시에 잘 생각해야 한다. 늙으신 부모님 앞에 나는 어떤 존재인가? 비록 내가 장가들고 처자식을 거느리고 있어도 늙은 부모님 앞의 나는 항상 어린 아들에 불과하다. 따라서 평생을 두고 부모님에게 효도를 해야 한다.

깊이 생각해 보자. 나를 양육하기 위해 노쇠하신 부모님을 누가 극진히 모셔야 하나? 바로 자식된 내가 아닌가? 그런데 처자식 생각만 하고 부모님을 소홀히 하면 되겠는가? 그것은 사람의 도리가 아니다. 동물과 같은 짓이다. 장년기의 나는 위로는 늙은 부모님을 공양하고 아래로는 어린 자녀들을 양육해야 한다. 대부분의 사람은 자식들 키우는 것에는 정성을 기울이지만 위에 계신 부모님에 대한 공양을 형식적으로 하는 수가 많다. 그러나 깊이 생각해 보자. 부모님이 장년기에 어린 나를 양육해 주셨다. 그리고 지금 부모님은 노쇠했다. 한편 나는 장년기에 기운 좋고 활동력도 있고 돈도 잘 번다. 그러므로 내가 늙은 부모에게 보답하는 것은 당연하지 않은가. 원래 부모님도 위로는 부모님에게 효도하고 아래로는 나를 키우셨다. 그렇게 해서 대를 이어오면서 우리 집안이 더욱 번성하고 발전한다.

효도의 원리에는 두 가지 핵심이 있다. 하나는 나를 양육해주신 부모에게 보답하는 것이다. 다른 하나는 선조의 이상과 가업을 계승하고 내가 노력하여 집안을 더욱 흥성케 하고 발전시키는 것이다. 효도는 인간의 존 엄성을 높이고 동시에 역사 문화 발전에 직결되는 숭고한 덕행이다.

제 4 편

단문(短文) 해독

제4편에서는 단문(短文)을 해독한다. 제1장에서는 정치의식이 높은 우화(寓話) 및 고사(故事)를 추렸다. 제2장에서는 청렴한 군자상(君子像)을 알게 하는 글들을 추렸다. 제3장에서는 뜻을 세우고 글 공부를 하라는 선인들의 말을 학습하게 된다. 촌철살인(寸鐵殺人)이란 말이 있다. 한마디의 말이 경각심(警覺心)을 일으킨다는 뜻이다.

　　옛 중국의 철인(哲人)들은 징지사상을 중시했다. 그늘은 절대선(絕對善)의 진리인 천도(天道)를 정점으로 하는 고매(高邁)한 학문정신(學問精神)으로 인간의 심성을 승화하고 인류대동(人類大同)의 이상을 실현할 왕도덕치(王道德治)의 구현을 역설했다. 그러나 당시의 무식하고 포악무도한 통치자들은 패권쟁탈(覇權爭奪)에 골몰하고 무력(武力)과 권모술수(權謀術數)를 바탕으로 한 전쟁만을 능사로 여겼다.

　　이에 학자나 사상가들은 쉬운 우화나 비유 혹은 풍자로써 그들의 우매함을 깨우쳐 주고자 했던 것이다. 원래 실용주의적인 중국에는 공허한 너털웃음만을 자아내게 하는 우화란 거의 없다.

　　중국의 인자(仁者 : Humanist)나 철인(哲人)들은 심각한 현실을 외면하지 않고 진지하게 사상적 정치적으로 백성들을 제도(濟度)하고자 했다. 오늘의 지식인들도 금전과 쾌락만을 추구하는 소인(小人)이 되지 말고 세계평화(世界平和)와 인류구제(人類救濟) 및 문화의 창조적 발전에 기여하는 대인(大人)이 되려는 큰 뜻을 품고 학업에 정진하자.

제1장   우화(寓話)·고사(故事)

1. 가정맹어호(苛政猛於虎) ── 출전 : 예기(禮記)

孔子過泰山側 有婦人哭於墓者而哀 夫子式而聽
之 使子路問之曰 子之哭也 壹似重有憂者 而曰
然 昔者吾舅死於虎 吾丈夫又死焉 今吾子又死
焉 夫子曰 何爲不去也 曰 無苛政 夫子曰 小子
識之 苛政猛於虎也.

공자(이) 과태산측(할새) 유부인(이) 곡어묘자 이애(러라) 부자(이) 식이청
지(하며) 사자로(하여) 문지 왈 자지곡야(이) 일사중유우자(라하니) 이왈
연(이라) 석자(에) 오구(가) 사어호(하고) 오장부(가) 우사언(하고) 금(에)
오자(가) 우사언(이로소이다) 부자(이) 왈 하위불거야(오) 왈 무가정(이라
하니) 부자(이) 왈 소자(야) 지지(하라) 가정(은) 맹어호야(로다)

공자가 태산 곁을 지나갈 때, 어떤 부인이 분묘 앞에서 통곡하고
있는데, 그 울음소리가 너무나 애처로웠다. 그래서 공자가 수레 앞
턱에 손을 얹고 예를 갖춘 자세로 듣다가, 자로로 하여금 물었다.
"그대의 곡성을 들으니 흡사 여러번 우환을 당한 사람 같소이다."

이에 부인이 대답했다. "그렇습니다. 옛날에 저의 시아버지가 호랑이에게 물려서 돌아가셨고, 또 저의 남편도 역시 호랑이에 물려 죽었습니다. 그리고 지금은 제 아들이 또 호랑이에 물려 죽었습니다."

공자가 "그런데 왜 이곳을 떠나지 않습니까?"하고 묻자 부인이 말했다. "이곳에는 가혹하게 탈취하는 정치가 없습니다." 이에 공자가 제자들을 보고 말했다. "그대들아, 깊이 명심해라. 가혹한 악덕 정치는 호랑이보다도 더 무서운 법이다."

어구 설명 ○苛政猛於虎(가정맹어호)―가혹한 악덕정치는 호랑이보다 더 무섭다. ○禮記(예기)―유교의 경전으로 오경(五經)의 하나, 49편. 고대의 예(禮)를 광범하게 설명한 책. ○孔子過泰山側(공자과태산측)―공자가 태산 곁을 지나가다. 태산은 산동성(山東省)에 있는 명산. ○有婦人哭於墓者(유부인곡어묘자)―한 부인이 무덤에서 곡을 하고 있다. ○夫子(부자)―선생, 즉 공자. ○式而聽之(식이청지)―예절을 갖추고 곡소리를 듣다. 式은 식(軾), 수레 앞에 가로 걸친 나무. ○使子路問之曰(사자로문지왈)―자로로 하여금 물었다. ○子之哭(자지곡)―그대의 울음소리. ○壹似重有憂者(일사중유우자)―한결같이 거듭 슬픔을 당한 사람 같다. ○吾舅死於虎(오구사어호)―나의 시아버지가 호랑이에게 물려 죽었다. 舅(시아비 구) ○丈夫(장부)―남편. ○無苛政(무가정)―가혹하게 취렴(聚斂)하는 악덕정치가 없다. ○小子識之(소자지지)―자네들 잘 기억해 두어라. 識(알 식)은 誌(기록할 지), 志(뜻 지)와 같다.

문법 苛政(주어) 猛於虎也(술어) 猛(형용사 술어) 於虎(보어), 有婦人哭於墓者의 有는 현상을 표시하는 동사, 방편상 어느 한으로 풀이한다. 壹似(상어+동사) 重有憂者(似의 빈어), 死(동사) 於虎(보어). 猛於虎(호랑이보다 더 사납다. 비교), 哭於墓(무덤에서 곡하다. 장소), 死於虎(호랑이에게 죽다. 피동)

2. 각주구검(刻舟求劍) ─ 출전 : 여씨춘추(呂氏春秋)

楚人有涉江者 其劍自舟中墜於水 遽刻其舟曰 是
吾劍之所從墜 舟止 從其所刻者入水求之 舟已行
矣 而劍不行.

초인유섭강자(라) 기검자주중추어수(하니) 거각기주왈 시오검지소종추(라)
주지(에) 종기소각자(로) 입수구지(하나) 주이행의(요) 이검불행(이로라)

초나라 사람이 배를 타고 강을 건넜다. 그의 칼이 배에서 물 속
으로 떨어졌다. 즉시 칼이 떨어진 뱃전에 표시를 하고 말했다. 바로
이곳으로 나의 칼이 떨어졌다.

배가 기슭에 닿자 그는 표시를 한 뱃전을 따라 강물 속에 들어가
칼을 찾았다. 그러나 배는 이미 이동을 했고 물 속에 빠진 칼은 빠
진 그 자리에 그대로 있을 것이다. 그러니 칼을 못찾는 것이 당연
하다.

어구 설명 ○刻舟求劍(각주구검)─뱃전에 표시를 하고 칼을 찾는다. 상황
변화에 적응하지 못함을 풍자한 우화. 刻(새길 각) 劍(칼 검) ○呂氏春秋
(여씨춘추)─전국 말기의 책이름, 여불위(呂不韋)가 편찬했다고 전한다.
○涉江(섭강)─배를 타고 강을 건너가다. 涉(건널 섭) ○自舟中墜於水(자
주중추어수)─배에서 칼을 물 속에 떨어뜨렸다. 墜(떨어질 추) ○遽(거)─
즉시. ○是吾劍之所從墜(시오검지소종추)─바로 이곳이 내 칼이 떨어진
자리다. ○舟止(주지)─배가 강을 건너가 멈추자. ○從其所刻者(종기소각
자)─뱃전의 표시를 따라서. ○入水求之(입수구지)─강물 속에 들어가서
칼을 찾았다. ○舟已行矣(주이행의)─배는 이미 이동했고. ○劍不行(검불

행)－칼은 떨어진 그 자리에 그대로 있다.

문법 楚人(주어), 有涉江者(술어), 有는 현상(現象)을 표시하는 동사, 涉江(정어) 者(사람. 중심어), 其劍(주어) 自舟中(상어) 墜(동사) 於水(보어), 吾劍之所從墜는 바로 앞에 있는 是(판단사)의 빈어다. 吾劍之所從墜는 직역하면 나의 칼이 따라서 떨어진 곳이 된다. 의역하면 이곳을 따라서 내 칼이 떨어졌다가 된다.

3. 모순(矛盾) — 출전 : 한비자(韓非子)

楚人有鬻盾與矛者 譽之曰 吾盾之堅 物莫能陷也 俄而又譽其矛曰 吾矛之利 於物無不陷也 或曰 以子之矛 陷子之盾何如 其人不能應也.

초인(에) 유죽순여모자(라) 예지왈 오순지견(은) 물막능함야(라) 아이우예 기모왈 오모지리(는) 어물무불함야(라) 혹왈 이자지모(로) 함자지순(이면) 하여(잇고) 기인불능응야(라)

초나라 사람 중에 방패와 창을 함께 파는 자가 있었다. 그는 자기 물건을 자랑하며 말했다. 내가 파는 방패는 견고하니, 어떠한 것도 내 방패를 뚫지 못한다. 즉시 또 자기가 파는 창을 자랑하며 말했다. 내가 파는 창은 예리하니, 어떠한 것도 꿰뚫지 못할 것이 없다.

이에 어떤 사람이 되물었다. "당신의 창을 가지고 당신의 방패를 뚫으면 어떻게 되겠소?" 그는 대답하지 못했다.

어구 설명 ○矛盾(모순)－창과 방패, 앞뒤가 서로 맞지 않고 상충한다는 뜻. 《한비자》 난세편(難說篇)에 있는 우화. 矛(창 모) 盾(방패 순) ○鬻(육)－

물건을 팔다. ○譽(예)−칭찬하다. ○吾盾之堅(오순지견)−이 방패는 견고하다. ○物莫能陷(물막능함)−어떤 창도 방패를 뚫을 수 없다. ○俄而(아이)−즉시, 俄(갑자기 아) ○矛之利(모지리)−창이 날카롭다. ○於物(어물)−어떠한 것도. ○無不陷(무불함)−뚫지 못하는 것이 없다. ○或(혹)−어떤 사람. ○以子之矛(이자지모)−그대의 창으로. ○陷子之盾(함자지순)−그대의 방패를 꿰뚫으면. ○何如(하여)−어떻게 될까? ○不能應(불능응)−응답을 못하다. 應(응할 응)

4. 불사지약(不死之藥) —— 출전 : 전국책(戰國策)

有獻不死之藥　於荊王者　謁者操以入　中射之士
問曰　可食乎　曰　可　因奪而食之　王怒　使人殺中
射之士　中射之士　使人　説王曰　臣問謁者　謁者曰
可食　臣故　食之　是臣無罪　而罪在謁者也　且客獻
不死之藥　臣食之　而王殺臣　是死藥也　王殺無罪
之臣　而明人之欺王　王乃不殺.

유헌불사지약 어형왕자(라) 알자조이입(할새) 중야지사(이) 문왈　가식호
(아) 왈 가(라) 인탈이식지(라) 왕노 사인(으로) 살중야지사(하니) 중야지
사(이) 사인설왕왈 신문알자(에) 알자왈가식(이라) 신고(로) 식지(하니라)
시(이)신무죄(오) 이죄재알자야(라) 차객헌불사지약(에) 신식지 이왕살신
(이면) 시사약야(라) 왕살무죄지신 이명인지기왕(이라) 왕(이)내불살(하
노라)

불사약(不死藥)을 형왕에게 바친 사람이 있었다. 알자가 들고 안

으로 들어가자, 중야지사가 "먹어도 되냐"하고 물었다. 알자가 "된다"고 말했다. 그래서 중야지사가 그 약을 탈취해서 먹었다. 왕이 노하고, 사람을 시켜 중야지사를 죽이려 했다. 중야지사가 사람을 통해 임금에게 말했다. "신이 알자에게 묻자 알자가 먹어도 된다고 했으므로 신이 먹었습니다. 그러므로 신은 죄가 없으며 도리어 죄는 알자에게 있습니다. 또 객은 불사약을 바쳤는데 신이 그 약을 먹었다고, 왕이 신을 죽인다면, 그 약은 바로 사약입니다. 결국 왕은 죄 없는 신하를 죽이고 아울러 남이 왕을 기만했다는 사실을 밝히게 될 것입니다." 이에 왕은 그 신하를 죽이지 않았다.

어구 설명 ㅇ有獻不死之藥於荊王者(유헌불사지약어형왕자) — 불사약(不死藥)을 형왕에게 바친 사람이 있었다. ㅇ謁者操以入(알자조이입) — 알자가 받아서 들고 안으로 들어갔다. '알자(謁者)'는 임금과의 알현을 주선하는 비서관. ㅇ中射之士(중야지사) — 관직명, 역시 시종(侍從). ㅇ問曰可食乎(문왈가식호) — '먹어도 되냐'하고 물었다. ㅇ曰可(왈가) — 〈알자가〉 '된다'고 말했다. ㅇ因奪而食之(인탈이식지) — 그래서 중야지사가 뺏어 먹었다. ㅇ使人殺中射之士(사인살중야지사) — 사람을 시켜 중야지사를 죽이려 하자. ㅇ中射之士使人說王曰(중야지사사인설왕왈) — 중야지사가 사람을 통해 임금에게 말했다. ㅇ臣問謁者(신문알자) — 신이 알자에게 묻자. ㅇ謁者曰可食(알자왈가식) — 알자가 '먹어도 된다'고 했으므로. ㅇ是臣無罪(시신무죄) — 그러므로 신은 죄가 없으며. ㅇ而罪在謁者也(이죄재알자야) — 도리어, 죄는 알자에게 있습니다. ㅇ且客獻不死之藥(차객헌불사지약) — 또 객은 불사약을 바쳤는데. ㅇ臣食之(신식지) — 신이 그 약을 먹고. ㅇ而王殺臣(이왕살신) — 그래서, 왕이 신을 죽인다면. ㅇ是死藥也(시사약야) — 그 약은 바로 사약(死藥)입니다. ㅇ王殺無罪之臣(왕살무죄지신) — 왕은 죄 없는 신하를 죽이고. ㅇ而明人之欺王(이명인지기왕) — 아울러 다른 사람이 왕을 기만했다는 사실을 밝히게 될 것입니다. ㅇ王乃不殺(왕내불살) —

이에 왕은 그 신하를 죽이지 않았다.

5. 새옹지마(塞翁之馬) ── 출전 : 회남자(淮南子)

夫禍福之轉 而相生 其變難見也 近塞上之人 有
善術者 馬無故亡而入胡 人皆弔之 其父曰 此何
遽不爲福乎 居數月 其馬將胡駿馬而歸 人皆賀
之 其父曰 此何遽不能爲禍乎 家富良馬 其子好
騎 墮而折其髀 人皆弔之 其父曰 此何遽不能爲
福乎 居一年 胡人大入塞 丁壯者引弦而戰 近塞
之人 死者十九 此獨以跛之故 父子相保 故福之
爲禍 禍之爲福 化不可極 深不可測也.

부화복지전 이상생(하니) 기변난견야(라) 근새상지인 유선술자(라) 마무고
망이입호(하니) 인개조지(라) 기부왈 차하거불위복호(아) 거수월(에) 기마
장호준마이귀(라) 인개하지(하니) 기부왈 차하거불능위화호(아) 가부양마
(하야) 기자호기(하고) 타이절기비(라) 인개조지(하니) 기부왈 차하거불능
위복호(아) 거일년(에) 호인대입새(하니) 정장자인현이전(하고) 근새지인
(이) 사자십구(이나) 차독이파지고(로) 부자상보(하니라) 고(로)복지위화
(하고) 화지위복(하니) 화불가극(이오) 심불가측야(이니라)

대개, 화나 복이 뒤바뀌면서 나타나거늘 그 변하는 실상을 알기
어렵다. 국경 가까이 사는 사람으로 도술을 잘 하는 사람이 있었다.
말이 이유 없이 도망가서 오랑캐 땅에 들어갔다. 이에 사람들이 모
두 그의 집 어른을 위로했다. 그러자 어른이 말했다. "그것이 어찌

이내 복이 되지 않겠는가?" 몇 달이 지나자 그 말이 오랑캐 땅의
준마를 데리고 돌아왔다. 사람들이 다 축하하자, 어른이 말했다.
"그것이 어찌 이내 화로 될 수 있지 않겠는가?" 그 집에 좋은 말이
많아서, 아들이 말타기를 좋아했고, 말에서 떨어져 다리가 부러졌
다. 사람들이 모두 위로하자, 어른이 말했다. "그것이 어찌 이내 복
이 되지 않겠는가?" 1년 뒤에, 오랑캐가 대거 국경으로 침입했으며,
젊은 사람들이 활을 당기고 싸웠다. 그래서 국경 근처에 사는 사람
들은 죽은 사람이 열 중에 아홉이나 되었다. 그러나 오직 자식이
절뚝발이였기 때문에, 부자가 함께 생명을 보전할 수 있었다. 고로
복이 화가 되거나, 화가 복이 되는 오묘한 조화를 다 알 수 없고,
그 깊이도 측량할 수 없다고 하는 것이다.

어구 설명 ○塞翁之馬(새옹지마)-국경지대에 사는 도술에 밝은 노인의 말.
○淮南子(회남자)-전한(前漢)의 회남왕(淮南王)이 편찬한 책. ○夫禍福
之轉而相生(부화복지전이상생)-대체로, 화복이 뒤바뀌면서 나타나거늘.
○其變難見也(기변난견야)-변하는 실상을 알기 어렵다. ○近塞上之人
(근새상지인)-국경 가까이 사는 사람. ○有善術者(유선술자)-도술을 잘
하는 사람이 있었다. ○馬無故亡而入胡(마무고망이입호)-말이 이유 없
이 도망가서 오랑캐 땅에 들어갔다. ○人皆弔之(인개조지)-사람들이 모
두 위로했다. ○其父曰(기부왈)-그 어른이 말했다. ○此何遽不爲福乎
(차하거불위복호)-그것이 어찌 이내 복이 되지 않겠는가? ○居數月(거
수월)-몇 달이 지나자. ○其馬將胡駿馬而歸(기마장호준마이귀)-그 말
이 오랑캐 땅의 준마를 데리고 돌아왔다. ○人皆賀之(인개하지)-사람들
이 다 축하했다. ○家富良馬(가부양마)-집에 좋은 말이 많아서. ○其子
好騎(기자호기)-그 아들이 말타기를 좋아했고. ○墮而折其髀(타이절기
비)-말에서 떨어져 다리가 부러졌다. 髀(넓적다리 비) ○居一年 胡人大
入塞(거일년 호인대입새)-1년 뒤에, 오랑캐가 대거 국경으로 침입했다.

○丁壯者引弦而戰(정장자인현이전)−젊은 사람들이 활을 당기고 싸웠으며. ○近塞之人(근새지인)−국경 근처에 사는 사람들은. ○死者十九(사자십구)−죽은 사람이 열 중에 아홉이나 되었다. ○此獨以跛之故(차독이파지고)−그 집안만은 홀로 자식이 절뚝발이였기 때문에. 跛(절뚝발이 파) ○父子相保(부자상보)−부자가 다 함께 생명을 보전할 수 있었다. ○故福之爲禍(고복지위화)−고로 복이 화가 되거나. ○化不可極(화불가극)−조화를 다 알 수 없고. ○深不可測也(심불가측야)−그 깊이도 측량할 수 없다.

6. 송유부인(宋有富人) — 출전 : 한비자(韓非子)

宋有富人 天雨牆壞 其子曰 不築必將有盜 其隣
父亦云 暮而果大亡其財 其家甚智其子 而疑隣
人之父.

송(에) 유부인(이라) 천우장괴(하니) 기자왈 불축(이면) 필장유도(라하고)
기린부역운(이라) 모이과대망기재(하니) 기가심지기자(이요) 이의린인지부
(로라)

송나라에 한 부자가 살고 있었다. 어느날 하늘에서 비가 내리고 담이 허물어졌다. 그의 아들이 말했다. "담을 수축하지 않으면 도난을 당할 것입니다."

이웃집 어른도 같은 말을 했다. 그날 밤에 과연 재물을 크게 도둑맞았다. 그러자 부자는 자기 아들은 참으로 지혜롭다고 여기면서 한편 이웃집 영감은 의심스럽다고 생각했다.

어구 설명 ○宋有富人(송유부인)─송나라에 부자가 있었다. 富(가멸 부) ○韓非子(한비자)─전국(戰國)시대 말기의 법가(法家) 학파의 사상가이며 그가 쓴 책이름. ○天雨牆壞(천우장괴)─하늘에서 비가 내리고 담이 허물어졌다. 牆(담 장) 壞(무너질 괴) ○不築(불축)─다시 쌓지 않으면. 築(쌓을 축) ○將有盜(장유도)─장차 도둑맞을 것이다. 將(장차 장) 盜(훔칠 도) ○隣父亦云(인부역운)─이웃집 어른도 역시 말을 했다. 隣＝鄰(이웃 린) ○暮(저물 모)─날이 저물자. ○果(과)─과연. ○大亡其財(대망기재)─재물을 크게 잃었다, 도둑맞았다. ○其家甚智其子(기가심지기자)─부잣집 사람은 자기 아들은 심히 슬기롭다고 생각하면서. ○而疑隣人之父(이의린인지부)─그러나 이웃집 어른을 의심했다. 疑(의심할 의)

문법 宋有富人의 宋은 구조상으로는 주어, 의미상으로는 부사어다. 天(주어) 雨(동사 술어), 雨가 동사로 쓰였다. 牆(주어) 壞(술어), 將(부사) 有(동사), 有는 소유, 존재 및 현상 표시의 동사. 智(동사) 其子(빈어)

7. 수주대토(守株待兎) ── 출전 : 한비자(韓非子)

宋人有耕田者 田中有株 兎走觸株 折頸而死 因
釋其耒 而守株 冀復得兎 兎不可復得 而身爲宋
國笑.

송인(에) 유경전자(러니) 전중유주(하여) 토주촉주(하여) 절경이사(라) 인석기뢰 이수주(하고) 기부득토(하나) 토불가부득(이요) 이신위송국소(러라)

송나라 사람으로 밭갈이하는 농부가 있었다. 밭 안에 나무 그루터기가 있었으며 우연히 토끼가 뛰어가다가 그 그루터기에 걸려 목이 부러져 죽었다.

그래서 토끼를 얻은 농부는 따비를 내버리고 나무 그루터기를 지키면서 다시 토끼 얻기를 바랐다. 그러나 토끼를 다시 얻지 못하고 자신이 송나라의 웃음거리가 되었다.

어구 설명 ○守株待兎(수주대토)—나무 그루터기를 지키면서 토끼를 기다린다. 본분을 망각하고 요행을 바라거나 융통성없이 낡은 방식을 고집하는 사람을 조소한 이야기.《한비자(韓非子)》오두편(五蠹篇)에 있다. ○兎走觸株(토주촉주)—토끼가 뛰어가다가 그루터기에 걸려, 觸(닿을 촉) 株(그루 주) ○折頸而死(절경이사)—목이 부러져 죽었다. 頸(목 경) ○因釋其耒(인석기뢰)—그러므로 따비를 내버리고, 釋(내버릴 석) 耒(쟁기 뢰) ○冀復得兎(기부득토)—다시 토끼 얻기를 바랐다. 冀(바랄 기) ○兎不可復得(토불가부득)—토끼를 다시 얻지 못하고. ○身爲宋國笑(신위송국소)—자신은 송나라의 웃음거리가 되었다.

문법 守(동사) 株(빈어) 待(동사) 兎(빈어), 兎走觸株 折頸而死의 주어는 兎다. 走 觸株 折頸 死는 다 술어다. 이렇게 동사술어가 이어진 구조를 연동술어(連動述語)라고 한다. ……爲 ~笑는 ……이 ~에게 당하다.

8. 알묘조장(揠苗助長) —— 출전 : 맹자(孟子)

宋人有閔其苗之不長 而揠之者 芒芒然歸 謂其
人曰 今日病矣 予助苗長矣 其子趨 而往視之 苗
卽槁矣.

송인(이) 유민기묘지부장 이알지자(라) 망망연귀(하야) 위기인왈 금일병의(라) 여조묘장의(라) 기자추 이왕시지(하니) 묘즉고의(로라)

송나라 사람으로 자기 논에 심은 묘가 잘 자라지 않는 것을 민망히 여기고 (손으로) 묘를 뽑아 올린 자가 있었다.

피곤하여 축 늘어져 돌아온 그는 자기 집안 사람에게 말했다. 오늘 나는 몹시 피곤하고 병이 날 지경이다. 내가 (논밭에 나가서) 묘들이 잘 자라게 거들었노라. 아들이 뛰어 가보니 묘들이 말라죽었더라.

어구 설명 ○揠苗助長(알묘조장)−묘를 뽑아 잘 자라게 거들었다. 천리(天理)를 어기고 조급하게 굴면 안된다는 뜻을 풍자한 우화. 揠(뽑을 알) 苗(모 묘) ○孟子(맹자)−맹가(孟軻), 전국시대의 사상가. 공자 다음가는 대학자이자 책이름. 《맹자》7편은 사서(四書)의 하나로 꼽힌다. ○閔=憫(민)−민망히 여기다. 憫(근심할 민) ○芒芒然歸(망망연귀)−축 늘어져서 돌아오다. 망연히 지쳐서 돌아오다. 芒(까끄라기 망) ○病矣(병의)−고생을 했다, 피곤하여 병이 날 지경이다. ○予助苗長(여조묘장)−내가 묘를 자라게 도왔다. 予(나 여) ○趨而往(추이왕)−(아들이) 뛰어가서, 趨(달릴 추) ○視之(시지)−묘를 보니. ○苗則槁矣(묘즉고의)−묘들이 다 말라 시들었다. 槁=稾(마를 고)

문법 宋人有……者(송나라 사람으로, ……한 자가 있었다), 揠(동사) 苗(빈어) 助(동사) 長(빈어), 予助苗長을 겸어구조(兼語構造)라고 한다. 苗가 앞의 助의 빈어, 동시에 長의 주어를 겸하고 있다.

9. 어부지리(漁父之利) ─ 출전 : 전국책(戰國策)

趙且伐燕 蘇代爲燕 謂惠王曰 今日臣來 過易水
蚌方出曝 而鷸啄其肉 蚌合而拑其喙 鷸曰 今日
不雨 明日不雨 卽有死蚌 蚌亦謂鷸曰 今日不出

明日不出　卽有死鷸　兩者不肯相舍　漁者得而幷

禽之　今趙且伐燕　燕趙久相支　以弊大衆　臣恐强

秦之爲漁父也　願王之熟計之也　惠王曰善　乃止.

조차벌연(이라) 소대(이)위연(하야) 위혜왕왈 금일신래(하고) 과역수(할새) 방(이)방출폭(어늘) 이휼탁기육(하니) 방합이겸기훼(라) 휼왈 금일불우(하고) 명일불우(면) 즉유사방(이라) 방역위휼왈 금일불출(하고) 명일불출(이면) 즉유사휼(이라하고) 양자불긍상사(어늘) 어자득이병금지(하도다) 금조차벌연(하나) 연조구상지(하야) 이폐대중(이라) 신(이)공강진지위어부야(라) 원왕지숙계지야(하소서) 혜왕(이)왈선(이라하고) 내지(라)

조나라가 다시 연나라를 치려고 하자, 소대가 연나라를 위해서 조나라의 혜왕에게 말했다.

"오늘 신이 오는 길에 역수를 지났습니다. (그 때에) 조개가 막 물에서 나와 햇볕을 쪼이고 있는데, 도요새가 조개의 살을 부리로 쪼았으며, 이에 조개가 껍질을 닫고, 도요새의 부리를 물었습니다.

그러자 도요새가 말했습니다. '오늘도 비가 안 오고, 내일도 비가 안 오면, (결국) 조개는 죽을 것이다.'

조개 역시 도요새에게 말했습니다. '오늘이고 내일이고 물린 부리를 뽑지 못하면 도요새도 죽을 것이다.'

둘이 서로 상대방을 놓아주려고 하지 않자, 어부가 득을 보고, 둘을 함께 잡았습니다.

지금 조가 다시 연을 치려고 하지만, 연과 조는 서로 오래 대립하고 있으며, 따라서 모든 백성이 피폐했습니다. 신은 강한 진나라가 어부가 되어, (득을 볼 것을) 겁냅니다. 그러니 임금님께서 깊이 헤아리시기 바랍니다."

혜왕이 "좋다." 말하고, 연나라 침공을 중지했다.

어구 설명 ○漁父之利(어부지리)―서로 싸움을 하다가 이득은 제삼자에게 돌아간다는 비유. '방휼상쟁(蚌鷸相爭)'이라고도 함. ○趙且伐燕(조차벌연)―조가 다시 연을 치려고 하자. ○蘇代(소대)―전국시대의 유세객(遊說客). ○爲燕謂惠王曰(위연위혜왕왈)―연을 위해서 조의 혜왕에게 말했다. ○今日臣來(금일신래)―오늘 신이 오면서. ○過易水(과역수)―역수를 지났다. ○蚌方出曝(방방출폭)―조개가 막 나와서 햇볕을 쪼이자. 曝(쬘폭). ○而鷸啄其肉(이휼탁기육)―도요새가 조개의 살을 부리로 물었다. ○蚌合而拑其喙(방합이겸기훼)―조개가 껍질을 닫고, 도요새의 부리를 물었다. 拑(입 다물 겸), 喙(부리 훼). ○鷸曰(휼왈)―도요새가 말하다. ○今日不雨(금일불우)―오늘도 비가 안 온다. ○明日不雨(명일불우)―내일도 비가 안 온다. ○卽有死蚌(즉유사방)―즉 죽은 조개가 있을 것이다. 너는 죽을 것이다. ○蚌亦謂鷸曰(방역위휼왈)―조개 역시 도요새에게 말했다. ○不出(불출)―(오늘이고 내일이고 물린 부리를) 뽑지 못하면. ○卽有死鷸(즉유사휼)―즉 도요새도 죽을 것이다. ○兩者不肯相舍(양자불긍상사)―서로 상대방을 놓아주려고 하지 않았다. ○漁者得而幷禽之(어자득이병금지)―어부가 득을 보고, 둘을 함께 잡았다. ○燕趙久相支(연조구상지)―연과 조가 서로 오래 대립하고 있으며. ○以弊大衆(이폐대중)―모든 사람이 피폐했다. ○强秦之爲漁父也(강진지위어부야)―강한 진나라가 어부가 되어 이득을 볼 것을 (겁을 낸다). ○願王之熟計之也(원왕지숙계지야)―임금님께서 깊이 헤아리시기를 바랍니다. ○惠王曰善乃止(혜왕왈선내지)―혜왕이 '좋다' 말하고, 중지했다.

10. 지록위마(指鹿爲馬) ― 출전 : 십팔사략(十八史略)

丞相趙高欲專權 恐群臣不聽 乃先設驗 持鹿獻

於二世 曰馬也 二世笑曰 丞相誤耶 指鹿爲馬 問
左右 或默或言 高陰中諸言鹿者以法 後群臣皆
畏高 無敢言其過.

승상 조고(가) 욕전권(이나) 공군신불청(하고) 내선설험(이라) 지록헌어이
세(하고) 왈마야(라) 이세(가) 소왈 승상오야(오) 지록위마(오) 문좌우(하
니) 혹묵혹언(이어늘) 고(가) 음중제언록자이법(하니) 후(에) 군신(이) 개
외고(하여) 무감언기과(러라)

승상 조고가 권력을 독차지하려는 생각을 했으나 신하들이 듣지
않을 것을 두려워하고 먼저 계략을 썼다. 그는 사슴을 2세에게 갖
다가 올리면서 "말입니다."하고 말했다. 2세가 웃으면서 "승상, 틀
렸소이다. 사슴을 가지고 말이라 하시오."하면서 좌우에 배석한 여
러 신하에게 물었다.

어떤 신하는 아무 말도 안했고, 어떤 신하는 사실대로 사슴이라
고 말했다. 그러자 승상 조고는 은밀히 사슴이라고 말한 신하들을
법에 걸어 처벌했다. 그후 모든 신하가 조고를 두려워하고 감히 그
의 잘못을 말하는 자가 없게 되었다.

어구 설명　○指鹿爲馬(지록위마)－사슴을 두고 말이라 한다. 指(손가락 지)
○十八史略(십팔사략)－원(元)의 증선지(曾先之)가 역대 왕조의 역사를
요약한 사서(史書). ○丞相(승상)－천자를 보좌하는 대신. 丞(도울 승)
○趙高(조고)－진(秦)나라의 환관(宦官) 이름. ○欲專權(욕전권)－권력을
독차지하려고 하다. 專(오로지 전) 權(권세 권) ○恐群臣不聽(공군신불
청)－여러 신하들이 듣지 않을까 겁을 내고. ○乃先設驗(내선설험)－먼저
시험삼아 계략을 썼다. ○持鹿獻於二世(지록헌어이세)－사슴을 들고 가
서 2세 왕에게 올렸다. 獻(바칠 헌) ○問左右(문좌우)－좌우의 신하에게

묻다. ○或默或言(혹묵혹언)－어떤 신하는 침묵하고 어떤 신하는 말했다. 默(묵묵할 묵) ○高陰中(고음중)－조고가 은밀히 처벌하다. 陰은 은밀하게, 中은 중상하다. ○諸言鹿者以法(제언록자이법)－사슴이라고 말한 여러 사람들을 법에 걸어서 처단하다. ○畏高(외고)－조고를 겁내고. 畏(두려워할 외) ○無敢言其過(무감언기과)－감히 그의 잘못을 말하지 못했다. 過(허물 과)

문법 高陰中諸言鹿者以法(조고가 음흉하게 사슴이라고 말한 모든 사람들을 법에 걸어 중상했다)은 다음같이 분석한다. 高(주어) 陰(부사) 中(동상) 諸言鹿者(빈어) 以法(보어). 無(부정사) 敢(조동사) 言(동사) 其過(빈어)

11. 호가호위(狐假虎威) ── 출전 : 전국책(戰國策)

虎求百獸而食之 得狐 狐曰 子無敢食我也 天帝
使我長百獸 今食我 是逆天命也 子以我爲不信
吾爲子先行 子隨我後 觀百獸之見我 而不敢走
乎 虎以爲然 故遂與之行 見獸之皆走 虎不知獸
畏己而走也 以爲畏狐也.

호(이) 구백수이식지(러니) 득호(한데) 호왈 자무감식아야(니라) 천제사아장백수(하니) 금식아(면) 시(는) 역천명야(니라) 자이아위불신(하면) 오위자선행(하리니) 자수아후(하여) 관백수지견아 이불감주호(아하니) 호이위연(이라) 고(로) 수여지행(하고) 견수지개주(어늘) 호부지수외기 이주야(하고) 이위외호야(러라)

호랑이기 모든 동물을 잡아먹는 중에 여우를 잡았다. 여우가 말했다. 그대는 감히 나를 잡아먹지 못할 것이오. 하늘의 제왕이 나로 하여금 백수의 장으로 만들었으니 만약에 그대가 나를 잡아먹는다면 곧 천명을 거역하는 것이 되오. 그대가 나를 믿지 못하겠으면 내가 그대 앞에서 갈테니, 그대가 뒤따라오면서 모든 동물들이 나를 보고 도망가지 않는지 살펴보시오.

호랑이는 그러리라 생각하고 마침내 여우를 앞장세우고 함께 가면서 보니, 과연 모든 동물들이 도망을 가더라. 허나 호랑이는 동물들이 자기를 겁내고 도망가는 줄을 모르고 여우를 겁내는 줄 알았다.

어구 설명 ○狐假虎威(호가호위)－여우가 호랑이의 위세를 빌려 허세를 부리다. 狐(여우 호) 假(빌릴 가) 虎(범 호) 威(위엄 위) ○戰國策(전국책)－전국시대의 여러 책략가(策略家)나 유세객(遊說客)들의 전략이나 술책을 모은 책. ○求百獸(구백수)－모든 짐승을 잡아먹다. 獸(짐승 수) ○子無敢食我(자무감식아)－그대는 감히 나를 먹지 못하리라. ○天帝(천제)－하늘 임금님. ○使我長百獸(사아장백수)－나를 백수의 으뜸되게 하다. ○今食我(금식아)－만약 지금 나를 잡아먹으면. ○是逆天命(시역천명)－그것은 천명을 거역함이다. ○子(자)－그대가. ○以我爲不信(이아위불신)－나를 믿지 못하면. ○爲子先行(위자선행)－그대를 위하여 내가 앞서서 가리라. ○隨我後(수아후)－나의 뒤를 따라 와라. ○百獸之見我(백수지견아)－백수가 나를 보고. ○不敢走乎(불감주호)－감히 도망가지 않는 지. ○虎以爲然(호이위연)－호랑이가 그렇다고 생각하고. ○以爲畏狐(이위외호)－여우를 겁내는 줄 생각하다.

문법 天帝使我長百獸(천제가 나를 백수의 장 되게 시켰다.) 겸어구조(兼語構造)로 된 사역문이다. 我는 使의 빈어면서 동시에 長의 주어다. 今食我(지금 만약 나를 잡아먹으면), 이때의 今은 만약의 뜻도 있다. 是逆天命也(그것은 천명을 거역함이다). 이 是는 '그렇게 하는 것은'의 뜻이 있는 판단사 동사다. 子(그대가) 以我(나를) 爲不信(불신이라고 생각하

면), 子以我爲不信을 의역하면 '그대가 나를 믿지 않으면'이 된다. 즉 子
(주어) 不信(동사) 我(빈어)와 같다.

12. 화사위족(畵蛇爲足) ── 출전 : 전국책(戰國策)

楚有祠者 賜其舍人卮酒 舍人相謂曰 數人飮之
不足 一人飮之有餘 請畵地爲蛇 先成者飮酒 一
人蛇先成 引酒且飮之 乃左手持卮 右手畵蛇曰
吾能爲之足 未成 一人之蛇成 奪其卮曰 蛇固無
足 子安能爲之足 遂飮其酒 爲蛇足者 終亡其酒.

초(에)유사자(하야) 사기사인치주(라) 사인(이)상위왈 수인(이)음지(면)부
족(이오) 일인(이)음지(면)유여(이니) 청화지위사(하고) 선성자음주(하리라)
일인(이)사선성(하고) 인주차음지(라) 내좌수(로)지치(하고) 우수(로)화
사왈 오능위지족(이라하다) 미성(에) 일인지사(이)성(이로) 탈기치왈 사
(이)고무족(이어늘) 자(이)안능위지족(이오) 수음기주(라) 위사족자(이)
종망기주(하니라)

초나라에 사는 사람이 사당에서 제사를 지내고, 자기 집 하인에
게 잔술을 내려주었다. 하인들이 서로 말했다.

"여러 사람이 마시기에는 부족하고 혼자 마시면 좀 남을 것이다.
각자 땅에 뱀을 그리기로 하자. (그리고) 먼저 그린 사람이 술을 마
시기로 하자."

한 사람이 뱀을 먼저 그리고 술을 당기어 마시려고 하면서, 왼손
으로 술잔을 들고, 오른손으로 뱀을 그리면서 말했다. "나는 뱀에게

발도 그려 붙일 수 있다."

　(그의 그림이) 미처 완성되기 전에, 다른 한 사람이 뱀을 다 그리고 나서, (먼저 사람의) 술잔을 뺏으며 말했다. "뱀은 원래 발이 없거늘, 그대는 어찌 뱀에게 발을 그려 줄 수 있다고 하는가." 그리고 술을 마셨다. 뱀에게 발을 그려 붙인 사람은 끝내 술을 잃고 말았다.

어구 설명　　○畫蛇爲足(화사위족)－뱀을 그리며, 발까지 그리다. ○楚有祠者(초유사자)－초나라에, 사당에서 제사를 지낸 사람이 있었다. '사(祠)'를 '봄제사를 올리다'로 풀어도 된다. ○賜其舍人卮酒(사기사인치주)－자기 집 하인에게 잔술을 내려주었다. 賜(줄 사), 卮(잔 치). ○舍人相謂曰(사인상위왈)－하인들이 서로 말했다. ○數人飮之不足(수인음지부족)－여러 사람이 마시기에는 부족하고. ○一人飮之有餘(일인음지유여)－혼자 마시면 좀 남을 것이다. ○請畫地爲蛇(청화지위사)－땅에 뱀을 그리기로 하자. '청(請)'을 여기서는 '청하건대, ……하자'라는 뜻으로 풀이한다. ○先成者飮酒(선성자음주)－먼저 다 그린 사람이 술을 마시자. '청(請)'은 여기까지 걸린다. ○一人蛇先成(일인사선성)－한 사람이 뱀을 먼저 그리고. ○引酒且飮之(인주차음지)－술을 당기어 마시려 하고. ○乃左手持卮(내좌수지치)－이에, 왼손으로 술잔을 들고. ○右手畫蛇曰(우수화사왈)－오른손으로 뱀을 그리면서 말했다. ○吾能爲之足(오능위지족)－나는 뱀에게 발도 그려 붙일 수 있다. ○未成(미성)－미처 완성되기 전에. ○一人之蛇成(일인지사성)－다른 한 사람이 뱀을 다 그리고 나서. ○奪其卮曰(탈기치왈)－(손에 들고 있던) 술잔을 뺏으며 말했다. ○蛇固無足(사고무족)－뱀은 원래 발이 없거늘. ○子安能爲之足(자안능위지족)－그대는 어찌 뱀에게 발을 만들어 줄 수 있소. ○遂飮其酒(수음기주)－드디어 술을 마셨다. ○爲蛇足者(위사족자)－뱀의 발을 그린 사람은. ○終亡其酒(종망기주)－결국 술을 잃고 말았다.

13. 화씨지벽(和氏之璧) — 출전 : 한비자(韓非子)

楚人和氏　得玉璞楚山中　奉而獻之厲王　厲王使
玉人相之　玉人曰石也　王以和爲誑　而刖其左足
及厲王薨　武王卽位　和又奉其璞　而獻之　武王　使
玉人相之　又曰石也　王又以和爲誑　而刖其右足
武王崩　文王卽位　和乃抱其璞而哭　於楚山之下
三日三夜　淚盡而繼之以血　王聞之　使人問其故
曰　天下之刖者多矣　子奚哭之悲也　和曰　吾非悲
刖也　悲夫寶玉以題之以石　貞士而名之以誑　此
吾所以悲也　王乃使玉人理其璞　而得寶焉.

초인화씨 득옥박초산중(하고) 봉이헌지려왕(이라) 여왕(이)사옥인상지(하
니) 옥인왈석야(라) 왕이화위광(하고) 이월기좌족(하니라) 급려왕훙(하고)
무왕즉위(하니) 화우봉기박(하고) 이헌지 무왕(이라) 사옥인상지(하니) 우
왈석야(라) 왕우이화위광(하고) 이월기우족(하니라) 무왕붕(하고) 문왕즉위
(하니) 화내포기박이곡 어초산지하(에) 삼일삼야(에) 누진이계지이혈(이라)
왕문지(하고) 사인문기고왈 천하지월자다의(라) 자해곡지비야(오) 화왈 오
비비월야(라) 비부보옥이제지이석(하고) 정사이명지이광(하니) 차오소이비
야(하노라) 왕내사옥인이기박 이득보언(하니라)

초나라 사람 화씨가 초나라 산 속에서 옥돌을 얻었다. 받들고 가
서 여왕에게 바쳐 올리자, 여왕이 옥돌 장인으로 하여금 감정케 했
으며, 옥돌 장인이 "돌입니다."라고 말했다. 왕은 화씨가 속인다고

생각하고 왼쪽 발을 월형에 처했다. 여왕이 죽고 무왕이 자리에 올랐다. 이에 화씨가 또 옥돌을 바쳐 들고 무왕에게 올렸으며, 왕은 다시 옥돌 장인으로 하여금 감정케 했다. 옥돌 장인이 역시 돌이라고 말했다. 이에 무왕도 역시 화씨가 속인다고 생각하고 오른쪽 발을 월형에 처했다. 무왕도 죽었다.

문왕이 자리에 올랐다. 그러자 화씨가 그 옥돌을 품에 안고 초나라 산밑에서 사흘동안 밤낮으로 통곡을 했으며, 눈물이 다 마르고 뒤따라 피가 쏟아졌다.

왕이 그 말을 듣고 사람을 시켜 그 이유를 물으며 말했다. "천하에는 월형을 받은 사람이 많거늘, 그대는 어째서 그렇게 슬프게 통곡하고 우는가?"

화씨가 말했다. "저는 월형 받은 것을 슬퍼하는 것이 아닙니다. 바로 보석을 돌이라 부르고 곧은 선비를 거짓말쟁이라고 이름 붙이니 그것이 바로 내가 슬프게 여기는 이유입니다." 이에 왕이 옥돌 장인으로 하여금 그 옥돌을 다듬고 갈게 했으며 드디어 옥 보석을 얻게 되었다.

어구 설명 ○和氏之璧(화씨지벽)−화씨가 얻은 다듬지 않은 옥돌. 우매한 임금이 정사(貞士)를 알지 못함을 비유한 글. ○楚人和氏(초인화씨)− 초나라 사람 화씨가. ○得玉璞楚山中(득옥박초산중)−초나라 산 속에서 옥돌을 얻었다. 璞(옥돌 박) ○奉而獻之厲王(봉이헌지려왕)−받들고 가서 여왕에게 바쳐 올렸다. ○厲王使玉人相之(여왕사옥인상지)−여왕이 옥돌 장인(匠人)으로 하여금 감정케 하자. ○玉人曰石也(옥인왈석야)− 옥돌 장인이 '(옥이 아니고) 돌입니다'라고 말했다. ○王以和爲誑(왕이화위광)−왕은 화씨가 속인다고 생각하고. 誑(속일 광) ○而刖其左足(이월기좌족)−왼쪽 발을 월형에 처했다. '월형(刖刑)'은 발뒤꿈치를 자르는 형벌. ○及厲王薨(급려왕훙)─여왕이 죽고. ○武王卽位(무왕즉위)─무왕이 자리에 올랐다. ○和又奉其璞(화우봉기박)─화씨가 또 옥돌을 바쳐 들고. ○而獻之武王(이헌지무왕)─무왕에게 올렸다. ○使玉人相之(사옥인상지)─옥돌 장인으로 하여금 감정케 하다. ○又曰石也(우왈석야)─역시 돌이라고 말했다. ○王又以和爲誑(왕우이화위광)─무왕도 역시 화씨가 속인다고 생각하고. ○而刖其右足(이월기우족)─오른쪽 발을 월형에 처했다. ○武王崩(무왕붕)─무왕이 죽었다. ○文王卽位(문왕즉위)─문왕이 자리에 올랐다. ○和乃抱其璞(화내포기박)─그러자, 화씨가 그 옥돌을 품에 안고. ○而哭於楚山之下(이곡어초산지하)─초나라 산밑에서 통곡을 했다. ○三日三夜(삼일삼야)─삼일 삼야를 줄곧 (통곡했다). ○淚盡而繼之以血(누진이계지이혈)─눈물이 다 마르고 뒤따라 피가 쏟아졌다. ○王聞之(왕문지)─왕이 그 말을 듣고. ○使人問其故曰(사인문기고왈)─사람을 시켜 그 이유를 물으며 말했다. ○天下之刖者多矣(천하지월자다의)─천하에는 월형을 받은 사람이 많다. ○子奚哭之悲也(자해곡지비야)─그대는 어째서 그렇게 슬프게 통곡하고 우느냐? ○和曰(화왈)─화씨가 말했다. ○吾非悲刖也(오비비월야)─저는 월형 받은 것을 슬퍼하는 것이 아닙니다. ○悲(비)─슬프게 여기는 것은. ○夫寶玉以題之以石(부보옥이제지이석)─바로 보석을 돌이라 부르고. ○貞士而名之以誑(정사이명지이광)─곧은 선비를 거짓말쟁이라고 이름 붙이니. ○此吾所以悲也(차오소이비야)─그것이 바로 내가 슬프게 여기는 이유입니다. ○王乃使玉人理其璞(왕내사옥인이기박)─이에 왕이 옥돌 장인으로 하여금 그 옥돌을 다듬고 갈게 했으며. ○而得寶焉(이득보언)─드디어 보옥을 얻게 되었다.

제2장 안빈낙도(安貧樂道)

1. 견금여석(見金如石) —— 출전 : 속해동소학(續海東小學)

崔侍中瑩 年十六 父戒之曰 汝當見金如石 公終
身佩服 服食儉約 屢至空乏 而見乘肥衣輕者 不
啻如犬豕 雖身都將相久典兵權 關節不行 賞賜
民田 皆固辭不受.

최시중영 연십륙(에) 부계지왈 여당견금여석(하라) 공종신패복(이라) 복식
검약(하고) 누지공핍(하다) 이견승비의경자(면) 불시여견시(하다) 수신도장
상구전병권(이어늘) 관절불행(하고) 상사민전(을) 개고사불수(러라)

최영은 (고려 말기에 정승을 지낸 장군이다) 나이 16세 때에 부
친이 그에게 훈계했다. "너는 마땅히 황금 보기를 돌을 보는 것처
럼 하라."

공은 (부친의 훈계를) 평생토록 잊지 않고 따랐다. 의복이나 식생
활을 검소하고 절약했으며 (집안 살림이 가난하여) 자주 (창고가)

텅 비고 결핍하는 지경에 이르렀다. 그래도 (공은) 살찐 말을 타고 가벼운 비단옷을 입고 사치하는 사람을 보면, 흡사 개나 돼지같이 여길 뿐만 아니라, 비록 그들의 신분이 다 장군이나 재상들로서, 오랫동안 병권(兵權)을 쥐고 있다 해도 그들에게 접근하고 의지하려고 하지 않았다. 공은 나라에서 상으로 민전(民田)을 내려주어도 굳게 사양하고 받지 않았다.

어구 설명 ㅇ崔侍中瑩(최시중영)－고려 말기의 장군으로 친원파(親元派)에 속한다. 고구려의 옛날 강토를 되찾기 위한 요동정벌(遼東征伐)을 주장했으나, 이성계(李成桂)의 위화도(威化島) 회군으로 좌절되었다. 이어 이성계의 신진세력에 눌려 귀양을 갔으며, 결국은 죽임을 당했다. '시중(侍中)'은 관직명, 고려 때는 정승(政丞)에 해당함. ㅇ年十六(연십륙)－16세 때에. ㅇ父戒之曰(부계지왈)－부친이 그에게 훈계했다. ㅇ汝當見金如石(여당견금여석)－너는 마땅히 황금 보기를 돌을 보는 것처럼 하라. ㅇ公終身佩服(공종신패복)－공은 (부친의 훈계를) 평생토록 잊지 않고 따랐다. ㅇ服食儉約(복식검약)－의복이나 식생활을 검소하고 절약했으며. ㅇ屢至空乏(누지공핍)－(집안 살림이) 자주 텅 비고 결핍하는 지경에 이르렀다. ㅇ而見乘肥衣輕者(이견승비의경자)－그래도 (공은) 살찐 말을 타고 가벼운 비단옷을 입고 사치하는 사람을 보면. ㅇ不啻如犬豕(불시여견시)－흡사 개나 돼지같이 여길 뿐만 아니라. ㅇ雖身都將相(수신도장상)－비록 그들의 신분이 다 장군이나 재상들로서. ㅇ久典兵權(구전병권)－오랫동안 병권(兵權)을 쥐고 있다 해도. ㅇ關節不行(관절불행)－그들에게 접근하고 의지하려고 하지 않았다. '관절(關節)'은 '권력자에게 붙어 덕을 본다'는 뜻이다. ㅇ賞賜民田(상사민전)－나라에서 상으로 민전(民田：사유지)을 내려주어도. ㅇ皆固辭不受(개고사불수)－다 굳게 사양하고 받지 않았다.

2. 유관루옥(柳寬漏屋) ── 출전 : 용재총화(慵齋叢話)

恭愍朝辛亥文科 器度弘毅 廉公淸白 聰明過人
敎誨不倦 入本朝 搆第於興仁門外 不過數間 外
無欄垣 太宗命繕工監 半夜設笆子於寬第 勿令
知之 寬淸貧自守 嘗潦雨經月 屋漏如麻 寬手傘
庇雨 顧謂夫人曰 無傘之家 何以能堪 夫人曰 無
傘者必有備 寬笑之 或有來謁者 則冬月 赤足草
鞋 而出見之 有時持鋤菜圃 不以爲勞.

공민조신해문과(하다) 기도홍의(하고) 염공청백(하고) 총명과인(하고) 교회
불권(이라) 입본조(하고) 구제어흥인문외(이나) 불과수간(이) 외무란원(이
라) 태종명선공감(으로) 반야설파자어관제(하고) 물령지지(라) 관청빈자수
(하니) 상료우경월(에) 옥루여마(라) 관수산비우(하고) 고위부인왈 무산지
가(는) 하이능감(하리오) 부인왈 무산자(는)필유비(라하니) 관소지(라) 혹
유래알자(면) 즉동월(에) 적족초혜 이출견지(라) 유시지서채포(하나) 불이
위로(하다)

(유관은) 고려 공민왕 신해년에 문과에 올랐다. 기량과 도량이 넓
고 의연하고 또 청렴하고 공정하고 청백했으며, 총명함이 남보다
뛰어났으며, 남을 가르치고 깨우치는 데 지치지 않았다.

조선조에 들어와 흥인문 밖에 집을 지었으나, 서너 네 칸에 불과
했다. 밖으로 담이나 울타리도 없었다. 그래서 태종이 선공감에게

명하여, 한밤중에 유관의 집에 울타리를 설치해주고 내막을 알리지 못하게 했다.

유관은 청빈하게 살면서 스스로 절개를 지켰다. 전에 억센 장맛비가 한 달 이상 내렸으며, 삼실같이 빗물이 줄줄 새었다. 유관은 집안에서 우산을 손에 들고 비를 피하고, 부인을 돌아보고 말했다. "우산조차 없는 집에서는 어떻게 감당을 하겠소." 부인이 말했다. "우산이 없는 사람은 반드시 미리 (비가 새지 않게) 대비를 합니다." 유관이 빙그레 웃었다.

어쩌다가 사람이 찾아오면 겨울에도 맨발에 짚신을 걸치고 나가서 만나보았다. 때로는 손에 호미를 들고 채소밭에 나가 일을 했으며 별로 어려워하지 않았다.

어구 설명 ○柳寬(유관)−고려 말, 조선조 초기의 명신, 자는 경부(敬夫). ○漏屋(누옥)−집이 누추하여 빗물이 샌다. ○慵齋叢話(용재총화)−조선 중기 성현(成俔)의 수필집. ○恭愍朝辛亥文科(공민조신해문과)−고려 공민왕 신해(辛亥 : 1371년) 문과에 올랐다. ○器度弘毅(기도홍의)−기량과 도량이 넓고 의연하다. ○廉公淸白(염공청백)−청렴하고 공정하고 청백하다. ○聰明過人(총명과인)−총명함이 남보다 뛰어나다. ○敎誨不倦(교회불권)−남을 가르치고 깨우치는 데 지치지 않는다. ○入本朝(입본조)−조선조에 들어와. ○構第於興仁門外(구제어흥인문외)−흥인문 밖에 집을 지었다. ○不過數間(불과수간)−삼사 칸에 불과했다. ○外無欄垣(외무란원)−밖으로, 담이나 울타리도 없었다. ○太宗命繕工監(태종명선공감)−태종이 선공감에게 명하여. ○半夜設笆子於寬第(반야설파자어관제)−한밤중에 유관의 집에 울타리를 설치해주고. ○勿令知之(물령지지)−알리지 못하게 했다. ○寬淸貧自守(관청빈자수)−유관은 청빈하게 살면서 스스로 절개를 지켰다. ○嘗潦雨經月(상료우경월)−전에 억센 장맛비가 한 달 이상 내렸다. ○屋漏如麻(옥루여마)−삼실같이 빗물이 줄줄 새었다. ○寬

手傘庇雨(관수산비우)－유관은 집안에서 우산을 손에 들고 비를 피했다. ○顧謂夫人曰(고위부인왈)－그리고 부인을 돌아보고 말했다. ○無傘之家 (무산지가)－우산조차 없는 집에서는. ○何以能堪(하이능감)－어떻게 감 당을 하겠는지. ○夫人曰(부인왈)－부인이 말했다. ○無傘者必有備(무산 자필유비)－우산이 없는 사람은, 반드시 미리 (비가 새지 않게) 대비를 했을 것이오. ○寬笑之(관소지)－유관이 빙그레 웃었다. ○或有來謁者(혹 유래알자)－어쩌다가 사람이 찾아오면. ○則冬月(즉동월)－즉 겨울에도. ○赤足草鞋(적족초혜)－맨발에 짚신을 걸치고. ○而出見之(이출견지)－ 나가서 만나보았다. ○有時持鋤菜圃(유시지서채포)－때로는 호미를 들고 채소밭에서 일을 했으며. ○不以爲勞(불이위로)－별로 어려워하지 않았다.

3. 백결선생(百結先生) — 출전 : 삼국사기(三國史記)

新羅百結先生　不知何許人　慈悲王時人　居狼山下　家極貧　衣百結　若懸鶉　時人號爲東里百結先生　常慕榮啓期之爲人　以琴自隨　凡喜怒悲歡不平之事　皆以琴宣之　將歲暮　鄰里春粟　其妻聞杵聲曰　人皆有粟春　我獨無焉　何以卒歲　先生仰天嘆曰　夫死生有命　富貴在天　其來也不可拒　其往也不可追　汝何傷乎　吾爲汝作杵聲以慰之　乃鼓琴作杵聲　世傳之名爲碓樂.

신라백결선생(이) 부지하허인(이라) 자비왕시인(이오) 거랑산하(하니) 가극 빈 의백결(이라) 약현순(하니) 시인호위동리백결선생(이라) 상모영계기지

위인(하고) 이금자수(하니) 범희노비환불평지사(를) 개이금선지(라) 장세모
(할새) 인리용속(하니) 기처(이)문저성왈 인개유속용(이어늘) 아독무언(이
니) 하이졸세(리오) 선생앙천탄왈 부사생유명(이오) 부귀재천(이라) 기래야
(에) 불가거(하고) 기왕야(에) 불가추(라) 여하상호(아) 오위여(하야)작저
성이위지(하리라) 내고금작저성(하니) 세전지명위대악(이라)

신라의 백결선생은 어떠한 사람인지, 그 내력은 모른다. 신라의
20대 자비왕 때의 사람이며, 경주 근처에 있는 낭산(狼山) 밑에 살
았다. 집안이 매우 가난하여, 옷을 백 군데나 기워 입었으므로 흡사
메추라기 꼬리를 매단 것 같았다. 당시의 사람들이 '동리에 사는 백
결선생'이라 불렀다. 그는 항상 영계기의 사람됨을 흠모했다. 거문
고를 항상 들고 다니면서, 즐거움과 노여움, 슬픔과 기쁨 및 모든
불평을, 모두 거문고에 붙여 털어 버렸다.

　바야흐로 세모가 되어, 이웃집에서 곡식 방아를 찧었다. 그러자
그의 처가 절굿공이 소리를 듣고, "남들은 떡방아를 찧는데, 오직
우리집만 떡방아를 찧지 못하니, 어떻게 해를 넘기겠소." 하였다.
선생이 하늘을 바라보면서 말했다. "무릇 생사는 명에 매여 있고,
부귀는 하늘에 달려 있소. 오는 것을 거절할 수 없고, 떠나는 것도
쫓아가 잡을 수 없는 법이오. 그대는 어찌 상심하시오. 내가 그대를
위하여 절구 찧는 공이 소리를 내서, 위로해 주리다." 그리고 즉시
거문고로 공이 소리를 내었다. 세상 사람이 그 음악을 전하여, '방
아 찧는 음악'이라 일컬었다.

어구 설명　◦百結先生(백결선생)－가난하여 더덕더덕 기운 옷을 입었으므
로 '백결선생'이라 불렀다. ◦不知何許人(부지하허인)－어떠한 사람인지,
그 내력은 모른다. ◦慈悲王時人(자비왕시인)－신라의 20대 자비왕 때의
사람이다. ◦居狼山下(거랑산하)－경주 근처에 있는 낭산(狼山) 밑에 살

았다. ○家極貧(가극빈)－집안이 매우 가난하여. ○衣百結(의백결)－옷을 백 군데나 기워 입었다. ○若懸鶉(약현순)－흡사 메추라기 꼬리를 매단 것 같았다. 懸(매달 현) 鶉(메추라기 순) ○時人號爲東里百結先生(시인 호위동리백결선생)－당시의 사람들이 '동리에 사는 백결선생'이라 불렀다. ○常慕榮啓期之爲人(상모영계기지위인)－항상 영계기의 사람됨을 흠모했다. '영계기(榮啓期)'는 춘추시대의 은둔자(隱遁者). 사슴가죽을 걸치고 거문고를 타며 즐겁게 살았다. 그는 공자에게 말했다. '만물 중에도 사람으로 태어났으며, 사람 중에도 남자로 태어났으며, 또 장수하고 있다. 이것이 나의 삼락(三樂)이다.' ○以琴自隨(이금자수)－거문고를 항상 들고 다니면서. ○凡喜怒悲歡不平之事(범희노비환불평지사)－즐거움과 노여움, 슬픔과 기쁨 및 모든 불평을. ○皆以琴宣之(개이금선지)－모두 거문고에 붙여 털어 버렸다. ○將歲暮(장세모)－바야흐로 세모가 되어. ○鄰里春粟(인리용속)－이웃마을 집에서 곡식 방아를 찧었다, 떡방아를 찧었다. 春(찧을 용). ○其妻聞杵聲曰(기처문저성왈)－그의 처가 절굿공이 소리를 듣고. 杵(공이 저). ○人皆有粟春(인개유속용)－남들은 떡방아를 찧는데. ○我獨無焉(아독무언)－오직 우리집만 없고, 떡방아를 찧지 못하니. ○何以卒歲(하이졸세)－어떻게 해를 넘기겠소. ○先生仰天嘆曰(선생앙천탄왈)－선생이 하늘을 바라보면서 말했다. ○夫死生有命(부사생유명)－무릇, 생사가 명에 매여 있고. ○富貴在天(부귀재천)－부귀는 하늘에 달려 있소. ○其來也不可拒(기래야불가거)－오는 것을 거절할 수 없고. ○其往也不可追(기왕야불가추)－떠나는 것도 쫓아가 잡을 수 없는 법이오. ○汝何傷乎(여하상호)－그대는 어찌 상심하시오. ○吾爲汝作杵聲以慰之(오위여작저성이위지)－내가 그대를 위하여 절구 찧는 공이 소리를 내서, 위로해 주리다. ○乃鼓琴作杵聲(내고금작저성)－즉시, 거문고로 공이 소리를 내었다. ○世傳之名爲碓樂(세전지명위대악)－세상 사람이 그 음악을 전하여, '방아 찧는 음악'이라 일컬었다.

4. 불언장단(不言長短) —— 출전 : 지봉유설(芝峯類說)

昔者黃相國喜 微時行役 憩于路上 見田夫駕二
牛耕 問曰 二牛何者勝 田夫不對 輟耕而至 附耳
細語曰 此牛勝 公怪之曰 何以附耳相語 田夫曰
雖畜物 其心如人同也 此勝則彼劣 使牛聞之 寧
無不平之心乎 公大悟 遂不復言人之長短云.

석자(에) 황상국희(가) 미시행역(하여) 게우로상(할새) 견전부가이우경(하고) 문왈 이우하자승(고) 전부부대(하고) 철경이지(하여) 부이세어왈 차우(가) 승(이라) 공(이) 괴지왈 하이부이상어(오하니) 전부왈 수축물(이나) 기심여인동야(라) 차승즉피열(이니) 사우문지(면) 영무불평지심호(아) 공(이) 대오(하여) 수불부언 인지장단운(하니라)

상국 황희 공이 옛날 미천할 때에 길을 가다가 노상에서 쉬면서 농부가 소 두 마리를 부리면서 경작하는 것을 보고 물었다. "두 마리 소 중에 어느 소가 뛰어납니까?"

농부는 즉시 대답을 하지 않고, 밭갈이를 다 마친 다음에 가까이 와서 귀에 대고 작은 말로 "이 소가 더 힘이 셉니다."하고 말했다. 황희 공이 괴이하게 여기고 농부에게 "왜 귀에 대고 직접 말하시오?"하고 물었다.

농부가 말했다. "비록 가축이라 해도 그 속마음은 사람과 같을 것입니다. 이 소를 좋다고 하면 저 소는 못하다는 말이니, 소가 들으면 불평하는 마음이 없겠습니까."

황희 공은 크게 깨닫고 다시는 남의 장단을 말하지 않았다고
한다.

어구 설명　ㅇ芝峯類說(지봉류설)―조선 광해군(光海君) 때의 실학자 지
봉(芝峯) 이수광(李晬光)이 저술한 책. ㅇ黃相國喜(황상국희)―‘희(喜)’는
이름, ‘상국’은 재상(宰相)과 같음. ㅇ微時(미시)―미천하였을 때. ㅇ行役
(행역)―여행하다. 먼길을 가다. ㅇ見田夫駕二牛耕(견전부가이우경)―농
부가 두 마리 소를 부리고 밭을 가는 것을 보고. ㅇ輟耕而至(철경이지)―
밭갈이를 끝내고 와서. ㅇ附耳細語(부이세어)―귀에 대고 작은 소리로 말
하다. ㅇ此勝則彼劣(차승즉피열)―(둘 중에) 이것이 좋으면 저것이 뒤
떨어진다. ㅇ使牛聞之(사우문지)―소로 하여금 듣게 하면. ㅇ寧無(영
무)……乎(호)―어찌 ……하지 않으랴. ㅇ不復言人之長短(불부언인지장
단)―다시는 남의 장단을 말하지 않았다.

5. 빈이무굴(貧而無屈) ── 출전 : 공자가어(孔子家語)

曾子敝衣而耕　魯君聞之　而致邑焉　曾子固辭　不
受曰　吾聞　受人施者常畏人　與人者常驕人　縱君
不我驕也　吾豈能勿畏乎　吾與其富而畏人　不若
貧而無屈.

증자(가) 폐의이경(하니) 노군(이) 문지 이치읍언(이나) 증자(이) 고사불수
(하고) 왈 오문(하니) 수인시자(는) 상외인(이오) 여인자(는) 상교인(이라
하니) 종군(이) 불아교야(이나) 오 기능물외호(아) 오(는) 여기부이외인(으
론) 불약빈이무굴(하노라)

증자가 해진 옷을 걸치고 논밭을 갈면서 가난하게 살고 있었다.

노나라의 임금이 그 말은 듣고 증자에게 한 고을의 영지를 내려주
었다.

그러나 증자는 굳게 사양하며 말했다. "저는 들은 바 있습니다.
남이 베푼 것을 받은 자는 항상 그 사람을 두려워하고, 남에게 베
푼 자는 항상 거만을 떤다고 했습니다. 비록 임금님께서는 저에게
교만하게 하시지 않으시겠지만 은혜를 받은 저는 어찌 두려워하지
않을 수 있겠습니까? 저는 부자로 살면서 남을 두려워하기보다는
차라리 가난하게 살면서 남에게 굽히지 않겠습니다."

어구 설명 ㅇ貧而無屈(빈이무굴)-가난해도 남에게 굽히지 않겠다. ㅇ孔子
家語(공자가어)-공자의 일화(逸話)를 적은 책. ㅇ曾子(증자)-공자의 제
자. 증삼(曾參), 《효경(孝經)》을 저술했다고 전한다. ㅇ敝衣(폐의)-해지
고 떨어진 옷을 입고. 敝(해질 폐) ㅇ魯(노)-춘추시대의 나라 이름, 공자
의 고국. ㅇ致邑(치읍)-읍(邑)의 영지를 내려주다. ㅇ固辭(고사)-굳게
사양하다. 辭(사양할 사) ㅇ受人施者(수인시자)-남이 베푸는 것을 받은
사람. ㅇ常畏人(상외인)-항상 남을 두렵게 여기다. 畏(두려워할 외) ㅇ與
人者常驕人(여인자상교인)-남에게 베풀어 준 사람은 항상 남에게 거만
하게 군다. 與(줄 여) 驕(교만할 교) ㅇ縱君不我驕(종군불아교)-설사 당
신은 나에게 거만을 떨지 않겠지만. 縱은 여기서는 '……할지라도'의 뜻을
나타내는 접속부사(接續副詞)로 쓰였다. ㅇ吾豈能勿畏乎(오기능물외
호)-나는 어찌 두려워하지 않을 수 있으랴? ㅇ與其富而畏人(여기부이
외인)-부유하면서 남을 두려워하느니보다는. ㅇ不若貧而無屈(불약빈이
무굴)-차라리 가난하게 살면서 남에게 굽히지 않는 편이 좋겠다. 與其~
不若……은 ~하는 것보다 ……하는 편이 좋다. (상관) 접속사.

문법 致(동사) 邑(빈어) 焉(조사). 致는 벼슬이나 영지(領地)를 주다, 내
려주다의 뜻. 受人施者(주어) 常(부사) 畏(동사) 人(빈어), 受人施(정어)
者(중심어), 受(동사) 施(빈어). 與人者(주어) 常(부사) 驕(동사) 人(빈

어).　縱君不我驕也(부사적　수식어구),　吾豈能勿畏乎(중심어구),　與其
-A-, 不若-B-(A보다는 차라리 B 하겠다)〔예 : 與其不正而富, 不若正
而貧.(부정하면서 부자가 되느니, 차라리 바르게 하고 가난하게 살겠다)〕

6. 인욕이대(忍辱而待) —— 출전 : 연려실기술(燃藜室記述)

尹淮少時　有鄉里之行　暮投逆旅　主人不許止宿
坐於庭畔　主人兒持大眞珠出來落於庭中　傍有白
鵝卽呑之　俄而主人索珠不得　疑公竊取　縛之　朝
將告官　公不與辯　只云彼鵝亦繫吾傍　明朝珠從
鵝後出　主人慙謝曰　昨何不言　公曰　昨日言之　則
主必剖鵝覓珠　故忍辱而待.

윤회소시(에) 유향리지행(하야) 모투역려(라) 주인불허지숙(하야) 좌어정반
(이니라) 주인아(이) 지대진주출래낙어정중(이어늘) 방유백아즉탄지(라) 아
이주인(이)색주부득(하야) 의공절취(하고) 박지(하고) 조장고관(하거늘) 공
(이)불여변(하고) 지운피아역계오방(하라) 명조(에)주종아후출(이라) 주인
(이)참사왈　작하불언(이오)공(이)왈　작일언지(면)즉주필부아멱주(하리니)
고(로)인욕이대(하니라)

　윤회 공이 젊었을 때 시골에 간 일이 있었다. 날이 저물어 여관
에 투숙하려 했으나 여관 주인이 묵는 것을 허락하지 않아서, 마당
구석에 앉아 (밤을 새기로 했다). 그 때에 주인의 아들이 손에 큰
진주 알을 들고 나와서 (놀다가) 마당에 떨어뜨렸으며, 곁에 있던

흰 거위가 (진주 알을) 주워 삼켰다. 즉시 주인이 진주 알을 찾았으나 찾지 못하자 공이 훔친 줄 의심하고 공을 포박하고 이튿날 아침에 관아에 고발하고자 했다. 공은 (그에게) 변명하지 않고 다만 "저 거위도 역시 묶어서 내 곁에 두시오."하고 말했다. 이튿날 아침에 진주 알이 거위의 뒤에서 나왔다. 주인이 (자기의 잘못을) 부끄럽게 여기고 사과하면서 말했다. "어제 왜 말을 하지 않았습니까." 그러자 공이 말했다. "어제 내가 말을 했으면 주인은 반드시 거위를 죽여 배를 갈라서 진주 알을 찾았을 것이 아니오. 그래서 내가 욕을 꾹 참고 기다렸던 것이오."

어구 설명 ○忍辱而待(인욕이대)-욕됨을 참고 기다리다. ○燃藜室記述(연려실기술)-조선 정조(正祖) 때, 이긍익(李肯翊, 1736-1806), 이 태조에서 헌종까지의 역사적 자료를 추린 책이다. 이긍익의 호가 연려실(燃藜室)로, 문필에 뛰어난 학자이다. ○尹淮(윤회, 1380-1436)-조선 세종 때의 학자, 호는 청향당(淸香堂). ○有鄕里之行(유향리지행)-시골에 간 일이 있었다. ○暮投逆旅(모투역려)-날이 저물어서, 여관에 투숙하려 했으나. ○主人不許止宿(주인불허지숙)-여관 주인이 방안에 묵는 것을 허락하지 않아서. ○坐於庭畔(좌어정반)-마당 구석에 앉아서 (밤을 새기로 했다). ○持大眞珠出來(지대진주출래)-손에 큰 진주 알을 들고 나와서 (놀다가). ○落於庭中(낙어정중)-마당에 떨어뜨렸으며. ○傍有白鵝卽呑之(방유백아즉탄지)-곁에 있던 흰 거위가 (진주 알을) 삼켰다. ○俄而主人索珠不得(아이주인색주부득)-즉시 주인이 진주 알을 찾았으나, 찾지 못하자. ○疑公竊取縛之(의공절취박지)-윤회가 훔친 줄 의심하고, 공을 포박하고. ○朝將告官(조장고관)-이튿날 아침에, 관아에 고발하고자 했다. ○公不與辯(공불여변)-공은 (그에게) 변명하지 않고. ○只云彼鵝亦繫吾傍(지운피아역계오방)-다만, '저 거위도 역시 묶어서 내 곁에 두시오'하고 말했다. ○明朝珠從鵝後出 (명조주종아후출)-이튿날 아침에 진주 알이 거위의 뒤에서 나왔다. ○主人慙謝曰(주인참사왈)－주인이 (자기의 잘못을) 부끄럽게 여기고 사과하면서 말했다. ○昨何不言(작하불언)－어제 왜 말을 하지 않았습니까. ○公曰(공왈)－공이 말했다. ○昨日言之(작일언지)－어제 내가 말을 했으면. ○則主必剖鵝覓珠(즉주필부아멱주)－주인은 반드시 거위를 죽여 배를 갈라서 진주 알을 찾았을 것이오. ○故忍辱而待(고인욕이대)－그래서 내가 욕을 꾹 참고 기다렸던 것이오.

7. 자사(子思) ── 출전 : 설원(說苑)

子思居於衛 縕袍無表 二旬九食 田子方聞之 使
人遣狐白裘 恐其不受 因謂曰 吾假人遂忘之 吾
與人如棄之 子思辭而不受 子方曰 我有子無 何
故不受 子思曰 伋聞之 妄與不如遺棄物於溝壑
伋雖貧 不忍以身爲溝壑 是以不敢當.

자사(가) 거어위(할새) 온포무표(하고) 이순(에) 구식(이라) 전자방(이) 문지(하고) 사인(으로) 견호백구(하며) 공기불수(하고) 인위왈 오가인(에) 수망지(하고) 오여인(에) 여기지(로라) 자사사이불수(하니) 자방(이) 왈 아유자무(라) 하고불수(오) 자사(이) 왈 급(은) 문지(라) 망여(는) 불여유기물어구학(이라하니) 급(은) 수빈(이나) 불인이신위구학(이라) 시이(로) 불감당(이라)

자사가 위나라에 살고 있을 때에 솜옷 도포의 겉감이 헐어 떨어졌고, 20일에 끼니를 아홉 번만 들 정도로 가난했다. 그 나라의 대부 전자방이 그 말을 듣고 사신으로 하여금 호백구를 자사에게 보내주었다. 그리고 혹 안 받을까 염려하고 다음 같은 말을 전했다. "나는 남에게 재물을 빌려주면 그 일을 잊고, 남에게 재물을 주면 그것을 내버린 것으로 생각하오."

그래도 자사가 사양하고 받지 않았다. 이에 전자방이 말했다. "나는 재물이 있고 그대는 없거늘 어찌해서 받으려 하지 않소?" 자사가 말했다. "저는 들었습니다. 재물을 까닭없이 망령되게 남에게 주는 것은 재물을 구렁에 내버리는 것만도 못하다고요. 비록 제가 가난해도 차마 제 자신의 몸을 구렁으로 간주할 수 없습니다. 그래서 감히 받지 않는 것입니다."

어구 설명 ㅇ子思(자사)-공자의 손자. 이름은 급(伋), 《중용(中庸)》의 작자. ㅇ說苑(설원)-한(漢)의 유향(劉向)이 편찬한 책, 철인(哲人)들의 일화집, 29권. ㅇ居於衛(거어위)-위나라에 살다. ㅇ縕袍(온포)-솜을 넣고 만든 도포, 평상시의 예복. 縕(헌솜 온) 袍(핫옷 포) ㅇ無表(무표)-겉껍질이 해져서 없다. ㅇ二旬九食(이순구식)-20일 동안에 아홉 번의 식사만을 하다. ㅇ田子方(전자방)-전국(戰國)시대 위(魏)나라의 대부(大夫). ㅇ使人遺狐白裘(사인견호백구)-사람으로 하여금 호백구를 보내주다. 호백구는 여우의 겨드랑이 흰털가죽으로 만든 비싼 옷. 遺(보낼 견) 裘(갖옷 구) 使人遺狐白裘 같은 구조를 사역형(使役形) 겸어구조(兼語構造)라고 한다. ㅇ恐其不受(공기불수)-그가 안 받을까 염려하고, 恐(동사) 其不受(빈어) ㅇ因謂曰(인위왈)-따라서 말했다. ㅇ吾假人遂忘之(오가인수망지)-나는 남에게 빌려주면 끝내 잊는다. 假(빌릴 가) ㅇ吾與人如棄之(오여인여기지)-나는 남에게 물건을 주면 마치 내버린 듯이 여긴다. 與(줄 여) ㅇ妄與(망여)-함부로 주다. 이유없이 망발되게 주다. ㅇ不如遺棄物於溝壑(불여유기물어구학)-물건을 시궁창에 내버리는 것보다 못하다. 不如는 ……와 같지 않다, ……보다 못하다. 遺(버릴 유) 溝(하수도구) 壑(도랑 학) ㅇ不忍(불인)-참고 견디지 못하다. 차마 못한다.

8. 자한(子罕) ── 출전 : 몽구(蒙求)

宋人得玉 獻諸司城子罕 子罕弗受 獻玉者曰 以示
玉人 玉人以爲寶 故獻之 子罕曰 我以不貪爲寶 爾
以玉爲寶 若以與我 皆喪寶也 不若人有其寶.

송인(이) 득옥(하고) 헌제사성자한(이나) 자한불수(라) 헌옥자왈 이시옥인
(하니) 옥인이위보(라) 고(로) 헌지(하니라) 자한왈 아(는) 이불탐위보(하
고) 이(는) 이옥위보(하니) 약이여아(면) 개상보야(이니) 불약인유기보(하
니라)

송나라 사람이 옥돌을 얻어 가지고 사성 벼슬에 있는 자한에게
바쳤다. 그러나 자한이 받지 않았다. 이에 옥을 헌납하려던 사람이
말했다. "이 옥돌을 보석상에게 보였더니 그가 보배로운 옥돌이라
고 했습니다. 그래서 상전에게 올리는 것입니다."
　　그러자 자한이 말했다. "나는 탐내지 않음을 보배로 여기고, 그대
는 옥돌을 보배로 여기고 있소. 그러니 만약에 옥돌을 나에게 준다
면 우리는 다 보배스럽게 여기는 바를 잃고 말 것이요. 그러므로
차라리 모두 저마다의 보배로움을 간직하고 있는 편이 좋겠소."

어구 설명 ○子罕(자한)─춘추시대 송(宋)나라의 대부(大夫). ○得玉(득
옥)─원광석(原鑛石) 옥돌을 얻다. ○獻諸(헌제)─이것을 자한에게 헌납
하다. 獻(바칠 헌), 諸=之+於(이것을 ……에게). ○司城(사성)─관직명
(官職名). 삼공(三公)의 하나로 토지와 민사를 다스렸다. ○弗受(불수)─
안 받다. 弗=不. ○獻玉者(헌옥자)─옥돌을 바친 사람. ○以示玉人(이시

옥인)—(옥돌을) 옥장(玉匠)에게 보이다. 以玉示玉人과 같다. ㅇ玉人以爲
寶(옥인이위보)—옥장이가 옥돌을 보배로운 것이라고 감정했다. ㅇ我以不
貪爲寶(아이불탐위보)—나는 탐내지 않음을 보배로 여기다. ㅇ爾以玉爲
寶(이이옥위보)—그대는 옥돌을 보배로 여기다. ㅇ若以與我(약이여아)—
만약에 옥돌을 나에게 주면. 若以玉與我와 같다. ㅇ喪寶(상보)—보배를
잃는다. ㅇ不若人有其寶(불약인유기보)—차라리 각자가 저마다의 보배로
움을 간직하는 편이 좋다. 不若은 차라리 ~하는 것만 못하다. 차라리 ~
하자.

[문법] 宋人(주어) 得(동사) 玉(빈어), 獻(동사) 之(빈어) 於司城子罕(보어),
司城 子罕은 동격(同格), 獻玉(정어) 者(중심어), 以示玉人＝以之示玉
人, 玉人(동사) 以爲(동사) 寶(빈어), 以爲(……라고 생각한다, ……라고
여기다), 以之爲寶로 볼 수도 있다. 我(주어) 以不貪(상어) 爲(동사) 寶
(빈어) 爾(주어) 以玉(상어) 爲(동사) 寶(빈어), 不(부사) 若(동사) 人有
其寶(빈어), 不若은 ……와 같지 않다, ……만 못하다. 차라리 ……하는
게 좋다 등으로 해석할 수 있다. 이때의 若은 동사. [예 不若我去는 내가
가는 것만 못하다, 차라리 내가 가는 편이 좋다. 不(부사) 若(동사) 我去
(빈어), 我去는 주어-술어구조다. 여기서는 若의 賓語(빈어＝목적어구)로
쓰였다]

9. 차계기환(借鷄騎還) —— 출전 : 골계전(滑稽傳)

金先生善談笑　嘗訪友人家　主人設酌　只佐蔬菜
先謝曰　家貧市遠　絶無兼味　唯淡泊　是愧耳　適有
群鷄亂啄庭除　金曰　大丈夫不惜千金　當斬吾馬
佐酒　主人曰　斬馬　騎何物而還　金曰　借鷄騎還

主人大笑 殺鷄餉之.

김선생(은) 선담소(라) 상방우인가(하니) 주인(이) 설작(하되) 지좌소채(하고) 선사왈 가빈시원(하여) 절무겸미(로) 유담박(하니) 시괴이(라) 적유군계(이) 난탁정제(라) 금(이) 왈 대장부불석천금(하나) 당참오마좌주(하리라) 주인(이) 왈 참마(면) 기하물이환(고) 금(이) 왈 차계기환(하리라) 주인(이) 대소(하고) 살계향지(하더라)

김선생은 농담을 잘했다. 전에 친구의 집에 방문하자, 주인이 술상을 마련했는데 다만 채소 안주뿐이었다. 그리고 주인이 서둘러 사죄 말을 하는 것이었다. "집안이 가난하고 또 시장도 멀어서 아무런 별미가 없고 다만 담박한 것뿐이라 죄송합니다." 때마침, 여러 마리의 닭들이 마당에서 모이를 쪼고 있었다. 그러자 김선생이 말했다. "대장부는 천금도 아끼지 않는 법이오. 내가 당장에 내 말을 잡아서 안주로 삼으리다." 주인이 "말을 잡으시면 무엇을 타고 돌아가십니까?"하고 되묻자, 김선생이 말했다. "댁의 닭을 빌려 타고 가리다." 이에 주인이 크게 웃으며 닭을 잡아 대접했다.

어구 설명　○借鷄騎還(차계기환)－닭을 빌려 타고 돌아가다. ○滑稽傳(골계전)－조선 성종(成宗) 때의 서거정(徐居正)이 엮은 설화집《태평한화골계전(太平閑話滑稽傳)》에 있는 〈골계전〉이다. ○善談笑(선담소)－담소를 잘하다. 농담을 잘한다. ○嘗訪(상방)－전에 방문했다. ○設酌(설작)－술자리를 마련하다. 酌(술 따를 작) ○只佐蔬菜(지좌소채)－다만 야채 반찬만을 안주로 내놓다. 佐(도울 좌) 蔬(푸성귀 소) ○謝(사)－사죄하다. ○家貧市遠(가빈시원)－집안살림이 가난하고 시장이 멀다. ○兼味(겸미)－입에 맞는 맛있는 음식. ○唯淡泊(유담박)－오직 담박하고 조촐한 채소뿐이다. 唯(오직 유) 淡(묽을 담) 泊(담박할 박) ○是愧耳(시괴이)－참으로 죄송할 뿐이로다. 愧(부끄러워할 괴) ○適(적)－때마침. ○群鷄(군계)-여러 마리의 닭. ㅇ亂啄庭除(난탁정제)-흩어져 마당에서 모이를 쪼아먹다. 경제(庭除)는 마당으로 풀이한다. ㅇ不惜千金(불석천금)-천금을 아끼지 않는다. ㅇ當斬吾馬(당참오마)-당장에 나의 말을 잡아서. 斬(벨참) ㅇ佐酒(좌주)-술안주로 삼다. ㅇ騎何物而還(기하물이환)-무엇을 타고 돌아가느냐? ㅇ殺鷄餉之(살계향지)-닭을 잡아 먹이다, 대접하다. 殺(죽일 살) 鷄(닭 계) 餉(건량 향)

문법 金先生(주어) 善(동사) 談笑(빈어), 善은 원래 형용사지만, 여기서는 동사로 빈어를 취한다. 家(주어) 貧(술어). 市(주어) 遠(술어), 絶無兼味 唯(有)淡泊, 是=是以, 適有群鷄亂啄庭除의 有는 형상을 표시하는 동사.

참고 ◐ 옛날 선비의 덕성

앞의 글을 통해 우리는 옛날 선인들의 처세의 지혜와 생활의 해학을 엿볼 수 있다. 남을 생각하는 마음이 자연이나 동물에게까지 미쳐야 자연이나 환경을 온전하게 보존할 수 있다. 한편 기발한 재치로 닭 안주를 대접받은 선인들의 해학을 배워야 한다.

옛날의 선비들은 학문과 덕성을 중시했다. 그러므로 물질이나 재물을 초월할 수 있었다. 아무리 가난해도 도리나 명분에 어긋나는 재물이나 벼슬을 거절하고 물리칠 수 있었다. 예나 지금이나 포악무도(暴惡無道)한 세상에서는 참다운 지식인, 청렴결백(淸廉潔白)한 선비는 가난하게 마련이다.

동양이나 서양이나 자식에 대한 어머니의 영향은 거의 절대적이다. 어머니가 훌륭해야 자식들을 훌륭하게 양육한다. 문제는 선악시비(善惡是非)에 대한 가치기준(價値基準)이다. 오늘의 많은 사람들은 무조건 돈 벌고 권력 잡는 것을 최고의 가치로 착각하고 있다.

그러나 우주적인 차원에서 천도천리(天道天理)를 따르고 실천해서 인류의 역사와 문화를 발전시키는 데 기여하는 것이 참다운 선가치(善價値)이나. 그러므로 우선 어머니들이 동양의 성현들의 가르침을 바르게 알고 따라야 한다. 그래야 자식들을 훌륭하게 양육할 수 있다.

10. 형제투금(兄弟投金) ── 출전 : 여지승람(輿地勝覽)

高麗恭愍王時 有民兄弟偕行 弟得黃金二錠 以
其一與兄 至陽川江 同舟而濟 弟忽投金於水 兄
怪而問之 答曰 吾平日 愛兄篤 今而分金 忽萌忌
兄之心 此乃不祥之物也 不若投諸江而忘之 兄
曰 汝言誠是 亦投之水.

고려공민왕시(에) 유민형제해행(이라) 제득황금이정(하고) 이기일여형(하고) 지양천강 동주이제(러라) 제홀투금어수(라) 형괴이문지(하니) 답왈 오평일애형독(이라) 금이분금(하니) 홀맹기형지심(이라) 차내불상지물야(라) 불약투제강이망지(러라) 형왈 여언성시(하고) 역투지수(라)

고려 공민왕 때에 민간인 형제가 함께 여행을 했다. 동생이 황금 두 덩이를 얻어 가지고, 한 덩이를 형에게 주고 양천강에 이르러, 함께 배를 타고 강을 건너갔다. 그러자 동생이 갑자기 금덩이를 물 속에 던졌다. 형이 괴이하게 여기고 묻자, 동생이 답해서 말했다. "저는 평상시에 형님을 돈독하게 사랑했습니다. (그런데) 지금 금덩이를 나눠주니깐, 홀연히 형을 기피하는 마음이 싹텄습니다. 그러니 이것은 바로 좋지 못한 물건입니다. 차라리 금을 강물에 던지고 잊는 편이 좋겠습니다." 형도 "네 말이 참으로 옳다."하고, 역시 물 속에 던졌다.

어구 설명 ○兄弟投金(형제투금)-형과 동생이 다 금을 버리다. ○輿地勝覽(여지승람)-증보동국여지승람(增補東國輿地勝覽). 성종(成宗) 때, 왕명으로 편찬한 지리책. 중종(中宗) 때 증보했다. ○高麗恭愍王時(고려공민왕시)-고려 공민왕 때에. ○有民兄弟偕行(유민형제해행)-민간인 형제가 함께 여행을 했다. 偕(함께 해) ○弟得黃金二錠(제득황금이정)-동생이 황금 두 덩이를 얻었다. 錠(덩이 정) ○以其一與兄(이기일여형)-한 덩이를 형에게 주었다. ○至陽川江(지양천강)-지금의 양천 부근의 강에 이르러. ○同舟而濟(동주이세)-함께 배를 타고 강을 건너갔다. ○弟忽投金於水(제홀투금어수)-동생이 갑자기 금덩이를 물 속에 던졌다. ○兄怪而問之(형괴이문지)-형이 괴이하게 여기고 물었다. ○答曰(답왈)-동생이 답해서 말했다. ○吾平日愛兄篤(오평일애형독)-저는 항상 형님을 독실하게 사랑했습니다. ○今而分金(금이분금)-지금 금덩이를 나눠주니깐. ○忽萌忌兄之心(홀맹기형지심)-홀연히 형을 미워하는 마음이 싹 트니. ○此乃不祥之物也(차내불상지물야)-이 금은 바로 좋지 못한 물건입니다. ○不若投諸江而忘之(불약투제강이망지)-차라리 금을 강물에 던지고 잊는 편이 좋겠습니다. ○兄曰汝言誠是(형왈여언성시)-형은 '네 말이 참으로 옳다'고 말하고. ○亦投之水(역투지수)-역시 금을 물 속에 던졌다.

제3장 입지(立志)·학문(學文)

1. 입지(立志) — 김성일(金誠一)

學者所患惟有立志不誠 才或不足非所患也 無才
而不妨爲君子 有才而不免爲小人之歸 只在爲學
立志如何耳.

학자소환(은) 유유입지불성(이요) 재혹부족(은) 비소환야(니라) 무재이불방
위군자(요) 유재이불면위소인지귀(니) 지재위학(은) 입지여하이(니라)

글을 배우는 사람이 걱정할 것은 다만 뜻을 세움에 불성실할까
함이다. 재주가 혹 부족한 것은 걱정할 바가 아니다. 재주가 없어도
군자 되기에는 무방하다. 그러나 재주가 있으면서 소인으로 귀착됨
을 면치 못하는 수가 있으니, 그 이유는 글을 배움에 있어, 뜻을 어
떻게 세우느냐에 달려 있는 것이다.

어구 설명 ○金誠一(김성일, 1538~1593)-호는 학봉(鶴峯), 퇴계(退溪)의
문인, 《학봉집(鶴峯集)》16권이 있다. ○所患(소환)-걱정할 바는. ○惟
(유)-오직, 다만. ○立志不誠(입지불성)-뜻을 세움에 성실하지 않음. 立
志는 학문을 하는 목적의식을 세운다는 뜻, 不誠은 성실하지 못하다. 즉
세속적인 명예나 이득을 취하려고 한다는 뜻. 성실한 뜻은 곧 하늘의 도

리를 따르고 실천해서 수기치인(修己治人)하고 경세제민(經世濟民)하려
는 뜻이다. ㅇ才或不足(재혹부족)−재주가 혹 부족해도. ㅇ非所患也(비소
환야)−걱정할 바가 아니다. ㅇ無才(무재)−재주가 없어도. ㅇ不妨爲君子
(불방위군자)−군자 됨에는 방해가 없다. 妨(방해할 방) ㅇ不免爲小人之
歸(불면위소인지귀)−소인으로 돌아감(爲小人之歸)을 면치 못한다. 즉 학
문을 하고도 결과적으로 소인과 같은 행동을 한다는 뜻. ㅇ只在爲學(지재
위학)−다만 학문을 함에 있어 긴요한 것은. ㅇ立志如何耳(입지여하이)−
뜻을 어떻게 세우느냐다. 뜻을 고결하게 세우고 학문을 해야 참다운 군자
가 된다.

문법 學者所患(학자가 걱정할 바는)(주어) 惟有立志不誠(술어) 有는 소유
(所有)의 뜻을 나타내지 않고, 현상(現象)을 표시한다. 그러므로 有立志
不誠을 '입지가 불성실함이다'로 해석한다.

참고 ◑ 주자(朱子)의 시

少年易老學難成 一寸光陰不可輕
未覺池塘春草夢 階前梧葉已秋聲.
(젊음은 쉽게 늙지만 배움은 이루기 어렵다,
짧은 시간도 가볍게 여기지 말고 아껴서 공부를 해라.
연못가의 봄풀들의 꿈이 미처 깨기도 전에,
섬돌 앞에 떨어진 오동잎은 가을 소리를 내고 있네.)

勿謂今日不學而有來日 勿謂今年不學而有來年
日月逝矣 歲不我延 嗚呼老矣 是誰之愆.
(오늘 배우지 않고 내일이 있다 말하지 마라,
금년에 배우지 않고 내년이 있다 말을 하지 마라,
시간은 흐르고 세월은 나를 기다리지 않는다,
오호라, 늙었노라, 누구의 허물이냐)

2. 근학(勤學) — 주희(朱熹)

家若貧 不可因貧而廢學 家若富 不可恃富而怠學
貧若勤學 可以立身 富若勤學 名乃光榮 是故學
者乃爲君子 不學則爲小人 後之學者 宜各勉之.

가약빈(이라도) 불가인빈이폐학(이요) 가약부(라도) 불가시부이태학(이라)
빈약근학(이면) 가이입신(이요) 부약근학(이면) 명내광영(이라) 시고(로)
학자내위군자(하고) 불학즉위소인(하나니) 후지학자(는) 의각면지(하라)

만약에 집안이 가난해도 가난하다고 학문을 폐하면 안된다. 만약
에 집안이 부유해도 부유함을 믿고 학문을 태만히 하면 안된다. 가
난해도 부지런히 배우면 입신출세할 수 있고 부유한데도 부지런히
배우면 명성을 영광되게 할 수 있다. 그러므로 배우는 사람은 곧
군자가 될 것이고 안 배우면 소인이 될 것이다. 그러므로 후학자들
은 저마다 힘써 면학해야 한다.

어구 설명 ○勤學(근학)─부지런히 배워라. 학문에 힘써라. 勤(부지런할 근)
○朱熹(주희)─남송(南宋)의 유학자로 성리학(性理學)을 집대성한 대학
자. ○家若貧(가약빈)─집안이 만약에 가난해도. ○不可(불가)…… ─
……하면 안된다. ○因貧而廢學(인빈이폐학)─가난을 원인으로, 즉 핑계
삼고 학문을 그만두다. 不可에 걸린다. ○家若富(가약부)─만약에 집안이
부유하더라도. ○不可恃富而怠學(불가시부이태학)─자기 집안의 부유함
을 믿고서 학문을 태만히 하면 안된다. 恃(믿을 시) ○貧若勤學(빈약근
학)─가난해도 만약에 부지런히 배우면. ○可以立身(가이입신)─입신출세
할 수 있다. ○富若勤學(부약근학)─부유하더라도 만약에 부지런히 배우

면. ㅇ名乃光榮(명내광영)－명성을 날리고 영광을 얻을 것이다. ㅇ是故 (시고)－그런 고로. ㅇ學者乃爲君子(학자내위군자)－글을 배우는 자는 곧 군자가 되고. 者는 구두점의 역할을 하는 조사로 보고, 배우면으로 풀어 도 된다. ㅇ不學則爲小人(불학즉위소인)－배우지 않으면 즉 소인이 된다. ㅇ後之學者(후지학자)－후배로서 뒤늦게 글을 배우려는 사람들은. ㅇ宜 各勉之(의각면지)－모름지기 저마다 글 배우기를 노력하고 힘써야 한다.

문법 家若貧(상어) 不可因貧而廢學(중심어구), 不可(부정의 능원동사) 因 貧(상어) 而(연사) 廢學(술어), 家若富, 不可恃富而怠學도 같은 방식으 로 분석한다. 貧若勤學(상어), 可以立身(주어) 없이 술어로만 된 중심어 구, 富若勤學, 名乃光榮도 같게 분석한다. 是故(부사), 學者(주어) 乃(부 사) 爲(동사) 君子(빈어), 不學(상어) 則(접속 부사) 爲(동사) 小人(빈어) 後之學者(주어) 宜(조동사) 各(부사) 勉(동사) 之(형식적인 빈어)

참고 성인의 도리는 귀를 통해 듣고, 마음속에 품고 키워야 한다. 마음속 에 쌓이고 쌓이면 덕행이 되고, 그 도리를 사회적으로 실행하면 훌륭한 사업이 된다. 문장만 잘 쓰면 다라는 그런 생각은 고루하고 잘못된 생각 이다.(聖人之道 入乎耳 存乎心 蘊之爲德行 行之爲事業 彼以文辭而已 者 陋矣)－《근사록(近思錄)》

3. 교학(敎學) — 유형원(柳馨遠)

教學非徒講説而已 以得之於心 而修身齊家 以 及天下也 古之教者 有成德者 有達材者 有答問 者 是皆因人善喩 各盡其才也.

교학(이란) 비도강설이이(이니) 이득지어심 이수신제가(하여) 이급천하야 (나라) 고지교자(는) 유성덕자(며) 유달재자(며) 유답문자(러니) 시개인인

선유(하고) 각진기재야(하나라)

글을 가르치고 배우는 일은 공연히 강설만 하는 것이 아니다. 글 속에 담겨진 참뜻을 마음속으로 터득하고 아울러 자기 몸을 수양하고 자기 집안을 가지런히 다스리고 더 나가서는 천하 만민에게 그 덕을 미치게 하는 것이다.

옛날에는 글을 가르치는 교육에도 여러 가지가 있었다. 즉 배우는 사람들로 하여금 덕성을 계발하고 덕행을 실천케 하는 교육도 있었고, 혹은 배우는 사람들로 하여금 자기의 재주나 기능을 발휘하게 하는 교육도 있었고, 또 혹은 학식만을 묻고 대답하는 문답식 교육도 있었다. 모든 교육이 다 피교육자의 인품을 바탕으로 적절하게 깨우치고 유도하여 저마다의 타고난 재질을 다 발휘하게 한 것이다.

어구 설명　○柳馨遠(유형원)－조선시대의 학자, 호는 반계(磻溪), 효종 5년(1654)에 진사에 올랐으나 벼슬을 살지 않고 학문만을 연구했다. 이 글은 그의 《반계수록(磻溪隨錄)》에서 추린 것이다. ○敎學(교학)－가르침과 배움. ○非徒(비도)－다만 ……만이 아니다. ○講說(강설)－말로만 강의하고 설명하다. ○而已(이이)－뿐이다. ○得之於心(득지어심)－그 뜻과 내용을 마음속으로 터득하고. ○修身齊家(수신제가)－몸을 닦고 집안을 가지런히 잘 다스리다. ○以及天下也(이급천하야)－그렇게 해서 가르침과 배움의 바른 도리를 천하에 미치게 한다. ○古之敎者(고지교자)－옛날의 스승은, 혹은 교육은. ○有成德者(유성덕자)－배우는 학생들로 하여금 덕을 완성케 한 스승 혹은 교육도 있었다. 有는 현상(現象)을 표시하는 동사로 덕을 이루다의 뜻을 강조하고 있다. ○有達材者(유달재자)－학생들로 하여금 자기의 재질을 발휘하고 달성케 한 교육이나 스승도 있었다. ○有答問者(유답문자)－즉 학식을 문답만 하는 교육도 있었다. ○皆

(개)—모두가, 어떠한 경우에도. ○因人善喩(인인선유)—사람, 즉 피교육
자의 소질이나 자질을 바탕으로 저마다 적절히 잘 깨우쳐 준다. 喩(깨우
칠 유) ○各盡其才(각진기재)—각자 자기의 재주를 다 발휘하게 한다.

문법 敎學 非徒講說而已(가르치고 배우는 것은 다만 강설하는 것만이 아
니다)를 다음 같이 분석한다. 敎學(주어) 非徒講說而已(술어), 非(부정
사) 徒(부사) 講說(원래는 동사지만 여기서는 명사로 非의 빈어가 되었
다) 而已(복합 어조사) 以敎學(상어) 得(동사) 之(형식적 빈어) 於心(보
어) 而(연사), 修(동사) 身(빈어) 齊(동사) 家(빈어) 以(=而)(연사) 及
(동사) 天下(빈어) 也(어조사)

《대학(大學)》의 팔조(八條) 속에 수신(修身), 제가(齊家) 치국(治國),
평천하(平天下)가 있다.

4. 분발(奮發) — 이이(李珥)

常當自奮發曰 人性本善 無古今智愚之殊 何故
獨爲聖人 我則何故獨爲衆人耶 良由志不立 知
不明 行不篤耳 志之立 知之明 行之篤 皆在我耳
我又何求哉 顏淵曰 舜何人也 予何人也 有爲者
亦若是 我亦當以顏之希舜爲法.

상당자분발왈 인성본선(이요) 무고금지우지수(이어늘) 하고독위성인(이요)
아즉하고 독위중인야(아) 양유지불립 지불명 행부독이(라) 지지립 지지명
행지독(은) 개재아이(이니) 아우하구재(아) 안연왈 순하인야 여하인야(오)
유위자(는) 역약시(라하니) 아역당이안지희순(으로) 위법(하리라)

나는 항상 분발할 때마다 스스로 말했다. "사람의 품성은 본래

선량하며 고금이나 슬기롭고 어리석음의 차이가 없겠거늘 어찌해서 성인만이 홀로 성인이 될 것이며, 나는 또 왜 홀로 범속한 사람이 되어야 하는가? 그 이유는 바로 뜻이 바르게 서지 않고, 아는 것이 밝지 않고, 행실이 독실하지 않기 때문이다.

　바르게 뜻을 세우는 일과, 밝게 아는 일과, 독실하게 행하는 일은 다 내 자신이 할 일이다. 그러니 내가 할 바를 다하지 않고 다시 어떻게 성인 되기를 바라겠는가? 안연은 성인이 된 순임금이나 자기나 같은 사람이라고 말했다. 안연같이 인덕을 달성한 사람은 그렇게 분발하는 법이다. 그러므로 나도 마땅히 안연이 순임금같이 되기를 희망한 그 태도를 본으로 삼으리라.”

어구 설명　ㅇ李珥(이이, 1536~1584)-조선시대의 학자이자 문신, 호는 율곡(栗谷), 이 글은 그가 쓴 《격몽요결(擊蒙要訣)》에 있다. ㅇ常(상)-항상. ㅇ當(당)-……할 때마다. ㅇ自奮發曰(자분발왈)-스스로 분발하고 말하다. 이 글 전부를 말한 것으로 본다. ㅇ人性本善(인성본선)-사람의 성품은 본래 착하다. 여기서 말하는 성품은 인간의 선본성(善本性), 인의예지(仁義禮智)의 도덕성을 말한다. ㅇ無古今智愚之殊(무고금지우지수)-옛날이나 지금이나 지혜롭거나 우둔함의 차이가 없다. 모든 사람에게는 선천적으로 도덕성이 주어져 있다. 그러므로 누구나 성인 군자가 될 수 있다. ㅇ何故(하고)-어찌하여, 무슨 이유로. ㅇ獨爲聖人(독위성인)-옛날의 성인들만이 홀로 성인이 되었으며. ㅇ我則何故(아즉하고)-나는 무슨 이유로, 왜? ㅇ獨爲衆人耶(독위중인야)-홀로 평범한 사람이 되어야 하는가? ㅇ良由(양유)-성인이 되고 못되는 이유는 바로 ……이기 때문이다. 良은 바로, 참으로. 由는 연유, 이유. 그 이유는 다음의 셋이다. ㅇ志不立(지불립)-뜻을 바르게 세우지 않는다. ㅇ知不明(지불명)-앎이 밝지 못하다. 밝게 알지 못하다. ㅇ行不篤耳(행부독이)-행실이 독실하지 못하다. 耳는 ……이다, ……일 뿐이다. ㅇ志之立(지지립)-뜻을 바로 세우는 일. ○知之明(지지명)-밝게 아는 일. ○行之篤(행지독)-독실하게 행하는 일. ○皆在我耳(개재아이)-이상의 세 가지 일은 다 내가 할 일이다. ○我又何求哉(아우하구재)-내가 스스로 하면 되는 것이다. 그러니 또 무엇을 바라겠느냐? ○顏淵(안연)-공자의 수제자, 덕이 높았다. ○舜何人也予何人也(순하인야여하인야)-직역하면 순임금은 어떤 사람이고, 나는 어떤 사람이냐? 그러나 순임금과 나는 다 같은 사람이다라는 뜻이다. ○有爲者(유위자)-순임금같이 인덕(仁德)을 높인 사람의 뜻이다. ○亦若是(역약시)-역시 같은 사람이다. 즉 순임금도 역시 나와 같은 사람이다라는 뜻. ○我亦當(아역당)-나도 역시 마땅히 ……하리라. ○以顏之希舜爲法(이안지희순위법)-안연이 순임금같이 되고자 분발한 태도를 본으로 삼았다. 以……爲~는 ……을 ~으로 하겠다는 관용어구.

문법 常(항상) 當自奮發(스스로 분발할 때에는) 둘이 다 상어, 曰 이하가 다 빈어다. 人性(주어) 本(부사) 善(형용사 술어) 無(동사) 古今智愚之殊(빈어) 古今智愚(정어) 之(조사) 殊(중심어), 之는 소유(所有)의 뜻을 나타내는 개사(介詞)가 아니고, 종속구(從屬句)의 주어와 술어를 연결하는 구조조사(構造助詞)다. 何故獨爲聖人의 주어가 생략되었다. 何故(聖人)獨爲聖人 我(주어) 則(연사) 何故(부사) 獨爲衆人(술어) 耶(조사) 良(부사) 由(동사) 志不立, 知不明, 行不篤이 모두 由의 빈어다. 皆在我(모두가 나에게 있다, 즉 내가 할 일이다.) 我又何求哉(내가 또 무엇을 구하랴? 즉 내가 실천하면 성인이 될 것이다.) 舜何人也 予何人也의 何……, 何……는 관용어구다. 〔예 爾欲何, 爾取何(그대가 원하는 것을 취해 가져라)〕

5. 강학(講學) — 박지원(朴趾源)

(1) 君子終其身 不可一日而廢者 其惟讀書乎 故

士一日而不讀書　面目不雅　語言不雅　博奕飮酒
初豈樂爲哉.

군자(이) 종기신(으로) 불가일일이폐자(는) 기유독서호(인저) 고(로) 사(이)
일일이부독서(면) 면목불아(하고) 어언불아(하니) 박혁음주(를) 초기락위재
(리오)

군자는 죽는 날까지 단 하루도 폐할 수 없는 것이 있으니 그것이
바로 독서이다. 그런 고로 선비가 되어 하루만 책을 안 읽어도 용
모가 천하게 보이고 말씨가 천박하게 되느니라. 그러니 도박이나
승부놀이 혹은 음주 같은 것을 어찌 애당초부터 즐겨 하겠느냐?

어구 설명　○講學(강학)―두 가지 뜻이 있다. 학문을 강론한다, 배운 것을
실천하다. ○朴趾源(박지원, 1737~1805)―실학파의 학자. 위의 글은 그
의 문집 《연암집(燕巖集)》에서 추린 것이다. (1)은 독서의 중요성을 말했
고, (2)는 강학(講學)의 요점이 실천에 있음을 강조한 글이다. ○君子
(군자)―학문과 덕행으로 덕치(德治)에 참여하는 선비, 지식인. ○終其
身(종기신)―평생, 죽는 날까지. ○不可一日而廢者(불가일일이폐자)―단
하루라도 폐할 수 없는 것은. ○其惟讀書乎(기유독서호)―그것은 다만 독
서뿐이다. ○士一日而不讀書(사일일이부독서)―선비가 되어 하루라도 책
을 읽지 않으면. ○面目不雅(면목불아)―얼굴이나 표정이 우아하지 않고
상스럽게 된다. ○語言不雅(어언불아)―말씨가 점잖고 바르지 못하다. 천
박하게 된다. ○博奕飮酒(박혁음주)―장기, 바둑 같은 노름을 하거나 술
마시는 일. ○初豈樂爲哉(초기락위재)―처음부터 어찌 즐기겠느냐? 즐겨
하겠느냐?

(2)　夫讀書者　將以何爲也　將以富文術乎　將以
博文譽乎　講學論道　讀書之事　孝悌忠信　講學之

實 禮樂刑政 講學之用也 讀書而不知實用者 非
講學也 所貴乎講學者 爲其實用也.

부독서자(는) 장이하위야(오) 장이부문술호(아) 장이박문예호(아) 강학논도
(는) 독서지사(요) 효제충신(은) 강학지실(이요) 예악형정(은) 강학지용야
(니) 독서이부지실용자(는) 비강학야(라) 소귀호강학자(는) 위기실용야(니라)

대저, 책을 읽고 글공부를 하는 목적은 장차 무엇을 하기 위한
것이냐? 그것으로써 글쓰는 재주를 높이자는 것이냐? 그것으로써
글 잘한다는 이름을 넓히자는 것이냐?

학문을 강하고 도를 논하는 것이 곧 독서와 글공부가 할 일이다.
효제와 충신 같은 윤리 도덕을 실천하는 것이 글을 교육하는 실질
적인 사항이다. 예악과 형정을 바로잡는 것이 글을 교육하는 실용
적인 사항이다. 독서를 하되 실용을 하지 못하면 참다운 학문 교육
이 아니다. 글공부와 교육을 귀중하게 여기는 까닭은 실용하고 실
천하기 때문이다.

어구 설명   ○夫(부)─무릇, 대개, 발어사(發語詞). ○將以何爲也(장이하위
야)─독서 혹은 글공부를 함으로써 장차 무엇을 하려고 하느냐? 將以는
用以와 같다. 그것으로써, 단 將以에는 장차 ……하다의 뜻도 포함하고
있다. ○將以富文術乎(장이부문술호)─문장을 쓰는 기술을 높이고자 함
이냐? ○將以博文譽乎(장이박문예호)─학문이나 문장을 잘한다는 명예
를 넓게 얻으려고 함인가? ○論道(논도)─도를 논한다, 하늘의 도리 혹은
사물의 도리를 논의하고 탐구하고 또 실천한다. ○孝(효)─부모에 대한
효도. ○悌(제)─형제간의 우애, 특히 형에 대한 공경. ○忠(충)─나라나
임금에 대한 충성. ○信(신)─넓은 의미의 신의와 신용, 특히 언행일치(言
行一致)를 信이라 한다. ○講學之實(강학지실)─글공부나 교육의 실질적
열매, 효능이나 효과. ○禮樂(예악)─예절과 음악, 예악으로 사람의 성정

(性情)을 다스리고 사회적으로는 위계(位階)와 질서(秩序)를 바로잡는다. ○刑政(형정)-나라를 다스리고, 특히 상벌을 분명히 하기 위해 법률(法律)이나 형법(刑法)을 제정하고 집행한다. ○講學之用也(강학지용야)-학문과 교육의 실용과 활용이다. ○讀書而不知實用者(독서이부지실용자)-책을 읽기만 하고 실(實)과 용(用)을 모른다면. 실(實)은 효제충신(孝悌忠信), 즉 윤리도덕의 실천을 말한다. 용(用)은 예악형정(禮樂刑政), 즉 국가적 차원의 정치 실천을 말한다. ○非講學(비강학)-강학이 아니다. 즉 글공부도 교육도 아니다. ○所貴乎講學者(소귀호강학자)-강학을 귀중하게 여기는 이유는. ○爲其實用也(위기실용야)-학문을 윤리적으로 실천하고 또 정치적으로 활용하기 때문이다.

6. 맹모삼천(孟母三遷) — 출전 : 열녀전(列女傳)

鄒孟軻之母也 號孟母 其舍近墓 孟子之少也 嬉
遊爲墓間之事 踊躍築埋 孟母曰 此非吾所以居處
子也 乃去舍市傍 其嬉戲爲賈人衒賣之事 孟母又
曰 此非吾所以居處者也 復徙舍學宮之傍 其嬉遊
乃設俎豆 揖讓進退 孟母曰 眞可以居吾子矣 遂
居之 及孟子長 學六藝 卒成大儒之名.

추맹가지모야(는) 호맹모(로) 기사(이) 근묘(라) 맹자지소야(에) 희유(에) 위묘간지사(로) 용약축매(하니) 맹모(가) 왈 차(는) 비오소이거처자야(라하고) 내거사시방(하니) 기희희(에) 위고인현매지사(하노라) 맹모(가) 우왈 차(는) 비오소이거처자야(라하고) 부사(하고) 사학궁지방(하니) 기희유(에) 내설조두(하고) 읍양진퇴(하노라) 맹모(이) 왈 진가이거오자의(로라하고)

수거지(하노라) 급맹자장(에) 학육예(하고) 졸성대유지명(이로라)

　추나라 맹가의 어머니를 세상에서는 맹모라고 호칭했다. 그녀는 묘지 근처에 살고 있었다. 그러자 어린 맹자가 다른 아이들과 어울려 장난삼아 묘지에서 이루어지는 일들을 흉내내며 놀았다. 뛰어다니면서 매장하고 분봉을 돋아올리는 놀이를 했다. 맹자의 어머니는 "여기는 자식을 키울 곳이 아니다."라고 말하고 그곳을 떠나 저자 부근에 가서 살았다.

　그러자 이번에는 어린 맹자가 장난삼아 상인들이 사람을 현혹하면서 물건을 파는 시늉을 하고 놀았다. 맹자의 어머니는 또 "여기는 자식을 살게 할 곳이 아니다."라고 말하고 다시 이사하여 학교 부근에 가서 살았다.

　그러자 어린 맹자는 제기를 진설하고 제삿상을 꾸미고 읍하고 절하고 나가고 물러나면서 예를 행하는 시늉을 하며 놀았다. 맹자의 어머니는 "이곳은 참으로 우리 자식이 거처할만한 곳이다."라고 말하고 드디어 그곳에 머물러 살았다. 후에 맹자는 성장하자 육예(六藝)를 배워 익히고 마침내 유명한 대학자가 되었다.

어구 설명　○孟母三遷(맹모삼천)−맹자의 어머니가 자식의 교육을 위해 거처를 세 번이나 이사했다. 遷(옮길 천) ○列女傳(열녀전)−한(漢)나라 유향(劉向)이 편찬한 책, 여러 부류의 부녀자들에 대한 고사를 추렸다. ○鄒孟軻之母也(추맹가지모야)−추나라 맹가의 어머니는. 也는 단락을 나타내는 허사(虛詞), 추(鄒)는 춘추시대의 나라 이름. 산동성에 있으며, 맹자의 고향. 가(軻)는 맹자의 이름. ○號孟母(호맹모)−맹모라고 불렀다. ○其舍近墓(기사근묘)−그 집이 묘지 근처에 있었다. ○嬉遊(희유)−즐겁게 놀다. 嬉(즐길 희) 遊(놀 유) ○爲墓間之事(위묘간지사)−묘지에서 이루어지는 일들을 흉내내며 놀다. ○踊躍築埋(용약축매)−뛰어다니면서 매장하고 분봉을 돋아올리다. 踊=踊(뛸 용) 躍(뛸 약) 築(쌓을 축) 埋(묻을 매) ○非吾所以居處子(비오소이거처자)─내가 자식을 거처케 할 장소가 아니다. ○乃去(내거)─즉시, 그곳에서 떠나다. ○舍市傍(사시방)─저자 부근에 살다. ○賈人(고인)─상인, 장사꾼. 賈(장사 고) ○衒賣(현매)─사람을 현혹해서 물건을 팔다. 衒(팔 현) ○復徙(부사)─다시 이사를 가다. 復(다시 부) 徙(옮길 사) ○學宮之傍(학궁지방)─나라에서 세운 학교의 근처. ○乃設俎豆(내설조두)─그러자 제기를 진설(陳設)하고 놀다, 즉 제단이나 제삿상을 꾸미고. 조(俎)는 제물을 고이는 제기, 두(豆)는 제기의 받침대. ○揖讓進退(읍양진퇴)─읍하고 절하고 나가고 물러나다. 예를 갖추고 의식을 행한다는 뜻. 揖(읍 읍) 讓(사양할 양) ○眞可以居吾子矣(진가이거오자의)─참으로 우리 자식이 거처할만한 곳이다. ○遂居之(수거지)─드디어 그곳에 살다. ○及孟子長(급맹자장)─맹자가 성장한 다음에. ○學六藝(학육예)─육예를 배우다. 육예는 여섯 가지의 기본교양 과목. 예(禮)・악(樂)・사(射 : 활쏘기)・어(御 : 말타기와 수레 몰기)・서(書 : 글 쓰기)・수(數 : 셈하기). 육예를 육경(六經)으로 풀기도 한다. ○卒成大儒之名(졸성대유지명)─드디어, 위대한 유학자가 되고 이름을 냈다.

7. 단기지교(斷機之敎) ── 출전 : 열녀전(列女傳)

孟子之少也 旣學而歸 孟母方績 問曰 學何所至
矣 孟子曰 自若也 孟母以刀斷其織 孟子懼 而問
其故 孟母曰 子之廢學 若吾斷斯織也 孟子懼 旦
夕勤學不息 師事子思 遂成天下之名儒 君子謂
孟母知爲人母之道矣.

맹자지소야(에) 기학이귀(러니) 맹모방적(이라) 문왈 학(이) 하소지의(오)
맹자왈 자약야(니이다) 맹모이도(로) 단기직(이어늘) 맹자구이문기고(한대)
맹모왈 자지폐학(은) 약오단사직야(라) 맹자구(하야) 단석(으로) 근학불식
(하고) 사사자사(하여) 수성천하지명유(러라) 군자위 맹모 지위인모지도의
(라)

맹자가 어려서 배우던 글공부를 그만두고 집에 돌아왔다. 마침
베틀에서 피륙을 짜고 있던 맹자의 모친이 물었다. "너의 글공부가
어느 경지에 이르렀느냐?" 맹자가 "전과 같습니다."라고 대답하자
맹자의 모친이 칼로 베틀의 피륙을 삭둑 잘랐다.

맹자가 송구한 마음으로 그 이유를 묻자 맹자의 모친이 대답했
다. "네가 학문을 중도에서 폐하고 돌아온 것은 흡사 내가 짜던 피
륙을 칼로 자른 것과 같으니라."

맹자는 송구하게 여기고 아침저녁으로 부지런히 글공부하고 쉬지
않았다. 그리고 공자의 손자 자사를 스승으로 모시고 학문에 정진
했으며 마침내 천하에 이름을 날리는 대학자가 되었다. 군자들은
맹자의 모친은 자식을 키우는 어머니의 도리를 잘 지킨 분이라고
칭송했다.

어구 설명 ○斷機之敎(단기지교)－베틀의 베를 자른 교훈. 斷(끊을 단) 機
(베틀 기) ○旣學而歸(기학이귀)－일찍이 글공부를 하러 갔던 맹자가 중
도에 파하고 집으로 돌아왔다. ○孟母方績(맹모방적)－그때에 맹자의 어
머니가 공들여 베를 짜고 있었다. 적(積：실 낳을 적)은 여기서는 방적
(紡績), 길쌈의 뜻. ○學何所至矣(학하소지의)－네 학문이 어느 정도 진
척했느냐? ○自若也(자약야)－전과 같다, 也는 어조사. ○以刀斷其織(이
도단기직)－칼로 그가 짜고 있던 피륙을 삭둑 잘랐다. 織(짤 직) ○懼
(구)－송구스럽게 여기고. ○問其故(문기고)－그 이유를 물었다. ○子之

廢學(자지폐학)—그대가 학문을 폐한 것은. ○若吾斷斯織(약오단사직)—
내가 이 베를 자른 것과 같다. ○旦夕(단석)—아침저녁으로. ○師事(사
사)—스승으로 섬기고 글을 배우다. ○子思(자사)—공자의 손자, 이름은
급(伋),《중용(中庸)》의 저자. ○爲人母之道矣(위인모지도의)—어머니의
도리를 잘했다.

문법 孟母(주어) 以刀(상어) 斷(동사) 其織(빈어) 以(개사)＋刀(개사)의
빈어로 된 부사적 수식어, 즉 상어(狀語)다. 子之廢學은 주어구(主語
句)에 해당한다. 若吾斷斯織也는 형용사적 술어구(形容詞的 述語句)로
본다.

8. 전정송독(專精誦讀) ── 출전 : 몽구(蒙求)

後漢高鳳 家以農爲業 鳳專精誦讀 晝夜不息 妻
嘗之田 曝麥於庭 令鳳護鷄 時天暴雨 而鳳持竿
誦經 不覺潦水流麥 妻還怪問 方悟 後爲名儒.

후한고봉(이) 가이농위업(이라) 봉(이) 전정송독(하고) 주야불식(이라) 처
상지전(할새) 폭맥어정(하고) 영봉호계(로라) 시천폭우(나) 이봉(이) 지간
송경(하며) 불각료수류맥(이라) 처환괴문(에) 방오(라) 후위명유(로라)

후한의 고봉, 그의 집안은 농사를 업으로 삼고 있었다. 고봉은 오
직 정성으로 글을 읽고 낮과 밤을 쉬지 않고 (공부에 전념했다). 하
루는 그의 처가 밭에 나가면서 보리를 볕에 쪼여 말리려고, 마당에
펼쳐놓고, 고봉으로 하여금 닭을 지키게 했다. 때마침 하늘에서 폭
우가 쏟아져 내렸다. 그러나 고봉은 (닭을 쫓을) 막대를 손에 든

채, 경서를 소리내어 읽으며, 빗물이 마당에 펼쳐 놓은 보리를 흘려 내린 줄도 몰랐다. 그의 처가 돌아와서 괴상하게 여기고 묻자, 비로소 (보리가 빗물에 떠내려간 것을) 알았다. 그는 후에 유명한 유학자가 되었다.

어구 설명 ○專精誦讀(전정송독)—정성으로 글읽기에 전념하다. 專(오로지 전) 誦(욀 송) ○蒙求(몽구)—송(宋)대 서자광(徐子光)의 저서. ○高鳳(고봉)—후한(後漢)의 학자. ○家以農爲業(가이농위업)—집안이 농사를 업으로 삼다. ○晝夜不息(주야불식)—밤낮으로 쉬지 않고. ○妻嘗之田(처상지전)—처가 하루는 밭에 가면서. ○曝麥於庭(폭맥어정)—뜰에 보리를 펴서 햇볕에 쪼여 말리다. 曝(쬘 폭) ○令鳳護鷄(영봉호계)—고봉으로 하여금 닭을 지키게 하다. ○時天暴雨(시천폭우)—때마침 하늘에서 폭우가 내렸다. ○鳳持竿誦經(봉지간송경)—(닭을 쫓을) 막대를 든 채, 경서를 외우고 있다. ○不覺(불각)—깨닫지 못하다. ○潦水流麥(요수류맥)—(뜰에 고인) 빗물이 보리를 흘려 내린 것을. (고봉은 몰랐다는 뜻) 潦(괸 물 료) ○妻還怪問(처환괴문)—처가 돌아와 괴이하게 여기고 물어보자.

9. 형설지공(螢雪之功) — 출전 : 진서(晉書)

(1) 晉車胤 幼恭勤博覽 家貧 不常得油 夏月 以練囊 盛數十螢火 照書讀之 以夜繼日 後官至尚書郎 今人以書窓爲螢窓 由此也.

진차윤(이) 유(에)공근박람(하고) 가빈(이라) 불상득유(하니라) 하월(에) 이련낭(으로) 성수십형화(하고) 조서독지(하고) 이야계일(이라) 후관지상서

랑(하니라) 금인(이)이서창(으로)위형창(은) 유차야(라)

진나라의 차윤은 어려서 성품이 공손하고 근면하고, 넓게 책을 보고 공부를 했다. 그러나 집안이 가난하여 항상 등유를 살 수가 없었다. 여름 몇 달간은, 누인 명주로 만든 주머니에 수십 마리 반딧불이를 담아서 책을 밝게 비추고 글을 읽었으며, 밤을 낮에 이어가며 (공부를 했다). 후에 벼슬이 상서랑에 이르렀다. 오늘 사람들이 공부방의 창문을 '형창(螢窓)'이라고 부르는 것은 이에 연유한다.

어구 설명 ㅇ晉車胤(진차윤)ㅡ진나라의 차윤. ㅇ幼恭勤博覽(유공근박람)ㅡ어려서 공손하고, 근면하고, 넓게 책을 보고 공부를 했다. ㅇ不常得油(불상득유)ㅡ항상 등유를 살 수가 없었다. ㅇ以練囊(이련낭)ㅡ누인 명주로 만든 주머니에. ㅇ盛數十螢火(성수십형화)ㅡ수십 마리 반딧불이를 담아서. ㅇ照書讀之(조서독지)ㅡ책을 밝게 비추고 글을 읽었으며. ㅇ以夜繼日(이야계일)ㅡ밤을 낮에 이어가며 (공부를 했다). ㅇ後官至尙書郎(후관지상서랑)ㅡ후에 벼슬이 상서랑에 이르렀다. ㅇ今人以書窓爲螢窓(금인이서창위형창)ㅡ오늘 사람들이 공부방의 창문을 형창(螢窓)이라고 부르는 것은. ㅇ由此也(유차야)ㅡ이에 연유한다.

(2) 晉孫康 少淸介 交遊不雜 家貧無油 常映雪讀書 後官至御史大夫 今人以書案爲雪案 由此也.

진손강(이) 소청개(하야) 교유부잡(이라) 가빈무유(하야) 상영설(로)독서(하고) 후관지어사대부(하니라) 금인(이)이서안(으로)위설안(은) 유차야(라)

진나라의 손강은 어려서 마음이 깨끗하고, 남달리 뛰어났다. 사귐에 있어서도 잡되지 않았다. 집안이 가난하여 기름이 없었으므로 언제나 눈빛에 비추어 책을 읽었다. 후에 관직이 어사대부에 이르렀다. 오늘 사람들이 공부방의 책상을 '설안(雪案)'이라고 부르는 것은 이에 연유한다.

어구 설명　○晉孫康(진손강)-진나라의 손강은.　○少淸介(소청개)-어려서 마음이 깨끗하고, 남달리 뛰어났다.　○交遊不雜(교유부잡)-남과 사귐에 있어서도 잡되지 않았다.　○常映雪讀書(상영설독서)-언제나 눈빛에 비추어 책을 읽었다.　○後官至御史大夫(후관지어사대부)-후에 관직이 어사대부에 이르렀다.

10. 진충보국(盡忠報國) — 출전 : 성호사설(星湖僿說)

忘己事上謂之忠　最上忘死　其次忘爵　其次忘錢
忘者不愛也　愛錢則奪民之食矣　愛爵則遇事不敢
爲矣　愛死則權臣亡國而敢不逆　昏君虐政而不敢
言　外敵傾國而不敢拒.

망기사상(을) 위지충(이라하니) 최상(은) 망사(요) 기차(는) 망작(이요) 기차(는) 망전(이라) 망자(는) 불애야(니라) 애전(이면) 즉탈민지식의(요) 애작(이면) 즉우사불감위의(요) 애사(면) 즉권신망국(이어늘) 이감불역(이요) 혼군학정(이어늘) 이불감언(이요) 외적경국(이어늘) 이불감거(하리라)

　자신을 잊고 임금을 섬기는 것을 충성이라 한다. 최상의 충성은 자신의 죽음까지 잊는 것이고, 다음의 충성은 작위를 잊는 것이고, 그 다음은 금전을 잊는 것이다.

　잊는다 함은 곧 애착을 두지 않는다는 뜻이다. 금전에 애착을 두면 백성들의 재물을 탈취하게 된다. 작위에 애착을 두면 일처리에 있어, 과감하게 못할 것이다. 죽음을 두려워하고 생명에 애착을 두면, 권신이 나라를 망치고 날뛰어도 용감히 나서서 항거하지 않을 것이며, 또 우매한 임금이 포학한 정치를 해도 용감하게 충간을 올리지 않을 것이며, 외적이 침략하고 나라를 기울고 망하게 해도 용감하게 나서서 반항하고 싸우지 않을 것이다.

어구 설명 ○盡忠報國(진충보국)-충성을 다하고 나라에 보답한다. 盡(다될 진) 忠(충성 충) 報(갚을 보) ○星湖僿說(성호사설)-영조(英祖) 때의 실학자 이익(李翼 : 1681~1763)의 저서. ○忘己事上(망기사상)-자신을 잊고 위를 섬긴다. ○謂之忠(위지충)-그것을 충성이라 한다. ○最上忘死(최상망사)-최상은 자신의 죽음조차 잊는 것, 즉 죽음을 두려워하지 않음. 最(가장 최) ○忘爵(망작)-벼슬이나 작위를 잊다. 爵(벼슬 작) ○忘錢(망전)-금전이나 재물을 잊는 것. ○忘者不愛也(망자불애야)-여기서 잊는다고 함은 애착을 갖지 않는다는 뜻이다. ○愛錢(애전)-돈에 애착을 갖고 탐내면. ○奪民之食(탈민지식)-백성의 재물이나 먹을 것을 탈취한다. 奪(빼앗을 탈) ○愛爵(애작)-벼슬이나 관직에 연연하면. ○遇事(우사)-일을 당했을 때, 혹은 공무를 집행함에 있어. ○不敢爲(불감위)-과감하게 처리하지 못한다. ○愛死(애사)-여기서는 목숨을 아끼고 죽음을 두려워한다는 뜻으로 풀어야 한다. ○權臣亡國(권신망국)-권력을 쥔 신하가 나라를 망치는 경우에도. ○敢不逆(감불역)-과감하게 나서서 항거하지 못한다. ○昏君虐政(혼군학정)-우매한 임금이 학정을 펴도. ○不敢言(불감언)-감히 간언을 올리지 못한다. ○外敵傾國(외적경국)-밖으로부터 적이 들어와 나라를 기울게 해도. 傾(기울 경) ○不敢拒(불감거)-과감하게 나서서 항거하지 못한다. 拒(막을 거)

참고 이같은 가르침은 오늘에도 통한다. 자기의 최선을 다하고 나라를 위하는 것을 진충보국(盡忠報國)이라 한다. 그러기 위해서는 이기적 탐욕이나 악덕한 집착에서 벗어나야 한다. 즉 국가나 겨레를 위해서는 자신의 생사도 초월해야 한다.

11. 난신패자(亂臣敗子) ── 출전 : 자치통감(資治通鑑)

夫德者人之所嚴　而才者人之所愛　愛者易親　嚴
者易疏　是以察者　多蔽於才　而遺於德　自古昔以
來　國之亂臣　家之敗子　才有餘　而德不足　以至于
顚覆者多矣.

부 덕자(는) 인지소엄(이오) 이재자(는) 인지소애(라) 애자(는) 이친(이나)
엄자(는) 이소(라) 시이(로) 찰자(는) 다폐어재(하고) 이유어덕(하나니) 자
고석이래(로) 국지란신(과) 가지패자(는) 재유여 이덕부족(이오) 이지우전
복자(이) 다의(러라)

무릇 덕성은 사람들이 근엄하게 여기는 바이고, 재능은 사람들이
귀엽게 여기는 바이다. 귀엽게 여기는 재능을 지닌 사람은 친근해
지기 쉽고, 근엄하게 여기는 덕성을 지닌 사람은 멀리하기 쉽다. 그
러므로 인물 심사를 하는 사람들도 대개는 재능에 미혹되고 반대로
덕성을 소홀히 하게 마련이다.

자고로 나라를 어지럽히는 악한 신하나, 집안을 망치게 하는 나
쁜 자식들은 대개가 재능은 많되 덕성이 부족하다. 그래서 종국적
으로 나라와 집안을 뒤집어엎게 되는 것이다.

어구 설명 ○資治通鑑(자치통감)─송(宋) 사마광(司馬光)이 편찬한 294권
으로 된 사서(史書), 주로 역사 및 정치의 득실을 평론했다. ○德者(덕
자)─덕이 있는 사람, 혹은 덕성, 者는 구두점(句讀點)의 역할을 하는 허

사(虛詞). ○人之所嚴(인지소엄)－남들이 근엄하게 여기는 바이다. ○才者人之所愛(재자인지소애)－재주와 재치는 모든 사람이 좋아하는 바다. ○愛者易親(애자이친)－사랑을 받는 재주꾼은 친근해지기 쉽다. ○嚴者易疏(엄자이소)－엄격하거나 근엄한 사람은 소원해지기 쉽다. ○察者(찰자)－살피는 사람, 인물을 심사하는 사람. ○多蔽於才(다폐어재)－대부분 재주나 재치에 눈이 가리어 덮이고, 즉 미혹되다. 蔽(덮을 폐) ○而遺於德(이유어덕)－그래서 덕있는 사람을 빠뜨리고 놓친다. 遺(버릴 유) ○自古昔以來(자고석이래)－옛날부터 오늘까지. ○國之亂臣(국지란신)－나라를 어지럽히고 난동을 일으키는 신하. ○家之敗子(가지패자)－집안을 패망케 하는 자식. ○才有餘(재유여)－재주나 재치가 남음이 있다. ○德不足(덕부족)－덕이 부족하다. ○以至于(이지우)……者(자)－그럼으로써 ……에 이르는 자, 사람. ○顚覆(전복)－나라나 집안을 뒤집어엎는다. 顚(꼭대기 전) 覆(뒤집힐 복)

문법 夫는 발어사(發語詞), 德者(주어) 人之所嚴(술어) 而(연사) 才者(주어) 人之所愛(술어). 蔽於才(재치에 덮이어)의 於는 피동의 뜻, 遺於德(덕을 놓치다)의 於는 빈어(賓語) 앞에 놓는 형식적인 허사(虛詞).

참고 많은 사람들이 금전과 무력 만능주의에 빠져 서로 싸우고 쟁탈하면서 이기적 탐욕을 채우려고 아우성이다. 그래서 지구가 송두리째 약육강식의 사냥터로 화했으며, 아비규환의 참상이 연출되고 있다. 그 이유는 정신보다 물질을 높이고, 덕(德)보다 간악한 재주만을 높이기 때문이다. 그래서 난신적자(亂臣賊子)가 많게 마련이다.

12. 사엄생경(師嚴生敬) ── 이황(李滉)

學校風化之源 首善之地 而士子禮義之宗 元氣之寓也 國家設學而養士 其意甚隆 士子入學以

自養 寧可苟爲是淺鱗哉 而況師生之間 尤當以
禮義相先 師嚴生敬 各盡其道 其嚴非相屬也 其
敬非受屬也 而皆主於禮.

학교(는) 풍화지원(이요) 수선지지(라) 이사자(는) 예의지종(이요) 원기지
우야(라) 국가설학이양사(니) 기의심륭(이라) 사자입학이자양(에) 영가구위
시천멸재(리오) 이황사생지간(에) 우당이례의상선(하며) 사엄생경(하며) 각
진기도(하리니) 기엄(은) 비상려야(요) 기경(은) 비수속야(요) 이개주어례
(니라)

학교는 나라의 기풍을 교화하는 근원지이고 모든 선을 앞장서서
행하는 기틀이 되는 곳이다. 그리고 선비의 자제들은 국가적 차원
에서 예의를 실천하는 중심적 주체이며, 나라의 원기를 간직한 귀
중한 인재들이다.

나라에서 학교를 세워서 선비들을 배양하는 그 뜻이 더없이 높고
중하다. 그러므로 선비의 자제들이 학교에 들어와서 각자의 학문과
덕행을 배양함에 있어, 만의 하나라도 학교 교육의 뜻을 하찮게 여
기거나 가볍게 생각할 수가 있겠는가? 그래서는 안된다.

특히 스승과 학생간에서는 예의를 서로 앞세우고 지켜야 한다.
즉 스승은 엄하게 학생을 훈육하고 학생은 스승을 공경하고, 저마
다 자기의 본분을 다해야 한다. 엄하게 한다는 것은 각박하게 한다
는 뜻이 아니고, 공경한다는 것은 예속한다는 뜻이 아니다. 어디까
지나 예를 주로 해야 한다.

어구 설명 ㅇ李滉(이황, 1501~1570)-호는 퇴계(退溪), 조선 중종(中宗)·
선조(宣祖) 때의 문신이자 성리학(性理學)의 대가. 《퇴계전서(退溪全
書)》가 있다. ㅇ學校(학교)-주로 국가에서 세운 교육기관. ㅇ風化之源

(풍화지원)−사회의 기풍을 교화하는 근원지. ○首善之地(수선지지)−
선을 앞장서서 행하는 곳. ○士子(사자)−선비의 자제들. ○禮義之宗(예
의지종)−예의를 지키고 실천함에 가장 으뜸이 되는 중심적 존재, 인물이
라는 뜻. ○元氣之寓也(원기지우야)−국가의 근본이 되는 기운을 지니고
있는 존재, 국가의 동량이 될 사람들이라는 뜻. ○國家設學而養士(국가설
학이양사)−국가에서 학교를 세워서 선비들을 양성하는. ○其意甚隆(기의
심륭)−그 뜻이 매우 높고 성대하다. 隆(클 륭) ○士子入學以自養(사자입
학이자양)−선비의 자제들이 학교에 들어와 저마다 수양함에 있어. ○寧
可(영가)……哉(재)−어찌 ……할 수 있으랴? ○苟爲是淺衊(구위시천
멸)−혹시라도 혹은 조금이라도 하찮게 여기거나 멸시한다. 苟(만약 구)
衊(모독할 멸) ○師生之間(사생지간)−스승과 학생 사이에서는 ○尤當
(우당)−더욱 마땅히. ○以禮義相先(이례의상선)−서로 예의를 앞세워야
한다. 以는 ……으로써의 뜻도 있으나, 여기서는 목적어 앞에 오는 개사
(介詞)로 본다. ○師嚴生敬(사엄생경)−스승은 학생에게 엄하게 대하고,
학생은 스승을 공경한다. ○各盡其道(각진기도)−저마다, 각자가 지키고
행할 도리를 다한다. ○其嚴(기엄)−스승이 학생을 엄하게 다룬다고 함은.
○非相厲也(비상려야)−상대방에게 심하게 혹은 각박하게 함이 아니다.
厲(갈 려) ○其敬(기경)−학생이 스승을 존경한다고 함은. ○非受屬也(비
수속야)−맹목적으로 예속함이 아니다. ○皆主於禮(개주어예)−다 예를
주로 해야 한다.

참고 옛날의 학문이나 수양의 핵심은 심성함양(心性涵養) 및 윤리 도덕의
실천이었다. 그러므로 사람인 이상은 누구나 책을 읽고 공부를 해서 사람
다운 사람이 되라고 가르쳤던 것이다. 그래야 바른 사람이 되고 언행이
중용의 도[中庸之道]에 맞게 된다. 바를 정(正)이나 중용(中庸)은 다 하
늘의 도리를 기준으로 한다. 성현(聖賢)이 남긴 경서를 읽어야 심성(心
性)이 함양되고 인격이 높아진다.

　오늘의 인류는 권모술수(權謀術數)를 농하고 무자비한 무력행사로 나

만의 탐욕을 채우고 있기 때문에 약육강식(弱肉强食)의 싸움터로 화했다. 이 같은 아귀도(餓鬼道)에서 벗어나 인류대동(人類大同)의 평화세계를 창건하기 위해 우리는 동양의 경전(經典)을 읽고 활용해야 한다. 공자는 '정치는 바르게 함이다[政者正也]'라고 말했다. 즉 하늘의 도리와 하나 되는 정치를 하라는 뜻이다. 또 공자는 예치(禮治)를 높였다. 예(禮)의 뜻은 깊다. 《설문(說文)》에는 이(理), 이(履)라고 풀이했다. 예치는 곧 천도천리(天道天理)를 따르고 실천한다는 뜻이다. 하늘의 도리는 만물을 창조하고 번식케 하는 절대선(絕對善)의 도리이다.

제 5 편

한시의 독해(讀解)와 감상

시(詩)는 사람의 '지(智)·정(情)·의(意)'를 정화하고 '진(眞)·선(善)·미(美)'와 하나되게 한다. 시는 자연의 절주(節奏)를 바탕으로 한 언어예술(言語藝術)의 극치이다. 특히 한시는 기하학적 형식미(形式美) 속에 정취(情趣)와 의상(意想)을 간직하고 있다. 그러므로 옛날부터 중국에서는 시를 교화(教化)에 활용했다. 이른바 시교(詩敎)다. 《시경(詩經)》의 대서(大序)에 다음 같은 말이 있다.

'시는 뜻의 표출이다. 마음속에 있는 것을 뜻이라 하고, 말로 표출한 것을 시라 한다.(詩者 志之所之也 在心爲志 發言爲詩)'

'잘 다스려지는 나라의 음악은 편안하고 즐겁다. 정치가 고르기 때문이다.(治世之音 安而樂 其政和)'

'혼란한 나라의 음악은 원망스럽고 노엽다. 정치가 어긋나기 때문이다.(亂世之音 怨而怒 其政乖)'

'망한 나라의 음악은 애달프고 서글프다. 백성들이 고생하기 때문이다.(亡國之音 哀而思 其民困)'

'그러므로 득실을 바로잡고 천지를 움직이게 하고 귀신을 감동케 하는 것으로 시보다 더한 것이 없다.(故正得失 動天地 感鬼神 莫近於詩)'

'그러므로 선왕은 시를 가지고 부부의 도리를 바로잡고 효경의 기풍을 진작하고 인륜을 돈독하게 하고 교화를 아름답게 하고 사회의 기풍을 옮겼다.(先王以是經夫婦 成孝敬 厚人倫 美教化 移風俗)'

공자(孔子)는 말했다. '시경 3백 편의 시는 한마디로 사념에 사악함이 없다고 말하겠다.(詩三百 一言以蔽之曰 思無邪)'《論語》

제1장 중국의 오언절구(五言絶句)

1. 사슴 울타리(鹿柴) ― 왕유(王維)

공산불견인	단문인어향
空山不見人	但聞人語響

반영입심림	부조청태상
返景入深林	復照靑苔上

텅 빈 산에 사람의 모습 보이지 않고
다만 말소리만이 바람결에 들려오네
반사하는 석양이 숲 깊이 비치니
다시 한번 푸른 이끼 반짝하네.

어구 설명 ○鹿柴(녹채)―사슴을 키우는 녹장(鹿場)의 나무 울타리, 즉 목책(木柵). 망천(輞川) 별장의 경관을 읊은 20수 중의 하나. ○空山(공산)―인적이 없는 텅 빈 산. ○人語響(인어향)―사람의 말소리만이 들려온다. ○返景入深林(반영입심림)―석양이 숲 깊이 비치어 든다. ○復照靑苔上(부조청태상)―석양이 다시 한번 푸른 이끼를 반짝하고 비친다.

2. 숲속의 별채(竹里館) ── 왕유(王維)

독좌유황리　　탄금부장소
獨坐幽篁裏　　彈琴復長嘯

심림인부지　　명월래상조
深林人不知　　明月來相照

그윽한 대나무숲에 홀로 앉아

거문고 타며 거듭 읊조릴 제

사람 기웃거리지 않는 숲속에

밝은 달이 와서 마주 보고 있노라.

어구 설명　○竹里館(죽리관)─망천에 있는 대나무 숲속의 정자. ○幽篁裏
(유황리)─그윽한 대나무숲 속에. '나는 깊은 대숲에 있으므로 끝내 하늘
을 못 보노라.(予處幽篁兮　終不見天)'〈楚辭　九歌　山鬼〉○彈琴復長嘯
(탄금부장소)─거문고를 타며 거듭 길게 시를 읊조린다. ○深林人不知(심
림인부지)─깊은 숲속이라 찾아오는 사람도 없다. ○明月來相照(명월래
상조)─밝은 달만이 찾아와서 나를 보고 환한 달빛을 내려준다.

3. 즉흥으로 읊은 시(雜詩) ― 왕유(王維)

군 자 고 향 래　　응 지 고 향 사
君自故鄕來　　應知故鄕事

내 일 기 창 전　　한 매 착 화 미
來日綺窗前　　寒梅著花未

그대는 고향에서 왔으니
고향의 소식을 잘 알겠지
그대 올 무렵, 우리집 사창 앞에
매화꽃이 피었던가 안 피었던가?

어구 설명　　○雜詩(잡시)－잡감(雜感)을 적은 시라는 뜻이다. 전당시(全唐詩) 왕우승집전주(王右丞集箋注)에 3수의 잡시가 있다. 이 시는 그 중의 제2수. ○自故鄕來(자고향래)－고향에서 오다. ○應知(응지)－마땅히 알다. ○來日(내일)－그대가 고향을 떠나 이리 오던 날. ○綺窗(기창)－아름답게 꾸민 사창. 규방(閨房)의 창문. ○寒梅(한매)－일찍 피는 매화, 동매(冬梅). ○著花未(착화미)－꽃이 피었던가 안 피었던가? 著＝着(착).

4. 건덕강 가에 묵다(宿建德江) — 맹호연(孟浩然)

이 주 박 연 저   일 모 객 수 신
移舟泊煙渚   日暮客愁新

야 광 천 저 수   강 청 월 근 인
野曠天低樹   江淸月近人

배를 옮겨 안개 자욱한 강가에서 묵을 제

날 저무니 나그네 설움 더욱 새로 돋아나네

광활한 들판 하늘이 숲보다 낮고

강물이 맑으니 달이 더욱 사람에게 다가오네.

어구 설명 ○宿建德江(숙건덕강)─건덕 부근의 강가에 배를 대고 밤을 묵는다. 건덕은 현 절강성(浙江省) 건덕현(建德縣). ○移舟(이주)─배를 이동하여. ○泊(박)─묵다, 숙박하다. ○煙渚(연저)─저녁 안개가 자욱하게 내린 강가, 모래밭 혹은 사탄(沙灘). ○日暮客愁新(일모객수신)─날이 저물고 어둠이 내리니 객수가 새삼스럽게 덮쳐온다. ○野曠天低樹(야광천저수)─들판이 광활하니 하늘이 숲보다 더 낮게 보인다. ○江淸月近人(강청월근인)─강이 맑으니 달이 더욱 내 곁에 다가온 듯하다.

5. 봄날 새벽(春曉) — 맹호연(孟浩然)

춘면불각효   처처문제조
春眠不覺曉   處處聞啼鳥

야래풍우성   화락지다소
夜來風雨聲   花落知多少

봄잠에 취해 새벽이 된 줄도 몰랐거늘
사방에서 우짖는 새소리에 깨어났네
간밤에 줄곧 비바람 소리가 요란했으니
아뿔사 꽃들이 얼마나 많이 떨어졌으랴?

어구 설명 ○春曉(춘효)—봄 새벽, 이른 아침. ○春眠不覺曉(춘면불각효)— 고단하게 봄잠을 자느라고 새벽이 된 줄도 모른다. ○處處(처처)—사방, 여기저기. ○聞啼鳥(문제조)—우짖는 새소리가 귀에 들려온다. 문(聞)은 저절로 들려오다, 청(聽)은 의식적으로 듣다. ○夜來(야래)—간밤에 줄곧, 밤사이 계속해서, 래(來)는 계속해서 ……하다의 뜻을 나타내는 조사. ○風雨聲(풍우성)—바람 불고 비 쏟아지는 소리. ○花落知多少(화락지다소)—꽃이 얼마나 떨어졌을까? 필경 많이 떨어졌으리라. 다소(多少)는 '얼마나, 혹은 퍽 많이'.

6. 조용한 밤에 고향을 생각함(靜夜思) — 이백(李白)

상 전 명 월 광　의 시 지 상 상
牀前明月光　疑是地上霜

거 두 망 명 월　저 두 사 고 향
擧頭望明月　低頭思故鄉

침상 머리 휘영청 밝은 달빛을 보고
벌써 땅에 서리가 내렸는가 의아했노라
머리를 치켜들고 밝은 달을 쳐다보며
고향 생각에 절로 고개가 숙여지네.

어구 설명　○靜夜思(정야사)—고요한 밤에 고향을 생각함. '정야사'는 악부시(樂府詩)의 제목이며, 야사(夜思)라고 쓴 책도 있다. ○牀前(상전)—침상 머리맡, 침상 앞. ○明月光(명월광)—밝은 달이 빛살을 마냥 뿌리고 있다. ○疑是地上霜(의시지상상)—벌써 서리가 내렸는가 의심했노라. 훤하게 비춰진 달빛을 흰 서리로 착각했다. ○擧頭望明月(거두망명월)—머리를 치켜들고 명월을 바라보다. ○低頭思故鄉(저두사고향)—고향 생각에 스스로 고개가 숙여진다.

7. 강설(江雪) ── 유종원(柳宗元)

천산조비절　만경인종멸
千山鳥飛絶　萬徑人蹤滅

고주사립옹　독조한강설
孤舟簑笠翁　獨釣寒江雪

높이 솟은 산에는 새들조차 날지 않고
만 갈래 길에는 사람의 발자취 끊어졌거늘
일엽편주를 타고 도롱이와 삿갓 걸친 노옹이
홀로 눈 날리는 추운 강에서 낚시를 하네.

어구 설명　ㅇ江雪(강설)－눈이 쏟아져 내리는 강. ㅇ千山(천산)－우뚝우뚝 높이 솟은 많은 산. ㅇ鳥飛絶(조비절)－새들조차 날지 않는다. 나는 새들조차 안 보인다. ㅇ萬徑(만경)－만 갈래 고샅길이나 샛길에는. ㅇ人蹤滅(인종멸)－사람의 발자취가 끊어졌다. 오가는 사람이 없다. ㅇ孤舟(고주)－한 척의 작은 배, 일엽편주(一葉片舟). ㅇ簑笠翁(사립옹)－도롱이 걸치고 삿갓을 쓴 늙은이. ㅇ獨釣(독조)－홀로 낚시를 한다. ㅇ寒江雪(한강설)－춥고 눈 날리는 강에서, 혹은 차갑게 얼어붙은 눈 덮인 강에서.

8. 은자를 방문했으나 만나지 못함(尋隱者不遇)

— 가도(賈島)

송 하 문 동 자　　언 사 채 약 거
松下問童子　　言師採藥去

지 재 차 신 중　　운 심 부 시 처
只在此山中　　雲深不知處

소나무 밑에서 동자에게 물었으나

동자가 말하네. "사부님은 약초를 캐러 나가셨으며

다만 산 속 어디에 계실 것이나

구름이 깊어 행방을 알지 못합니다."

어구 설명　○尋隱者不遇(심은자불우)－은자를 방문했으나 만나지 못함. 은자는 속세를 버리고 산에 들어가 은둔해 사는 선비, 즉 은사(隱士). 심(尋)은 찾다. ○松下問童子(송하문동자)－소나무 밑에서 동자에게 묻는다. ○言(언)－동자가 대답해 말하다. ○師採藥去(사채약거)－사부는 약초를 캐러 가셨다. 사(師)는 승려(僧侶)나 도사(道士)에 대한 호칭. ○只(지)－오직, 틀림없이. ○在此山中(재차산중)－이 산 속에 있을 것이다. ○雲深不知處(운심부지처)－그러나 구름이 깊어서 행방이나 계신 곳을 알 수가 없다.

9. 옥계의 원정(玉階怨) — 이백(李白)

옥 계 생 백 로　　야 구 침 라 말
玉階生白露　　夜久侵羅襪

각 하 수 정 렴　　영 롱 망 추 월
却下水精簾　　玲瓏望秋月

궁전의 옥계단에 흰 이슬이 내리고
밤이 깊어 비단 버선이 이슬에 젖네
기다리다 지친 그녀는 수정발을 내리고
발 밖으로 떠오른 영롱한 가을달을 바라보네.

어구 설명　○玉階怨(옥계원)－악부제(樂府題). 임금의 총행(寵幸)을 갈망하는 궁녀의 원정(怨情)을 읊은 시다. ○玉階(옥계)－옥으로 장식한 아름다운 궁전의 계단. ○生白露(생백로)－흰 이슬이 내리다, 이슬방울이 맺히다. ○夜久(야구)－밤늦게까지 계단에서 기다리다. ○侵羅襪(침라말)－차가운 밤이슬이 엷은 비단 버선 속으로 스며든다. ○却下(각하)－아래로 내리다. ○水精簾(수정렴)－수정(水晶)으로 엮은 발. ○玲瓏(영롱)－구슬처럼 맑고 아름다운 달. ○望秋月(망추월)－가을달을 쳐다본다.

10. 절구(絶句) ── 두보(杜甫)

강벽조유백　　산청화욕연
江碧鳥逾白　　山青花欲然

금춘간우과　　하일시귀년
今春看又過　　何日是歸年

봄의 강물이 푸르니, 그 위를 나는 새들이 더욱 희게 돋보이고
산이 푸르니 그 앞에 피어난 붉은 꽃이 불타는 듯이 보이네
금년도 객지에서 봄을 바라보며 보내고 있으니
어느 날 (전란이 끝나고) 고향으로 돌아갈까.

어구 설명　　○絶句(절구)─시의 제목. 절망의 시. ○杜甫(두보, 712~770)─성당(盛唐)의 시인, 시성(詩聖)으로 칭송된다. ○江碧(강벽)─강물이 푸르다. ○鳥逾白(조유백)─물새들이 더욱 희게 돋보인다. ○山青(산청)─산의 숲이 푸르다. ○花欲然(화욕연)─(푸른 숲을 배경으로) 붉은 꽃이 더욱 불타는 듯 돋보인다. ○今春看又過(금춘간우과)─이 봄을 또 객지에서 하염없이 보내니. ○何日是歸年(하일시귀년)─언제나 (전란이 끝나고) 내가 고향으로 돌아갈 수 있을까? 고향으로 돌아갈 날이 언제인가?

11. 밤비(夜雨) ── 백거이(白居易)

조공제부헐　잔등멸우명
早蛩啼復歇　殘燈滅又明

격창지야우　파초선유성
隔窓知夜雨　芭蕉先有聲

귀뚜라미가 울다가 다시 문득 울음을 멈추고
새벽녘 등불이 꺼질 듯 다시 밝아지니
창 밖으로 밤비 내리는 줄 알겠노라
파초 잎사귀에 먼저 빗방울 소리가 나네.

어구 설명　○夜雨(야우)─밤비. ○白居易(백거이, 772~846)─중당(中唐)의 시인, 자는 낙천(樂天), 〈장한가(長恨歌)〉의 작자. ○早蛩(조공)─새벽녘에 우는 귀뚜라미. ○啼復歇(제부헐)─찍찍 울어대다가 다시 울음을 멈춘다. ○殘燈(잔등)─새벽까지 밝혀진 등불. ○滅又明(멸우명)─깜박깜박 꺼질듯이 가물거리다가 다시 밝아진다. ○隔窓(격창)─창 밖으로. ○知夜雨(지야우)─밤비가 내리는 것을 알겠다. ○芭蕉先有聲(파초선유성)─뜰에 있는 파초 잎사귀에 후두둑 떨어지는 빗방울 소리가 먼저 들려온다.

12. 영철 스님을 전송함(送靈澈) ― 유장경(劉長卿)

창창죽림사　묘묘종성만
蒼蒼竹林寺　杳杳鐘聲晚

하립대사양　청산독귀환
荷笠帶斜陽　靑山獨歸還

어둑어둑 저물어 가는 죽림사에서
아득히 멀리 종소리 울리는 저녁 무렵에
삿갓 등에 메고 석양을 받으면서
그대 홀로 외롭게 청산으로 돌아가리라.

어구 설명　◦送靈澈(송령철)―중 영철을 전송함. 성은 탕(湯), 자는 원징(源澄), 816년에 입적. 유장경(劉長卿)·맹호연(孟浩然) 등과 교유한 시승(詩僧), 전당시(全唐詩)에 10여 수의 시가 수록되어 있다. ◦蒼蒼(창창)―날이 저물어 어둑어둑하다. 맑고 푸르다. ◦竹林寺(죽림사)―현 강소성(江蘇省) 진강시(鎭江市) 남쪽에 있다. ◦杳杳(묘묘)―아득하다, 멀다. ◦鐘聲晚(종성만)―종소리가 들려오는 저녁 무렵. ◦荷笠(하립)―삿갓을 등에 메고. ◦帶斜陽(대사양)―기우는 석양을 등에 받으며. ◦靑山獨歸還(청산독귀환)―푸른 산 속으로 홀로 돌아간다.

제2장 한국의 오언절구(五言絶句)

1. 수의 장군 우중문에게(與隋將于仲文)

— 을지문덕(乙支文德)

신 책 구 천 문 　묘 산 궁 지 리
神策究天文　妙算窮地理

전 승 공 기 고 　지 족 원 운 지
戰勝功旣高　知足願云止

그대의 귀신 같은 술책은 천문을 꿰뚫고

기묘한 계략으로 이 나라 지리를 다 알았으며

이미 싸워 이기고 전공도 높이 세웠으니

족한 줄 알고 그만 싸우기를 바라오.

어구 설명 ○隋將于仲文(수장우중문)−수나라 양제(煬帝) 때의 장수(將帥). ○乙支文德(을지문덕)−고구려의 명장, 살수(薩水)에서 수군을 물리쳤다. ○神策(신책)−귀신의 술책. 策(꾀 책) ○究天文(구천문)−천문을 궁구(窮究)했다. 究(궁구할 구) ○妙算(묘산)−기묘한 계산이나 모계(謀計). ○窮地理(궁지리)−지리에 통달했다. ○功旣高(공기고)−전공을 이미 높이 세웠다. ○知足(지족)−족함을 알고. ○願云止(원운지)−그만두자고 말하기를 바란다.

2. 가을밤 비 올 때에(秋夜雨中) — 최치원(崔致遠)

추풍유고음　　세로소지음
秋風惟苦吟　　世路少知音

창외삼경우　　등전만리심
窓外三更雨　　燈前萬里心

가을바람 소슬한 밤에 고심하며 시를 읊으나

타향길 어디에도 나의 심정을 알아주는 이 없네

창 밖에는 삼경 깊은 밤에 비가 내릴 제

등불 앞에 대하고 만리 길 먼 고향을 그리는 마음.

어구 설명　ㅇ秋夜雨中(추야우중)―가을밤 비 올 때에. ㅇ崔致遠(최치원)―
신라 때의 학자. 자는 고운(孤雲), 당나라에서 등과했다. ㅇ惟苦吟(유고
음)―마냥 고생스럽게 시를 짓는다. 읊조린다. ㅇ世路(세로)―타향살이 세
상길에서, 즉 다른 나라 어디에 가나. ㅇ少知音(소지음)―자기의 심정을
진실로 알아주는 사람. 거문고의 명인 백아(伯牙)의 심정을 종자기(鍾子
期)가 알아주었다. ㅇ三更(삼경)―밤 11시부터 새벽 1시 사이. 깊은 밤.
ㅇ燈前萬里心(등전만리심)―등 앞의 나그네는 만리 떨어진 고향을 생각
하고 있다.

3. 한송정곡(寒松亭曲) ── 장연우(張延祐)

월 백 한 송 야   파 안 경 포 추
月白寒松夜　波安鏡浦秋

애 명 래 우 거   유 신 일 사 구
哀鳴來又去　有信一沙鷗

달이 휘영청 밝은 한송정의 밤

경포의 물결이 잔잔한 가을철에

애달프게 울며 왔다가 다시 가는

한 마리 갈매기가 소식을 전하려는가.

어구 설명　○寒松亭曲(한송정곡)─한송정은 경포대(鏡浦臺) 기슭에 있다. 곡(曲)은 곡조, 노래, 시. ○張延祐(장연우)─고려 광종(光宗), 현종(顯宗) 때 사람. 중국어에 능통했으며, 호부상서(戶部尙書)를 지냈다. ○月白寒松夜(월백한송야)─달이 밝게 비치는 한송정의 밤. ○波安鏡浦秋(파안경포추)─파도가 잔잔한 경포의 호수는 가을이라 더욱 소슬하다. ○哀鳴來又去(애명래우거)─애달피 울며 오고가는. ○有信一沙鷗(유신일사구)─소식을 지닌 듯한 한 마리의 갈매기. 갈매기가 소식을 전하려는 듯 오가고 있다. 鏡(거울 경) 浦(물가 포) 信(음신 신) 沙(모래 사) 鷗(갈매기 구)

4. 문득 노래함(偶吟) — 송한필(宋翰弼)

화 개 작 야 우　　화 락 금 조 풍
花開昨夜雨　　花落今朝風

가 련 일 춘 사　　왕 래 풍 우 중
可憐一春事　　往來風雨中

꽃이 간밤 비에 피어났거늘

그 꽃이 오늘 아침 비에 떨어졌노라

아 슬프도다, 봄 한철의 삶이

이렇듯 비바람 속에 왔다가 가노라.

어구 설명　 ○偶吟(우음)－우연히 읊다. 문득 시를 쓰다. 偶(우연 우) 吟(읊을 음) ○宋翰弼(송한필)－조선조 중기의 학자. ○花開昨夜雨(화개작야우)－꽃이 간밤 비에 피어나다. 화(花)를 주어로 보고 풀이해야 뜻이 산다. ○花落今朝風(화락금조풍)－바로 그 꽃이 오늘 아침에 불어댄 바람에 떨어졌다. ○可憐(가련)－가련하다, 슬프다, 불쌍하다. ○一春事(일춘사)－한 동안의 짧은 봄철에 피어났다가 이내 시드는 꽃처럼 덧없는 삶. ○往來(왕래)－왔다가 돌아간다. ○風雨中(풍우중)－비바람 속에.

＊봄비는 초목을 키워주지만, 봄바람은 봄꽃을 앗아간다.

5. 금강산(金剛山) — 성석린(成石磷)

일 만 이 천 봉　고 저 자 부 동
一萬二千峯　高低自不同

군 간 일 륜 상　고 처 최 선 홍
君看日輪上　高處最先紅

1만 2천의 산봉우리가
저마다 높낮이가 같지 않으니
그대 보라, 둥근 해가 떠오를 때에
가장 높은 산봉우리가 가장 먼저 붉으리라.

어구 설명　○金剛山(금강산)－봄에는 금강산, 여름에는 봉래산(蓬萊山), 가을에는 풍악산(楓岳山), 겨울에는 개골산(皆骨山)이라고 부른다. ○成石磷(성석린)－조선시대의 유학자. ○一萬二千峯(일만이천봉)－금강산의 산봉우리 수는 1만 2천 개라고 한다. ○高低(고저)－높낮이, 높고 낮음이. ○自不同(자부동)－각각 다르다. ○君看(군간)－그대 보시오. ○日輪上(일륜상)－해가 떠오를 때. 輪(바퀴 륜) ○高處(고처)－높은 곳, 즉 높은 산봉우리. 處(살 처) ○最先紅(최선홍)－가장 먼저 새벽빛을 받고 먼저 붉게 물든다. 最(가장 최)

6. 금강산(金剛山) ─ 송시열(宋時烈)

산여운구백   운산불변용
山與雲俱白   雲山不辨容

운귀산독립   일만이천봉
雲歸山獨立   一萬二千峯

산과 구름이 함께 희므로
구름과 산을 분간할 수 없으나
이윽고 구름이 개이자 (우뚝우뚝 솟아나니)
그 산봉우리가 1만 2천 개로다.

어구 설명   ○宋時烈(송시열)─조선 인조(仁祖), 숙종(肅宗) 때의 고관으로
성리학(性理學)의 대가, 호는 우암(尤菴). ○山與雲(산여운)─산과 구름
이. ○俱白(구백)─다 같이 희다. 흰 구름이 산을 덮고 있다는 뜻. ○雲山
不辨容(운산불변용)─구름과 산을 분간할 수 없다. 辨(분별할 변) ○雲歸
(운귀)─구름이 하늘로 돌아가다, 즉 하늘이 개다. ○山獨立(산독립)─산
이 저마다 우뚝 솟아나다. ○一萬二千峯(일만이천봉)─금강산의 산봉우
리가 1만 2천 봉이나 된다.

* 구름이 개이면 진상(眞相)이 보인다. 그와 마찬가지로 우매한 무지에서
  해탈하면 진리(眞理)가 보인다.

7. 봄의 감흥(春興) —— 정몽주(鄭夢周)

춘 우 세 부 적   야 중 미 유 성
春雨細不滴   夜中微有聲

설 진 남 계 창   초 아 다 소 생
雪盡南溪漲   草芽多少生

봄비 가늘어 방울지지 않더니
한밤중에는 희미하게 부슬부슬 소리가 나노라
눈이 녹아 남쪽 계곡물이 불어날 것이니
들판의 풀 싹이 마냥 돋아나리라.

어구 설명　○春興(춘흥)—이른 봄의 흥취. ○鄭夢周(정몽주, 1337~1392)—
호는 포은(圃隱), 고려말의 충신·학자. ○春雨(춘우)—봄비. ○細不滴(세
부적)—빗방울이 너무 가늘어 방울지지 않는다. ○夜中(야중)—그러나 고
요한 밤중에는. ○微有聲(미유성)—희미하게나마 부슬부슬 비 내리는 소
리가 들린다. ○雪盡(설진)—봄비에 눈들이 다 녹아 내리므로. ○南溪漲
(남계창)—남쪽 냇물이 불어날 것이며. ○草芽(초아)—풀 싹. ○多少(다
소)—많이, 마냥. ○生(생)—돋아나 자라리라.

8. 잠에서 깨다(睡起) ― 서거정(徐居正)

염 영 심 심 전　　하 향 속 속 래
簾影深深轉　　荷香續續來

몽 회 고 침 상　　동 엽 우 성 최
夢回高枕上　　桐葉雨聲催

발 그림자가 방 속 깊이 얼룩얼룩 술렁이고
연못에 피어난 연꽃 향기가 잇달아 풍겨올 제
꿈에서 깨어난 나의 베갯머리에 들려오는
오동잎에 떨어지는 빗방울 소리는 가을을 재촉하노라.

어구 설명　○睡起(수기)―잠에서 깨어남. ○徐居正(서거정, 1420~1488)―
조선 초의 문신, 시호는 문충(文忠). ○簾影(염영)―발 그림자. ○深深轉
(심심전)―실내 깊숙이 (발 그림자가) 얼룩얼룩 흔들린다. ○荷香(하향)―
지당에 피어난 연꽃의 향기. ○續續來(속속래)―속속, 잇달아서 풍겨온다.
○夢回(몽회)―꿈에서 돌아오다, 잠에서 깨어나다. ○高枕上(고침상)―높
은 베갯머리. ○桐葉雨聲催(동엽우성최)―오동잎에 떨어지는 빗방울 소
리가 가을을 재촉한다.
* 출전 : 《동문선(東文選)》 성종 9년, 서거정 등이 편찬.

9. 한산도 야음(閑山島夜吟) — 이순신(李舜臣)

수 국 추 광 모   경 한 안 진 고
水國秋光暮   驚寒雁陣高

우 심 전 전 야   잔 월 조 궁 도
憂心轉輾夜   殘月照弓刀

물로 둘러싸인 한산도에 가을해가 저무니
추위에 놀란 기러기들이 하늘 높이 날아가네
근심스런 마음으로 잠 못 이루고 뒤척이는 밤
새벽달이 싸늘하게 활과 칼을 비치고 있네.

어구 설명 ○閑山島夜吟(한산도야음) – 한산도에서 시를 읊음. ○李舜臣(이순신, 1545~1598) – 충무공(忠武公). ○水國(수국) – 물로 둘러싸인 한산도. ○秋光暮(추광모) – 가을해가 저물어가다. ○驚寒(경한) – 추위에 놀란. ○雁陣高(안진고) – 기러기 떼가 하늘 높이 날아간다. ○憂心(우심) – 근심 걱정하는 마음. ○轉輾(전전) – 뒤척이다, 엎치락뒤치락한다. ○殘月(잔월) – 새벽달. ○照弓刀(조궁도) – 달빛을 받고 활과 칼이 (싸늘하게) 빛나고 있다.

* 사실적인 필치로 우국의 심정을 잘 그려냈다.

10. 가난한 집안의 딸을 노래함(貧女吟)

— 난설헌(蘭雪軒) 허씨(許氏)

기 시 핍 용 색　　공 침 부 공 직
豈是乏容色　　工針復工織

소 소 장 한 문　　양 매 불 상 식
少小長寒門　　良媒不相識

어찌 용모나 기량이 남보다 못하겠는가
바느질 솜씨 좋고 길쌈도 잘하느니라
다만 어려서 가난한 집안에서 자랐으므로
좋은 중매쟁이가 아랑곳하지 않았느니라.

어구 설명　○貧女吟(빈녀음)―가난한 집안의 딸을 노래함. ○蘭雪軒 許氏
(난설헌 허씨)―허균(許筠)의 누이, 《난설헌 시집》이 있음. 허균은 《홍길
동전》의 작가로, 선조 27년(1594)에 등과, 14대 광해군 때 서인을 규합하
여 반란을 계획하다가 발각되어 참형됨. ○豈是(기시)―어찌 ……이겠느
냐? ○乏容色(핍용색)―용모나 아름다움이 결핍하다. ○工針(공침)―침
선을 잘한다. 工=功. ○復工織(부공직)―또 길쌈도 잘한다. ○少小(소
소)―어려서. ○長寒門(장한문)―빈한한 집안에서 자라서. ○良媒(양매)―
좋은 중매쟁이. ○不相識(불상식)―알아주지 않았다.

11. 가난한 여인의 노래(貧女吟) ── 임벽당(林碧堂) 김씨(金氏)

지벽인래소 산심속사희
地僻人來少 山深俗事稀

가빈무두주 숙객야환귀
家貧無斗酒 宿客夜還歸

후미진 벽지라 찾아오는 사람도 없고
깊은 산골이라 세속적인 행사도 없노라
집안이 가난하니 손님 대접할 말술조차 없으므로
하룻밤을 묵어야 할 손님을 밤늦게 돌려보내노라.

어구 설명 ○貧女吟(빈녀음)─가난한 여인의 노래. ○林碧堂 金氏(임벽당 김씨)─의성(義成)의 별좌(別座) 김수천(金壽千)의 딸이며, 현량(賢良) 유여주(兪汝舟)의 부인. 문장을 잘했고, 글씨를 잘 썼다. ○地僻人來少 (지벽인래소)─사는 곳이 후미진 곳이라 찾아오는 사람이 별로 없다. ○山深俗事稀(산심속사희)─산 깊이 살고 있으므로 남들과의 내왕이나 인사치레도 별로 없다. ○家貧無斗酒(가빈무두주)─집안이 가난하여 (손님 대접할) 말술조차 없노라. ○宿客夜還歸(숙객야환귀)─숙객을 밤에 돌려보내노라.

12. 손녀를 애도함(悼孫女) ― 곽씨(郭氏)

> 팔년칠세병　귀와이응안
> 八年七歲病　歸臥爾應安
>
> 지련금야설　이모부지한
> 只憐今夜雪　離母不知寒

8년 살면서 7년을 병으로 고생했으니
돌아가 누웠으니, 너는 의당히 편안하리라
다만 불쌍하게도 눈이 펑펑 쏟아지는 이 밤에
엄마 곁을 떨어져 있어도 추운 줄을 모르는구나.

어구 설명　○悼孫女(도손녀)―요절한 손녀를 애도함. ○郭氏(곽씨)―호는 청창(晴窓), 사부(師傅) 곽시징(郭始徵)의 딸, 절우당(節友堂) 김선근(金銑根)의 부인. 문집 6권이 있다. ○八年七歲病(팔년칠세병)―8년 사는 동안에, 7년 간을 병으로 앓았으며. ○歸臥(귀와)―지금은 죽어서 돌아가 누웠으니. ○爾應安(이응안)―너는 의당히 편하리라. ○只憐(지련)―다만 불쌍한 것은. ○今夜雪(금야설)―오늘밤에 눈이 펑펑 내리거늘. ○離母不知寒(이모부지한)―엄마와 떨어져 있으면서도, 추운 줄 모르는구나.

13. 몸을 공경하라는 노래(敬身吟) ── 장씨(張氏)

신 시 부 모 신　　감 불 경 차 신
身是父母身　　敢不敬此身

차 신 여 가 욕　　내 시 욕 친 신
此身如可辱　　乃是辱親身.

나의 몸은 곧 부모의 몸이니

감히 나의 몸을 공경하지 않으랴

부모가 물려준 나의 몸을 만약에 욕되게 한다면

그것은 곧 부모님의 몸을 욕되게 하는 것이니라.

어구 설명　○敬身吟(경신음)─몸을 공경하라는 노래. ○張氏(장씨)─안동 사람, 경당(敬堂) 장흥효(張興孝)의 딸, 재령(載寧) 사람, 이시명(李時明) 의 부인, 갈암(葛菴) 이현일(李玄逸)의 어머니. 경사(經史)에 밝았고, 시 문을 잘했다. ○身是父母身(신시부모신)─나의 몸은 곧 부모의 몸이다. ○敢不敬此身(감불경차신)─감히 나의 몸을 공경하지 않을 수 있으랴. ○此身(차신)─이 몸, 즉 나의 몸. ○如可辱(여가욕)─만약에 욕되게 한 다면. ○乃是(내시)─그것은 곧. ○辱親身(욕친신)─부모님의 몸을 욕되 게 하는 것이다.

* 몸을 훼손하지 않음이 효(孝)의 시작─《효경》

14. 산사에서 밤에 읊음(山寺夜吟) — 정철(鄭澈)

소소낙엽성　　착인위소우
蕭蕭落葉聲　　錯認爲疎雨

호승출문간　　월괘계남수
呼僧出門看　　月掛溪南樹

소슬하게 나뭇잎 떨어지는 소리를
부슬비가 내리는 줄 착각하였노라
중을 불러 함께 문 밖에 나가서 보았더니
밝은 달이 시냇가 남쪽 숲에 걸려 있네.

어구 설명　○山寺夜吟(산사야음)—산사에서 밤에 읊음. ○鄭澈(정철, 1536~1593)—조선 선조(宣祖) 때의 문신. 호는 송강(松江), 《송강집》이 있다. ○蕭蕭(소소)—나뭇잎이 떨어지는 소리, 바람이 부는 소리. 蕭(쓸쓸할 소) ○落葉聲(낙엽성)—잎사귀가 떨어지는 소리.　○錯認(착인)—착각하다. ○爲疎雨(위소우)—부슬비가 내리는 줄 안다. 疎(소)(트일 소) 소우(疎雨)는 성기게 오는 비, 이따금 떨어지는 빗방울. ○呼僧出門看(호승출문간)—중을 불러 함께 문 밖에 나가서 보았더니. ○月掛溪南樹(월괘계남수)—밝은 달이 시냇가 남쪽 숲에 걸려 있네.

15. 산 속의 집(山房) — 이인로(李仁老)

춘 거 화 유 재　　천 청 곡 자 음
春去花猶在　天晴谷自陰

두 견 제 백 주　　시 각 복 거 심
杜鵑啼白晝　始覺卜居深

이미 봄은 갔는데도 꽃들은 여전히 남아있노라
하늘이 맑으니, 골짜기가 어두컴컴하게 보이네
소쩍새 우는 소리가 대낮인데도 들려오니
비로소 살고 있는 곳이 깊은 산중임을 알겠노라.

어구 설명　○李仁老(이인로, 1152~1220)—고려 명종 때의 학자, 자는 미수(眉叟), 《파한집(破閑集)》이 있다. ○春去(춘거)—이미 봄은 갔으나. ○花猶在(화유재)—꽃들은 여전히 남아있다. 猶(오히려 유) ○天晴(천청)—하늘이 몹시 맑으니깐. ○谷自陰(곡자음)—(반대로) 골짜기가 더욱 어두컴컴하게 보인다. ○杜鵑啼白晝(두견제백주)—소쩍새 우는 소리가 대낮인데도 들려오니. 啼(울 제) ○始覺(시각)—비로소 알겠다. ○卜居深(복거심)—점을 쳐서 살고 있는 곳이 깊은 산중임을. 卜(점 복)

16. 죽음에 임하여 절명시를 읊음(臨死賦絶命詩)

— 성삼문(成三問)

격고최인명　　서풍일욕사
擊鼓催人命　西風日欲斜

황천무객점　　금야숙수가
黃泉無客店　今夜宿誰家

북을 치며 남의 생명을 독촉하노라

서풍이 불고 해가 저물고자 하노라

저승길에 객사가 없을 것이니

이 밤을 누구네 집에서 묵을까.

어구 설명　○臨死賦絶命詩(임사부절명시)−죽음에 임하여 절명시를 읊음. 절명시는 숨을 거둘 때 읊은 시. ○成三問(성삼문, 1418~1456)−자는 근보(謹甫), 호는 매죽헌(梅竹軒). 세종 때의 충신, 집현전 학사로, 정인지와 함께 한글 창제에 참여한 공신. 사육신(死六臣)의 한 사람. ○擊鼓(격고)−사형을 집행하라는 북소리가 울린다. ○催人命(최인명)−사람의 생명을 독촉한다. ○西風日欲斜(서풍일욕사)−서풍이 불고, 해도 떨어지려 한다. ○黃泉無客店(황천무객점)−저승길에는 객사가 없을 것이니. ○今夜宿誰家(금야숙수가)−당장 오늘밤을 누구의 집에서 묵으며 보내랴?

17. 즉흥적으로 읊음(卽事) ── 길재(吉再)

관수청천랭　임신무수고
盥水淸泉冷　臨身茂樹高

관동래문자　요가여소요
冠童來問字　聊可與逍遙

맑고 차가운 샘물에 세수를 하고
높이 뻗은 울창한 숲에 몸을 맡기노라
이따금 어른이나 아이들이 찾아와서 글뜻을 물으니
잠시나마 더불어 한가하게 세월을 보낼 만하노라.

어구 설명　○卽事(즉사)─즉흥적으로 신변 잡사를 읊음. ○吉再(길재, 1353~1419)─고려 말의 유학자, 호는 야은(冶隱)·금오산인(金烏山人), 삼은(三隱)의 한 사람. ○盥水(관수)─세수를 한다. 盥(대야 관, 씻을 관) ○淸泉冷(청천랭)─맑은 샘물이 차갑다. ○臨身(임신)─자신이 처해 있는. ○茂樹高(무수고)─울창한 나무들이 높이 뻗었다. ○冠童(관동)─약관(弱冠)의 아이들, 약관은 20세 전후의 남자, 冠(갓 관) ○聊可(요가)─잠시나마. ○與逍遙(여소요)─더불어 소요할 수 있다. 逍(거닐 소) 遙(멀 요, 거닐 요)

18. 눈이 내린 날 친구를 찾아가다(雪中訪友不遇)

— 이규보(李奎報)

설색백어지 　 거편서성자
雪色白於紙 　 擧鞭書姓字

막보풍소지 　 호대주인지
莫報風掃地 　 好待住人至

문전에 덮인 눈이 종이보다 더 희기에
채찍을 들어 나의 성명을 써놓았으니
바람아 불어서 글씨를 지우지 말고
제발 집주인 올 때까지 기다려다오.

어구 설명　 ○訪友不遇(방우불우) — 벗을 찾아왔으나, 만나지 못하고. ○李奎報(이규보, 1168~1241) — 고려조의 문장가, 호는 백운거사(白雲居士), 그의 시는 당대 제일이라 명성이 높았다. 《동국이상국집(東國李相國集)》이 있음. ○雪色白於紙(설색백어지) — 땅에 내린 눈빛이 종이보다 더 희다. ○擧鞭(거편) — 채찍을 들어. ○書姓字(서성자) — 주인이 집에 없으므로 자기의 성명을 눈 위에 써놓았다는 뜻. ○莫報風(막보풍) — 바람아 ……하지 마라. ○掃地(소지) — 바람이 땅을 휩쓸다. 즉 눈 위에 쓴 이름을 바람이 지우다. ○好待(호대) — 잘 기다리다. ○住人至(주인지) — 집주인이 올 때까지.

19. 여관의 새벽 등(旅燈) ― 신흠(申欽)

여관잔등야　고성세우추
旅館殘燈夜　孤城細雨秋

사군의부진　천리대강류
思君意不盡　千里大江流

여관에서 새벽 등을 마주하고 잠을 못 잘새,
낯설고 외로운 도성에 부슬비 내리는 가을
그대를 생각하는 정이 끝없이 이어지니
흡사 천리를 흘러내리는 강물과 같구나.

어구 설명　ㅇ旅燈(여등)―여관의 등불. 객지에서 나그네가 밤에 등불을 마주하고 있다. ㅇ申欽(신흠, 1566~1628)―인조(仁祖) 때의 문신, 호는 상촌(象村). ㅇ旅館殘燈夜(여관잔등야)―여관에서 새벽까지 등불을 밝히고 잠을 못 잔다. ㅇ孤城(고성)―외로운 도성, 마을. 혹은 산성(山城). ㅇ細雨秋(세우추)―부슬비 내리는 가을. ㅇ思君意不盡(사군의부진)―그대를 생각하는 정이 끝없다. ㅇ千里大江流(천리대강류)―흡사 천리를 흐르는 큰 강물처럼 넘치고 있다.

20. 산새(山鳥) — 출전 대동시선(大東詩選)

사월록음다　산조종일어
四月綠陰多　山鳥終日語

경인불원비　우향서산거
驚人不遠飛　又向西山去

4월의 녹음이 우거진 숲에서
산새들이 종일토록 지저귀네
사람에 놀라도 멀리 날아가지 않다가
해가 저물자 다시 서산으로 날아가네.

어구 설명　○山鳥(산조)-산새. ○大東詩選(대동시선)-장지연(張志淵)이 편찬했다고 전하는 역대 시문집. ○綠陰多(녹음다)-녹음이 짙다. ○終日語(종일어)-종일 지저귄다. ○驚人(경인)-사람을 보고 놀라도. ○不遠飛(불원비)-훌쩍 멀리 날아가지 않고. ○又向西山去(우향서산거)-(해 저물자) 다시 서산을 향해 간다.

21. 소나무 밑에서 책을 읽다(松下讀書) — 이서구(李書九)

독서송근상　　권중송자락
讀書松根上　　卷中松子落

지공욕귀거　　반령운기백
支筇欲歸去　　半嶺雲氣白

소나무 밑에서 책을 읽을 제
책 종이 위에 솔방울이 떨어지네
지팡이 들고 되돌아가려고 일어나 보니
산봉우리 반 허리에 흰 구름이 걸렸네.

어구 설명 ○松下讀書(송하독서)─소나무 밑에서 책을 읽다. ○松根上(송근상)─소나무 밑에서. ○卷中松子落(권중송자락)─책장 안으로 솔방울이 떨어진다. ○支筇(지공)─대나무 지팡이를 짚고, 지팡이에 의지하여. 筇(지팡이 공) ○欲歸去(욕귀거)─되돌아가려고 한다. ○半嶺雲氣白(반령운기백)─산마루를 반쯤 가린 구름이나 안개가 희다.

제3장 중국의 칠언(七言) 명시(名詩)

1. 고향에 돌아와서 쓰다(回鄕偶書) — 하지장(賀知章)

소소이가로대회　　향음무개빈모쇠
少小離家老大回　　鄕音無改鬢毛衰

아동상견불상식　　소문객종하처래
兒童相見不相識　　笑問客從何處來

어려서 집을 떠나 늙은이가 되어서 돌아왔노라
고향 말투는 그대로지만 살쩍이 희고 노쇠했으니
아이들 마주 보고도 나를 알아보지 못하고
싱글거리며 '손님 어디서 왔소'하고 묻노라.

어구 설명　◦偶書(우서)—우연히 읊은 시. 즉흥시. ◦少小離家(소소이가)— 어린 나이로 고향집을 떠나서. ◦老大回(노대회)—늙고 커서 돌아오다. ◦鄕音(향음)—고향의 말씨나 억양, 사투리. ◦鬢毛衰(빈모쇠)—살쩍이 희고 노쇠했다. ◦兒童相見(아동상견)—마을 아이들이 나를 보고도. ◦不相識(불상식)—알아보지 못하고. ◦客從何處來(객종하처래)—손님 어디에서 오셨습니까?

2. 중양절에 형제를 생각하며(九月九日憶山東兄弟)

— 왕유(王維)

독 재 이 향 위 이 객　매 봉 가 절 배 사 친
獨在異鄕爲異客　每逢佳節倍思親

요 지 형 제 등 고 처　편 삽 수 유 소 일 인
遙知兄弟登高處　偏揷茱萸少一人

홀로 객지에 와서 나그네로 있으니
명절 때마다 더욱 가족들이 그리워지네
멀리서도 잘 알겠노라, 오늘 형제들이 높이 올라
머리에 수유를 꽂을 제, 한 사람이 모자라리라.

어구 설명 ○九月九日(구월구일)－음력 9월 9일, 중양절(重陽節). 이날 가족들이 함께 높은 산에 올라가 머리에 수유를 꽂고 국화주를 마시며 재액을 쫓는 풍습이 있다. ○憶山東兄弟(억산동형제)－고향 산동에 있는 형제를 생각한다. 함곡관(函谷關) 동쪽을 산동이라 했다. ○每逢佳節(매봉가절)－좋은 명절 때마다. ○倍思親(배사친)－더욱 육친 생각이 간절하다. ○遙知(요지)－멀리서도 알 수 있다. ○偏揷茱萸(편삽수유)－형제들이 다 수유를 머리에 꽂는다. ○少一人(소일인)－한 사람, 즉 자기가 없고 모자라리라.

3. 부용루에서 신점을 보내면서(芙蓉樓送辛漸)

— 왕창령(王昌齡)

한 우 련 강 야 입 오	평 명 송 객 초 산 고
寒雨連江夜入吳	平明送客楚山孤
낙 양 친 우 여 상 문	일 편 빙 심 재 옥 호
洛陽親友如相問	一片冰心在玉壺

찬비가 강물에 이어져 내리는 간밤에 오에 왔으며
새벽에 길 떠나는 벗을 전송하니 초나라의 산이 외롭고야
낙양의 벗들이 만약 나에 대해서 물어보면
한 조각 얼음이 옥 항아리 속에 있다고 전하게.

어구 설명 ○芙蓉樓(부용루)―강소성(江蘇省) 진강시(鎭江市) 서북쪽에 있다. 장강을 내려다보는 명승지에 있는 높은 누각. ○送辛漸(송신점)―신점을 전송한다. 작자의 친우, 자세한 전기는 모른다. ○連江(연강)―차가운 비가 하늘과 강물에 이어지다. ○夜入吳(야입오)―간밤에 오나라 땅에 들어왔다. ○平明(평명)―새벽에, 동이 틀 무렵. ○楚(초)―호북(湖北) 호남(湖南), 장강 일대를 초라고 한다. ○楚山孤(초산고)―(벗을 전송하고 뒤에 남은) 초나라의 산이 외롭다. ○洛陽親友(낙양친우)―낙양에 있는 친우가. ○如相問(여상문)―만약에 나에 대해서 물으면. ○一片(일편)―한 조각. ○冰心(빙심)―얼음같이 차고 맑은 마음이. ○在玉壺(재옥호)―옥 항아리 속에 있다.

참고 '일편빙심재옥호(一片冰心在玉壺)'에 대해 청 심덕잠(沈德潛)은 평했다. "벼슬에 엉킨 정이 없음을 말한 것이다(言己之不牽於宦情也)." ―

〈唐詩別裁〉

4. 규방의 원한(閨怨) ─ 왕창령(王昌齡)

규 중 소 부 부 지 수   춘 일 응 장 상 취 루
閨中少婦不知愁   春日凝妝上翠樓

홀 견 맥 두 양 류 색   회 교 부 서 멱 봉 후
忽見陌頭楊柳色   悔敎夫壻覓封侯

규방의 어린 아낙 수심을 모르다가
봄날에 진하게 화장하고 푸른 누각에 올라
홀연히 물 오른 들판의 버들 성성한 빛을 보고
작위를 얻으라고 남편 내보낸 것을 후회하노라.

어구 설명   ○閨怨(규원)─규방에 홀로 있는 아낙의 원한. ○少婦(소부)─어린 아내. ○愁(수)─우수, 시름. ○凝妝(응장)─진하게 화장을 하다. 妝=粧. ○上翠樓(상취루)─푸르게 장식한 화려한 누각에 오르다. ○忽見(홀견)─홀연히 보다. ○陌頭(맥두)─거리 혹은 길가. 頭는 언저리. ○楊柳色(양류색)─물이 오른 버드나무의 생생한 빛. ○敎夫壻(교부서)─남편으로 하여금. ○覓(멱)─찾다, 구하다. ○封侯(봉후)─(나가서 공을 세워) 제후의 작위를 얻으라고 한 것을 뉘우친다.

5. 양주사(涼州詞) ── 왕한(王翰)

포 도 미 주 야 광 배 　 욕 음 비 파 마 상 최
葡萄美酒夜光杯　　欲飮琵琶馬上催

취 와 사 장 군 막 소 　 고 래 정 전 기 인 회
醉臥沙場君莫笑　　古來征戰幾人回

빛 좋고 향기로운 포도주를 야광배에 가득 따라서
마시려 하자 마상의 비파 소리 출전을 독촉하네
술 취해 사막에 쓰러져도 그대 비웃지 말게
자고로 싸움에 와서 살아 돌아간 자 몇인가

어구 설명　○涼州詞(양주사)─양주곡(涼州曲)이라고도 한다. 변두리 싸움
터의 정경을 그린 악부제. 양주는 현 감숙성(甘肅省) 무위현(武威縣), 당
대에는 하서 절도사(河西節度使)가 주둔하던 요충지로 토번(吐蕃 : 티베
트)·돌궐(突厥 : 토이기)을 제압한 최전선이다. ○葡萄美酒(포도미주)─
빛 좋고 향기로운 술, 포도주는 서역에서 전해왔다. ○夜光杯(야광배)─
밤에 광채를 발하는 옥으로 만든 술잔, 역시 서역에서 전래한 것. ○欲飮
(욕음)─마시려 하다. ○琵琶(비파)─현악기로 역시 서역에서 전래한 악
기. '비파는 호나라에서 전래한 악기로 말 위에서 연주한다.(琵琶本出於
胡中 馬上所鼓也)'《釋名 釋樂記》○醉臥沙場(취와사장)─설사 내가 술
취해서 이 사막에 쓰러져도. ○君莫笑(군막소)─그대 비웃지 말게. ○古
來征戰(고래정전)─자고로 전쟁터에 와서. ○幾人回(기인회)─살아 돌아
간 사람이 몇이나 되나?

6. 광릉으로 가는 맹호연을 전송하며(送孟浩然之廣陵)

— 이백(李白)

고인서사황학루　연화삼월하양주
故人西辭黃鶴樓　煙花三月下揚州

고범원영벽공진　유견장강천제류
孤帆遠影碧空盡　惟見長江天際流

벗이 서쪽 황학루를 하직하고 동쪽으로 가노라

안개에 흐린 춘삼월에 배타고 양주로 내려가노라

외로운 돛배가 멀어지고 끝내 푸른 하늘로 사라지자

보이는 것은 다만 하늘가로 흘러가는 장강의 강물뿐일세.

어구 설명　○送孟浩然之廣陵(송맹호연지광릉)—맹호연이 광릉으로 가는 것을 전송하다. 之는 간다, 광릉은 강소성(江蘇省) 양주시(揚州市). ○故人(고인)—친한 벗, 즉 맹호연. ○西辭黃鶴樓(서사황학루)—서쪽 황학루를 하직하다. 황학루는 호북성(湖北省) 무창(武昌)에 있는 높은 누각. 이곳에서 장강과 한수(漢水)를 한눈에 볼 수 있다. 광릉은 장강 하류, 즉 동쪽에 있다. ○煙花三月(연화삼월)—안개와 꽃이 어우러진 봄철 3월에. ○下揚州(하양주)—배를 타고 양주로 내려가다. 양주는 주(州)이름, 광릉은 군(郡)이름. ○孤帆(고범)—외로운 배의 돛, 즉 외로운 돛배. ○遠影(원영)—사라져가는 배의 모습. ○碧空盡(벽공진)—푸른 하늘 속으로 사라지다. ○惟見長江(유견장강)—오직 도도히 흘러 내려가는 장강이 보일 뿐이다. ○天際流(천제류)—하늘가로 흘러내리다.

7. 아침에 백제성을 출발하다(早發白帝城) — 이백(李白)

조사백제채운간 천리강릉일일환
朝辭白帝彩雲間 千里江陵一日還

양안원성제부주 경주이과만중산
兩岸猿聲啼不住 輕舟已過萬重山

아침에 오색찬란한 구름에 솟아난 백제성을 하직하고
배를 타고 천리 멀리 떨어진 강릉까지 하루에 도달하네
양안의 원숭이들의 애처로운 울음소리 끝없이 들려올 새
급류를 탄 가벼운 조각배가 어느덧 만 겹의 산을 지나가네.

어구 설명　○早發白帝城(조발백제성)－아침에 백제성을 출발하다. 백제성은 사천성(四川省) 봉절현(奉節縣) 동쪽에 있다. 삼국시대 촉(蜀)의 유비(劉備)가 이곳에 있었다. ○朝辭白帝(조사백제)－아침에 백제성을 하직하다. ○彩雲間(채운간)－오색이 찬란한 아침의 구름 사이. 백제성이 산높이 있으므로 강에서 쳐다보면 구름 위에 떠 있는 듯이 보인다. ○千里江陵(천리강릉)－강릉은 호북성(湖北省) 강릉현(江陵縣)에 있다. 백제성과 강릉 사이는 천2백 리(里). ○一日還(일일환)－하루에 도달한다. 배가삼협(三峽)의 급류를 타기 때문에 빨리 도달한다. ○兩岸(양안)－삼협을흐르는 강 양쪽은 험준한 산들이 빽빽하게 들어서 있다. ○猿聲啼不住(원성제부주)－원숭이의 애절하고 처절한 울음소리가 끝없이 들려온다. ○輕舟(경주)－급류를 타고 내리는 가벼운 배. ○已過(이과)－이미, 지나다. ○萬重山(만중산)－만 겹으로 중첩한 산들.

8. 강남에서 이귀년을 만나다(江南逢李龜年) ─ 두보(杜甫)

기 왕 택 리 심 상 견　　최 구 당 전 기 도 문
岐王宅裏尋常見　　崔九堂前幾度聞

정 시 강 남 호 풍 경　　낙 화 시 절 우 봉 군
正是江南好風景　　落花時節又逢君

왕년에는 기왕 저택에서 그대의 연주하는 모습을 보았고
최구의 안뜰에서 그대가 부르는 노래를 여러번 들었노라
바야흐로 강남에 봄이 들어 이렇듯이 풍경이 아름답거늘
난리통에 꽃 떨어지고 스산한 때에 다시 그대를 보는구려.

어구 설명　○江南逢李龜年(강남봉이귀년)─강남에서 이귀년을 만나다. 강소(江蘇)·안휘(安徽)·강서(江西)의 장강 일대를 강남이라 했다. 단 여기서는 담주(潭州 : 湖南省 長沙)이다. 이귀년은 현종(玄宗) 밑에서 활약했던 유명한 악사 겸 가수, 안녹산의 난이 일어나자 강남으로 갔다. ○岐王(기왕)─이범(李範), 예종(睿宗)의 넷째 아들, 현종의 아우. 학문·예술을 좋아했다. ○宅裏(택리)─기왕 댁에서. ○尋常見(심상견)─노상 보았다. ○崔九(최구)─최씨네 아홉째 아들, 전중감(殿中監) 최척(崔滌)이다. ○堂前(당전)─안채 마당. ○幾度聞(기도문)─여러번 들었다. ○正是(정시)─지금은 바로 ……할 때다. ○江南好風景(강남호풍경)─강남에 봄이 찾아와서 풍경이 더없이 좋고 아름답다. ○落花時節(낙화시절)─그러나 전란에 휩싸여 꽃이 지고 또 사람들이 떠도는 고생스런 이 무렵에. ○又逢君(우봉군)─또 그대를 만났노라.

9. 풍교에 배를 대고 밤을 지새며(楓橋夜泊) — 장계(張繼)

월락오제상만천	강풍어화대수면
月落烏啼霜滿天	江楓漁火對愁眠

고소성외한산사	야반종성도객선
姑蘇城外寒山寺	夜半鐘聲到客船

달 떨어지자 까마귀 우짖고, 서리가 하늘에 가득한데
객수에 잠긴 눈으로 강변의 단풍과 어선의 등불을 보고 있을 제
저 멀리 고소성 밖에 있는 한산사에서
한밤중의 종소리가 나그네 배에 들려오네.

어구 설명　○楓橋(풍교)—강소성(江蘇省) 소주(蘇州) 서쪽 교외 운하에 걸친 돌다리[石橋]. ○夜泊(야박)—밤에 배를 대고 묵는다. ○月落烏啼(월락오제)—달 떨어지자 까마귀 우짖는다. ○霜滿天(상만천)—서릿발 차가운 기운이 하늘에 충만했다. ○江楓(강풍)—강가의 단풍나무 숲과. ○漁火(어화)—고기잡이배의 등불. ○對愁眠(대수면)—나그네 시름에 젖어 조는 눈으로 바라보고 있다. ○姑蘇城外(고소성외)—고소(姑蘇)는 소주의 옛 이름. 춘추(春秋)시대에는 오(吳)의 도읍이었다. ○寒山寺(한산사)—소주 서쪽 교외에 있는 명찰, 당(唐)대의 시승(詩僧) 한산(寒山)이 거주했다. ○夜半(야반)—한밤에. ○鐘聲(종성)—한산사의 종소리가. ○到客船(도객선)—나그네가 탄 배에 들려온다.

10. 안서로 가는 원이를 송별하면서(送元二使安西)

— 왕유(王維)

위성조우읍경진　객사청청유색신
渭城朝雨浥輕塵　客舍青青柳色新

권군갱진일배주　서출양관무고인
勸君更盡一杯酒　西出陽關無故人

위성에 아침 비가 내리고 흙먼지를 사뿐히 적시노라
객사 주변이 푸릇푸릇 버들잎이 새삼 생기가 도네
그대에게 권하노라, 다시 술 한 잔을 훌쩍 마시게
서쪽으로 양관을 벗어나면, 친한 벗들이 없을 것일세.

어구 설명　○送元二使安西(송원이사안서)―원이가 사신이 되어 안서로 가는 것을 송별하면서 지은 시. 원이의 원(元)은 성, 이(二)는 둘째 아들이라는 뜻. 안서는 현 신강성(新疆省) 고거현(庫車縣), 당시 안서도호부(安西都護府)가 있었다. ○渭城(위성)―장안(長安) 서북쪽에 있는 성읍, 당시 서역(西域)으로 여행가는 사람을 이곳에서 작별했다. ○朝雨(조우)―아침에 비가 내리고. ○浥輕塵(읍경진)―봄비가 내려, 가볍게 흙먼지를 적시다. 浥(젖을 읍) ○客舍(객사)―여관. ○青青(청청)―(사방에) 푸릇푸릇 (생기가 돌고). ○柳色新(유색신)―수양버들의 기색이 새롭고 싱싱하게 보인다. 당시에는 송별할 때 버들가지를 꺾어 주었으므로, 송별시(送別詩)에는 버들이 자주 등장한다. ○勸君(권군)―그대에게 권하노라. ○更盡一杯酒(갱진일배주)―다시 술 한잔을 마시게. ○西出陽關(서출양관)―

서쪽으로 양관을 벗어나면. 양관은 돈황(敦煌) 서남 130리에 있는 관문.
○無故人(무고인)−친한 벗들이 없을 것이다.

11. 그믐날 밤에 지음(除夜作) ― 고적(高適)

여관 한 등 독 불 면　　객 심 하 사 전 처 연
旅館寒燈獨不眠　客心何事轉悽然

고 향 금 야 사 천 리　　상 빈 명 조 우 일 년
故鄕今夜思千里　霜鬢明朝又一年

여관의 쓸쓸한 등불을 마주 보며 홀로 잠을 못 자노라
나그네 마음 어찌하여 이렇게도 걷잡을 수 없이 처량할까
고향 가족들도 오늘밤에는 천리 밖에 있는 나를 생각하리라
나의 서릿발 살쩍이 내일 아침에는 다시 한 살을 늙으리라.

어구 설명　○除夜作(제야작)−그믐날 밤에 지음. ○高適(고적)−성당(盛唐)
의 시인, 《고상시집(高常詩集)》이 있다. ○旅館(여관)−객사와 같다. ○寒
燈(한등)−외롭고 쓸쓸한 밤의 등불. ○獨不眠(독불면)−홀로 잠을 못 잔
다. ○客心(객심)−객지에서 고향을 생각하는 나그네의 심사. ○何事(하
사)−어찌하여. ○轉悽然(전처연)−걷잡을 수 없이 처량하다. ○故鄕(고
향)−고향의 가족들도. ○今夜(금야)−오늘밤에는. ○思千里(사천리)−천
리 길 멀리 있는 나를 생각하겠지. ○霜鬢(상빈)−서리처럼 흰 나의 살
쩍이. ○明朝(명조)−내일, 즉 설날에는. ○又一年(우일년)−한 살 더
늙노라.

12. 산길을 가다(山行) — 두목(杜牧)

원상한산석경사　백운생처유인가
遠上寒山石徑斜　白雲生處有人家

정거좌애풍림만　상엽홍어이월화
停車坐愛楓林晚　霜葉紅於二月花

멀리 차고 쓸쓸한 산을 가파른 돌길 타고 오르네
흰 구름 피어오르는 높은 곳에 사람 사는 집이 있네
가마를 멈추고 앉아서 잠시 늦가을 단풍숲을 사랑할 새
서리맞은 늦가을 단풍잎이 2월의 꽃보다도 더 붉구나.

어구 설명　○山行(산행)—산길을 가다. ○杜牧(두목)—만당(晚唐)의 낭만파 시인. ○遠上寒山(원상한산)—멀리 있는 차고 쓸쓸한 산에 오른다. ○石徑斜(석경사)—좁은 돌길이 가파르기만 하다. ○白雲生處(백운생처)—흰 구름이 피어오르는 높은 곳에. ○有人家(유인가)—산 속에 사는 사람들의 집이 보인다. ○停車(정거)—가마를 멈추고, 거(車)는 남여(籃輿), 평교자. ○坐愛楓林晚(좌애풍림만)—조용히 앉아서 늦가을 단풍숲을 바라보며 좋아한다. 좌(坐)는 앉아서 차분한 마음으로, 애(愛)는 사랑하고 도취한다. ○霜葉(상엽)—서리맞은 늦가을 단풍잎이. ○紅於二月花(홍어이월화)—2월에 피는 한매(寒梅)보다 더 붉다.

13. 즉흥으로 읊음(偶成) — 주희(朱熹)

소년이로학난성　　일촌광음불가경
少年易老學難成　　一寸光陰不可輕

미각지당춘초몽　　계전오엽이추성
未覺池塘春草夢　　階前梧葉已秋聲

어린 소년 이내 늙은이 되거늘 학문은 성취하기 어려우니
짧은 시간도 소홀히 여기지 말고 (글공부를 해야 한다)
연못가의 봄풀이 미처 봄의 꿈에서 깨어나지도 않았는데
돌계단 앞의 오동나무 잎사귀는 벌써 가을바람에 떨고 있네.

어구 설명　○偶成(우성)－우연히 읊은 즉흥시. ○朱熹(주희, 1130~1200)－
송(宋)의 유학자, 성리학(性理學)을 대성했다. ○少年易老(소년이로)－어
린 사람도 어느덧 늙어 노인이 된다. ○學難成(학난성)－배움을 성취하기
어렵다. ○一寸光陰(일촌광음)－짧은 시간, 촌각(寸刻). ○不可輕(불가
경)－가볍게 여기면 안된다. 시간을 아껴 공부를 하라는 뜻. ○未覺池塘
春草夢(미각지당춘초몽)－연못가의 봄풀이 미처 봄의 꿈에서 깨어나지
않았는데. ○階前梧葉已秋聲(계전오엽이추성)－(어느덧 세월이 흘러) 돌
층계 앞의 오동나무 잎사귀는 벌써 가을 소리를 내고 있다, 즉 낙엽이 바
람에 떨고 있다는 뜻.

14. 종남산에서 내려와(下終南山) — 이백(李白)

모종벽산하	산월수인귀
暮從碧山下	山月隨人歸
각고소래경	창창횡취미
却顧所來徑	蒼蒼橫翠微
상휴급전가	동치개형비
相攜及田家	童稚開荊扉
녹죽입유경	청라불행의
綠竹入幽徑	青蘿拂行衣
환언득소게	미주료공휘
歡言得所憩	美酒聊共揮
장가음송풍	곡진하성희
長歌吟松風	曲盡河星稀
아취군부락	도연공망기
我醉君復樂	陶然共忘機

저물어 푸른 산에서 내려올 새

산의 달도 나를 따라 돌아오네

돌이켜 지나온 좁은 산길을 뒤돌아보니

어둑어둑 검푸른 이내가 산허리에 걸려 있네

벗과 마주 손잡고 농막에 당도하니

어린 동자가 사립을 열고 맞이하네

우거진 대나무숲이 그윽한 고샅을 덮고

푸른 덩굴이 행인의 옷깃을 훔치네
유할 곳을 얻어 기쁘다는 인사하고
맛좋은 술을 들이서 훌쩍훌쩍 마시네
길게 목청을 돋아 송풍곡을 노래하고
가락이 끝나자 은하의 별들도 흐리었네
밤새도록 주인과 객이 함께 취하고 즐기며
얼큰히 취해 속세의 모든 올가미를 잊었노라.

어구 설명　○下終南山(하종남산)－종남산에서 내려오는 길에 읊은 시. 원래의 시 제목은 '하종남산(下終南山) 과곡사산인(過斛斯山人) 숙치주(宿置酒)'이다. 즉 '종남산에서 내려와 곡사라는 산에 사는 사람의 농막에 묵으며 술대접을 받다'이다. 종남산은 서안(西安 : 현 陝西 長安) 남쪽에 있다. 과(過)는 가는 길에 잠깐 들르다. 곡사(斛斯)는 성으로 곡사산인은 북방계 사람이다. 자세한 것은 알 수 없으며, 산에서 숨어사는 산사람이다. 숙치주(宿置酒)는 그의 집에서 유숙하고 또 술대접을 받다. ○暮從碧山下(모종벽산하)－날이 저물어 벽산에서 내려오다. 벽산은 푸른 산, 즉 종남산이다. ○山月隨人歸(산월수인귀)－산 위에 뜬 달이 사람을 따라 함께 돌아오다. ○却顧所來徑(각고소래경)－각고(却顧)는 뒤돌아보다, 소래경(所來徑)은 걸어온 산길. 却＝卻(각) : 도리어, 되짚어. ○蒼蒼橫翠微(창창횡취미)－어둑어둑 검푸른 남기(嵐氣)가 산허리를 휘감고 있다. 창창(蒼蒼)은 검푸르고 어둑어둑하다. 횡(橫)은 가로 누웠다. 취미(翠微)는 두 가지로 풀 수가 있다. 하나는 새파란 남기, 이내의 뜻이고, 다른 하나는 푸른 산허리의 윗부분. ○相攜及田家(상휴급전가)－서로 마주 손을 잡고 농가에 도달하다. 전가(田家)는 오두막집, 초막. 攜＝携(끌 휴) ○童稚開荊扉(동치개형비)－동자가 나와서 사립을 열고 맞이한다. 형비(荊扉)는 가시나무로 엮은 문, 시비(柴扉)와 같다. ○綠竹入幽徑(녹죽입유경)－푸른 대나무숲이 그윽하고 좁은 길을 덮고 있다. ○青蘿拂行衣(청라불행의)-청라(靑蘿)는 푸른 덩굴, 불행의(拂行衣)는 행인의 옷을 스친다. 덩굴이 옷깃을 훔친다, 옷에 걸리다. ○歡言得所憩(환언득소게)-환언(歡言)은 기쁜 마음으로 고맙다고 말한다. 득소게(得所憩)는 '쉴 곳을 얻게 해준 것에 대하여', 즉 하룻밤을 자게 해준 것에 대해 감사했다는 뜻. ○美酒聊共揮(미주료공휘)-미주(美酒)는 맛있는 술. 요(聊)는 잠시나마, 공휘(共揮)는 함께 술잔을 비운다. 마냥 마신다. 술을 마시고 술잔 바닥의 술방울을 터는 것을 휘라 한다. '곡례에 있다. 옥잔으로 술을 마실 때에는 잔을 털지 않는다. 잔에 남은 술방울을 터는 것을 휘라 한다(曲禮 飮玉爵者弗揮 注 振去餘酒曰揮).' ○長歌吟松風(장가음송풍)-장가(長歌)는 길게 노래하다. 음송풍(吟松風)은 송풍이라는 잡가(雜歌)를 읊다, 혹은 솔바람에 맞추어 읊조리다. ○曲盡河星稀(곡진하성희)-송풍의 곡을 다 부르고 나니, 은하수의 별들이 흐리게 보인다. 즉 동이 트려고 한다. 혹은 하성희(河星稀)를 '유난히 달이 밝으니깐 별빛이 희미하다'로 풀이할 수 있다. ○我醉君復樂(아취군부락)-나도 취하고 그대도 역시 즐거워하였다. ○陶然共忘機(도연공망기)-도연(陶然)은 도연히 얼큰하게 취하다. 공망기(共忘機)는 서로 (인간의 본성을 해치는) 올가미를 잊는다, 해탈한다. 기(機)는 세속적으로 간악한 술책을 농하는 정치사회 혹은 명예나 이득을 탐하려는 마음의 올가미나 집념같이 마음을 얽매이는 틀이나 구속.

참고 천보(天寶) 14년(744) 이백의 나이 44세 때에 지은 시다. 종남산에서 하산길에 산 속에 은둔하고 있는 곡사(斛斯)라는 사람의 농가에서 하룻밤을 유숙하며 술대접 받은 것을 감사하며 쓴 시다. 특히 함께 통음하고 도연히 취해서 속세의 잡스럽고 추악한 일들을 다 잊었다는 내용의 시이다.

15. 월하독작(月下獨酌) ── 이백(李白)

화간일호주　　독작무상친
花間一壺酒　　獨酌無相親

거배요명월　　대영성삼인
擧杯邀明月　　對影成三人

월기불해음　　영도수아신
月旣不解飮　　影徒隨我身

잠반월장영　　행락수급춘
暫伴月將影　　行樂須及春

아가월배회　　아무영령란
我歌月徘徊　　我舞影零亂

성시동교환　　취후각분산
醒時同交歡　　醉後各分散

영결무정유　　상기막운한
永結無情遊　　相期邈雲漢

꽃밭에 술단지 하나 놓고
짝 없이, 홀로 술을 마시네
술잔을 들고 밝은 달님을 맞이하니
달과 나와 그림자 셋이서 어울렸네
달님은 원래부터 술 마실 줄 모르며
그림자가 공연히 나를 따라 술렁이네
잠시나마 달과 그림자를 동반하고

모름지기 봄철을 타고 행락하리라

내가 노래하면 달님은 서성대고

내가 춤을 추면 그림자가 술렁이네

깨어서는 함께 어울려 놀되

취하면 각자 나뉘어 흩어지고

영원히 정에 엉기지 않는 교유를 맺고

서로 아득한 은하에서 다시 만날 것을 기약하리.

어구 설명 ○月下獨酌(월하독작)−달 밝은 밤에 홀로 술을 마신다. ○花間 一壺酒(화간일호주)−꽃밭에서 술항아리 하나 놓고 마신다. ○獨酌無相 親(독작무상친)−독작(獨酌)은 독작한다, 혼자 마신다. 무상친(無相親)은 서로 친하게 벗할 사람이 없다. ○擧杯邀明月(거배요명월)−술잔을 들어 올리고 밝은 달을 맞이한다. 요(邀)는 달에게 인사하고, 함께 마시자고 청 한다. ○對影成三人(대영성삼인)−그림자를 대하니, 모두 셋이다. 즉 자 기와 달과 그림자와 셋이 어울린다. ○月旣不解飮(월기불해음)−달은 원 래부터 술 마실 줄 모른다. 술의 취흥(醉興)을 알지 못한다. 기(旣)는 이 미, 본래. 해(解)는 이해한다, 터득하다. ○影徒隨我身(영도수아신)−그림 자는 건달로 나를 따라 수선을 피운다. ○暫伴月將影(잠반월장영)−잠시 달과 그림자와 짝이 되어. 반(伴)은 동반하고, 짝이 되어, 월장영(月將影) 은 달과 그림자. 장(將)은 더불어 여(與)와 같은 뜻. ○行樂須及春(행락 수급춘)−행락하며 모름지기 귀중한 봄철을 놓치지 않으리라. 급(及)은 따라잡다, 놓치지 않다. ○我歌月徘徊(아가월배회)−내가 술 취해 노래를 하면 달도 덩달아 오락가락한다. 배회는 주변을 돌며 오간다. ○我舞影零 亂(아무영령란)−내가 춤을 추면 그림자도 멋대로 흔들거린다. 영란(零 亂)은 어지럽게 흔들거린다. ○醒時同交歡(성시동교환)−안 취하고 맑을 때는 함께 어울려 술 마시며 서로 즐긴다. ○醉後各分散(취후각분산)−그 러나 술이 취한 후에는 저마다 분산한다, 갈라지고 흩어지다. ○永結無情

遊(영결무정유)-언제까지나 정에 엉기지 않는 맑은 교유를 맺는다. 영결(永結)은 영원히 맺는다. 무정유(無情遊)는 감정에 엉기거나 이해타산에 얽히지 않은 순수하고 담박한 교유, 명리(名利) 혹은 애증(愛憎)을 초월한 소탈한 사귐. ○相期邈雲漢(상기막운한)-상기(相期)는 서로 기약한다. 막운한(邈雲漢)은 막막한 은하수(銀河水)에서 다시 만날 것을, 시간과 공간을 초월한 정신세계에서 다시 만나고 즐겁게 어울리자는 뜻.

참고 이백의 〈월하독작(月下獨酌)〉은 총 4수가 있다. 이것은 그 중의 제1수다. 우리나라의 옛 동요에 '달아달아 밝은 달아, 이태백이 놀던 달아!'라는 구절이 있다. 이태백은 곧 이백이며, 그는 달과 술을 사랑한 시인이었다. 곤청색 밤하늘에 뜬 황금색의 밝은 달은 만인에게 희망과 낭만을 안겨주는 미의 여신이다. 더욱이 이백이 어려서 성장했던 아미산(峨眉山)에 솟은 달은 신선미(神仙美)의 상징이기도 했다. 그렇게도 신비하고 친근한 달을 시선(詩仙)이자 주선(酒仙)이기도 한 이백은 항상 노래했다.

이 시에는 이백이 촌각을 아끼며 행락하려는 그의 흥취가 잘 나타나 있다. 속세를 떠나 자신과 그림자 및 달 셋이 어울려 마냥 마시고 노래하고 춤추고 흥을 돋구었다. 그리고 취하면 각자 제멋대로 흩어지고 갈라진다. '성시동교환(醒時同交歡) 취후각분산(醉後各分散)' 속세를 초월하고 우주적 차원에서 유연하게 노는 이백의 모습이 잘 나타났다. 술주정뱅이의 넋두리 같으면서도 고답(高踏)한 심경을 읊은 시이다.

청(淸)대의 심덕잠(沈德潛)은 평했다. '힘들이지 않고 입에서 나오는 대로 읊었으나 하늘의 맑은 울림과 같다. 남들은 좀처럼 따르지 못하리라(脫口而出 純乎天籟 此種詩 人不易學).'-〈唐詩別裁〉

16. 위팔 처사에게 보내는 시(贈衛八處士) ── 두보(杜甫)

인생불상견
人生不相見

동여삼여상
動如參與商

금석부하석
今夕復何夕

공차등촉광
共此燈燭光

소장능기시
少壯能幾時

빈발각이창
鬢髮各已蒼

방구반위귀
訪舊半爲鬼

경호열중장
驚呼熱中腸

언지이십재
焉知二十載

중상군자당
重上君子堂

석별군미혼
昔別君未婚

아녀홀성행
兒女忽成行

이연경부집
怡然敬父執

문아래하방
問我來何方

문답내미이
問答乃未已

구아라주장
驅兒羅酒漿

야우전춘구
夜雨剪春韭

신취간황량
新炊間黃粱

주칭회면난
主稱會面難

일거루십상
一擧累十觴

십상역불취
十觴亦不醉

감자고의장
感子故意長

명 일 격 산 악　　세 사 량 망 망
明日隔山岳　世事兩茫茫

인간 세상에 살면서 서로 만나지 못하고
삼성과 상성인양 엇갈려 돌아가다가
오늘밤은 또 어찌된 연고로
함께 등잔을 마주하게 되었나
어느덧 젊고 세찬 시절 넘기고
저마다 빈발이 창백하게 되었군
옛친구들 찾았으나 태반이 귀신 되었으니
놀라 한숨지을 새, 간장이 타는 듯하여라
어찌 알았겠나? 20년 후에
다시 자네 집 대청에 오리라고
옛날 헤어질 때, 그대는 미혼이었거늘
벌써 아들딸이 줄줄이 늘어섰군
아이들은 나를 반기고 어른으로 공대하며
내게 어디어디를 거쳐서 왔느냐고 묻노라
미처 묻고 대답하는 말도 끝나지 않았거늘
아이들을 독려해서 주안상을 차리게 하노라
몸소 밤비를 맞으며 부추를 따서 안주 삼고
메조 섞은 쌀밥을 새로 지어서 대접을 하면서
그대는 만나기 어렵다 푸념을 하며
이내 연거푸 열 잔의 술을 마시노라
나 또한 열 잔 술에도 취하지 않고
옛 친구의 깊은 우정에 감격을 하였네
내일 다시 헤어저 산을 격하고 나뉘면

서로 소식 모르고 망망하고 궁금하리라.

어구 설명 ○贈衛八處士(증위팔처사)─증(贈)은 시를 지어 준다. 위(衛)는 성(姓), 팔(八)은 위씨 집안에서 항렬이 여덟 번째 되는 사람. 처사(處士)는 은거하고 있는 선비. 자세한 것은 알 수 없다. ○人生不相見(인생불상견)─서로 살아 있으면서도 만나지 못함이. ○動如參與商(동여삼여상)─부산하게 오가면서 움직이는 꼴이 흡사 하늘의 삼성(參星)과 상성(商星) 같다. 두 별은 동과 서로 엇갈려 뜬다. ○今夕復何夕(금석부하석)─오늘 밤은 또 어떠한 밤이기에. ○共此燈燭光(공차등촉광)─(이렇게 만나) 함께 등잔불을 마주하고 있는가. ○少壯能幾時(소장능기시)─젊고 힘이 센 시절이 얼마나 가랴, (이미 젊은 시절이 다 지나갔다.) ‘젊음이 얼마나 가랴, 늙음을 어찌하랴(小壯能幾時兮 奈老何)’〈漢武帝 : 秋風歌〉 ○鬢髮各已蒼(빈발각이창)─빈(鬢)은 살쩍, 발(髮)은 머리. 저마다 빈발이 이미 창백하게 되었다. ○訪舊半爲鬼(방구반위귀)─옛 친구를 찾고 물어보니 태반이 죽어 귀신이 되었다. ‘옛날에는 역질이 돌아 친한 벗들이 많이 병에 걸려 재난을 당했다. 그들의 성명을 보니, 이미 귀신의 명부에 올랐더라.(昔年疾疫 親故多罹其災 觀其姓名 已登鬼錄矣)’〈魏文帝 與吳質書〉 ○驚呼熱中腸(경호열중장)─경호(驚呼)는 놀라고 한탄한다, 혹은 호곡한다. 열중장(熱中腸)은 창자가 뜨끔해진다. ○焉知二十載(언지이십재)─어찌 알았으랴? 20년의 세월이 지난 오늘에. ○重上君子堂(중상군자당)─거듭 그대의 집, 내당(內堂)에 오르다. ○昔別君未婚(석별군미혼)─20년 전 헤어질 때에, 그대는 미혼이었다. ○兒女忽成行(아녀홀성행)─아이들이 어느 사이에 줄지어 서게 되었구나. ○怡然敬父執(이연경부집)─이연(怡然)은 반긴다, 즐거운 낯으로. 경(敬)은 존경한다, 높인다. 부집(父執)은 아버지의 벗. 집(執)은 가깝다는 뜻, 집우(執友)는 가까운 벗. ‘뜻을 같이하고 도가 같은[志同道合] 벗’. ○問我來何方(문아래하방)─어디서 오셨느냐고 묻는다. 혹은 전쟁과 난리통에 어떻게 어디로 해서 왔느냐? ○問答乃未已(문답내미이)─묻고 대답하는 말, 즉 인사치레가 미처 끝나기도

전에. '문답미급이(問答未及已)'로 쓴 판본도 있다. ㅇ驅兒羅酒漿(구아라 주장)―아이를 시켜서 술상을 차려 오게 하다. 구(驅)는 몰고 독촉하다, 구사하다. 나(羅)는 술상을 차리다. 주장(酒漿)은 술과 마실 것. 장(漿)은 국물 혹은 과일 안주. ㅇ夜雨剪春韭(야우전춘구)―밤비를 맞으면서 봄 부추를 딴다. 전(剪)은 가위로 자르다. 韭(부추 구)=韮. ㅇ新炊間黃粱(신취 간황량)―새로 밥을 짓다. 간(間)은 섞다, 황량(黃粱)은 메조. ㅇ主稱會面難(주칭회면난)―주인 위팔이 서로 만나기 참으로 어렵다고 말하고 탄식하며. ㅇ一擧累十觴(일거루십상)―일거에 열 잔의 술을 연거푸 마신다. ㅇ十觴亦不醉(십상역불취)―열 잔의 술을 마셔도 별로 취하지 않는다. ㅇ感子故意長(감자고의장)―감(感)은 감격한다, 고맙게 느낀다. 자(子)는 그대, 존칭. 고의(故意)는 옛 친구의 우정. 장(長)은 변치 않고 한결같다. ㅇ明日隔山岳(명일격산악)―내일이면 서로 헤어져 서로 산을 격하리라. 여기서 산은 화산(華山). ㅇ世事兩茫茫(세사량망망)―피차에 세상 살아가는 소식을 서로 모르고 망망하게 지내리라.

참고   건원(乾元) 2년(759), 두보는 나이 49세 되던 봄철에 화주(華州 : 陝西 西安 동쪽)의 사공참군(司功參軍)의 벼슬에 있었다. 그러나 안녹산(安祿山)에 이어 사사명(史思明)의 난에 낙양(洛陽)이 위태롭게 되자, 두보는 난을 피해 유랑(流浪)했다. 그때에 산 속에 은둔하고 있는 '위팔 처사'를 만났고 그의 집에서 하룻밤을 묵으면서 함께 술을 마셨다. 전란 중에 옛 친구를 20년만에 만나 환대를 받았으니 얼마나 감격했으랴.

　　이 시에서 두보는 평이하고 사실적인 필치로 감격적인 해후(邂逅)와 동시에 전란에 휩쓸려 저마다 흩어져 방랑해야 하는 비애를 그렸다. 따라서 이 시는 훈훈한 우정을 느끼게 하면서 동시에 인생무상(人生無常)의 비애를 느끼게 한다.

17. 가인(佳人) — 두보(杜甫)

절대유가인 絶代有佳人	유거재공곡 幽居在空谷
자운량가자 自云良家子	영락의초목 零落依草木
관중석상란 關中昔喪亂	형제조살륙 兄弟遭殺戮
관고하족론 官高何足論	부득수골육 不得收骨肉
세정오쇠헐 世情惡衰歇	만사수전촉 萬事隨轉燭
부서경박아 夫壻輕薄兒	신인미여옥 新人美如玉
합혼상지시 合昏尚知時	원앙부독숙 鴛鴦不獨宿
단견신인소 但見新人笑	나문구인곡 那聞舊人哭
재산천수청 在山泉水清	출산천수탁 出山泉水濁
시비매주회 侍婢賣珠廻	견라보모옥 牽蘿補茅屋
적화불삽발 摘花不插髮	채백동영국 采栢動盈掬

천 한 취 수 박　일 모 의 수 죽
天寒翠袖薄　日暮倚修竹

둘도 없이 뛰어난 절대가인이
홀로 깊은 산골에 숨어사노라
스스로 말하는 바 본래는 양가의 규수였으나
영락하여 초목에 의탁하는 신세가 되었다 하네
일찍이 관중에 전란이 일어나
형제들이 화를 입고 살육되니
벼슬 높은들 무슨 소용이 있으리요
자기의 혈육조차 거두지 못하였으니
인정은 쇠퇴하면 등을 돌리고
만사는 바람에 나부끼는 촛불이라
나의 남편은 경솔하고 야박한 자라
옥같이 아름다운 시앗을 맞이했다오
합환꽃도 때를 맞추어 피고
원앙새도 홀로 자지 않거늘
매정한 남편은 새댁의 웃는 얼굴만 보니
어찌 귀에 옛사람의 통곡 소리가 들리겠소
산 속에서 흐를 때는 맑은 샘물도
산을 벗어나면 물이 탁해질 것이니
시비로 하여금 주옥을 팔아오게 하고
나는 몸소 덩굴을 끌어 띠집을 보수하고
꽃을 따서 머리에 꽂는 법이 없고
부지런히 두 손 가득히 잣을 줍노라
차가운 날씨에 푸른 옷소매 더욱 얇게 느껴지며

저물면 곧게 자란 대나무에 기대어 수심을 푸노라.

어구 설명　○絶代有佳人(절대유가인) − 이 시대 혹은 이 세상에서 가장 뛰어난 '절세미인(絶世美人)'. 당태종(唐太宗)의 이름이 세민(世民)이므로 '세(世)'를 휘(諱)하여 절대(絶代)라고 했다. 이연년(李延年)의 노래에 '북방에 가인이 있어 절세로 우뚝 뛰어났도다(北方有佳人 絶世而獨立)'《玉臺新詠》라는 구절이 있다. ○幽居在空谷(유거재공곡) − 아무도 모르게 깊은 산골짜기에 숨어살고 있다. 유거(幽居)는 아무도 모르게 숨어살다. ○自云良家子(자운량가자) − 스스로 자기는 양가의 규수였다고 말하다. ○零落依草木(영락의초목) − 영락(零落)은 초목이 말라 시들고 떨어지다. 집안 형편이 쇠퇴하고 빈천하게 되다. 의초목(依草木)은 초목에 의지하고 연명하며 살다. 굴원(屈原)의 〈이소(離騷)〉에 '초목의 영락을 슬퍼하고 미인의 노쇠함을 겁내다(惟草木之零落兮 恐美人之遲暮)'라는 구절이 있다. ○關中昔喪亂(관중석상란) − 관중(關中)은 함곡관(函谷關) 서쪽. 석상란(昔喪亂)은 '옛날에 난리가 나서 사람이 죽었다'는 뜻, 즉 천보(天寶) 15년(756)에 안녹산(安祿山)이 반란했다. 이때에 장안이 함락되고 현종(玄宗)이 쫓겨났다. ○兄弟遭殺戮(형제조살륙) − 고관이었던 형제들이 살육되었다. ○官高何足論(관고하족론) − 고관인들 무슨 소용이 있나? ○不得收骨肉(부득수골육) − 자기의 골육 (즉 형제들)도 구제하지 못했다는 뜻. ○世情惡衰歇(세정오쇠헐) − 세상 사람들의 인정은 쇠퇴하고 몰락한 자에 대해서는 등을 돌리고 모른 척한다. 오(惡)는 혐오하다, 미워하다. ○萬事隨轉燭(만사수전촉) − 세상 만사는 흡사 바람에 따라 펄럭이는 촛불과 같다. 두보의 시에 '비천한 사람이 무협에 와서, 3년 간을 촛불처럼 펄럭이며 방랑하노라.(鄙人到巫峽 三歲如轉燭)'〈寫懷〉라는 시구가 있다. ○夫婿輕薄兒(부서경박아) − 부서(夫婿)는 남편, 아내가 자기 남편을 부르는 말. 경박아(輕薄兒)는 경박한 사나이, 야박한 바람둥이. ○新人美如玉(신인미여옥) − 구슬처럼 아름다운 새댁을 얻었다는 뜻. ○合昏尙知時(합혼상지시) − 합혼(合昏)은 꽃이름, 합환화(合歡花)라고도 한다. 《풍토

기(風土記)》에 '합혼은 무궁화다(合昏槿也)'라고 했다. 무궁화는 아침에 붉은 꽃을 피고, 밤에는 시든다. 한편 합환화는 밤에 짝지어 피어난다고도 한다. 상지시(尚知時)는 '꽃도 역시 때를 알고 피었다가 지다 하거늘'의 뜻. ○鴛鴦不獨宿(원앙부독숙)－원앙새는 암과 수가 항상 짝짓고 함께 있다. ○但見新人笑(단견신인소)－새댁의 웃는 얼굴만을 본다. ○那聞舊人哭(나문구인곡)－소박맞은 옛날 부인의 통곡 소리가 어찌 귀에 들릴까? ○在山泉水淸(재산천수청)－산에서 흐르는 샘물도 산 속에서만 맑다. 그러므로 자기도 깊은 산중에 살며 맑게 정절을 지키고 있다는 뜻이다. ○出山泉水濁(출산천수탁)－샘물이 산을 벗어나면 탁해진다. (자신도 만약 절개를 안 지키고, 재가하면 더럽혀진다는 뜻) ○侍婢賣珠廻(시비매주회)－시중드는 계집종을 시켜서 주옥이나 패물을 팔아서 살림을 꾸려나간다. 매주회(賣珠廻)는 구슬을 팔고 돌아오다. ○牽蘿補茅屋(견라보모옥)－등나무 덩굴을 끌어다가 띠 지붕을 보수한다. ○摘花不揷髮(적화불삽발)－꽃을 따서 머리에 꽂지 않는다. 몸치장을 하지 않는다. ○采栢動盈掬(채백동영국)－채(采)는 채(採)와 같다. 백(栢)은 측백나무, 잣나무. 언제나 잎사귀가 푸르며, 절개와 수(壽)를 상징한다. 동(動)은 이내, 금방. 영국(盈掬)은 손에 가득히 주워 담는다. 즉 잣을 손아귀에 가득히 주워 가지고 와서 배를 채우고 맑게 수절하고 또 가난한 살림을 이어간다는 뜻. ○天寒翠袖薄(천한취수박)－날이 추워지니, 푸른 옷소매가 더욱 엷게 느껴진다. ○日暮倚修竹(일모의수죽)－날이 저물면 더욱 쓸쓸하지만 그녀는 대나무에 몸을 싣고 굳게 절개를 지킨다.

참고 건원(乾元) 2년(759) 두보 나이 49세 때 진주(秦州 : 甘肅省 天水)에서 지은 시다. 청(淸)의 구조오(仇兆鰲)는 다음과 같이 평했다. "천보의 난에 실재했던 여주인공을 시로 읊은 것이다. 그러므로 상황이나 심정이 곡진하게 묘사되었다. 한편 버림받은 여인에 가탁하여 쫓겨난 충신을 옹호하는 뜻도 있다."〈杜詩詳注〉

제4장 한국의 칠언(七言) 명시(名詩)

1. 문득 읊음(偶吟) —— 길재(吉再)

죽 색 춘 추 견 절 색   계 류 일 야 세 탐 람
竹色春秋堅節色   溪流日夜洗貪婪

심 원 영 정 무 진 애   종 차 방 지 도 미 감
心源瑩靜無塵埃   從此方知道味甘

대나무는 곧은 줄기와 푸른 빛깔로 항상 굳은 절개를 지키며
시냇물은 흘러 밤이나 낮이나 추잡한 탐욕을 씻어내리노라
마음속 근원이 맑고 조용하고 티끌이 없게 되니
산에 살면서 비로소 안빈낙도의 단맛을 알겠노라.

어구 설명 ○偶吟(우음)—문득 읊음. ○吉再(길재, 1353~1419)—고려말의
학자, 호는 야은(冶隱). 선산(善山)에 은거하며, 제자들을 배양했다. ○竹
色(죽색)—대나무의 곧은 줄기와 아름다운 색. ○春秋(춘추)—봄과 가을,
역사적으로 영원히, 항상. ○堅節色(견절색)—굳은 절개를 나타내는 빛
깔이다. 堅(굳을 견) ○溪流(계류)—시냇물. ○日夜(일야)—주야로, 항상.
○洗貪婪(세탐람)—추잡한 탐욕을 씻어내린다. 貪(탐할 탐) 婪(탐할 람)
○心源(심원)—마음의 근원. ○瑩靜(영정)—빛나고 맑고 허정(虛靜)하다.

瑩(밝을 영) ○無塵埃(무진애)─티끌이 없다. 塵(티끌 진) 埃(티끌 애) ○從此(종차)─이로써, 산 속에 물러나 살면서. ○方知(방지)─비로소 알다. ○道味甘(도미감)─안빈낙도(安貧樂道)의 맛이 달고 좋다.

2. 뜻을 푼다(述志) ── 길재(吉再)

임 계 모 옥 독 한 거   월 백 풍 청 흥 유 여
臨溪茅屋獨閑居   月白風淸興有餘

외 객 불 래 산 조 어   이 상 죽 오 와 간 서
外客不來山鳥語   移床竹塢臥看書

냇물 가에 초가집을 짓고 홀로 한가하게 사노라
달이 밝고 바람이 맑으니 흥취가 마냥 넘치네
밖의 손 찾아오지 않고 산새들이 우짖고 있을 제
대나무숲에 평상을 옮겨놓고 누워서 책을 읽노라.

어구 설명 ○述志(술지)─뜻을 푼다. ○臨溪(임계)─냇가. ○茅屋(모옥)─따를 이은 집. 茅(띠 모) ○獨閑居(독한거)─홀로 한가하게 산다. ○月白風淸(월백풍청)─달이 밝고 바람이 맑다. ○興有餘(흥유여)─흥취가 넘친다. ○外客不來(외객불래)─밖으로부터 손이 찾아오지 않는다. ○山鳥語(산조어)─산새들이 우짖는다. ○移床(이상)─평상을 옮기다. ○竹塢(죽오)─대나무가 자란 언덕, 대나무숲. ○臥看書(와간서)─누워서 책을 본다.

3. 김거사의 거처를 찾아감(訪金居士野居) — 정도전(鄭道傳)

추음 막 막 사 산 공　　낙 엽 무 성 만 지 홍
秋陰漠漠四山空　　落葉無聲滿地紅

입 마 계 교 문 귀 로　　부 지 신 재 화 도 중
立馬溪橋問歸路　　不知身在畵圖中

음산한 가을구름이 사방의 산을 덮어 허전할 새
낙엽이 소리없이 땅을 온통 붉게 물들이고 있노라
개울가 다리에 말 세우고 돌아갈 길을 물으니
내가 바로 한 폭 그림 속에 있음을 모르노라.

어구 설명　○訪金居士野居(방김거사야거)－김거사의 집을 방문하고. 거사
는 야에 물러나 사는 선비. 야거(野居)는 산야에 살다, 혹은 사는 집. ○鄭
道傳(정도전, ?~1398)－자는 종지(宗之), 호는 삼봉(三峯), 조선조 개국
공신, 이색(李穡)의 문인, 《고려사》를 편찬함. 척불숭유(斥佛崇儒)의 학
자, 방석(芳碩)을 옹호하다가 방원(芳遠)에게 참형됨. ○秋陰(추음)－가
을의 음산한 구름, '추음(秋陰)'을 '추운(秋雲)'이라고 쓴 책도 있다. ○漠
漠(막막)－끝없이 넓고 아득하다. 漠(아득할 막) ○四山空(사산공)－사방
의 산들이 텅빈 듯이 고요하다. (저녁 무렵 가을의 음산한 구름에 덮인
사위의 산) ○落葉無聲滿地紅(낙엽무성만지홍)－떨어진 나뭇잎이 소리없
이 땅을 온통 붉게 물들이고 있다. ○立馬溪橋(입마계교)－말을 개울가
다리 위에 세우고, '계교(溪橋)'를 '계변(溪邊)'이라고 쓴 책도 있다. ○問
歸路(문귀로)－돌아갈 길을 묻고 찾는다. ○不知身在畵圖中(부지신재화
도중)－내 자신이 한 폭 그림 속에 있음을 모른다.

4. 울며 어머니 곁을 떠남(泣別慈母) ── 신사임당(申師任堂)

자 친 학 발 재 임 영　　　신 향 장 안 독 거 정
慈親鶴髮在臨瀛　　身向長安獨去情

회 수 북 촌 시 일 망　　　백 운 비 하 모 산 청
回首北村時一望　　白雲飛下暮山青

백발의 늙으신 자애로운 어머니 계신 임영을 뒤로 하고
장안의 집을 향해 홀로 떠나가는 여식의 서글픈 심정
때때로 머리를 돌려 친정이 있는 북촌을 바라보니
흰구름 내리 덮인 저물녘의 산이 검푸르게 보이네.

어구 설명 ○泣別慈母(읍별자모)─울며 어머니와 이별하다. ○申師任堂(신사임당, 1504~1551)─율곡(栗谷)의 어머니, 경사(經史)에 통하고 서화(書畫)를 잘했다. ○慈親(자친)─자애로운 어머니. ○鶴髮(학발)─학의 머리처럼 흰머리. ○在臨瀛(재임영)─임영(臨瀛)에 계시다. 임영은 강원도 강릉(江陵)의 별칭. 瀛(바다 영) ○身向長安(신향장안)─나는 장안을 향해 간다. ○獨去情(독거정)─홀로 가는 서글픈 심정. ○回首北村(회수북촌)─머리를 북촌으로 돌리고. 북촌은 사임당의 친정이 있는 북촌 마을. ○時一望(시일망)─때때로 바라보다. ○白雲飛下(백운비하)─흰구름이 아래로 내리어 덮이다. ○暮山青(모산청)─저무는 산이 검푸르게 보인다.

5. 꿈속의 혼백(夢魂) — 이옥봉(李玉峯)

근래안부문여하　월도사창첩한다
近來安否問如何　月到紗窓妾恨多

약사몽혼행유적　문전석로반성사
若使夢魂行有跡　門前石路半成沙

요사이는 어떠하냐고 안부를 물으시니 (아룁니다)
저는 달이 사창을 비칠 때에 가장 한이 넘칩니다
만약 꿈길의 혼백이 오간 흔적을 볼 수 있다면
문전의 돌길이 닳아서 반은 모래가 되었을 것입니다.

어구 설명　○夢魂(몽혼)－꿈속의 혼백. ○李玉峯(이옥봉)－조선 선조(宣祖) 때의 여류 시인, 종실(宗室) 이봉(李逢)의 서녀로, 학사 조원(趙瑗)의 부실이다. 조원은 승지(承旨)로 국난 때에 죽었으며, 이씨도 순사했다. ○近來安否(근래안부)－근래의 안부. ○問如何(문여하)－어떠한지 묻는다. ○月到(월도)－달이 비치다. ○紗窓(사창)－엷은 비단 창문. 紗(깁 사) ○妾恨多(첩한다)－소첩의 한이 많다. 더욱 돋아나다. ○若使(약사)－만약에 ……할 수 있다면. ○夢魂行(몽혼행)－꿈속의 혼백이 오가다. ○有跡(유적)－오간 흔적을 남게 할 수 있다면. ○石路(석로)－돌길. ○半成沙(반성사)－반은 흙모래가 되었을 것이다.

6. 대장부(大丈夫) ─ 남이(南怡)

백두산석마도진   두만강수음마무
白頭山石磨刀盡   豆滿江水飮馬無

남아이십미평국   후세수칭대장부
男兒二十未平國   後世誰稱大丈夫

백두산의 암석을 숫돌삼아 칼을 갈아 닳게 하고
두만강의 강물을 싸움터의 말이 다 마시게 하리라
남아 20세에 나라를 평정하지 못하면
후세에 어느 누가 대장부라고 칭송하랴.

어구 설명   ○大丈夫(대장부)─씩씩한 사나이. ○南怡(남이)─조선 세조 때의 장군. 怡(기쁠 이) ○磨刀盡(마도진)─칼을 갈아서 (백두산의 암석을) 다 닳게 하다. ○飮馬無(음마무)─말에게 물을 먹이여 (두만강의 물을) 다 마르게 한다. ○男兒二十(남아이십)─남아 20세가 되어. ○未平國(미평국)─미처 나라를 평정하지 못하면. ○誰稱大丈夫(수칭대장부)─어느 누가 대장부라고 칭송하랴?

7. 낙화암(落花巖) ── 홍춘경(洪春卿)

국 파 산 하 이 석 시   독 류 강 월 기 영 휴
國破山河異昔時   獨留江月幾盈虧

낙 화 암 반 화 유 재   풍 우 당 년 부 진 취
落花巖畔花猶在   風雨當年不盡吹

나라 망하고 산천도 옛날과 다르게 변했구나

강을 비치는 달만이 홀로 남아 거듭 찼다 지다 하노라

낙화암 기슭에 꽃들이 여전히 피어났으니

그 옛날 비바람에 다 떨어지지 않았는가.

어구 설명 ○落花巖(낙화암)─백제의 고도(故都) 부여에 있다. 나당(羅唐) 연합군에 의해 백제가 멸망할 때에 낙화암에서 3천 궁녀가 백마강에 몸을 던졌다고 전한다. 巖(바위 암) ○洪春卿(홍춘경, 1497~1548)─조선 중종(中宗) 때의 문신, 자는 명중(明仲), 호는 석벽(石壁). ○國破(국파)─나라가 파멸되다. ○山河異昔時(산하이석시)─산천의 모습도 옛날과 다르게 변했다. ○獨留江月(독류강월)─홀로 남아서 흐르는 강물을 비치고 있는 저 달. ○幾盈虧(기영휴)─오랜 세월을 두고 얼마나 거듭하여 찼다가 다시 이지러졌을까? 盈(찰 영) 虧(이지러질 휴) ○落花巖畔(낙화암반)─낙화암 가에는. ○花猶在(화유재)─아직도 꽃이 피어있으니. ○風雨當年(풍우당년)─신라와 당나라 연합군에 의해 유린되었을 때. ○不盡吹(부진취)─모든 꽃들이 다 비바람에 불려서 시들어 죽은 것이 아니로구나.

8. 대동강(大同江) — 정지상(鄭知常)

우헐 장제 초색 다　　송군 남포 동 비 가
雨歇長堤草色多　　送君南浦動悲歌

대 동 강 수 하 시 진　　별 루 년 년 첨 록 파
大同江水何時盡　　別淚年年添綠波

비가 개니 긴 강둑의 풀이 더욱 파랗게 자랐노라
남포에서 그대를 전송하니 슬픈 노래가 절로 나네
대동강의 강물이 다 마를 날이 언제일까
해마다 이별의 눈물이 푸른 물을 돋아주니

어구 설명 ○大同江(대동강)—평양 강가에는 명승고적이 많다. ○鄭知常 (정지상, ?~1135)—고려 인종(仁宗) 때의 문신, 호는 남호(南湖), 그의 시는 만당(晩唐)의 시풍을 따라 청아하며 호탕하다. 묘청(妙淸)의 난에 가담하여, 처결되었다. ○雨歇(우헐)—내리던 비가 멈추다. 歇(쉴 헐) ○長 堤(장제)—강가에 기다랗게 뻗은 강둑. ○草色多(초색다)—빗물에 풀이 더욱 자라고 또 풀빛이 한결 산뜻하다. ○送君南浦(송군남포)—남포에서 그대를 전송한다. ○動悲歌(동비가)—슬픈 노래가 스스로 나온다. 동(動) 은 발동하다, 솟아오르다. ○何時盡(하시진)—언제 강물이 마를까? '강물 이 마를 때가 없다'의 뜻. ○別淚(별루)—이별의 눈물. ○年年(연년)—해 마다, 연년이. ○添綠波(첨록파)—(이별의 눈물이) 대동강의 푸른 물결을 더욱 높이고 또 출렁이게 한다.

9. 산사에 자면서(宿山寺) ─ 신광한(申光漢)

소 년 상 애 산 가 정　　다 재 선 창 독 고 경
少年常愛山家靜　　多在禪窓讀古經

백 수 우 연 중 도 차　　불 전 의 구 일 등 청
白首偶然重到此　　佛前依舊一燈靑

어려서부터 항상 조용한 산사를 좋아했으며
오랜 세월 선방 창가에서 옛 경서를 읽었노라
백발이 되어 우연히 다시 절을 찾아왔거늘
옛날과 같이 부처 앞에 파리한 등이 켜 있네.

어구 설명　○宿山寺(숙산사)─산사에 와서 밤을 자다. ○申光漢(신광한, 1484~1555)─조선 중종 때의 문신, 자는 한지(漢之), 호는 기재(企齋), 대제학(大提學)을 지냈다. ○少年常愛(소년상애)─소년 시절에 항상 좋아했다. ○山家靜(산가정)─산에 있는 절이 조용하다. ○多在禪窓(다재선창)─오랜 세월을 선방의 창문 앞에서. ○讀古經(독고경)─옛날의 경서나 불경을 읽다. ○白首(백수)─백발 노인이 되어서. ○重到此(중도차)─이 절에 다시 왔다. ○依舊(의구)─옛날과 같이. ○一燈靑(일등청)─등이 하나 파리한 불빛을 번지고 있다.

10. 배소에서 처의 죽음을 애도함(配所輓妻喪)

— 김정희(金正喜)

나 장 월 모 송 명 사　　내 세 부 처 역 지 위
那將月姥訟冥司　　來世夫妻易地爲

아 사 군 생 천 리 외　　사 군 지 아 차 심 비
我死君生千里外　　使君知我此心悲

어떻게 하면 중매할멈으로 하여금 염라대왕에게 하소연하여
내세에는 남편인 나와 죽은 아내의 처지를 서로 바꾸게 할까
내가 죽고 그대가 천리 밖에 살아남아서
나의 이렇듯이 비통한 마음을 알게 하랴.

어구 설명　○配所輓妻喪(배소만처상)―유배지에서 처의 죽음을 애도함. 輓(애도할 만)　○金正喜(김정희, 1786~1856)―호는 완당(阮堂)·추사(秋史). 문인·서예가, 금석학자.　○那將(나장)―어찌하면 장차 ……할 수 있을까? 이 시의 끝까지 걸린다.　○月姥(월모)―남녀의 인연을 맺어준다는 할머니, 월하노인(月下老人)이라고도 한다. 姥(할미 모)　○訟冥司(송명사)―명부를 다스리는 염라대왕에게 호소한다.　○來世(내세)―내세에는. ○易地爲(역지위)―처지를 바꾸다. 위(爲)는 ……되게 한다는 뜻.　○我死君生(아사군생)―내세에서는 내가 먼저 죽고 당신이 살아남아서.　○使君知(사군지)―그대로 하여금 알게 한다.　○我此心悲(아차심비)―오늘의 나의 이 비통한 슬픔을.

11. 소상의 밤비(瀟湘夜雨) ── 이인로(李仁老)

일 대 창 파 양 안 추　풍 취 세 우 쇄 귀 주
一帶滄波兩岸秋　風吹細雨灑歸舟

야 래 박 근 강 변 죽　엽 엽 한 성 총 시 수
夜來泊近江邊竹　葉葉寒聲總是愁

푸른 강물을 끼고 양쪽 언덕에는 가을이 깊었으며
바람에 나부끼는 부슬비는 돌아가는 거룻배를 적시네
밤이 되어 강변 대나무숲에 배를 대고 묵을 제
댓잎에 부는 차가운 바람소리 더욱 수심을 돋구노라.

어구 설명　◦瀟湘夜雨(소상야우)─소상은 중국에 있다. 여기서는 우리나라의 호수가 많은 지방을 말한다. ◦李仁老(이인로)─제2장 15. 산 속의 집〔山房〕 참고. ◦一帶滄波(일대창파)─한 줄기 띠 같이 흐르는 푸른 강물. ◦兩岸秋(양안추)─강을 낀 양쪽 언덕에 가을이 깊었다. ◦風吹細雨(풍취세우)─바람을 타고 내리는 부슬비. ◦灑歸舟(쇄귀주)─돌아가는 거룻배를 씻어내린다. ◦江邊竹(강변죽)─강변의 대나무숲. ◦葉葉寒聲(엽엽한성)─대나무잎을 불어스치는 차가운 바람소리. ◦總是愁(총시수)─모두가 수심을 돋는다.

12. 산 속의 나그네(山客) ― 석해원(釋海源)

산 매 락 진 야 화 비   곡 구 춘 잔 객 도 희
山梅落盡野花飛   谷口春殘客到稀

요 망 천 봉 홍 수 리   두 견 제 처 일 승 귀
遙望千峰紅樹裏   杜鵑啼處一僧歸

산에는 매화가 지고 들에는 꽃잎이 바람에 휘날릴 제
계곡에도 봄의 흥겨움이 시들하니 찾아오는 사람도 없네
저 멀리 바라보이는 중첩한 산의 붉은 꽃나무 숲속
두견새 우짖는 곳을 향해 중이 홀로 돌아가고 있노라.

어구 설명 ㅇ山客(산객)―산길을 가는 나그네. ㅇ釋海源(석해원)―중 해원,
법명(法名) 앞에 '석(釋)'을 붙여 중임을 나타낸다. ㅇ山梅落盡(산매락
진)―산에 피었던 매화꽃이 다 떨어졌다. ㅇ野花飛(야화비)―들꽃 잎이
바람에 불려 휘날리다. ㅇ春殘(춘잔)―봄이 지고, 시들하다. ㅇ客到稀(객
도희)―찾아오는 사람도 거의 없다. ㅇ紅樹裏(홍수리)―봄꽃이 붉게 어우
러진 숲속. ㅇ杜鵑啼處(두견제처)―두견새가 우는 곳으로 ㅇ一僧歸(일승
귀)―중이 홀로 돌아간다.

13. 화석정(花石亭) ── 이이(李珥)

임 정 추 이 만　　소 객 의 무 궁
林亭秋已晚　　騷客意無窮

원 수 연 천 벽　　상 풍 향 일 홍
遠水連天碧　　霜楓向日紅

산 토 고 윤 월　　강 함 만 리 풍
山吐孤輪月　　江含萬里風

새 홍 하 처 거　　성 단 모 운 중
塞鴻何處去　　聲斷暮雲中

이미 가을이 깊어진 숲속의 정자에서

세상을 걱정하는 시인의 생각이 끝없네

저 멀리 흐르는 강물이 하늘에 이어져 푸르기만 하고

서리맞은 단풍이 태양을 바라보고 붉게 타고 있노라

산은 외로운 둥근 달을 토해 내듯

강은 만리풍을 품어내듯

변경의 하늘을 나는 큰기러기는 어디를 향해 가는가?

어두운 저녁구름 속으로 들어가자 울음소리도 끊어지네.

어구 설명　○花石亭(화석정)－율곡 이이가 벼슬에서 물러난 후에 머물렀던 정자로 경기도 파주에 있었다.　○李珥(이이, 1536~1584)－호는 율곡(栗谷).　○林亭秋已晚(임정추이만)－숲속에 있는 정자에 이미 가을이 깊었다. ○騷客(소객)－시인과 문인, 세상을 근심하는 사람. 騷(근심할 소) ○意無

窮(의무궁)—생각이나 뜻이 무궁하다. ○遠水連天碧(원수연천벽)—저 멀리 강물은 하늘에 이어져 푸르다. ○霜楓向日紅(상풍향일홍)—서리맞은 단풍이 태양을 바라보고 붉게 타고 있다. ○山吐孤輪月(산토고윤월)—산은 외로운 둥근 달을 토해 내는 듯하다. ○江含萬里風(강함만리풍)—강이 만리풍(萬里風)을 품고 있는 듯, 강을 타고 바람이 만리를 불어온다는 뜻. ○塞鴻何處去(새홍하처거)—변경을 나는 큰 새는 어디를 향해 가는가? ○聲斷暮雲中(성단모운중)—저녁 무렵 어두운 구름 속으로 (들어가는 기러기와 더불어) 기러기 소리 끊어진다.

14. 어버이를 생각하며(思親) — 신사임당(申師任堂)

천 리 가 산 만 첩 봉　　귀 심 장 재 몽 혼 중
千里家山萬疊峯　　歸心長在夢魂中

한 송 정 반 쌍 륜 월　　경 포 대 전 일 진 풍
寒松亭畔雙輪月　　鏡浦臺前一陣風

사 상 백 구 항 취 산　　파 두 어 정 매 서 동
沙上白鷗恒聚散　　波頭漁艇每西東

하 시 중 답 임 영 로　　채 무 반 의 슬 하 봉
何時重踏臨瀛路　　綵舞斑衣膝下縫

천리 멀리 첩첩산중에 있는
고향집에 돌아가 어버이 뵙고 싶은 마음을 꿈속의 혼으로만 이루네
한송정 언저리에는 달무리가 어리고
경포대 앞에는 바람이 불어 스치네
물가 모래 위에는 백구가 여전히 뒤엉켜 날고
바다 파도 머리에는 고깃배들이 여기저기 나부끼고 있으리

언제나 임영으로 가는 길을 다시 밟고 친정에 가서
어버이 슬하에서 색동옷 꿰매 입고 춤을 추리오.

어구 설명 ○思親(사친)—어버이를 생각한다. ○千里(천리)—천리 밖에 있
는. ○家山(가산)—고향집의 산. ○萬疊峯(만첩봉)—산봉우리가 만 겹으
로 첩첩이 둘러싸여 있다. 疊(겹쳐질 첩) ○歸心(귀심)—고향 친정으로
돌아가 어버이를 보고 싶은 마음. ○長在夢魂中(장재몽혼중)—항상 꿈속
에서 혼백만이 성취한다. 실제로 이루지 못하고 꿈만 꾼다. ○寒松亭畔
(한송정반)—강릉 경포 가에 있는 정자. 畔(두둑 반) ○雙輪月(쌍륜월)—
두 개의 굴레를 이룬 달, 즉 달과 그 주변에 피어난 달무리. 雙(쌍 쌍) 輪
(바퀴 륜) ○鏡浦臺前(경포대전)—경포대 앞에. ○一陣風(일진풍)—한바
탕 바람이 스친다. 陣(줄 진) ○沙上白鷗(사상백구)—모래 위를 나는 흰
갈매기. 鷗(갈매기 구) ○恒聚散(항취산)—항상, 여전히 모였다 흩어졌다
한다. 聚(모일 취) 散(흩을 산) ○波頭(파두)—파도 머리, 파도를 타고.
○漁艇(어정)—고깃배. 艇(거룻배 정) ○每西東(매서동)—각각 동서로 흩
어져 있다. ○何時(하시)—언제. ○重踏(중답)—거듭 밟다, 다시 가다.
○臨瀛路(임영로)—임영으로 가는 길, 임영은 지금의 강릉. ○綵舞斑衣
(채무반의)—채(綵)는 채색한 색동옷의 뜻, 반(斑)은 얼룩얼룩 무늬가 있
는 옷의 뜻. 무의(舞衣)는 춤을 출 때 입는 옷. 24효(孝)의 한 사람인 노
래자(老萊子)가 나이 70세에 색동옷을 입고 늙은 부모 앞에서 춤을 추고
부모를 즐겁게 해주었다. 자기 부모 앞에서 어린애같이 재롱을 부린다는
뜻. 綵(비단 채) 斑(얼룩 반) ○膝下縫(슬하봉)—부모님 슬하에서, 고향집
에 가서 부모 앞에서.

15. 낙동강 상류를 건너가다(過洛東江上流)

— 이규보(李奎報)

백전청산리	한행과낙동
百轉靑山裏	閒行過洛東

초심유유로	송정자무풍
草深猶有露	松靜自無風

추수압두록	효하성혈홍
秋水鴨頭綠	曉霞猩血紅

수지권유객	사해일시옹
誰知倦遊客	四海一詩翁

숲이 우거진 푸른 산 속을 수없이 돌고돌아
한가한 여행길 낙동강 상류를 건너가노라
무성하게 자란 풀잎에는 이슬이 맺히고
고요한 솔밭에는 바람조차 불지 않노라
가을의 맑은 강물은 흡사 오리머리처럼 푸르고
새벽의 노을은 흡사 성성이 피처럼 붉네
누가 알아주랴 한가하게 게으름피우며
사해를 한 집으로 삼고 떠도는 늙은 시인을!

어구 설명 ○過洛東江上流(과낙동강상류)—낙동강 상류를 건너가다. ○百轉靑山裏(백전청산리)—푸른 산 속을 수없이 돌아. ○閒行過洛東(한행과낙동)—한가한 여행길에 낙동강을 건너가다. ○草深猶有露(초심유유로)—

우거진 풀에는 또한 이슬이 내리고. ○松靜自無風(송정자무풍)-솔밭은 조용하고 바람도 없어라. ○秋水(추수)-가을의 맑은 강물은. ○鴨頭綠 (압두록)-흡사 오리의 머리같이 푸르다. ○曉霞(효하)-새벽의 안개. ○猩 血紅(성혈홍)-성성이 피 같이 붉다. ○誰知倦遊客(수지권유객)-한가하 게 게으름피우며 떠도는 나그네를 누가 알아주랴. (아무도 모르지만, 그 사람이 바로) ○四海一詩翁(사해일시옹)-사해를 한 집으로 삼고 떠도는 늙은 시인이로다.

16. 홀로 앉아서(獨坐) ── 서거정(徐居正)

독 좌 무 래 객	공 정 우 기 혼
獨坐無來客	空庭雨氣昏
어 요 하 엽 동	작 답 수 초 번
魚搖荷葉動	鵲踏樹梢飜
금 윤 현 유 향	노 한 화 상 존
琴潤絃猶響	爐寒火尚存
이 도 방 출 입	종 일 가 관 문
泥途妨出入	終日可關門

홀로 앉아 있는 이 몸, 찾아오는 손도 없으며
텅 빈 정원에는 비가 내릴 듯, 날이 저무노라
물고기가 요동을 치니, 연잎이 흔들거리고
까치가 나무에 앉자, 가지 끝이 휘청하노라
거문고는 윤이 나고, 줄이 아직도 소리를 울리는 듯
화로가 차가우나, 불기는 아직도 있노라
흙탕길에 출입도 불편하리니

종일토록 문을 닫아도 좋으리라.

어구 설명 ○徐居正(서거정)−제2장 한국의 오언절구(五言絶句) 8번 시 참조. ○雨氣昏(우기혼)−비가 올 듯하며 날이 저문다. ○荷葉動(하엽동)−연 잎이 흔들린다. ○鵲踏(작답)−까치가 앉다. ○樹梢飜(수초번)−나뭇가지의 끝이 흔들린다. 梢(나무끝 초) 飜(뒤칠 번) ○琴潤(금윤)−거문고가 윤이 난다. ○絃猶響(현유향)−거문고 줄에서 아직도 소리가 울리는 것 같다. ○爐寒(노한)−화로가 차다. ○泥途(이도)−흙탕길.

17. 감로사 차운(甘露寺次韻) ── 김부식(金富軾)

속 객 부 도 처　　등 림 의 사 청
俗客不到處　　登臨意思淸

산 형 추 갱 호　　강 색 야 유 명
山形秋更好　　江色夜猶明

백 조 고 비 진　　고 범 독 거 경
白鳥高飛盡　　孤帆獨去輕

자 참 와 각 상　　반 세 멱 공 명
自慚蝸角上　　半世覓功名

속인의 발길이 닿지 않는 곳
높이 올라오니 마음과 뜻이 맑아지네
산의 형색이 가을이라 한결 아름답고
달빛 어린 강물은 밤에 더욱 밝게 빛나네
흰 새들 높이 날아간 곳이 없고

외로운 돛배는 홀로 경쾌하게 돌아가네

자신이 부끄럽구나, 달팽이 두 뿔이 서로 싸우듯

좁은 안목으로 반평생 공명을 찾아 헤매었으니.

어구 설명 ○甘露寺次韻(감로사차운)−감로사는 송도(松都 : 개성) 오봉봉(五鳳峰) 기슭에 있다. 중국 윤주(潤州)의 감로사를 본떠서 세운 절. 차운은 다른 사람의 시의 운에 맞추어 읊은 시. 《동문선(東文選)》에는 '제송도감로사차혜원운(題松都甘露寺次惠遠韻)'으로 되어 있다. ○金富軾(김부식, 1075~1151)−고려 인종 때의 문신, 묘청의 난을 평정한 공신. 《삼국사기》를 편찬함, 시호는 문열(文烈). ○俗客(속객)−속인, 세상 사람들. ○不到處(부도처)−좀처럼 오지 않는 곳. 즉 감로사의 뜻이다. ○登臨(등림)−높이 오르다. ○意思淸(의사청)−뜻과 생각이 맑아진다. 마음이나 생각이 맑아진다. ○山形(산형)−산의 모양이나 색채. ○秋更好(추갱호)−가을이라 (단풍이 들어) 더욱 아름답다. ○江色(강색)−(달빛 어린) 강물의 빛. ○夜猶明(야유명)−밤에 더욱 밝고 아름답게 반짝인다. ○白鳥高飛盡(백조고비진)−흰 새들이 높이 날아 온데 간데 없다, 다 없어졌다. ○孤帆(고범)−외로운 돛배. 돛을 올린 배가 하나. ○獨去輕(독거경)−홀로 경쾌하게 돌아가고 있다. ○自慚(자참)−스스로 창피함을 느낀다. 자신이 창피하다. ○蝸角上(와각상)−달팽이 뿔 위에서. 즉 좁은 식견에 얽매이고 또 좁은 세상에서. ○半世(반세)−반평생. ○覓功名(멱공명)−공명을 찾았다. 覓(찾을 멱)

참고 달팽이 왼쪽 뿔에 있는 촉씨 나라와, 달팽이 오른쪽 뿔에 있는 만씨 나라가 항상 토지 쟁탈전을 벌였다.(有國於蝸之左角者 曰觸氏, 有國於蝸之右角者 曰蠻氏, 時相與爭地而戰)−《장자(莊子)》 잡편(雜篇) 즉양(則陽)

18. 결기궁(結綺宮) ─ 김부식(金富軾)

요계 삼 척 비   천 재 칭 기 덕
堯階三尺卑   千載稱其德

진 성 만 리 장   이 세 실 기 국
秦城萬里長   二世失其國

고 금 청 사 중   가 이 위 규 식
古今青史中   可以爲規式

수 황 하 불 사   토 목 갈 인 력
隋皇何不思   土木竭人力

요임금의 흙계단은 세 자로 낮았으나
그의 덕치는 천 년을 두고 칭송되었으며
진시황의 장성은 만리에 뻗었으나
불과 2대에 나라가 멸망했노라
고금의 흥망성쇠의 원인이 청사에 잘 기록되었으며
가히 거울로 삼을 수 있거늘
수 양제는 어찌해서 주책없이
토목공사를 벌여 백성들의 힘을 고갈케 했는가?

어구 설명 ㅇ結綺宮(결기궁)─당나라 말기 진(陳)나라의 후주(後主)가 장
귀비(張貴妃)를 위해 세운 호화로운 별궁. 진후주는 연락가무(宴樂歌舞)
에 도취하고 결국에는 적에 멸망되었다. ㅇ堯階(요계)─오제(五帝)의 한
사람인 요임금은 궁전의 계단을 흙으로 세 자 높이로 돋았다. 궁전을 조

출하게 세웠다는 뜻. ○千載稱其德(천재칭기덕)−그의 덕이 천 년을 두고 칭송되었다. ○秦城萬里長(진성만리장)−진시황은 성을 만리에 걸쳐 쌓았다. ○二世失其國(이세실기국)−그러나 진은 불과 2세만에 멸망했다. ○古今靑史中(고금청사중)−고금의 흥망성쇠를 역사 속에서 볼 수 있다. ○可以爲規式(가이위규식)−가히 규범으로 삼을 수 있다. 式(법 식) ○隋皇何不思(수황하불사) 土木竭人力(토목갈인력)−수나라의 제1대 문제(文帝, 581~604)가 후한(後漢) 말기, 위(魏)·진(晉)·5호16국(五胡十六國) 및 남북조(南北朝)의 혼란을 진압하고 천하를 통일했다. 그러나 제2대 양제(煬帝, 604~618)가 자기 아비를 죽이고 자리에 올랐으며, 황음무도하고 무절제하게 토목공사를 벌여 백성을 피폐케 했다. 이 틈을 타고 이연(李淵, 618~626)이 천하의 대권을 잡고 당(唐)나라를 세웠다.

참고 《十八史略》帝堯陶唐氏 '其仁如天 其知如神 就之如日 望之與雲 都平陽 茆茨不剪 上階三等'
'立我蒸民 莫匪爾極 不識不知 順天之則'〈康衢謠〉
'日出而作 日入而息 鑿井而飮 耕田而食 帝力何有於我哉'〈擊壤歌〉

19. 비 오는 밤의 감회(雨夜有懷) ─ 인의(印毅)

초 당 추 칠 월　　임 우 야 삼 경
草堂秋七月　　霖雨夜三更

의 침 객 무 몽　　격 창 충 유 성
欹枕客無夢　　隔窓虫有聲

천 사 번 란 적　　한 엽 쇄 여 청
淺莎翻亂滴　　寒葉洒餘淸

자 아 유 유 취　　지 군 금 석 정
自我有幽趣　　知君今夕情

7월 초가을 초당에

궂은비 삼경에 쏟아져 내리네

베개를 돋아 세우고 잠을 이루지 못할 새

창밖으로 귀뚜라미 애절하게 우네

잔디밭 위에 어지럽게 휘날리는 빗방울이

추위에 시드는 나뭇잎을 아쉬운 듯 말끔히 씻어주네

나는 스스로 그윽한 정취에 잠기고 있노라

그대도 이 밤을 정겹게 대하고 있을 줄 아네.

어구 설명　○雨夜有懷(우야유회)−비오는 밤의 감회. ○印毅(인의)−고려의 문신, 한림학사. ○草堂(초당)−초라한 집, 별채, 억새로 지붕을 이은 별채. ○秋七月(추칠월)−초가을 7월. ○霖雨(임우)−장맛비, 동우(桐雨)라고 쓴 책도 있다.《東文選》,《東人詩話》,《破閑集》) ○夜三更(야삼경)−밤 삼경, 밤 11시에서 새벽 1시 사이. ○欹枕(의침)−목침을 돋아 세우고. 欹(기울 의) 枕(베개 침) ○客無夢(객무몽)−나그네가 잠을 못 잔다, 꿈을 꾸지 못한다. ○隔窓(격창)−창밖으로. ○虫有聲(충유성)−벌레 소리가 난다, 귀뚜라미가 울고 있다. ○淺莎(천사)−작은 풀, 잔디. 잔디밭. 淺(얕을 천) 莎(사초 사) ○翻亂滴(번란적)−바람에 휘날리며 쏟아지는 빗방울. ○寒葉(한엽)−찬바람에 시드는 나뭇잎. (혹은 오동잎) ○洒餘淸(쇄여청)−나뭇잎에 남아 있는 푸른 기색을 (빗방울이) 씻어내린다. ○自我(자아)−스스로 나는. ○有幽趣(유유취)−그윽한 정취를 느끼다. ○知君(지군)−그대가 ……함을 알겠다. ○今夕情(금석정)−(그대가) 오늘밤 정겨워하고 있을 것을 (내가 알겠다).

20. 벗을 전송하며(送人) ── 정지상(鄭知常)

정 전 일 엽 락   상 하 백 충 비
庭前一葉落   床下百虫悲

홀 홀 불 가 지   유 유 하 소 지
忽忽不可止   悠悠何所之

편 심 산 진 처   고 몽 월 명 시
片心山盡處   孤夢月明時

남 포 춘 파 록   군 휴 부 후 기
南浦春波綠   君休負後期

뜰에 잎사귀 하나 떨어지고
침상 밑에서 벌레들이 울 제
홀연히 가는 걸음을 멈추지 못한 채
그대는 아득히 어디로 갔노라
산너머까지 따라갔던 조각 마음이
달 밝은 밤, 홀로 꿈을 이루네
남포의 물이 다시 푸른 내년 봄에는
그대 기약을 잊지 말고 돌아오게나.

어구 설명   ○送人(송인) ─ 사람을 보내면서, 전송하면서. ○鄭知常(정지상, ?~1135) ─ 초명은 지원(之元)이며, 젊어서부터 시명(詩名)이 높았다. 등과 후, 기거주(起居注)의 벼슬을 지냈다. 시문으로 김부식(金富軾)과 다투다가, 결국은 묘청(妙淸)과 내통했다는 반역죄로 김부식에 의하여 참살

(斬殺)되었다. 그의 시는 만당(晩唐)의 기풍을 따랐고, 특히 절구에 뛰어났다. ○庭前一葉落(정전일엽락)—뜰 앞에, 나뭇잎이 하나 떨어진다. '일엽지추(一葉知秋)'라. ○床下百虫悲(상하백충비)—침상 밑에서 많은 가을 벌레들이 슬프게 운다. ○忽忽不可止(홀홀불가지)—실망하고 힘없이 떠나는 그대의 걸음을 멈추지 못하노라. ○悠悠何所止(유유하소지)—아득히 멀리 어디로 가는가? ○片心山盡處(편심산진처)—나의 일편단심은 산 끝에까지 따라갈 수 있으며. ○孤夢月明時(고몽월명시)—달 밝은 밤에는 외롭게 꿈을 꾸리라. ○南浦春波綠(남포춘파록)—내년 봄에 남포의 강물이 다시 푸르게 흐르면. ○君休負後期(군휴부후기)—그대여, 다시 만나자고 한 언약을 저버리지 말게.

21. 접시꽃(蜀葵花) ── 최치원(崔致遠)

적 막 황 전 측	번 화 압 유 지
寂寞荒田側	繁花壓柔枝
향 경 매 우 헐	영 대 맥 풍 의
香輕梅雨歇	影帶麥風欹
거 마 수 견 상	봉 접 도 상 규
車馬誰見賞	蜂蝶徒相窺
자 참 생 천 지	감 한 인 기 유
自慚生賤地	敢恨人棄遺

쓸쓸하고 스산한 묵정밭 구석에
피어난 꽃송이가 여린 가지를 무겁게 누르고 있네
장마 개이자 꽃향기 가볍게 번지고
오뉴월 보리바람에 꽃송이가 얼굴을 돋구네

말이나 수레 탄 지체 높은 사람은 와서 보지 않고
벌이나 나비만 기웃거리네
창피하고 부끄러워라, 천한 땅에 자랐으니
사람들이 버린들 감히 원망을 하랴.

어구 설명 ○寂寞(적막)−외롭고 쓸쓸하게. ○荒田側(황전측)−묵정밭 가에
자라나다. ○繁花(번화)−탐스런 꽃이 많이 피어서. ○壓柔枝(압유지)−
힘없이 여린 가지를 짓누르고 있다. 촉규화는 가지에 비해 꽃이 크고 그
수가 많다. ○香輕(향경)−꽃향기가 가볍게 번진다. ○梅雨歇(매우헐)−
장맛비가 개이자. ○影帶(영대)−꽃송이들이 일제히. ○麥風欹(맥풍의)−
오뉴월 보리바람에 기우뚱한다. 바람에 나부끼다. ○車馬(거마)−수레나
말을 타는 고관대작들은. ○誰見賞(수견상)−아무도 보고 반기지 않는다.
○蜂蝶(봉접)−벌이나 나비만. ○徒相窺(도상규)−하염없이, 멋대로 와서
기웃거린다. ○自慚(자참)−스스로 부끄럽게도, 창피하게도. ○生賤地(생
천지)−천한 땅에 태어나 자라다. (쇠퇴한 신라 땅에 태어났다) ○敢恨
(감한)−감히 한을 품으랴? 원망하랴? ○人棄遺(인기유)−나를 남들이
알아주지 않고 내버려도.

참고 황폐한 묵정밭 곁에 외롭고 쓸쓸하게 피어난 촉규(蜀葵花 : 접시
꽃, 어승화)는 아무도 반기지 않는다. 이 시는 자신의 처지를 비유한 시
이다.

22. 종성, 종본 두 아이를 생각하며(憶宗誠宗本兩兒)

— 정몽주(鄭夢周)

백념구회멸　관심지량아
百念俱灰滅　關心只兩兒

미리자모양　이송고인시
未離慈母養　已誦古人詩

적선오하유　양명여자기
積善吾何有　揚名汝自期

지사쇠로일　급견장성시
祇思衰老日　及見長成時

백 가지 생각 모두 없어지고

오직 두 아이만 마음에 걸리네

인자한 어미 품을 아직 못 떠났으나

이미 옛사람의 시를 외울 줄 아네

나는 적선한 것이 하나도 없으니

공을 세우고 이름내기를 너희들 스스로가 기해야 하노라

나는 날로 노쇠해가나

다만 너희들 장성하기를 보고자 하노라.

어구 설명　○憶宗誠宗本兩兒(억종성종본량아)－종성과 종본 두 아들을 생각하며. ○百念(백념)－모든 생각, 걱정. ○俱灰滅(구회멸)－다 없어지다. 俱(함께 구) 灰(재 회) 滅(멸망할 멸) ○關心(관심)－마음에 걸리다, 걱정을 한다. ㅇ只兩兒(지량아)—다만 두 아들뿐이다. ㅇ未離慈母養(미리자모양)—자모의 품에서 벗어나지 못했다, 약관(弱冠)의 나이. ㅇ已誦古人詩(이송고인시)—이미 고인의 시를 읽고 외운다. ㅇ積善吾何有(적선오하유)—나는 자손에게 음덕을 줄만큼 적선을 한 것이 없다. ㅇ揚名汝自期(양명여자기)—공을 세우고 이름내는 것을 스스로 기해야 한다. ㅇ祗思(지사)—오로지 ……하기를 생각한다. ㅇ衰老日(쇠로일)—노쇠한 때에. ㅇ及見長成時(급견장성시)—너희들 장성한 것을 보고자 한다. 及(미칠 급)

23. 사신으로 일본에 와서(洪武丁巳奉使日本)

— 정몽주(鄭夢周)

수 국 춘 광 동　천 애 객 미 행
水國春光動　天涯客未行

초 련 천 리 록　월 공 양 향 명
草連千里綠　月共兩鄕明

유 세 황 금 진　사 향 백 발 생
遊說黃金盡　思鄕白髮生

남 아 사 방 지　부 독 위 공 명
男兒四方志　不獨爲功名

바다로 둘러싸인 섬나라에 봄빛이 술렁이거늘
하늘 끝에 있는 이 나그네는 아직도 돌아가지 못하네
풀은 천리로 이어져 푸르고
달은 두 나라를 다 같이 밝게 비치네
유세하느라 황금을 탕진하고

고향 그리느라 백발이 생겨났으나
사방을 경영하려는 사나이 뜻
공명을 위해서만은 아니로다.

어구 설명 ○水國(수국)−바다에 둘러싸인 섬나라. ○春光動(춘광동)−봄빛
이 술렁인다, 봄기운이 약동한다. ○天涯(천애)−하늘 끝에 (와 있는). ○客
未行(객미행)−나그네인 나는 아직도 (고향으로) 돌아가지 못하네. ○草
連千里祿(초련천리록)−사방에 돋아난 봄풀이 푸른 바다, 천리에 이어지
다. ○月共兩鄕明(월공양향명)−달은 두 나라를 다 같이 밝게 비치고 있
노라. ○遊說黃金盡(유세황금진)−유세하느라, 황금을 탕진하고. ○思鄕
白髮生(사향백발생)−고국을 염려하고 고향을 생각하느라 백발이 더욱
자랐노라. ○男兒四方志(남아사방지)−사나이가 여러 나라를 유력하면서
천하를 평화롭게 경륜하려는 뜻, 사방은 천하, 주변의 여러 나라. ○不獨
爲功名(부독위공명)−다만 공명만을 위해서가 아니다. 인간의 선본성(善
本性)인 명덕(明德)을 밝히고 진정한 평천하(平天下)를 위해서다.

24. 전주 망경대에 올라(登全州望景臺) —— 정몽주(鄭夢周)

천인강두석경횡　　등림사아불승정
千仞岡頭石徑橫　　登臨使我不勝情

청산은약부여국　　황엽빈분백제성
靑山隱約扶餘國　　黃葉繽粉百濟城

구월고풍수객자　　백년호기오서생
九月高風愁客子　　百年豪氣誤書生

천애일몰부운합　　추창무유망옥경
天涯日沒浮雲合　　惆悵無由望玉京

천길 높은 산머리, 가로지른 돌길을 타고 올라

바라보는 장관은 나를 감동케 하네

저 멀리 은은하게 보이는 푸른 산 언저리가 부여국이고

누런 낙엽이 분분히 휘날리는 곳이 백제성이라

9월의 높은 바람에 나그네 시름 더하니

백년의 호기만 있는 쓸모없는 서생이로다

하늘가에 지는 해가 뜬구름에 함몰했으니

슬프다, 옥경을 바라볼 길이 없네.

어구 설명　○登全州望景臺(등전주망경대)－전주 망경대에 올라. '망경대(望景臺)'를 '망경대(望京臺)'로 쓴 책도 있다. 망경대는 고덕산 북쪽 기슭에 있다. ○千仞(천인)－천 길 높이. ○岡頭(강두)－산꼭대기에, 만경대 정상에는 넓은 터전이 있다. ○石徑橫(석경횡)－가로 난 좁은 돌길을 타고. ○登臨(등림)－올라가 사방을 내려본다, 서쪽으로는 군산도(群山島)가 보이고, 북쪽으로는 기준성(箕準城)이 보인다. ○使我(사아)－나로 하여금. ○不勝情(불승정)－무한정 흥취를 돋다, 감격케 한다. ○靑山隱約(청산은약)－푸른 산들이 아득히 가물거리는 곳이. ○扶餘國(부여국)－부여 나라 땅이고. ○黃葉繽粉(황엽빈분)－누렇게 물든 나뭇잎이 어지럽게 휘날리는 언저리가. ○百濟城(백제성)－백제성이 있던 곳이다. ○九月高風(구월고풍)－9월 높은 하늘에 부는 가을바람. ○愁客子(수객자)－나그네 더욱 슬프다. ○百年豪氣(백년호기)－한평생 호탕한 기개만 품었을 뿐. ○誤書生(오서생)－(실제로는 아무런 공헌도 하지 못한) 그릇된 서생. ○天涯(천애)－하늘 끝, 저 멀리. ○日沒(일몰)－해가 지며, 떨어지며. ○浮雲合(부운합)－뜬구름에 묻혀 버린다. ○惆悵(추창)－슬프다. 惆(실심할 추) 悵(슬퍼할 창) ○無由(무유)－ ……할 길이 없다. ○望玉京(망옥경)－옥황상제가 사는 옥경을 바라보다.

참고 경신년(庚申年, 1380)에 외적이 경상도와 전라도를 침공했으며, 이 성계가 출정하여 운봉(雲峰)에서 적을 물리쳤다. 이때 정몽주도 종군하였 는데, 개선하고 돌아오는 길에 전주 만경대에서 이 시를 읊었다.

제 6 편

사서집주(四書集註) 선독(選讀)

참고 ◑ **제6편을 학습하는 요령**

경전은 인류의 정신문화의 정화(精華)이며 동시에 세계와 인류가 따르고 실천해야 할 윤리도덕의 지침서다. 그러므로 우리는 경전의 정신과 가르침을 바탕으로 오늘의 타락하고 위기에 처한 인류사회를 구제해야 한다.

경전은 수천년 전에 성현(聖賢)들에 의해서 기술되었고, 또 수천년간에 걸쳐 탁월한 학자들의 연구와 발명을 걸쳐 오늘날 전래한 귀중한 문화유산이다. 그 심오한 뜻과 고매한 정신을 터득하기 위해서는 반드시 '심층공부(深層工夫)'를 해야 한다. 그러므로 이 책에는 주자(朱子)의 집주(集註)를 자세히 풀이하고 아울러 '참고'를 덧붙였다. 공부하는 요령을 나눠 설명하겠다.

1. 대학장구 : 도덕정치의 원리인 삼강령(三綱領)과 팔조목(八條目)을 바탕으로 정치정화(政治淨化)에 이바지하자.
2. 논어집주 : 학문의 목적은 자기수양이다. 수양의 바탕은 효제(孝弟)와 충신(忠信)의 실천이다.
3. 맹자집주 : 맹자의 예리한 비판을 오늘의 세계정치에 활용하자.
4. 중용장구 : 하늘이 내려준 인간의 선본성(善本性)을 스스로 자각하고 동물적 이기주의를 해탈하자.

◑ **사서(四書) 해설**

사서(四書)는 《대학(大學)》·《중용(中庸)》·《논어(論語)》·《맹자(孟子)》를 함께 일컫는 말이다. 이들 고대의 경전을 송대(宋代) 성리학(性理學)의 대가 주자(朱子, 1130~1200)가 추리고 여러 학자의 주를 모아서 함께 묶어 '사서집주(四書集註)'라 하고 유학을 공부하는 선비나 학자들의 필독서로 삼았다. 아울러 중국은 물론 한국에서도 오랜 세월에 걸쳐 관리등용의 관문인 과거에서도 시서집주를 중심 경전으로 삼았으므로 그

영향이 막대했다.

　고대부터 전래하는 한문경전, 특히 사서의 원문을 어떻게 해석하느냐에 따라 시대적으로 많은 차이가 난다. 특히 한당(漢唐)의 고주(古註)와 송(宋)의 신주(新註)가 크게 다르다. 따라서 사서도 고주를 따르는 경우와 신주를 따르는 경우는 그 해석이나 평가를 다르게 하게 마련이다.

　이 책에서는 신주를 바탕으로 옛날의 성현들의 글이 얼마나 그 뜻과 사상이 깊은 것인가를 알게 하고자 했다. 그러므로 경문(經文)만 읽고 해석하지 않고, 주자가 모은 집주(集註)도 자세히 풀이했다. 아울러 '참고'에서 성리학적 해설을 붙였다. 그와 같은 사서 속에 담겨진 성현(聖賢)의 깊은 사상과 체계를 파악해야 한문공부의 원대한 목적을 달성할 수 있을 것이다. 즉 심성을 함양하고 더 나가서는 '수신(修身)·제가(齊家)·치국(治國)·평천하(平天下)', 오늘의 말로 '인격을 완성하고 인류대동의 하나의 평화세계 창건'을 기대할 수 있을 것이다. 뜻을 크게 지니고 한문공부를 하자.

1. 대학장구(大學章句) 선독(選讀)

　《대학(大學)》은 본래 《예기(禮記)》 속에 있던 한 편의 글이다. 이를 정자(程子) 형제가 중시하고 보충 정리하고 높이 내세웠다. 그후 정자를 사숙(私淑)한 주자가 착간(錯簡)을 바로잡고 결손된 부분을 보충하고 다시 추려서 《대학장구》를 저술했다. 주자의 《대학장구》는 앞에 '경문(經文) 1장'이 있고, 뒤에 '전문(傳文) 10장'이 있으며 아울러 주자가 쓴 참신하고 심오한 뜻의 주석이 실려 있다. 그래서 주자가 추가로 주석을 붙인 《대학》을 특히 《대학장구》 혹은 《대학장구집주(大學章句集註)》라고 한다. 주자는 《대학》의 글을 무척 중시했으며 으뜸가는 필독서로 꼽았다. 그러므로 그는 《대학장구》에 심혈을 기울여 편찬하고 《논어집주(論語集註)》, 《맹자집주(孟子集註)》 및 《중용장구집주(中庸章句集註)》와　함께 '사서집주'로 묶어 유교의 기본경전으로 삼았다. 이 '사서집주'가 중국은 물론 우리나라 및 일본에서도 오래도록 선비들의 필독서로 칭송되었다.

　《대학장구집주》는 '경문(經文) 1장', '전문(傳文) 10장'이다. 이 책에서는 '경문과 집주'를 학습한다.

章句集註 (1) 子程子曰 大學孔子之遺書 而初學入德之門也 於今可見古人爲學之次第者 獨賴此篇之存 而論孟次之

學者必由是而學焉 則庶乎其不差矣.

정자 선생이 말했다. 《대학》은 공자가 남겨준 글이며 초학자가 덕에 들어가는 입문서이다. 오늘 옛사람들의 공부하던 순서와 단계를 알 수 있는 것도 오직 이 대학편의 글이 있기 때문이다. 먼저 대학을 공부하고 다음에 《논어》·《맹자》를 배워야 한다. 그러므로 학자가 반드시 그와 같은 순서를 따라서 배운다면 대체로 (덕에 들어가는 길에) 가까워지고 크게 멀어지지 않을 것이다.

어구 설명   ○子程子(자정자) — 앞의 '자(子)'는 존칭으로 스승님, 선생님의 뜻. 정자(程子)는 북송(北宋)의 학자로, 형은 정명도(程明道), 이름은 호(顥), 동생은 정이천(程伊川), 이름은 이(頤)이다. 그들을 함께 '자정자'라고 존칭했다. 주자는 직접 정자 형제에게 배우지 않았다. 그러나 그들을 사숙(私淑)하고 높였다. 사숙은 학문이나 사상에 동조하고 선생처럼 높이고 따른다는 뜻. ○大學孔子之遺書(대학공자지유서) — 《대학》은 공자가 남겨 놓은 글이다. ○而初學入德之門也(이초학입덕지문야) — 아울러 초학자가 덕에 들어가는 입문서다. '입덕(入德)'은 '처음 단계에서 덕을 닦고 쌓는다'는 뜻. ○古人爲學之次第(고인위학지차제) — 옛사람들이 공부하던 순서와 단계. ○獨賴此篇之存(독뢰차편지존) — 오직 이 《대학》의 글이 존재함으로 해서 (가능한) 것이다. ○而論孟次之(이논맹차지) — 그리고 《논어》와 《맹자》를 다음 단계로 배우고 익힌다. ○學者必由是而學焉(학자필유시이학언) — 글공부하는 사람이 반드시 이와 같은 순서를 따라 배우고 익히면. ○則庶乎其不差矣(즉서호기불차의) — (배우는 길이나 도리에 있어) 가깝게 되고 크게 어긋나지 않을 것이다.

경문(經文)

(1) 大學之道 明明德 在親民 在止於至善.

대학지도(는) 재명명덕(하며) 재친민(하며) 재지어지선(이니라)

대학의 기본 도리는 다음의 세 강령을 바탕으로 하고 있다. 먼저 윗사람이 자신의 명덕(明德)을 밝혀야 한다. 다음에 만민을 사랑으로 교화하여 새롭게 혁신해야 한다. 마지막으로 자신과 만민이 함께 지극한 선의 경지에 가서 머물러 있어야 한다.

어구 설명 ㅇ經文(경문) – 주자가 편찬한 《대학장구》의 경문은 전부가 '1장'이며, 다시 '7절'로 나누었다. '경문(1)'은 '경문 1설'의 뜻이다. 이 '경문(1)'에 《대학》의 핵심인 '삼강령(三綱領)'이 서술되어 있다. ㅇ大學之道(대학지도) – 《대학》의 기본 도리 ㅇ在(재) – ……에 있다. 직역하면 《대학》의 기본 도리는 ……에 있다'이다. 이것은 곧 《대학》의 기본 도리는 '명명덕(明明德)·친민(親民)·지어지선(止於至善)' 셋에 두고 있다는 뜻이다. ㅇ在明明德(재명명덕) – 직역하면 '명덕(明德)을 밝힘에 있다.' 이는 곧 '윗사람, 즉 정치지도자가 자신의 명덕(明德)을 행동적으로 밝게 나타나게 해야 한다'는 뜻이다. 앞의 '명(明)'은 동사로 '밝힌다, 발현한다, 밝게 나타내다'의 뜻이다. 다음의 '명덕(明德)'은 특수한 용어다. 주자가 풀이한 깊은 뜻이 다음의 《장구집주》에 있다. '명덕'의 깊은 뜻을 바르게 아는 것이 《대학》 공부의 핵심이다. ㅇ在親民(재친민) – '친민(親民)함에 있다.' 정자(程子)는 '친(親)'을 '신(新)'으로 써야 한다고 주장했다. 그러므로 이 책에서는 '백성을 사랑으로 교화해서 새롭게 혁신한다'로 풀이했다. '친(親)'과 '신(新)'은 문자학적으로 뜻이 통한다. 부모의 자식 사랑은 곧 자식이 나날이 '새롭게 자라고 발전하게 뒷바라지하는 것'이다. 그와 마찬가지로 임금이 백성을 친애하는 것을 곧 '백성을 날로 새롭게 혁신시키고 향상되게 하는 것'이다. 그러므로 '친'과 '신'은 서로 통한다. 정자와 주자의 사상은 깊다. ○在止於至善(재지어지선)−(나와 백성이 함께) 지극한 선의 경지에 가서 머물러 있게 함이다. '머무를 지(止)'는 '갈 지(之)'와 통한다. 그러므로 '가서 머무르다'로 풀이해야 한다.

章句集註 (1) 程子曰 親當作新.

정자가 말했다. 친(親)은 신(新)으로 고쳐야 한다.

어구 설명 ○親當作新(친당작신)−정자(程子)는 '친(親)'을 '신(新)'으로 개정해야 한다고 말했다. 문자학적으로 '친(親)'과 '신(新)'은 서로 통한다. 정치사상면에서도 '백성을 친애(親愛)하는 것'은 곧 '백성을 새롭게 혁신하고 보다 발전되고 잘살게 함'이다. 유교의 정치사상 속에는 역사적 발전관이 깊이 살아 있다.

章句集註 (2) 大學者大人之學也 明明之也 明德者人之所得 於天 而虛靈不昧 以具衆理 而應萬事者也.

대학은 큰사람 되게 하는 학문이다. 앞의 '명(明)'은 동사로 밝힌다는 뜻이다. '명덕(明德)'은 사람이 하늘로부터 받아서 지니고 있는 덕성으로 그 형체나 모양은 공허(空虛)하지만 그 작용이나 기능은 영특하다. (설사 일상생활에 그 밝음이 제대로 발휘되지 않는 수가 있으되 완전히 꺼져) 어둡게 되는 법은 없다. 그 명덕에 모든 도리가 다 갖추어져 있으며 아울러 그 명덕은 만사에 적응되고 또 만사를 처리할 수가 있다.

어구 설명　○大學(대학)─아동은 8세에　소학(小學)에　들어가서　기본교양 및 예의범절을 배우고, 성장하여 15세 이상이 되면 대학(大學)에 들어가 학식과 덕행을 높였다. ○大人之學也(대인지학야)─연장자가 배우는 학문이다. 대인(大人)은 '성장한 사람'의 뜻도 있다. 그러나 보다 깊은 뜻이 있다. 즉 덕성과 덕행이 높은 사람을 '큰 사람[大人]'이라 한다. ○明明之也(명명지야)─앞의 '명(明)'은 주어, 다음의 '명지야(明之也)'는 술어, '지(之)'는 앞에 나온 어구(語句)를 지적한다. 그러나 앞의 자가 동사임을 알리는 허사(虛詞)이기도 하다. ○明德者(명덕자)─명덕은. '자(者)'는 단락을 표시하는 허사. ○人之所得於天(인지소득어천)─사람이 하늘로부터 얻어서 지니고 있는 것, 즉 하늘이 사람에게 준 것. ○虛靈(허령)─형체는 공허하지만 그 (기능 작용은) 신령하고 영민(靈敏)하다. ○不昧(불매)─어둡지 않다. (설사 일상생활에서는 명덕이 밝게 발현하지 않아도) 완전히 꺼져서 어둡게 된 것이 아니다. ○以具衆理(이구중리)─명덕 속에 모든 도리가 다 갖추어져 있다. ○應萬事者也(응만사자야)─만사에 대응하고 처리할 수 있다. 주자가 말하는 이와 같은 '명덕'은 곧 인간만이 지니고 있는 '순수이성(純粹理性)' 혹은 '도덕적 본성'이다. 이와 같은 '명덕'의 뜻을 잘 알아야 비로소 《대학》 공부를 제대로 할 수 있다.

참고　◐ 대인(大人)의 깊은 뜻

　높게는　천도천리(天道天理)를　따라　치국(治國)·평천하(平天下)하는 성천자(聖天子)를 대인이라고 한다. 또는 학덕을 겸비하고 덕치(德治)에 참여하는 고결한 선비나 군자를 대인이라고 한다. 철학적으로 말하면 대인은 우주적 삶을 사는 폭이 큰 사람이다. 한편 대인과 반대되는 사람을 소인이라 한다. 소인은 '동물적 본능과 이기심을 바탕으로 물질적 삶에만 집착하는 사람이다.' 이러한 의미에서 오늘날 대부분의 사람들은 '소인'이라 하겠다. 맹자(孟子)는 '대인은 자신을 바르게 하고 대상을 바르게 하는 사람[大人者 正己而物正者也]'이라고 했다. 왕양명(王陽明)은 '대인은 우

주천지만물과 일체를 이룬 사람[大人者 與天地萬物 爲一體者也]'이라고
했다.

● 주자가 풀이한 명덕(明德)의 깊은 뜻

'주자는 다음 같이 말했다. 하늘이 사람이나 만물에게 준 것을 명(命)이
라 하고, 사람이나 만물이 하늘로부터 받은 것을 성(性)이라 한다. 몸을
주재하는 것이 마음이다. 하늘로부터 받고 광명정대한 것을 명덕이라 한
다.' 결국 '명덕'은 하늘이 사람의 마음속에 심어 준 '선본성(善本性)', 즉
도덕성이다. 주자가 여기서 말하는 성(性)은 하늘의 도리를 인식하고 실
천할 수 있는 본연지성(本然之性)이다. 오늘의 말로 '순수이성'이라고 해
도 된다.

● 허령불매(虛靈不昧)의 깊은 뜻

명덕은 사람의 마음속에 주어진 본연의 '선본성(善本性)=이(理)'이다.
'사람의 마음속에 있는 이성(理性)'은 물체가 아니다. 외형적으로 형체가
없다. 눈으로 보거나 손으로 만질 수 있는 것이 아니다. 그러므로 '공허'하
다고 말했다. 그러나 '선본성(善本性), 도덕성(道德性), 이성(理性)'='명
덕(明德)'의 작용이나 기능은 영특하고 영묘(靈妙)하다. 그러므로 '영(靈)'
이라고 했다.

대부분의 사람들은 평소에는 '자기에게 하늘이 준 명덕'이 있는지조차
모르고 따라서 '명덕을 밝히지 못하고' 있다. 그러나 '밝은 덕으로 나타나
는 명덕'은 완전히 소멸한 것이 아니다. 비록 빛을 발하지 못해도 불씨는
여전히 살아 있다. 그래서 '완전히 불이 죽고 어둡게 된 것이 아니다[不
昧]'라고 말한 것이다.

● 구중리(具衆理)와 응만사(應萬事)

'구중리(具衆理)'는 '마음속에 있는 명덕에 모든 도리가 다 갖추어져 있

다'는 뜻이다. 이는 곧 사람이 명덕으로 자연만물의 도리와 이치를 알고 터득할 수 있다는 뜻이기도 하다. 그러나 주자의 중점은 윤리나 도덕에 있다. 즉 사람은 명덕을 바탕으로 모든 도덕을 행할 수 있다는 뜻이다.

'응만사(應萬事)'는 만사에 대응하고 처리하고 활용할 수 있다는 뜻이다. 사람만이 천도천리(天道天理)를 깨닫고 알고 따르고 행하는 도덕적 본성을 지니고 있다. 그와 같은 도덕성을 고대에는 막연하게 '명덕'이라고 했다. 이것을 주자가 새롭고 체계적으로 깊이 해석한 것이다.

◑ 명덕(明德) • 심(心) • 성(性) • 이(理)

주자는 '마음이 몸의 주체[心者身之主也]'라고 말했다. 몸의 활동 행위를 지배하는 것이 마음이다. 마음이 착하면 행동이 착하게 나타나고, 마음이 악하면 행동이 악하게 나타난다. 착한 마음은 곧 천리(天理)를 따르고 행하는 도덕성(道德性)이다. 그 도덕성은 하늘이 인간에게 내려준 선본성(善本性)이며, 이를 줄여서 한마디로 '성(性)'이라고 한다. 사람은 '성(性)'이 있으므로 천리를 깨닫고 도덕을 실천한다. 그래서 주자는 '성은 곧 이다[性卽理]'라고 말했다. '이(理)'는 크게는 천리(天理)이고, 부분적으로는 '사물의 도리(道理)'이다. '천리를 실천해서 실지로 덕을 밝게 나타내는 성품'을 특히 '명덕(明德)'이라고 한 것이다.

◑ 명덕(明德)의 종합적 도표

《장구집주》의 주자의 설을 바탕으로 '명덕(明德)'을 다음과 같이 도시(圖示)할 수 있다. 각자가 깊이 성찰해 보자.

章句集註 (3) 但爲氣禀所拘 人欲之所蔽 則有時而昏 然其 本體之明 則有未嘗息者 故學者 當因其所發而遂明之 以復其初也.

그러나 선천적으로 타고난 기질에 구속되고 또 이기적 욕심에 가려서 이따금 어둡고 흐리게 되기도 한다. 그러나 그 본체의 밝음은 절대로 꺼지고 없어지는 법이 없다. 그러므로 글공부를 하는 사람은 마땅히 (명덕이) 발현할 수 있는 계기와 단서를 따라 자신의 명덕을 충분히 밝혀내야 하며, 그렇게 함으로써 하늘이 내려준 본연의 처음으로 되돌아가야 한다.

어구 설명 ○但(단)-그러나, 단. ○爲氣禀所拘(위기품소구)-기품에 의해서 구속된다, 혹은 구애된다. '위(爲)……소(所)……'는 '……에게 ……당하다' 피동의 뜻을 나타낸다. '기품'은 선천적으로 타고난 기질. 그 속에는 핏줄기나 혈통이 포함된다. 사람은 혈통에 따라 저마다의 기질이 다르게 마련이다. 즉 총명한 성인(聖人)의 기질과, 우둔한 속인의 기질은 같지 않다. 성인의 기질은 맑고, 속인의 기질은 탁하다. ○人欲之所蔽(인욕지소폐)-인욕(人欲)에 가리고 덮임을 당한다. 욕심 때문에 가리워지고 덮여진다. '인욕'은 '나만 잘먹고 혼자 잘살려는 이기적 욕심'이다. 즉 '돈이나 물질을 탐내고, 권세나 명예를 얻으려 하고 또 관능적 쾌락을 취하려는 이기적·동물적 욕심'을 '인욕'이라고 한 것이다. ○則有時而昏(즉유시이혼)-그러므로 때로는 어둡게 된다. 명덕은 본래 밝게 빛나는 것이다. 그러나 '기질과 인욕'에 매이고 덮여서 일시적으로 빛을 발하지 못하고 어둡게 된다. ○然其本體之明(연기본체지명)-그러나 그 본래의 밝은 덕성은 (하늘이 준 것이므로). ○則有未嘗息者(즉유미상식자)-절대로 완전히 꺼져 없어지는 법이 없다. ○故學者(고학자)-그러므로 배우는 사람은 (누구나 다). ○當因其所發(당인기소발)-명덕이 발현할 수 있는 계기나 단서를 따라, 즉 기회있을 때마다 예의범절을 지키고 윤리 도덕을 실천하면, 점차로 명덕이 되살아날 수 있다. ○而遂明之(이수명지)─마침내 밝혀내고. ○以復其初也(이복기초야)─본연의 첫 상태로 되돌아가야 한다. '당(當)'에 걸린다. 즉 기질에 구속되고 인욕에 의해 덮였던 명덕이 본연의 상태로 복귀한다.

참고 ◐ 명덕을 저해하는 기품(氣稟)과 인욕(人欲)

사람은 누구나 다 하늘로부터 '명덕'을 받아 가지고 있다. 그러나 두 가지 요인에 의해 가려지고 덮여져, 제대로 발현하지 못한다. 그 두 가지 저해 요인을 '기품소구(氣稟所拘)' '인욕소폐(人欲所蔽)'라고 말했다. '기품(氣稟)에 소구(所拘)하고'는 선천적으로 타고난 기질에 의해서 구속되거나 구애를 받는다는 뜻이다. 속되게 말하면 타고난 핏줄기나 기질이 혼탁한 사람은 머리가 우둔하고 사리분별이 흐리므로 비교적 윤리 도덕을 깨닫고 실천하기 어렵다. 한편 '인욕(人欲)에 소폐(所蔽)하야'는 후천적으로 '동물적·이기적 욕심이나 관능적 쾌락을 취하려는 욕심이나 욕구'에 (본연의 착한 도덕성이) 가려지고 덮여져, 좀처럼 명덕을 발현하지 못한다는 뜻이다.

◐ 명덕은 항상 살아 있다

총명한 성현(聖賢)은 명덕을 잘 발현한다. 그러나 기질이 혼탁하고 욕심에 엉킨 속인은 일상생활에서 명덕을 발현하지 못한다. 그러나 명덕이 소멸한 것이 아니다. 거울에 먼지가 쌓여서 빛을 발하지 못하는 것과 같다. 먼지를 제거하듯이 '기품(氣稟)의 구속과 인욕(人欲)의 덮임'을 제거하면 모든 사람이 명덕을 발현할 수 있다. 이러한 뜻을 '이따금 명덕이 어둡게 되는 수는 있지만[則有時而昏]' 그렇다고 '하늘이 준 명덕 자체가 완전히 없어지는 것이 아니다[然其本體之明 則有未嘗息者]'라고 말한 것이다.

◑ 명덕을 되찾는 학문 공부

그러므로 '글공부하는 사람들은 마땅히 명덕을 발현케 할 계기나 단서를 타고 명덕의 빛을 밝혀내고 본래의 선본성(善本性)인 명덕으로 되돌아가야 한다[故學者 當因其所發而遂明之 以復其初也]'고 말했다. 학문공부는 곧 탁한 기질이나 동물적·이기적 욕심에 덮이고 가려져, 빛을 제대로 발하지 못하고 흐리게 된 명덕을 되찾고 본래의 밝은 빛을 발현하게 하는 노력이며 수양이다.

◑ 이(理)와 기(氣) 및 인욕(人欲)

초보적인 해설을 하겠다. 우선 사람의 경우만을 들어 말하겠다. 사람은 사람의 형체와 사람의 도리를 통합한 존재다. 사람의 형체는 곧 몸이다. 몸을 형성하고 있는 물질적 세미(細微)한 인소(因素)를 기(氣)라고 하고 기가 응집(凝集)한 것을 질(質)이라 한다. 기를 음양(陰陽)과 오행(五行)의 기로 나눈다. 이들 기가 서로 엉기고 집결하여 형체를 구성할 때의 '기(氣)의 운행과 방식'에 따라 저마다 기질과 형체가 다르게 나타난다. 그래서 사람마다 모양이 다르고 또 기질 성질이 다르게 마련이다. 명덕은 몸을 터로 하고 행동으로 나타나야 한다. 이때에 기가 맑고 욕심이 적은 사람은 잘 나타나고, 반대로 기가 탁하고 욕심이 많은 사람은 명덕이 나타나기 어렵다. 인욕(人欲)은 '동물적 욕구, 관능적 쾌락을 추구하는 이기주의적·세속적 욕심'의 뜻이다.

章句集註 (4) 新者革其舊之謂也　言旣自明其明德又當推及人 使之亦有以去其舊染之汚也.

새롭게 함은 낡은 허물을 제거하고 혁신함이다. 즉 먼저 나 자신의 명덕을 밝히고 더 나아가 마땅히 남에게도 덕을 뻗고 미치게 하여 그로 하여금 역시 과거의 오염된 허물과 때를 제거하게 한다는 뜻이다.

어구 설명 ○新者(신자) – '신민(新民)'의 '새 신(新)'자는 곧. ○革其舊之謂也(혁기구지위야) – 때가 묻어 헐고 낡아진 것을 혁신한다는 뜻이다. ○言(언) – '신민'은 곧 다음 같은 뜻을 말한 것이다. ○旣自明其明德(기자명기명덕) – 먼저 스스로 자기의 명덕을 밝히고 (그 다음에). ○又當推及人(우당추급인) – 다시 마땅히 남에게도 미치게 해야 하며. ○使之(사지) – 남으로 하여금. ○亦有以去其舊染之汚也(역유이거기구염지오야) – 역시 그 낡고 오염된 것을 제거하게 해야 한다. '당(當)'은 여기까지 걸린다.

* 《대학장구》의 해석은 그 뜻이 깊다. 명덕을 덮은 오염을 제거하고 새 빛을 발하게 하는 것을 신(新)이라 했다.

참고 ◐ 혁신(革新)의 참뜻

'명덕(明德)'이 있는 줄 모르고 '동물적 삶'만을 살면 가련하다. 그러므로 위정자는 '그들을 교화해서 각자의 명덕을 밝히는 새 삶을 살게 해야 한다.' 이렇게 하는 것이 '친민(親民)=신민(新民)'이다. '명덕'을 가리고 덮었던 때를 제거하고 새롭게 빛을 발하게 하는 것이 '혁신'이다.

◐ 추기급인(推己及人)의 참뜻

패도(覇道)의 악덕정치는 무력으로 백성을 억압하고 백성의 재물을 겁탈하여 자기네 욕심을 채운다. 반대로 '인의덕치(仁義德治)'는 위정자가 백성을 인애(仁愛)하고 도의(道義)를 높이는 덕의 다스림을 편다. 덕치의 바탕은 '진정한 사랑을 남에게 뻗는 것'이다. 위정자가 먼저 '자기의 명덕을 밝히고' 백성에게 사랑을 뻗어 그들로 하여금 저마다의 명덕을 밝혀내게 하는 것이 진정한 사랑이다. 그것을 '나를 미루어 남에게 미친다, 즉

추기급인'이라고 한다.

章句集註 (5) 止者 必至於是 而不遷之意 至善則事理當然
之極也.

　'멈출 지(止)'는 반드시 먼저 (지극히 좋은) 그곳에 가고, 그리고
(그곳에 머무르고 다른 곳으로) 옮기지 않는다는 뜻이다. '지극한
선[至善]'은 사물의 당연한 도리의 극치이다.

어구 설명　○止者(지자)─'멈출 지(止)'는.　○必至於是(필지어시)─반드시
그곳에 가서.　○而不遷之意(이불천지의)─다른 곳으로 옮겨가지 않음이
다.　○至善(지선)─지극한 선, 최고로 좋은 선.　○則事理當然之極也(즉
사리당연지극야)─즉 모든 사물에 (내재하고 있는) 당연한 도리의 극치,
최고의 정점이다. 모든 사물에 있는 가장 합당한 도리가 곧 지선(至善)
이다.

참고　◐ '지(止)'와 '지선(至善)'의 뜻

　'머무를 지(止)'와 '갈 지(之)'는 자원(字源)이 같으므로 뜻도 통할 수
있다. 주자는 사상적으로 '먼저 지극히 좋은 경지까지 가고, 그리고 그곳
에 머물러 있어야 한다'로 풀이했다. 모든 사물을 처리할 때에, 먼저 그
사물에 합당한 가장 좋은 도리를 알고, 그 도리를 바탕으로 해야 한다. 그
것이 곧 주자가 말한 '지선(至善)'의 뜻이다.

　주자가 말한 '지선'은 '추상적으로 하늘같이 높은 최고의 선'의 뜻이 아
니다. 그래서 '모든 사리에 있어 가장 좋고 합당한 극점[事理當然之極]'
이라고 말했다. 주자의 해석은 현실적이고 실용적인 해석이다. 자식은 부
모에게 효도하고, 부모는 자식을 자애롭게 양육하는 것이 '지선'이다. 농부
는 농사를 '지선'으로 삼고, 군자는 덕치를 '지선'으로 삼아야 한다. 그것이
곧 사리에 합당하고 좋은 준칙이다. 그렇다고 주자가 '절대선의 도리인 천

도천리(天道天理)'를 무시하거나 배척했다고 오해하면 절대로 안된다. '사리당연지극'은 '천도천리'에 합치되는 것이다. 한 송이 꽃 속에 우주의 도리가 살아있는 것과 같다.

章句集註 (6) 言 明明德 新民 皆當止於至善之地 而不遷 蓋 必其有以盡夫天理之極 而無一毫人欲之私也.

'명덕을 밝히거나 백성을 새롭게 하거나 다 마땅히 지선의 경지에 도달하고 다른 곳으로 옮기지 않아야 한다'는 뜻이다. (지선의 경지에 머무름이란) 반드시 하늘의 도리의 극치를 다하고 털끝만큼의 사사로운 욕심이 없는 경지를 말한다.

어구 설명 ○天理之極(천리지극)－천리의 극점(極點)은 크고 높은 것에만 있지 않고 낮고 작은 것에도 있다. 풀 한 포기에도 천리가 살아있다. 우주 천지만물이 다 천리에 따라 생성 변화하고 있다. 모든 사물을 오직 천리를 따라서 처리해야 한다. ○無一毫人欲之私也(무일호인욕지사야)－털끝만큼의 사사로운 사리사욕도 끼어들지 못하게 해야 한다.

참고 ◑ 태극(太極)과 사물의 도리

우주 천지만물의 생성을 통괄하는 절대의 도리를 태극(太極)이라고 한다. 태극은 극대(極大)에도 있고 또 극소(極小)에도 있다. 주자는 다음같이 말했다.

'태극은 오직 천지만물의 도리이다. 천지를 말하면 천지 속에 태극이 있고, 만물을 말하면 만물 속에 저마다 태극이 있다.〔太極只是天地萬物之理 在天地言 則天地中有太極 在萬物言 則萬物中各有太極〕'〈朱子文集〉

'이일분수(理一分殊)'라고 한다. '하나의 천리에서 만 가지 사물의 도리가 나눠진다'는 뜻이다.

◗ **털끝의 사욕도 없다**[無一毫人欲之私]

비단 덕치(德治)만이 아니고 모든 사물을 처리할 때에도 같다. 가장 합당한 도리로 사물을 처리해야 한다. 사사로운 욕심이 끼어들면 망치게 된다. 과학의 세계에서는 엄격하게 자연법칙을 따르고 활용한다. 그러나 정치나 경제는 사리사욕을 바탕으로 하기 때문에 난잡하게 되는 것이다. 단 주자 시대에는 자연과학이 발달하지 못했으며, 따라서 주자의 사상은 윤리 도덕적인 의미에서 '천리나 사리'를 논했지, 오늘의 자연과학적 법칙을 말한 것이 아니다.

◗ **명덕**(明德)**과 인욕**(人欲)**은 반비례한다**

'천리를 따르고 실천하려는 명덕(明德)'도 사람의 마음속에 있다. 한편 '나만의 동물적 욕구와 육체적 쾌락을 채우려는 이기심'도 사람의 마음속에 있다. 같은 마음속에 '선(善)과 악(惡)'이 공존하고 있으며, 둘이 서로 상대적으로 소장(消長)하게 마련이다.

공자(孔子)가 《논어(論語)》에서 '극기복례(克己復禮)'라고 말한 것을 주자는 '나의 사욕을 극복하고 천리에 돌아간다'로 풀이했다.

[章句集註] (7) 此三者 大學之綱領也.

이 셋이 대학의 강령이다.

[어구 설명] ○此三者(차삼자)─이 셋이, '명덕을 밝힌다[明明德], 백성을 혁신한다[新民], 함께 지극한 선의 경지에 가서 멈춘다[止於至善]'. ○大學之綱領也(대학지강령야)─《대학》의 기본 강령이다.

(2) 知止而后有定 定而后能靜 靜而后能安 安而后
能慮 慮而后能得.

지지이후(에) 유정(이니) 정이후(에) 능정(하며) 정이후(에) 능안(하며) 안
이후(에) 능려(하며) 여이후(에) 능득(이니라)

마땅히 가서 머물러야 할 가장 좋은 도리를 알아야, 지향(志向)
이 바르게 정해진다. 지향이 바르게 정해져야 마음이 조용할 수 있
고, 마음이 조용해야 몸가짐이 안온할 수 있고, 몸가짐이 안온해야
깊게 사려할 수 있고, 사려가 깊어야 지극한 선의 경지에 가서 머
무를 수 있다.

(어구 설명) ○知止(지지)─가서 머무를 가장 좋은 곳이나 가장 적합한 도리
를 안다. ○而后(이후)─그러면. ○有定(유정)─마음이 정해진다. 즉 마
음속에 나아갈 향방(向方)이나 지향(志向)이 바르게 정해진다. ○定而后
能靜(정이후능정)─(향방과 도리가) 바르게 잡힌 다음에는 마음이 영정
(寧靜), 평정(平靜)할 수 있다. 마음이 이리저리 흔들리고 동요하지 않고
안정되고 조용하게 된다. ○靜而后能安(정이후능안)─마음이 안정된 다
음에 비로소 몸가짐이 안온(安穩)하게 된다. 즉 태도와 행동이 편하고
온당하다. ○安而后能慮(안이후능려)─몸가짐과 행동이 안온해야 사려를
깊이 정밀하게 할 수 있다. ○慮而后能得(여이후능득)─사려가 깊고 정
밀해야 (모든 사물을 처리함에 있어) 지극한 선에 경지에 가서 멈출 수
있다. 가장 좋게 처리할 수 있다. 특히 이 '경문 2'는 '지어지선(止於至
善)'의 공능(功能)과 효과를 말한 것이다. 다음의 집주를 보자.

(章句集註) (1) 止者所當止之地 卽至善之所在也.

'머무를 곳'은 마땅히 가서 머물러야 할 곳, 즉 지극한 선의 경지

이다.

(어구 설명)　○止者(지자)－이 ‘지(止)’는 ‘가서 머무른다는 동작’을 말한 것이 아니고, ‘가서 머물러야 할 곳, 경지’를 말한 것이다. ○所當止之地(소당지지지)－마땅히 가서 멈추어야 할 곳, 경지. ○卽至善之所在也(즉지선지소재야)－즉 ‘지선’이 있는 곳이다.

(참고)　◑ ‘멈출 지(止)’의 뜻

‘멈출 지(止)’는 ‘갈 지(之)’의 뜻이 포함되었다. ‘지(止)’에는 크게 두 가지 뜻이 있다. 하나는 가서 머무를 ‘가장 좋은 경지’, 다른 하나는 ‘일 처리에 있어 가장 좋은 도리’이다. 앞의 ‘止者 必至於是 而不遷之意 至善 則事理當然之極也’(章句集註)를 참조하기 바람. ‘대전소주(大全疏註)’에도 ‘지(止)’자는 앞에 있는 ‘경문 1’의 ‘재지어지선(在止於至善)’의 ‘지(止)’를 이어받은 것이다〔此止字 卽接上文在止於至善之止說下來〕’라고 풀이했다.

(章句集註)　(2) 知之 卽志有定向 靜謂心不妄動 安謂所處而安 慮謂處事精詳 得謂得其所止.

(지극한 선의 경지에 가서 머물러야 함을) 잘 알면 즉 뜻을 세움에 있어 그 향방이 바르게 정해진다. ‘정(靜)’은 마음이 망동하지 않고 영정(寧靜)하다는 뜻이다. ‘안(安)’은 어디에 처하거나 안정된다는 뜻이다. ‘여(慮)’는 사물을 처리함에 있어 정밀하고 자상하게 생각한다는 뜻이다. ‘득(得)’은 마땅히 머무를 곳, 즉 ‘지선(至善)’의 경지’를 얻는다는 뜻이다.

(참고)　◑ ‘정정안려득(定靜安慮得)’의 뜻

‘정(定)’은 마음속에 나아갈 바 향방이 바르게 정해진다, 그래서 ‘유정

(有定)'이라고 했다. '정(靜)'은 마음이 흔들리지 않고 영정(寧靜)·평정 (平靜)하게 된다, '안(安)'은 몸가짐이, 즉 처신이 평안, 안온하게 된다, '여(慮)'는 깊이 사려한다, 사물의 도리 혹은 처리하는 방법 등을 정밀하 고 상세하게 생각한다, '득(得)'은 '지어지선(止於至善)'을 얻을 수 있다, 즉 가장 좋고 적합한 도리로 사물을 처리할 수 있다는 뜻이다.

◑ 사물에는 합당한 도리가 있다

먼저 모든 사물에 있는 합당한 도리를 알아야 한다[旣見得事物有定 理].' '사물의 합당한 도리'는 곧 자연과학에서 말하는 자연법칙의 뜻도 있 다. 그러나 주자가 말하는 사물의 도리는 절대선(絶代善)인 천리(天理)를 기준으로 한 윤리도덕적 도리의 뜻이 강하다. 과학의 세계에서는 자연법 칙을 따르고 활용함으로써 좋은 성과를 올린다. 그러나 정치나 경제활동 에서는 천리(天理)를 따르지 않고 자기의 욕심을 채우려고 한다. 그래서 엉망이다. 주자 시대에는 '자연과학'이니 '자연법칙'이란 말이 없었다.

◑ '지지(知止)'에서 '능득(能得)'까지

《대학》의 첫 번째 강령은 ①'만민을 다스릴 위정자가 자신의 명덕을 밝 혀야 한다[在明明德]' ②'만민을 친애하고 교화해서 저마다 새사람 되게 함이다[在新民]'. 혁신(革新)은 곧 '오염된 낡은 때를 제거하고 본연의 명 덕을 되찾고 빛나게 한다'는 뜻이다. 그렇게 하는 것이 '추기급인(推己及 人)'의 덕치(德治)이다.

①은 '수기(修己)'와 '내성(內聖)'에 해당하고

②는 '치인(治人)'과 '외왕(外王)'에 해당한다.

강령의 세 번째는 ③'가장 좋고 합당한 도리에 가서 머무름[在止於至 善]'이다.

이 ③은 '① ② ③'에 다 걸린다. 즉 '나의 명덕을 밝힐 때에도 지어지선 해야 하고',

'만민을 혁신할 때에도 지어지선해야 하고' '나와 만민이 함께 지어지선할 때에도 '지어지선'해야 한다.'

반드시 삼강령을 알고 실천해야 한다. 그 과정을 '지지(知止), 유정(有定), 능정(能靜), 능안(能安), 능려(能慮), 능득(能得)'이라고 말한 것이다.

(3) 物有本末 事有終始 知所先後 則近道矣.
물유본말(하고) 사유종시(하니) 지소선후(면) 즉근도의(니라)

모든 사물에는 뿌리에 해당하는 근본과 끝가지에 해당하는 결과적 효험이 있게 마련이다. 또 모든 사물에는 먼저 처음에 해야 할 것과 나중에 해야 할 것이 있게 마련이다. 모든 사물을 처리함에 있어 먼저 할 바와 나중에 할 바를 알고 행하면 도에 가깝게 될 수 있다.

어구 설명 ○物有本末(물유본말)─모든 사물에는 뿌리에 해당하는 근본이 있고 동시에 끝가지에 해당하는 결과적인 효험이 있다. '물(物)과 사(事)'를 나누어 말했으나 실은 '모든 사물'의 뜻이다. ○事有終始(사유종시)─모든 사물에는 시작과 끝이 있다. '시(始)'는 원인에 해당하는 출발, '종(終)'은 결과에 해당하는 종말의 뜻. ○知所先後(지소선후)─먼저 할 일과 뒤로 할 일을 알고 행해야. ○則近道矣(즉근도의)─도에 가까이 갈 수 있다.

章句集註 (1) 明德爲本 新民爲末 知止爲始 能得爲終 本始所先 末終所後 此結上文兩節之意.

자신의 덕을 밝히는 것이 근본뿌리에 해당하고, 백성을 새롭게 혁신하는 것이 끝가지 효험에 해당한다. 지극한 선에 가서 머무름을 아는 것을 처음으로 삼아야, 능히 종말을 잘 지을 수 있다. 근본이 되는 것과 처음 할 일을 먼저 앞세우고, 끝가지와 결과에 해당하는 일을 뒤에 해야 한다. 이 경문은 앞의 두 경문의 뜻을 함께 묶은 것이다.

어구 설명 ○明德爲本(명덕위본)—명덕을 근본뿌리로 삼는다. ○新民爲末(신민위말)—신민을 끝가지로 삼는다. ○知止爲始(지지위시)—지지(知止)를 먼저 하면. ○能得爲終(능득위종)—나중에 능득(能得)하게 된다. ○本始所先(본시소선)—근본이 되는 명덕(明德)과 먼저 할 지지(知止)를 앞세우고. ○末終所後(말종소후)—끝가지에 해당하는 신민(新民)과 결과에 해당하는 능득(能得)을 뒤로 해야 한다. ○此結上文兩節之意(차결상문량절지의)—이 '경문 3'은 앞의 '경문 1, 2'를 묶어 말한 것이다.

참고 ◗ 본말(本末)·시종(始終)·선후(先後)의 뜻

① 본말(本末)—나무에 비유하면, 본(本)은 뿌리, 말(末)은 가지에 해당한다. 나무의 뿌리가 굳고 튼튼해야 가지들이 잘 뻗고 잎이나 꽃이 핀다. 그와 마찬가지로 도덕정치(道德政治)에 있어서는 임금의 '명명덕(明明德)'이 근본이 된다. 임금이 '하늘이 내려준 천리를 따르고 실천하는 명덕을 밝히면' 자연히 '만민을 사랑하고 교화해서 그들을 혁신하여 저마다의 명덕을 밝히게 할 것이다.' 그때에 참다운 평천하(平天下)가 이루어진다. 그래서 '명덕(明德)은 본(本)이고, 신민(新民)은 말(末)에 해당한다'고 말한 것이다.

② 시종(始終)—먼저 바르게 시작해야 나중에 좋은 결과를 얻는다. 먼저 바른 길을 알고 그 길을 가야 곧바르게 목적지에 도달할 수 있다.

도덕정치를 펴거나 사물을 처리할 때, '지지(知止)'를 먼저 시발점으로 삼아야, 종착점에 해당하는 '능득(能得)'한다. '지지'는 '가장 좋고 합당한 도리를 알고 또 굳게 지킨다'는 뜻이고, '능득'은 '가장 좋고 합당한 도리대로 사물을 처리할 수 있다'는 뜻이다.

③ 선후(先後)－앞세우고 먼저 할 일과 뒤에 할 일. '명덕(明德)과 지지(知止)'를 앞세우고 먼저 하고 그것을 바탕으로 하고 '신민(新民)과 능득(能得)'해야 한다. 도덕정치나 사물처리에는 '본말(本末), 시종(始終), 선후(先後)'가 있게 마련이다.

◑ 삼강령(三綱領)과 팔조목(八條目)의 관계

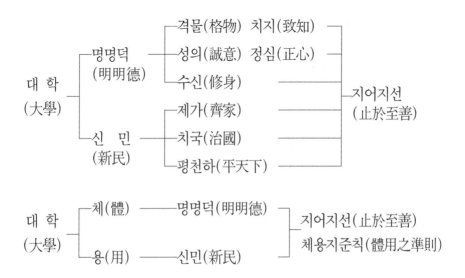

(4) 古之欲明明德於天下者 先治其國 欲治其國者
先齊其家 欲齊其家者 先修其身 欲修其身者 先
正其心 欲正其心者 先誠其意 欲誠其意者 先致
其知 致知在格物.

고지욕명명덕어천하자(는) 선치기국(하고) 욕치기국자(는) 선제기가(하고) 욕제기가자(는) 선수기신(하고) 욕수기신자(는) 선정기심(하고) 욕정기심자(는) 선성기의(하고) 욕성기의자(는) 선치기지(하니) 치지(는) 재격물(하나니라)

옛날의 명덕을 천하에 밝히고자 한 사람은 먼저 나라를 잘 다스렸으며, 그 나라를 잘 다스리고자 한 사람은 먼저 자신의 집안을 가지런하게 했으며, 그 집안을 가지런하게 하고자 한 사람은 먼저 자신의 몸을 닦았으며, 그 몸을 닦고자 한 사람은 먼저 자신의 마음을 바르게 했으며, 그 마음을 바르게 하고자 한 사람은 먼저 자신의 뜻을 성실하게 했으며, 그 뜻을 성실하게 하고자 한 사람은 먼저 (모든 사물에 대한) 인식을 바르게 이루었다. 인식을 바르게 이루는 바탕은 사물의 도리를 잘 파악함에 있다.

어구 설명 ○古之欲(고지욕)……者(자) – 옛날에 ……하려고 한 사람, 즉 '하(夏)·은(殷)·주(周)'의 성왕(聖王)을 말한다. '욕(欲)……자(者)'를 일반적으로는 '……하려고 하는 사람'으로 풀이한다. 그러나 '자'를 허사(虛詞)로 보고, '……하기 위해서, ……하려면'으로 풀어도 된다. ○古之欲明明德於天下者(고지욕명명덕어천하자) – 옛날에 명덕을 천하에 밝히려고 한 성왕은, 혹은 옛날의 성왕이 명덕을 천하에 밝히기 위해서. ○先治其國(선치기국) – 먼저 그 나라를 다스린다. '기(其)'는 '자기 자신의' 뜻이다. ○欲治其國者(욕치기국자) – 그 나라를 잘 다스리려는 사람. ○先齊其家(선제기가) – 먼저 그 집안을 가지런히 한다. '제(齊)'는 고르게 잘 살게 한다. '기가(其家)'는 대가족제도에 속하는 일가친척 모든 집안과 모든 사람. ○欲齊其家者(욕제기가자) – 자기 집안을 가지런히 하기 위해서는. ○先修其身(선수기신) – 가장(家長)이 먼저 자기 몸을 잘 닦는다, 수양한다. 특히 솔선해서 윤리 도덕을 높이고 실천해야 한다. ○欲修其身者(욕수기신자) – 자기 몸을 잘 수양하기 위해서는. ○先正其心(선정기심) – 먼저 자기의 마음을 바르게 한다, 마음이 몸의 주체다. 마음이 착하면 몸도 착하게 행동하고, 마음이 악하면 몸놀림이나 행위가 악하게 된다. ○欲正其心者(욕정기심자) – 마음을 바르게 하기 위해서는. ○先誠其意(선성기의) – 먼저 자기의 뜻을 성실하게 한다, '의(意)'는 마음을 발동케 하는 뜻, 의욕, 의지. 오늘의 말로 동기나 목적의식 등으로 확대 해석할 수 있다. '성실'은 '하늘의 도리를 참되게 따르고 행하여 좋은 열매를 거두는 것이다.' 악덕하게 부를 축적하는 것은 참다운 '성실'이 아니다. ○欲誠其意者(욕성기의자)−자기의 뜻을 성실하게 하려면. ○先致其知(선치기지)−먼저 모든 사물의 실재와 도리를 잘 알아야 한다. '치(致)'는 이르다. '지(知)'는 바르게 앎, 즉 바른 지식과 인식. '치지'는 크게는 우주천지 자연만물에 대한 올바른 인식, 작게는 자기가 처리하려는 사물의 도리 등이다. ○致知在格物(치지재격물)−올바르게 안다는 것은 곧 사물에 (내재하고 있는) 깊은 도리를 바르게 파악함에 있다. '격물'은 사물 속에 있는 도리를 연구하고 바르게 파악한다는 뜻. '치지가 격물에 재(在)한다'고 한 것은 치지와 격물을 동일시한 것이다. 즉 '격물하는 것이 곧 치지이다'라는 뜻이다.

참고 ◑ 대학의 팔조목(八條目)

《대학(大學)》에서 강조하는 도덕정치를 구현하기 위한 여덟 개의 단계를 팔조목(八條目)이라 한다.

'평천하(平天下) …… 치국(治國) …… 제가(齊家) …… 수신(修身) …… 정심(正心) …… 성의(誠意) …… 치지(致知) …… 격물(格物)'

章句集註 (1) 治平聲 後倣此 明明德於天下者 使天下之人 皆有以明其明德也.

치(治)는 평성으로 읽는다. 뒤에도 이를 따른다.

'명덕을 천하에 밝힌다'고 함은 '천하 모든 사람들로 하여금 저마다의 명덕을 밝히게 한다'는 뜻이다.

참고 ◑ '명명덕어천하(明明德於天下)'의 깊은 뜻

도덕정치를 줄여서 덕치(德治)라고 한다. 무력이나 형법으로 백성을 위협하고 부려먹고 그들의 재물을 탈취하는 악덕정치와 정반대가 된다. 덕치를 펴기 위해서는 우선 임금 자신이 '선본성(善本性)인 명덕(明德)'을 밝혀야 한다. 그러면 자연히 만민을 사랑하고 바르게 교화한다. 그러면 백성들도 스스로 낡고 악한 것을 버리고 새롭게 태어나, 저마다의 명덕을 밝히고 저마다 바르고 착하게 살 것이다. 그때에 진정한 평화세계를 기대할 수 있다. 그러므로 '임금이 자신의 명덕을 밝히는 것'과 '만민의 명덕을 밝히게 하는 것'이 일치하며, 그것이 곧 '명명덕어천하'이며, 이는 덕치의 처음이자 마지막이기도 하다.

章句集註 (2) 心者身之所主也 誠實也 意者心之所發也 實其心之所發 欲其必自慊 而無自欺也.

'마음[心]'은 '몸의 주체'이다. '성(誠)'은 '참되고 실하다'는 뜻이다. '의(意)'는 '마음의 나타남'이다. '마음의 나타남'을 성실하게 하는 것은 곧 '반드시 자신에게 즐겁고 흡족하며 스스로 속이는 바 없게 하려는 것'이다.

어구 설명 ○心者身之所主也(심자신지소주야)—마음이 몸의 주체다. 마음이 육신을 주재한다. 속에 있는 마음이 착하면 언행이 착하게 나타난다. 반대로 마음이 악하면 그의 언행도 악하게 된다. ○誠實也(성실야)—성(誠)은 실(實)이다. '성'은 '참되게 따르고 행한다'는 뜻. '실'은 '실질적으로 좋은 열매를 거둔다'는 뜻. 마음이 착하면 행동이 착하게 나타나고, 마음이 악하면 행동이 악하게 나타난 다는 뜻이다. 마음이 반드시 행동으로 나타남을 실(實)이라고 했다. ○意者心之所發也(의자심지소발야)—'의(意)'는 '마음의 나타남'이다. 즉 '마음속으로 무엇을 하겠다 혹은 어떻게 하겠다고 생각하는 단계'를 의(意)라고 한다. 마음의 발동·의지·의욕·욕구 등의 뜻을 포함한다. ○實其心之所發(실기심지소발)—자기의 마음의 발동이나 욕구를 (천리에 맞게) 진실되고 알차게 한다는 뜻은 곧

(다음 구절이 술어). ㅇ欲其必自慊(욕기필자겸)—반드시 (자신의 명덕에) 비추어) 즐겁고 흡족하기를 바라는 것이다. 慊(겸)=愜(뜻에 맞을, 쾌할 협). ㅇ而無自欺也(이무자기야)—아울러 (착한 본성에 비추어) 스스로 속이지 않고자 함이다.

참고 ◑ 마음이 몸의 주체[心者身之主]

사람은 몸으로 행동한다. 몸을 주재하는 것이 마음이다. 그러므로 마음이 착하면 착하게 행동하고, 마음이 악하면 악하게 행동한다. 유교에서는 착한 마음을 '도를 따르고 행하는 도심(道心)'이라 하고, 악한 마음을 '동물적 욕구만을 채우려는 인심(人心)'이라고 말한다. 《서경(書經)》 대우모 (大禹謨)에 있다. '사람의 마음은 위태롭다. 도심은 깊은 곳에 있고 미묘하다. 그러므로 정성껏 한결같이 하늘이 준 중용의 도를 지켜야 한다[人心惟危 道心惟微 惟精惟一 允執厥中]' 인심은 '동물적·관능적 욕구를 채우려는 이기심'이다. '도심'은 오늘의 말로 '천리를 따르고 행하는 도덕성 혹은 도의심(道義心)'으로 이해하면 된다. 동물적 이기심을 인심(人心) 혹은 수심(獸心)이라고도 한다. 사람은 도의심을 따르고 행해야 한다.

◑ 심통성정(心統性情)

사람은 정신과 육체를 통합한 숭고한 존재다. 하늘은 사람에게만 정신적으로 천도천리(天道天理)를 터득하고 행하는 탁월한 성품을 주었다. 그것을 주자는 성(性)이라고 했으며, 특히 《대학》에서는 '명덕(明德)'이라고 했다. 주자가 말하는 '성이나 명덕'을 철학적으로는 '이성(理性), 도덕성 (道德性), 순수이성(純粹理性)', 종교적으로는 '심령(心靈), 신성(神性), 불성(佛性)' 등의 뜻으로 이해해도 크게 잘못되지 않을 것이다.

한편 사람은 육신을 바탕으로 동물적 삶을 영위한다. 음식을 먹고 개체 (個體)를 보전하고 남녀가 어울려 종족(種族)을 번식한다. 이와 같은 식색(食色)은 육신을 터로 하고 나타나는 욕구다. 동시에 사람은 외계의 사물에 대하고 접하면 '희노애락(喜怒哀樂)' 및 '공구애호(恐懼愛好)' 등의 여러 가지 감정을 느낀다. 이 모두가 기(氣)를 바탕으로 한 육신에서 발생하는 '감정, 욕정, 욕구'이며, 주자학에서는 이들을 통합하여 '정(情)'이라 한다.

앞에서 말했듯이 '마음이 몸의 주체다〔心者身之主也〕' 그 마음속에 성(性)과 정(情)이 함께 있다. 그러므로 한 마음속에 공존하는 '성'과 '정'을 잘 조절해야 한다. 즉 '도덕성을 바탕으로 욕구를 조절해야 한다.' 이를 '심통성정(心統性情)'이라고 한다. 동물적 감정이나 욕구만으로 사는 것은 '숭고한 사람의 삶'이 아니다.

마음속에 있는 '명덕(明德)이나 도덕성(道德性)'도 몸을 통해 나타나고, '감정이나 욕구'도 몸을 통해 나타난다. 단 사람의 육신을 구성하고 있는 기질이 저마다 다르기 때문에 '성과 정'의 나타남이 저마다 다르게 된다. 기질이 청명(淸明)한 사람은 혼탁한 사람보다 도덕적이게 마련이다.

章句集註 (3) 致推極也 知猶識也 推極吾之知識 欲其所知
無不盡也 格至也 物猶事也 窮至事物之理 欲其極處無
不到也 此八者大學之條目也.

'치(致)'는 끝까지 밀고 나감이다. '지(知)'는 식(識)과 같은 뜻이다. 나의 지식을 끝까지 밀고 나가서 자기의 앎에 미진함이 없게 함이다. '격(格)'은 도달함이다. '물(物)'은 사(事)와 같은 뜻이다. 사물의 도리를 끝까지 구명하여 도달하고 (앎에 있어) 이르지 못함이 없게 함이다. 이상 여덟 가지가 대학의 팔조목(八條目)이다.

참고 ◑ 궁리(窮理)와 격물(格物)

'궁리(窮理)'라고 하면 추상적 이론을 궁구(窮究)하는 뜻으로 오해할 수도 있다. 그래서 '실체의 사물에 도리를 갖다가 맞춘다는 뜻'의 '격물(格

物'을 《대학》의 용어로 썼다. 참고로 '대전소주(大全疏註)'를 인용하겠다. '격물은 곧 도리를 구명함이다. 한가지 사물에는 가장 좋은 한가지 도리가 있다. 그러므로 가장 좋은 도리를 구명한 다음에 사물을 대하고 처리해야 도리에 맞게 된다. 즉 임금을 섬길 때에는 가장 좋은 충성의 도리에 맞게 하고, 부모를 섬길 때에는 가장 좋은 효성의 도리에 맞게 하고, 거처할 때에는 공손하고, 일을 집행할 때에는 경건하게 하고, 남을 대할 때에는 최선을 다해야 한다. 이러한 태도로 앞으로 나가고 좌우의 균형을 맞게 하면 어디에서나 가장 좋은 도리를 알게 된다. 만약에 가장 좋은 도리를 구명하지 않으면, 나타나는 도리가 참되지 못하고 외면은 선한 것 같으나 내실은 악하게 마련이다〔格物窮理 有一物便有一理 窮得到後 遇事觸物 皆撞著這道理 事君便遇忠 事親便遇孝 居處便恭 執事便敬 與人便忠 以至參前倚衡 無往不見 這箇道理 若窮不至 則所見不眞 外面雖爲善 內實爲惡〕.'

'대학의 삼강령의 핵심은 '명덕을 밝힘'보다 더 앞설 것이 없고, '명덕을 밝히는 공부'는 '격물'보다 더 앞세울 것이 없다〔大學綱領所在 莫先於在明明德 而明明德工夫所在 又莫先於在格物〕.'

(5) 物格而后知至 知至而后意誠 意誠而后心正 心正而后身修 身修而后家齊 家齊而后國治 國治而后天下平.
물격이후(에) 지지(하고) 지지이후(에) 의성(하고) 의성이후(에) 심정(하고) 심정이후(에) 신수(하고) 신수이후(에) 가제(하고) 가제이후(에) 국치(하고) 국치이후(에) 천하평(이니라)

사물의 도리를 잘 구명한 후에 사물을 참되게 알 수 있고, 사물을 참되게 안 후에 뜻을 성실하게 세울 수 있고, 뜻을 성실하게 세운

다음에 마음을 바르게 잡을 수 있고, 마음이 바르게 된 다음에 몸을
잘 닦을 수 있고, 몸이 잘 닦아진 다음에 집안을 가지런하게 할 수
있고, 집안이 가지런하게 된 연후에 나라를 잘 다스릴 수 있고, 나라
가 잘 다스려진 다음에 비로소 천하를 평화롭게 할 수 있다.

어구 설명 ○物格(물격)—사물의 도리를 구명(究明)하다. ○而后(이후)—그
런 다음에. ○知至(지지)—(사물에 대한) 앎이 이르다(바르게 알다).
○意誠(의성)—뜻이 성실해야, 뜻을 성실하게 세워야. ○心正(심정)—마
음이 바르게 된다, 마음을 바르게 잡는다. ○身修(신수)—몸을 닦아야,
자신을 수양해야. ○家齊(가제)—집안이 가지런하게 된다. ○國治(국
치)—나라를 다스리다. ○天下平(천하평)—천하가 화평하게 된다.

章句集註 (1) 物格者 物理之極處 無不到也 至知者 吾心之
所知 無不盡也 知旣盡 則意可得而實矣 意旣實 則心可
得而正矣.

'물격(物格)'은 사물의 도리의 궁극의 경지에 이르지 못함이 없다
는 뜻이다. '지지(至知)'는 내 마음의 아는 바에 다하지 못함이 없
다는 뜻이다. 앎을 다하면 즉 '뜻의 발동[意]'을 성실하게 할 수가
있다. 뜻이 먼저 성실하게 되어야 마음을 바르게 할 수 있다.

어구 설명 ○物格者(물격자)—경문에서 '물격'이라고 한 뜻은. ○物理之極
處無不到也(물리지극처무부도야)—사물의 도리에 있어 궁극처(窮極處)
에 이르지 못함이 없다는 뜻이다. '도리의 궁극처'는 '가장 합당한 도리'
의 뜻이다. ○至知者(지지자)—경문의 '지지(至知)'는. ○吾心之所知(오
심지소지)—나의 마음으로 아는 바에 있어. ○無不盡也(무부진야)—다하
지 않음이 없다. 즉 '사물의 도리의 가장 합당한 지점에 도달해야 한다'

는 뜻. ㅇ知旣盡(지기진)―먼저 나의 앎을 다해야, 즉 '가장 합당한 도리를 알아야'의 뜻. ㅇ則意可得而實矣(즉의가득이실의)―'의(意)' 즉 '마음의 발동, 욕구'가 성실하게 될 수 있다. ㅇ意旣實(의기실)―'마음의 발동, 욕구'가 설실해야. ㅇ則心可得而正矣(즉심가득이정의)―마음이 바르게 될 수 있다. '바를 정(正)'은 '일(一)과 지(止)의 합자'로 '하나[一]에 가서 멈춤이다.' 즉 '마음을 천리와 하나되게 하는 것'이 곧 정심(正心)이다. 마음은 몸의 주체다. 마음이 절대선(絶對善)의 도리인 천리와 하나가 되어야 '몸이나 행동'도 천리와 하나가 된다. 마음이 '악한 욕심'에 넘치면 악한 행동을 하게 된다.

章句集註 (2) 修身以上 明明德之事也 齊家以下 新民之事也 物格知至 則知所止矣 意誠以下 皆得所止之序也.

'수신(修身)' 이상은 명덕을 밝히는 일이다. '제가(齊家)' 이하는 백성을 혁신하는 일이다. (사물의 도리를 궁구하고, 바른 앎에 이르는) '물격(物格) 지지(知至)'는 곧 '머무를 곳을 아는[知所止]' 일이다. '의성(意誠)' 이하는 '머무를 곳을 바르게 얻은[得所止]' (단계적) 순서이다.

어구 설명 ㅇ修身以上(수신이상)―'물격(物格)·지지(知至)·의성(意誠)·심정(心正)'을 말한다. ㅇ明明德之事也(명명덕지사야)―'명명덕(明明德)'에 속하는 일들이다. ㅇ齊家以下(제가이하)―'가제(家齊)·국치(國治)·천하평(天下平)'을 말한다. ㅇ新民之事也(신민지사야)―'신민(新民)'에 속하는 일들이다. ㅇ物格知至(물격지지)―'물격(物格)'과 '지지(知至)'는. ㅇ則知所止矣(즉지소지의)―'머무를 곳을 아는 일이다'. ㅇ意誠以下(의성이하)―'심정(心正)·신수(身修)·가제(家齊)·국치(國治)·천하평(天下平)'은. ㅇ皆得所止之序也(개득소지지서야)―모두 '머무를 곳을 바르게 이룩한[得所止]' (단계적) 순서다.

(6) 自天子以至於庶人 壹是皆以修身爲本.

자천자이지어서인(이) 일시개이수신위본(이니라)

천자로부터 서민에 이르기까지 한결같이 수신을 바탕으로 삼아야
한다.

어구 설명 ○自天子(자천자)—천자로부터. ○以至於庶人(이지어서인)—서민
에 이르기까지. ○壹是(일시)—한결같이, 다 같이. ○以修身爲本(이수신
위본)—수신을 바탕으로 해야 한다.

章句集註 (1) 壹是一切也.

일시(壹是)는 일체의 뜻이다.

章句集註 (2) 正心以上 皆所以修身也. 齊家以下則擧此而
錯之耳.

'정심' 이상 즉 '격물·치지·성의·정심'은 다 수신의 바탕이다.
'제가' 이하 즉 '제가·치국·평천하'는 (핵심이 되는) 수신만 들고
다른 것은 생략했다.

(7) 其本亂 而末治者否矣 其所厚者薄 而其所薄者
厚 未之有也.

기본란 이말치자(는) 부의(며) 기소후자(에) 박(하고) 이기소박자(에) 후
(는) 미지유야(니라)

근본이 흐트러지고 끝이 다스려질 수는 없다. 후하게 할 바를 박

하게 하고, 박하게 할 바를 후하게 하는 일이 있어서는 아니된다.

어구 설명 ○其本亂(기본란)－근본이 되는 (자신이) 어지럽고 문란하면서. ○而末治者否矣(이말치자부의)－끝가지에 해당하는 나라가 다스려지는 일은 없다. ○其所厚者薄(기소후자박)－(윤리도덕적으로) 돈독하게 해야 할 (가정을) 소홀히 하고. ○而其所薄者厚(이기소박자후)－박하게 해야 할 바를 후하게 하는 일은, 즉 '제가(齊家)'가 '치국(治國)'의 바탕이다. 그러므로 '제가'를 '치국'보다 더 후(厚)하게 해야 한다 (치국을 후하는 일은). ○未之有也(미지유야)－있을 수 없다, 그래서는 안된다. 참고로 '대전소주(大全疏註)'의 설을 인용하겠다. '나라는 천하의 바탕이므로 박하게 할 바가 아니다. 그러나 집안을 기준으로 하고 보면 (상대적으로) 박하게 된다[國天下本 非所薄 自家視之 則爲薄也]'〈三山陳氏〉

章句集註 (1) 本謂身也 所厚謂家也 此兩節結上文兩節之意.

본은 몸을 말한다. 후하게 할 바란 집을 말한다. 이 두 구절은 앞의 두 경문, 즉 '경문 4절, 5절'의 뜻을 묶은 것이다.

章句集註 (2) 右經一章 蓋孔子之言 而曾子述之.(凡205字)

이상의 경문 1장은 공자의 말이며 증자가 받아서 기술한 것이다. (총 205자)

2. 논어집주(論語集註) 선독(選讀)

오늘의 세계는 크게 변하고 있다. 발달한 과학 기술은 마침
내 인류에게 무력침공보다는 공존 공영이 더 유리하다는 것
을 알려주고 있다. 그러나 동시에 우리는 과학과 기계의 위력
앞에 인간성 자체를 상실하고 있음에 경각(警覺)하지 않으면
안된다. 우리는 인간성을 되찾고 숭고한 정신의 빛으로 세계
와 인류가 행복을 고르게 누리게 해야 한다. 그러기 위해 우
리는 경전을 공부해야 한다. 옛날에는 세계를 천하라고 불렀
으며, 천하를 다스린다는 말은 오늘에 있어서 세계를 다스린
다는 말과 같은 뜻이라 하겠다. 따라서 일찍이 춘추전국시대
(春秋戰國時代)에 무력에 의한 패도(覇道)를 배척하고 왕도
덕치(王道德治)로써 천하를 하나로 통일하기를 역설한 성현
(聖賢)들의 사상이나 정신은 바로 오늘의 혼미한 세계인류에
게 가르쳐 주는 바 크다고 하겠다. 그와 같은 성현들의 대표
가 공자(孔子)다. 그리고 공자의 행적과 말과 사상을 기록한
책이 바로 《논어(論語)》이다.

우리는 《논어》를 통해 공자의 인본주의적 평화사상, 이성
적이고 합리적인 실증주의 및 역사 발전관을 엿볼 수 있다.
특히 공자 사상의 위대한 점은 인간의 선본성(善本性)에 입
각한 낙관론이다. 공자사상의 핵심은 '인(仁)'이다. '인'은 오
늘의 말로 다음같이 정의할 수 있다. '인류애를 바탕으로 서

로 협동하여 함께 잘살 수 있는 하나의 세계를 창건하는 덕행
이다.' '인'의 세계를 창건하기 위하여 공자는 군자(君子)를
배양했다. 군자는 학문과 덕행을 겸비해야 한다. 그러므로 공
자는 '실천적인 학문'을 중시했다. 이 책에서는 주로 《논어》
'제1편 학이편'의 글을 뽑아 풀이했다.

학이(學而)편

集註 此爲書之首篇 故所記者 多務本之意.

제1편은 《논어》의 첫편이다. 고로 기술된 바 내용이 근본에 힘을 쓰라는 뜻이 많다.

集註 乃入道之門 積德之基 學者之先務也 凡十六章.

(제1편은) 곧 도에 들어가는 관문이며 덕을 쌓는 근본이며, 또 배우는 사람이 가장 먼저 힘들여야 할 가르침이다. 제1편은 총 16 장이다.

참고 ◗ '입도지문(入道之門)' '적덕지기(積德之基)'

'배울 학(學)'을 일반적으로 '여러 가지 기능을 배우고 익힌다'는 뜻으로 해석한다. 그러나 여기서 말하는 '학'의 뜻은 좁은 뜻이며 그 핵심은 '도 (道)'를 터득하고 성현(聖賢)의 가르침이나 덕행을 따르고 본받고 행하여 군자가 된다는 의미에 중점이 있다.

도의 기준은 절대선(絕對善)인 하늘의 도리, 즉 천도(天道)다. 천도는 곧 자연만물을 '낳고 키우고 번식하고 발전케 하는 도리다'. 그 도를 따르고 실천해서 좋은 성과를 거두는 것을 곧 덕(德)이라 한다.

1. 학이편 1장(총 3절)

(1) 子曰 學而時習之不亦說乎.

자왈 학 이시습지(면) 불역열호(아)

공자가 말했다. 배우고 때로 익히면 또한 기쁘지 아니하냐.

어구 설명　○子(자)—남자의 존칭, 선생.《논어》에서는 주로 공자(孔子)를 지칭한다. ○學(학)—일반적으로 '배우고 알다'의 뜻으로 풀이한다. 그러나 '깨닫고[覺], 본받고 따라 행한다[效]'는 뜻도 포함하고 있다. 배움의 첫번째는 예의범절 윤리도덕의 실천이다. 그리고 경서(經書)의 글이나 육예(六藝)도 배우고 몸에 익혀야 한다. 그래야 덕치(德治)에 참여할 군자(君子)가 될 수 있다. 육예는 선비의 필수 교양인 '예(禮)·악(樂)·사(射)·어(御)·서(書)·수(數)'이다. 특히 깨달음 속에는 절대선(絶對善)인 천도(天道)를 깨닫고 행한다는 뜻이 강조되어 있다.《백호통(白虎通)》에는 '학은 각이다. 전에 몰랐던 것을 배워 깨닫는다[學者覺也 覺悟所未知也]'라 했고, 또 주자(朱子)는 학(學)을 '본받을 효(效)'라 풀었다. ○時(시)—때때로. 그러나 '때에 맞추어 혹은 적절한 시기에'로 해석함이 좋다. ○習(습)—좁게는 복습하고 익힌다. 넓게는 기능이나 예절을 실습하고 숙달한다는 뜻이다. ○不亦(불역)……乎(호)—직역하면 '또한 ……하지 않은가' 즉 반문으로 뜻을 강조했다. ○說(열)—기쁠 열(悅)과 같다. 마음속에 넘치는 기쁨이나 즐거움이다.

集註　學之爲言效也 人性皆善 而覺有先後 後覺者必效先覺之所爲 乃可以明善 而復其初也.

'학(學)'이라고 한 말은 '본받을 효(效)'의 뜻이다. 사람의 본성은 다 착하다. 그러나 도리를 깨달음에 있어 앞서는 사람과 뒤처지는 사람이 있게 마련이다. 그러므로 뒤늦게 깨닫는 사람은 반드시 먼저 깨달은 사람의 하는 바를 본받고 따라야 한다. 그러면 주어진 본성(本性)의 선을 밝혀내고 아울러 (하늘로부터 받은) 애당초의 착한 성품으로 되돌아갈 수 있다.

集註 習鳥數飛也 學之不已 如鳥數飛也.

'습(習)'은 '새가 거듭하여 날다'의 뜻이다. 배우기를 멈추지 않음을 새가 여러번 날음과 같게 해야 한다. * 數(자주 삭)

集註 說喜意也 旣學而又時時習之 則所學者熟 而中心喜說 其進自不能已矣.

'열(說)'은 '즐겁게 여기다'의 뜻이다. 이미 배우고 그 것을 시시때때로 실천하고 익히면, 즉 배운 바가 무르익고 숙달하여 마음속에 희열을 느끼게 된다. 그렇게 되면 학문적 발전이 자연히 끝없게 될 것이다.

集註 程子曰 習重習也 時復思繹 浹洽於中 則說也.

정자가 말했다. '습(習)'은 '거듭 실습하고 익힘이다.' (배운 바를) 때에 따라 거듭 생각하고 연역해서 속에 흠뻑 젖고 또 두루 미치게 하면 즉 기쁘고 즐거워진다.

集註 又曰 學者將以行之也 時習之 則所學者在我 故悅.

또 말했다. 학문은 장차 행하기 위해서 배운다. 그러므로 때에 맞추어 실습하고 익히면 배운 바 내용이 나의 몸에 무르익게 되며, 따라서 내면적으로 즐거움을 느끼게 된다.

集註 謝氏曰 時習者無時而不習 坐如尸坐時習也 立如齊 立時習也.

사씨가 말했다. '시습(時習)'이란 익히지 않을 때가 없다는 뜻이다. 앉아 있을 때에 시동(尸童)처럼 앉는 것이 곧 '시습'이고, 서있을 때에 재계(齋戒)할 때처럼 서있는 것이 '시습'이다.

(2) 有朋自遠方來不亦樂乎.

유붕(이) 자원방래(면) 불역락호(아)

벗이 먼 곳으로부터 찾아오니 또한 즐겁지 아니하냐.

어구 설명 ○有(유)−있다, 여기서는 친구가 온다는 현상을 표시하는 동사로 본다. ○朋(붕)−벗, 친구. 같은 스승에게 배운 글벗을 붕(朋)이라 하고, 뜻이나 지향(志向)을 같이하는 벗을 우(友)라 한다. ○自遠方來(자원방래)−먼 곳에서 찾아온다. 모여든다. 자(自)는 '……로부터', 공자를 스승으로 모시고 학문과 덕을 쌓겠다는 뜻을 품은 글벗이 천하에서 모여온다. ○樂(락)−밖에 넘치는 즐거움.

集註 朋同類也 自遠方來 則近者可知 程子曰 以善及人 而信從者衆 故樂.

'붕(朋)'은 같은 무리의 뜻이다. 먼 지방에서 왔으니, 가까운 곳에서 (벗이) 오는 것은 가히 알만하다. 정자가 말했다. 선(善)을 남에게 미치므로 믿고 따르는 사람이 많으며 따라서 즐겁다.

集註 又曰 說在心 樂主發散在外.

또 말했다. 열(說)은 마음속에서 느끼는 기쁨이고, 낙(樂)은 주로 밖으로 발산하는 즐거움이다.

(3) 人不知而不慍 不亦君子乎.

인 부지이불온(이면) 불역군자호(아)

나를 남이 알아주지 아니해도 노여움을 품지 않으니 또한 군자가 아니겠느냐.

어구 설명 ○人不知(인부지)—남이 알아주지 않는다. 즉 나의 실력이나 가치를 바르게 인정해 주지 않는다. 나라를 다스리는 임금이나 권력자들이 자기를 알아서 불러 써 주지 않는다. ○不慍(불온)—화를 내거나 노여워하지 않는다. 마음속에 노여움이나 원한을 품지 않는다. ○君子(군자)—높은 학문과 덕행을 겸비한 지식인, 엘리트. 군자는 '지(知)·인(仁)·용(勇)'의 삼달덕(三達德)을 갖추어야 한다. 군자의 학문은 벼슬이나 녹봉을 위한 것이 아니다.

集註 慍含怒意 君子成德之名 尹氏曰 學在己 知不知在人 何慍之有.

'온(慍)'은 (속에) 노여움을 품는다는 뜻이다. 군자는 덕을 이룩한 사람을 일컫는 말이다. 윤씨가 말했다. 학문과 덕행을 쌓는 것은 나 자신이 할 일이고, 나를 알아주고 못 알아주고는 남이 할 일이다. (그러므로 설사 남이 나를 알아주지 않아도) 내가 어찌 속에 노여움을 품으랴.

(集註) 程子曰 雖樂於及人 不見是而無悶 乃所謂君子.

정자가 말했다. 비록 (나의 학문과 덕이) 남에게 미치는 것을 즐거워할지라도, 설사 남에게 인정받지 못해도 언짢게 여기지 않아야 한다. 그런 사람이 곧 이른바 군자이다.

(集註) 愚謂 及人以樂者 順而易 不知而不慍者 逆而難 故 惟成德者能之.

나는 생각한다. 남에게 미치는 것을 즐거워함은 순리이며 행하기 용이하다. 그러나 남이 알아주지 않아도 노여워하지 않기는 마음에 거슬리는 일이며 행하기 어렵다. 고로 오직 덕을 이룬 사람만이 능히 할 수 있다.

(集註) 然德之所以成 亦由學之正 習之熟 說之深 而不已焉耳.

그러나 덕을 이루는 바탕 역시 바르게 배우고 충분히 익히고 깊이 즐거움을 느끼면서 끝남이 없는 데에서 연유한다.

(集註) 程子曰 樂由說而後得 非樂不足以語君子.

정자가 말했다. 낙(樂)은 열(說)을 경유해서 얻어진다. 그러므로 낙이 부족하면 군자라고 말할 수 없다.

(참고) ◗ 학(學)의 깊은 뜻과 학문정신

(1) 배우고[學] 익힘[習] — 배워 깨닫고 알고 또 안 것을 실천해야 한다. 지행(知行)이 일치해야 한다. 학(學)에는 도(道)를 깨닫고[覺] 아울러

행한다는 뜻이 포함되어 있다. 여기서 말하는 도는 바로 하늘의 도리, 즉 천도(天道)이다. 성리학(性理學)에서는 도를 이(理)라고도 한다. 즉 '속에 있으며 보이지 않는 도리, 원리'라는 뜻이다. 천도천리(天道天理)는 곧 절대선(絶對善)인 하늘의 도리다.

주자는 '배운다 함은 본받고 행함이다[學之爲言效也]'라고 풀이했다. 실천하기 위해서는 몸에 익혀야 한다. 섣부르게 알거나 몸에 익지 않으면 실천할 수가 없다. '노부모를 잘 섬기고 효도를 해야 한다는 것'을 모를 사람은 없다. 그러나 어려서부터 효도가 몸에 길들여져 있지 않으면 어른이 되어도 바르게 효행을 실천할 수가 없다. 그러므로 배운 것을 복습해 익혀 숙달하고 더 나아가 몸에 익히고 습관이 되게 해야 한다. 그래야 선지식(善知識)을 선행(善行)으로 실천할 수가 있다.

(2) 배움의 기쁨 : '배움이 무르익고 숙달하면 마음속에 기쁨이 넘치고 더욱 정진하게 된다[所學者熟 而中心喜說 其進自不能已矣]'〈집주〉.

(3) 동지들의 결합 : 다음으로 공자는 '뜻을 같이하는 글벗들이 멀리서 찾아오니 즐겁지 않으냐[有朋自遠方來不亦樂乎]'라고 말했다. 동지들이 원근(遠近) 각처에서 자발적으로 모여 와서 하나로 뭉치고 큰 세(勢)를 형성하고 이상세계(理想世界)의 창건을 향해 전진한다. 그러므로 즐거움이 넘치게 마련이다.

(4) 부지이불온(不知而不慍)－공자는 '다른 사람이 나의 존재나 가치를 알아주지 않아도 노여워하지 않으니 참된 군자가 아니겠느냐[人不知而不慍 不亦君子乎]'라고 말했다. 즉 남들이 군자인 나의 존재나 가치를 알아주지 않아도 나는 노여움이나 원한을 품지 않아야 한다. 이 정도로 수양하기는 참으로 어렵다. 주자는 덕을 이룬 군자만이 할 수 있다고 말했다.

이상의 3단계를 입지학문(立志學問), 상호면학(相互勉學), 지천명(知天命)이라고 요약할 수 있으며, 이 3단계를 거쳐야 진정한 군자가 될 수 있다. 사실 공자는 이 3단계를 거치고 지성선사(至聖先師)가 되었다. 결국 '학이 제1장'은 공자의 학문정신을 천명한 명언이며 동시에 그의 고결한 생애를 예언한 구절이기도 하다.

(5) 배움의 목적 : 주자는 '사람의 본성은 착하다', '배움의 목적'을 '선을 밝히고 처음으로 돌아감[明善而復其初]'이라고 했다.

2. 학이편 2장(총2절)

(1) 有子曰 其爲人也孝弟 而好犯上者鮮矣 不好犯
　　上 而好作亂者 未之有也.

유자왈 기위인야효제(요) 이호범상자선의(니) 불호범상(이오) 이호작란자 미지유야(니라)

유자가 말했다. 사람됨이 부모에게 효성하고 형장에게 공경하는 (착한 인간으로서) 윗사람 침범하기를 좋아하는 자가 드물다. 윗사람 침범하기를 좋아하지 않으면서 난동하기를 좋아하는 그런 자는 아직까지 없었다.

어구 설명　○有子(유자)－공자의 제자, 성은 유(有), 이름은 약(若), 노(魯) 나라 사람으로 공자보다 나이가 43세나 어리다고 전한다. 《논어》에서 다른 제자들은 자(字)로써 불렀다. 그러나 유약(有若)과 증삼(曾參)에게 '자(子)'라는 존칭을 붙인 것은 혹 그들의 제자가 편찬했기 때문일 것이다.[염유(冉有)와 민자건(閔子騫)에게도 간혹 '자'를 붙였다] ○其爲人也(기위인야)－그 사람됨이. ○孝(효)－부모에게 효도하고, 효순(孝順)한다. ○弟(제)－아우가 형을 공경한다. 공경할 제(悌)와 같다. ○而(이)－그러면서. ○好犯上(호범상)－윗사람을 능멸하고 침범하기를 좋아하다. ○好犯上者(호범상자)－윗사람 능멸하기를 좋아하는 그런 사람. ○鮮矣(선의)－적다, 드물다, 거의 없다. ○不好犯上(불호범상)－윗사람 침범하기를 좋아하지 않으면서. ○好作亂(호작란자)－난 일으키기를 좋아하다.

○不好犯上而好作亂者(불호범상 이호작란자)―범상(犯上)을 좋아하지 않으면서 작란(作亂)을 좋아하는 자. ○未之有也(미지유야)―아직 없었다. 있어본 일이 없다.

集註 有子孔子弟子名若 善事父母爲孝 善事兄長爲弟.

유자는 공자의 제자로 이름은 약(若)이다. 부모를 잘 섬기는 것을 효(孝)라 하고 형장을 잘 섬기는 것을 제(弟=悌)라 한다.

集註 犯上謂干犯在上之人.

범상(犯上)은 윗자리에 있는 사람을 (능욕하고) 침범한다는 뜻이다.

集註 鮮少也 作亂則爲悖逆爭鬪之事矣 此言能孝弟 則其心和順 少好犯上 必不好作亂也.

선(鮮)은 '거의 없다'의 뜻이다. 작란(作亂)은 곧 패덕(悖德)하고 반역(反逆)하고 다투고 싸우는 짓거리를 한다는 뜻이다. (이 구절은 다음 같은 뜻을 말한 것이다) 능히 부모에게 효도하고 형장에게 공손하면 그 심성이 부드럽고 온순하다. 고로 윗사람 침범하기를 좋아하지 않으며 따라서 절대로 난동하기를 좋아하지 않는다.

(2) 君子務本 本立而道生 孝弟也者 其爲仁之本與.

군자(는) 무본(이니) 본립이도생(하나니) 효제야자(는) 기위인지본여(인저)

군자는 근본에 힘을 써야 한다. 근본이 서야 도가 생긴다. 부모에 대한 효도와 형장에 대한 공경이 바로 인(仁)을 이룩하는 근본이다.

어구 설명　○君子務本(군자무본)─군자는 근본에 힘을 쓰다. ○本立而道生 (본립이도생)─근본이 바르게 서야 바른 길이 생긴다. ○孝弟也者(효제 야자)─효와 제는. '야자(也者)'는 단절을 나타내는 복합 어조사. ○其爲 仁之本與(기위인지본여)─(그것이 바로) 인을 이룩하는 근본이다. 與 (여)=歟(여)는 어조사로 '……일 것이다.'

集註　務專力也 本猶根也 仁者愛之理 心之德也 爲仁猶 曰行仁 與者疑辭 謙退不敢質言也.

　무(務)는 오직 그 일에만 힘을 쓴다는 뜻이다. 본(本)은 근(根)과 같다. 인(仁)은 '사랑의 도리[愛之理]'이며 동시에 '마음속의 덕[心 之德]'이다. '인을 이루다[爲仁]'는 곧 '인을 행함[行仁]'과 같다. 여(與)는 의문사이다. 겸양하여 감히 질정해서 말하지 않는 어기(語 氣)를 표현한 것이다.

참고　◐ '인자(仁者) 애지리(愛之理) 심지덕(心之德)'

　'대전소주(大全疏註)'를 바탕으로 대략 다음 같은 뜻임을 알 수 있다. '인(仁)'에는 '큰 뜻'과 '작은 뜻'이 있다.

　'큰 뜻의 인'은 '인(仁)·의(義)·예(禮)·지(智)'의　도덕성(道德性)을 다 포괄한다. 즉 넷을 다 포괄한 '인(仁)'이다. 본래 이들 도덕성은 하늘이 사람의 마음속에 심어준 것이다. 그러므로 주자가 이를 '심지덕(心之德)' 이라고 말했다.

　한편 '작은 뜻의 인'은 '인·의·예·지'의 하나인 '인'을 가리킨 것이다. '작은 인'은 '사랑의 도리를 바탕으로 만물을 사랑하고 양육하는 덕행이다' 그래서 이를 '애지리(愛之理)'라고 했다. '사랑이라는 꽃은 사랑의 도리를 바탕으로 피어난다'는 뜻이다.

集註 言 君子凡事專用力於根本 根本旣立 則其道自生.

(즉 다음 같은 뜻을 말한 것이다) 군자는 모든 일에 있어 오로지 근본에 힘을 써야 한다. 근본이 먼저 바르게 서야 바른 도리가 스스로 생겨난다.

集註 若上文所謂 孝弟乃是爲仁之本 學者務此 則仁道自此而生也.

위에서 말한 대로 효제(孝弟)는 인을 이루는 근본이다. 그러므로 글을 배우는 사람이 효제에 힘을 써야 하며, 그래야 '인도(仁道)'가 살아나고 자란다.

集註 程子曰 孝弟順德也 故不好犯上 豈復有逆理亂常之事.

정자가 말했다. 효와 제는 윗사람에게 순종하는 덕행이다. 그러므로 윗사람 침범하기를 좋아하지 않게 된다. 그러므로 어찌 도리에 역행하고 질서를 어지럽히겠느냐?

集註 德有本 本立則其道充大 孝弟行於家 而後仁愛及於物 所謂親親而仁民也 故爲仁以孝弟爲本.

덕행에는 근본이 있다. 근본이 서야 그 도리가 충실하고 또 크게 뻗는다. 먼저 가정에서 효와 제를 실천해야 사회적으로 인애(仁愛)를 모든 사람이나 사물에 미치게 된다. 이른바 '육친을 친애해야 백성들을 인애(仁愛)할 수 있다'고 말하는 것이다. 그러므로 효와 제를 인(仁)을 이루는 근본으로 삼는다.

集註 論性則以仁爲孝弟之本 或問 孝弟爲仁之本 此是由
孝弟 可以至仁否 曰非也 謂行仁自孝弟始 孝弟是仁之
一事 謂之行仁之本則可 謂是仁之本則不可 蓋仁是性也
孝弟是用也 性中則有箇仁義禮智四者而已 曷嘗有孝弟
來 然仁主於愛 愛莫大於愛親 故曰孝弟也者 其爲仁之
本與.

본성적으로 논하면 인이 효제의 근본이 된다. 어떤 사람이 "효제
가 인을 이루는 근본이라고 했으니, 그 말은 곧 효제를 경유하면
인덕에 도달할 수 있다는 뜻입니까?"하고 묻자, 주자가 말했다. "아
니다. 인을 행함에 효제로부터 해야 한다는 뜻이다. 효제도 인에 속
하는 덕행의 일부이다. 그러므로 '효제를 인을 행하는 근본이라'고
는 말할 수 있어도, '효제를 인의 근본이라'고 말하면 아니된다. 무
릇 인(仁)은 (인간의 착한 본성 속에 있는) 도덕성(道德性)이고, 효
제(孝悌)는 그 작용이다. 도덕성 속에는 오직 '인의예지(仁義禮智)'
넷이 있을 뿐이다. 어찌 효제라는 (도덕성이 별도로) 있겠느냐? 그
러나 인은 사랑을 주로 하며, 사랑은 '어버이 사랑'보다 더 큰 것이
없다. 그러므로 '효제가 인을 이루는 근본이라'고 말한 것이다."

參考 ◗ 공자가 높인 인(仁)과 효제(孝弟＝悌)

(1) 인(仁)의 현대적 뜻풀이 : 인(仁)은 공자가 가장 높인 최고의 덕목
이다. 《논어》에도 부지기수로 인이 언급되었으며, 때와 장소 및 경우와 사
물에 따라서 인에 대한 설명이 다양하게 나타났다. 여기서는 학습의 편의
를 위해서 인의 핵심적 의의를 현대적으로 다음과 같이 추리겠다.

① ‘인은 사랑의 원리, 도리[愛之理]’ : 절대선(絶對善)의 하늘은 만물을 ‘끝없는 사랑으로 품고, 낳고, 키우고, 번식하고 발전케 하고 있다.’ 그 원리, 도리가 곧 ‘사랑의 도리 원리’이며 이를 한마디로 추려 인(仁)이라고 한다. 복잡 다양한 뜻을 한 글자로 축약하는 것이 한자의 특성이다. 그러므로 인 속에는 다양한 뜻과 개념이 포함되게 마련이다.

② ‘인(仁)은 인(人)이다’ : 사람은 만물의 영장으로 영특하다. 그러므로 자연법칙을 알고 활용해서 자연과학의 성과를 올리고 있다. 자연법칙도 하늘의 도리의 일부이다. 그와 마찬가지로 정신이나 윤리도덕면에서 ‘하늘이 만물을 키우고 발전케 하고 있는 사랑의 도리, 즉 인(仁)’을 알아야 한다. 오직 인간만이 인을 알고 인의 도리를 따라서 다른 사람과 만물을 사랑할 수 있다. 그러므로 ‘인(仁)은 인(人)이다’[《中庸》]라고 한다. 인을 모르고, 인을 행하지 않으면 사람이 아니다.

③ ‘인은 마음의 덕[心之德]’ : 주자는 ‘마음은 몸의 주인 혹은 주체다[心者身之主]’라고 말했다. 이때의 마음은 ‘인식과 행동을 총괄하는 핵심’을 말한다. 즉 ‘사물이나 도리를 인식하고 몸에게 행동을 명하는 주체’를 막연하게 ‘마음’이라고 말한 것이다. 외형적 물질세계의 법칙, 즉 자연법칙을 인식하고 과학적 성과를 거두게 하는 주체가 마음이다. 그와 마찬가지로 사람은 정신도덕적인 면에서도 ‘만물을 키우고 발전케 하는 사랑의 도리, 즉 인(仁)’을 인식하고 실천해야 한다. 그것을 ‘심지덕(心之德)’이라고 한 것이다. 덕(德)이란 글자는 얻을 득(得)에 통한다. 사람은 마음으로 터득한 절대선의 도리를 반드시 행동으로 실천해서 좋은 성과를 거두어야 한다. 그러므로 사람은 ‘마음으로 인식한 인(仁)을 행동으로 실천해서 남들과 만물을 사랑하고 발전케 하는 성과를 거두어야 한다.’ 그것이 곧 ‘심지덕(心之德)’의 뜻이다.

④ ‘인은 성이다[仁是性也]’ : ‘인은 사랑의 도리, 원리, 법칙이다’ 이를 한마디로 추려서 이(理)라고 했다. ‘도리나 이’는 형이상(形而上)의 법칙으로 눈에 보이거나 실재로 존재하는 사물이 아니다. 그것은 오직 사람이 마음으로 터득하는 진리이다. 사람만이 그와 같은 진리를 터득할 수 있는

탁월한 선본성(善本性)을 지니고 있다. 그러므로 '인은 선본성 속에 터득된 사랑의 도리이며' 이를 축약해서 '인은 곧 인간의 본성이다'라고 한 것이다. 그러므로 사람의 성품 속에 인이 들어 있지 않으면 사람이 아니다.

　(2) '효제는 인을 실천하는 근본[孝弟也者爲仁之本]' : 마음이나 성품 속에 내재하고 있는 '사랑의 도리'는 반드시 행동으로 나타나서 좋은 성과를 거두어야 한다. 사랑의 실천은 크게 세 단계로 나눌 수 있다. 기본적인 사랑의 실천은 가정에서 효(孝)와 제(弟=悌)를 실천하는 것이다. 자기를 낳아 키워준 부모를 잘 섬기는 것이 효이고, 형장(兄長)을 경애(敬愛)하는 것이 제이다. 어려서부터 가정에서 육친애(肉親愛)의 핵심인 효제를 실천해야 사회적으로 남들을 사랑할 수 있다. 즉 인간애(人間愛)·동족애(同族愛)에 해당하는 애민(愛民)·인민(仁民)을 할 수 있다. 그리고 더 나가서는 만물에 대한 사랑, 즉 애물(愛物)할 수 있다. 그러므로 '효제는 인을 실천하는 근본[孝弟也者爲仁之本]'이라고 한 것이다.

　(3) '인의예지(仁義禮智)를 종합한 큰 인(仁)' : 인간의 본성 속에 주어진 도덕성을 넷으로 나눈다. 즉 '인·의·예·지' 넷이다. '인은 사랑의 도리[仁是愛之理], 의는 올바름의 도리[義是宜之理], 예는 공경하고 사양하는 도리[禮是恭敬辭讓之理], 지는 시비를 분별하는 도리[智是分別是非之理]'이다.

3. 학이편 3장(총 1절)

(1) 子曰 巧言令色 鮮矣仁.

　자왈 교언령색(이) 선의인(이니라)

　공자가 말했다. 말을 교묘하게 잘하고 용모를 좋게 꾸미는 사람은 속에 인덕이 거의 없다.

어구 설명　ㅇ巧言(교언)—말을 듣기 좋게 꾸며서 한다. ㅇ令色(영색)—용모를 보기 좋게 꾸민다. 두 가지는 다 가식(假飾)이다. ㅇ鮮矣仁(선의인)—선(鮮)은 적다, 거의 없다, 즉 없다는 뜻. 인(仁)은 참된 인심(仁心)과 인덕(仁德)이다. '선의인'은 결국 참다운 인(仁)이 없다. 뜻을 강조하기 위해서 술어 '선의(鮮矣)'를 앞에 내놓고, 주어 '인(仁)'을 뒤로 돌렸다.

集註　巧好 令善也 好其言 善其色 致飾於外 務以悅人 則人欲肆 而本心之德亡矣.

교(巧)는 호(好)의 뜻이다. 영(令)은 선(善)의 뜻이다. 말을 듣기 좋게 하고 얼굴빛을 보기 좋게 하고, 외면을 잘 꾸며서 남을 기쁘게 하는 데에 힘을 쓰면, (이기적) 인욕이 마냥 커지고 반대로 본심(本心)의 인덕(仁德)이 없어진다.

集註　聖人辭不迫切 專言鮮 則絶無可知 學者所當深戒也.

성인의 말은 박절하지 않으므로 (여기서는) 다만 '거의 없다'고 말했다. 그러나 '절대로 없다'는 뜻임을 알아야 한다. 그러므로 배우는 사람들은 마땅히 깊이 경계해야 한다.

集註　程子曰 知巧言令色之非仁 則知仁矣.

정자가 말했다. 말을 잘하고 용모를 좋게 꾸미는 사람이 바로 인자(仁者)가 아님을 아는 것이 곧 인(仁)을 아는 것이다.

참고　◑ 교언영색(巧言令色)

교언(巧言)은 듣기 좋게 말을 꾸미는 것이고, 영색(令色)은 낯을 아름답게 꾸미는 것이다. 청각적으로나 시각적으로나 밖을 꾸미는 목적과 동기는 불순하다. 외형적으로 남을 속이고 즉석에서 남의 기쁨을 사서 자기의 이득을 취하려는 속셈에서 나온 기만적 행위이다. 그러므로 본심 속에 깊이 있는 인심(仁心)이 손상되게 마련이다.

주자는 주에서 말했다. '이기적 욕심이 넘치면 본심의 인덕(仁德)이 없어진다[人欲肆而本心之德亡矣]' 주자는 또 말했다. '인은 본심에서 나오는 온전한 도덕성이다[仁者本心之全德也]' '대전소주(大全疏註)'에서는 '반대로 말하면 본심의 인덕(仁德)이 있어야 사사로운 욕심을 버리고 인의 도리를 따를 수 있다[無私當理]'〈勉齋黃氏〉라고 했다.

왕숙(王肅)은 '간교하게 꾸민 말에는 진실이 없고, 낯을 보기 좋게 꾸민 자는 실질이 없다[巧言無實 令色無質]'고 했다. '강직하고 의연하고 질박하고 과묵한 사람이 인자에 가깝다[剛毅木訥近仁]'〈13장-27〉

4. 학이편 4장(총1절)

(1) 曾子曰 吾日三省吾身 爲人謀而不忠乎 與朋友交而不信乎 傳不習乎.

증자왈 오일삼성오신(하노니) 위인모이불충호(아) 여붕우교이불신호(아) 전불습호(아)

증자가 말했다. 나는 날마다 세 가지 일에 대하여 자신을 반성한다. 남을 위해서 일을 도모함에 있어 충성스럽지 못하지는 않았나? 붕우와 사귐에 있어 신의를 저버린 일이 없었나? 스승으로부터 전수받은 학문을 익히지 않은 바 없었는가?

어구 설명 ○曾子(증자)—공자의 제자, 이름은 삼(參), 자는 자여(子輿), 노(魯)나라 무성(武城) 사람, 공자보다 46세 연소하다. 《효경(孝經)》을 저술했다. ○三省(삼성)—주자는 '세 가지 일에 대하여 반성한다'로 풀이했다. 하루에 세 번, 혹은 여러 번으로 풀 수도 있다. 이 책에서는 주자의 설을 따랐다. ○爲人謀(위인모)—남을 위해 일을 도모함에 있어. ○不忠乎(불충호)—불충하지 않았나? 충(忠)은 충성·성실. 주자는 '자기의 최선을 다함이다[盡己之謂忠]'라고 풀이했다. ○與朋友交 而不信乎(여붕우교 이불신호)—붕우와 사귐에 있어 신의를 안 지킨 일이 없었나? 신(信)은 자기가 말한 것을 실천함이다. ○傳不習乎(전불습호)—전습받은 것을 복습하고 충분히 익히지 않은 일이 없었나? (혹은) '불습(不習)'을 '전하다'로 풀기도 하나, 적절치 않다.

集註 曾子孔子弟子 名參 字子輿 盡己之謂忠 以實之謂信.

증자는 공자의 제자, 이름은 삼, 자는 자여다. 자기의 최선을 다함을 충(忠)이라 하고, 알차고 성실하게 함을 신(信)이라 한다.

集註 傳謂受之於師 習謂熟之於已 曾子以此三者 日省其身. 有則改之 無則加勉. 其自治誠切如此 可謂得爲學之本矣 而三者之序 則又以忠信爲學習之本也.

전(傳)은 스승으로부터 전수받은 것을 말한다. 습(習)은 자신이 숙지하고 익숙해진다는 뜻이다. 증자는 이 세 가지에 대하여 날로 자신을 반성했다. 만약에 잘못이 있으면 고치고, 잘못이 없으면 더욱 힘써 정진했다. 그와 같이 자신을 다스림에 있어 성실하고 간절했으니, 가위 배움의 근본을 터득했다고 말할 수 있다. 세 가지 순서에 있어서는 역시 충과 신을 배움의 근본으로 삼았다.

集註 尹氏曰 曾子守約 故動必求諸身.

윤씨가 말했다. 증자는 학문의 근본을 잘 지키고 자신을 잘 단속했다. 고로 자신의 행동에 있어 세 가지의 잘못을 (반성하고) 찾아보았던 것이다.

集註 謝氏曰 諸子之學 皆出於聖人 其後愈遠 而愈失其
眞 獨曾子之學 專用心於內 故傳之無弊 觀於子思孟子
可見矣 惜乎其嘉言善行 不盡傳於世也 其幸存而未泯者
學者其可不盡心乎.

사씨가 말했다. 제자의 학문은 모두 성인 공자로부터 나왔다. 그
러나 (시대가) 뒤로 멀어질수록 (성인의) 참 진리가 더욱 상실되었
다. 다만 증자만이 배움에 있어 내면적으로 마음을 한결같이 썼으
므로 (공자의 가르침을) 전수하는 데에 폐단이 없었다. 이는 (증자
의 학문을 계승한) 자사나 맹자를 보면 알 수 있다. 그러나 애석하
게도 증자의 좋은 말과 행적이 온전하게 후세에 전하지 않는다. 그
러나 다행히 없어지지 않고 남아 있는 것들이 있으니 (그에 대해
서) 학자들이 정성을 다 기울여서 배우지 아니할 수 있겠느냐?

참고 ◑ 진기지위충(盡己之謂忠) 이실지위신(以實之謂信)

인성(仁性)을 충분히 발휘하는 것이 충이고, 마음속의 인덕(仁德)을 밝
히는 것이 신이다. '마음에서 발해서 스스로 다함이 충이고, 이(理)에 견
주어 어긋남이 없는 것이 신이다. 충은 신의 뿌리고, 신은 충의 발현이다
〔發於心 而自盡 則爲忠 驗於理 而無違 則爲信 忠是信之本 信是忠之
發〕' '내면에서 발하여 털끝만큼도 미진함이 없는 것이 충이고, 밖으로 나
타난 것이 다 실한 것이 신이다〔從內面發自無一毫不盡是忠 發出於外者
皆以實是信〕'

5. 학이편 5장(총1절)

(1) 子曰 道千乘之國 敬事而信 節用而愛人 使民以時.

자왈 도천승지국(하되) 경사이신(하며) 절용이애인(하며) 사민이시(니라)

공자가 말했다. 천승의 나라를 다스리되 일을 공경히 하고 미덥게 하며 절약해 쓰고 사람을 사랑하며 적절한 때에 백성을 부려써야 한다.

어구 설명 ○道(도)─다스리다, 교도(敎導)하다. ○千乘之國(천승지국)─전차(戰車) 천 대를 동원할 수 있는 나라, 즉 제후의 나라. 승(乘)은 사두마(四頭馬)의 전차 한 대, 1승(乘)에는 무장한 갑사(甲士) 3명, 보졸(步卒) 72인, 기타 잡역을 합해 약 백 명이 따랐으며, 그들이 쓸 무기·피복·양곡·마량(馬糧)을 운반하는 치중차(輜重車)가 동원되었다. 만승(萬乘)을 동원하는 나라가 곧 천자(天子)의 나라다. ○敬事(경사)─모든 일을 경건하고 신중한 태도로 받들고 집행한다. ○而信(이신)─그리고 또 신의를 지킨다, 미덥게 한다. 즉 실천한다. ○節用(절용)─모든 씀씀이를 절약한다. ○愛人(애인)─사람을 사랑한다. 특히 선비 계층을 인(人)이라 한다. ○使民以時(사민이시)─적절한 때 백성을 부려쓴다. 즉 농번기(農繁期)를 피하고 농한기(農閑期)에 백성들을 부역해 쓴다.

集註 道 治也 千乘諸侯之國 其地可出兵車千乘者也.

도(道)는 다스리다[治]의 뜻이다. 천승(千乘)은 제후의 나라다. 그 지역에서 가히 전차(戰車) 천 대를 낼 수가 있다.

集註 敬者 主一無適之謂.

경(敬)은 '주일무적(主一無適)' 즉 '하나를 중심으로 하고 다른 데로 나가지 않는다'는 뜻이다.

集註 敬事而信者 敬其事而信於民也.

'경사이신자(敬事而信者)'는 '나라를 다스림에 있어 정사를 경건하게 받들어 처리하고 따라서 백성들이 믿고 따른다'는 뜻이다.

集註 時謂農隙之時 言治國之要 在此五者 亦務本之意也.

시(時)는 '농사짓는 틈에'라는 뜻이다. 이 구절은 곧 '나라를 다스리는 요점이 이상의 다섯 가지에 있으므로 역시 근본에 힘을 써야 한다는 뜻'을 말한 것이다.

集註 程子曰 此言至淺 然當時諸侯果能此 亦足以治其國矣 聖人言雖至近 上下皆通 此三言者 若推其極 堯舜之治亦不過此 若常人之言近 淺近而已矣.

정자가 말했다. 공자의 말은 지극히 천근(淺近)하다. 그러나 당시의 제후들이 과연 그 말대로 능히 할 수 있었다면 역시 족히 자기 나라를 다스렸을 것이다. 성인의 말은 지극히 천근해도 상하에 다 통한다. 이 세 가지 말의 궁극을 미루어보면 요임금이나 순임금의 덕치(德治)도 역시 이 경지에 불과한 것이다. 만약에 일반 상인(常人)이 천근한 말을 했다면, 천근한 뜻만으로 끝날 것이다. (그러나 성인의 말 속에는 깊은 뜻이 내포되어 있다)

集註 楊氏曰 上不敬則下慢 不信則下疑 下慢而疑 事不

立矣.

　敬事而信　以身先之也　易曰　節以制度　不傷財　不害民
蓋侈用　則傷財　傷財必至於害民　故愛民必先於節用.

　然使之不以其時　則力本者　不獲自盡　雖有愛人之心
而人不被其澤矣　然此特論其所存而已　未及爲政也　苟無
是心　則雖有政　不行焉.

　양씨가 말했다. 윗사람이 공경하지 않으면 아랫사람들이 태만해
진다. 위의 다스림이 미덥지 않으면 백성들이 의심을 한다. 아랫사
람들이 태만하고 백성들이 의심을 하면 정사가 바르게 서지 않는다.

　'경사이신(敬事而信)', 즉 '정사를 공경하고 백성들로 하여금 믿
게 하기' 위해서는 자신이 솔선수범해야 한다. 《역경(易經)》에 '천
지의 절도를 따라서 법도를 제정하고 재물을 상하지 않고 백성을
해치지 않는다'라고 했으니, 무릇 씀씀이를 사치스럽게 과다하게 하
면 재물을 손상하고, 재물을 손상하면 필연코 백성들을 해치게 된
다. 고로 백성을 사랑하기 위해서는 반드시 절용(節用)을 앞세워야
한다.

　그리고 농한기가 아닌 때에 백성들을 부려쓴다면 농업에 힘을 쏟
는 백성들이 저마다 충분한 수확을 얻지 못할 것이다. 그러므로 비
록 백성을 사랑하는 마음이 있어도 백성들이 그 혜택을 받지 못하
게 된다. 그러나 이 말은 다만 지녀야 할 마음가짐을 논한 것일 뿐
(구체적으로) 정사에 언급한 것이 아니다. 만약 그와 같은 마음가짐
이 없다면 비록 좋은 정치제도가 있다고 해도 잘 시행되지 못할 것
이다.

集註 胡氏曰 凡此數者 又皆以敬爲主.

　호씨가 말했다. 무릇 이상의 사항들도 역시 모두 공경을 주로 해야 한다.

集註 愚謂 五者反復相因 各有次第 讀者宜細推之.

　(주자) 나는 생각한다. 이 다섯 가지는 (앞과 뒤가) 반복적으로 이어가면서 원인이 되는 것이며, 각각 (전후의) 차례가 있다. 글을 읽는 사람은 마땅히 세심하게 생각하고 미루어 나가야 한다.

참고 ◗ 도(道)·치(治)·주일무적(主一無適)·경사이신(敬事而信)

　(1) 도(道)와 치(治) ─ '대전소주(大全疏註)'에서 주자는 말했다. '도(道)라고 한 것은 곧 다스리는 도리라는 뜻이다. 다스리는 핵심이 되는 (도리를) 말한 것이다〔道者治之理也 以爲政之心言也〕' 즉 절대선(絶對善)의 하늘의 도리, '인의 도리〔仁道〕를 정치의 핵심으로 삼으라'는 뜻이다.

　(2) 주일무적(主一無適) ─ '대전소주(大全疏註)'에서 주자는 정자의 말을 인용했다. '주일(主一)은 경(敬)의 뜻이고, 경(敬)은 무적(無適)의 뜻이다.' 《설문(說文)》에 '경(敬)은 숙(肅)이다'라고 풀고, 단주(段注)에 '일은 만물의 근본을 말한다〔一者萬物之本也〕'라고 했다. 또 《설문》에 일(一)을 다음과 같이 풀이했다. '아득한 태초에 모든 도리가 하나에서 나타나셨고, 다음에 하늘과 땅이 만들어져 나누어졌고, 그리고 만물이 변화해서 만들어졌다〔惟始太初 道立於一 造分天地 化成萬物〕' 결국 일(一)은 만물의 근본이 되는 유일무이(唯一無二)한 절대선(絶對善)의 하늘〔天〕이며, 도리로 말하면 절대선인 '하나의 도리', 즉 천도(天道)이다. 그러므로 '주일무적'을 대담하게 '하늘의 도리를 중심하고 다른 데로 가지 말라'로 해석할 수 있다. 성리학(性理學)은 종교의 교리가 아니다. 그러므로 '하늘이나 하늘의 도리'라고 말하지 않고 오직 이(理)라고만 말한 것이다.

(3) 경사이신(敬事而信)-'경사(敬事)'는 정사를 하늘의 도리를 중심하고 경건하게 처리하다의 뜻. 신(信)은 선한 열매를 맺게 하라는 뜻이다. 즉 하늘의 도리 혹은 인도(仁道)를 따라서 정치를 하고 선한 열매, 즉 인덕(仁德)을 세우라는 뜻이다. 덕치(德治)를 하면 '씀씀이를 절약하고 백성을 사랑[節用而愛人]'하고 '때를 맞추어 백성을 부리게[使民以時]' 된다. 그래서 정자는 주에서 '그런 경지가 바로 요임금·순임금의 덕치다[其極堯舜之治]'라고 말했다.

6. 학이편 6장(총 1절)

(1) 弟子入則孝 出則弟 謹而信 汎愛衆 而親仁 行有餘力 則以學文.

제자 입즉효(하고) 출즉제(하며) 근이신(하며) 범애중(하되) 이친인(이니) 행유여력(이어든) 즉이학문(이니라)

(공자가 말했다) 어린 사람은 집안에서는 부모에게 효도하고 밖에서는 연장자에게 공손하며 언행을 성실하고 미덥게 해야 한다. 널리 모든 사람들을 사랑하되 특히 인덕 있는 사람을 사랑하고 친근하게 해야 한다. 이같은 행실을 잘 행하고도 여력이 있으면 글을 배워라.

어구 설명 ㅇ弟子(제자)-자식이나 동생이 되는 사람. ㅇ入則孝(입즉효)-집안에서는 부모에게 효도한다. ㅇ出則弟(출즉제)-밖에 나가서는 연장자에게 공순(恭順)한다. ㅇ謹(근)-언행(言行)을 성실하고 신중하게 함. ㅇ信(신)-신의를 지키다, 말을 실천한다. ㅇ汎愛衆(범애중)-넓게 모든 사람을 사랑한다. ○而親仁(이친인)－특히 인덕을 갖춘 인자(仁者)를 가까이 모시고 친애해야 한다. ○行有餘力(행유여력)－이상을 다 실천하고도 여력이 있으면. ○則以學文(즉이학문)－비로소 글을 배운다. 문(文)은 《시경(詩經)》·《서경(書經)》 및 예악(禮樂)이나 문물제도를 포함한다.

(集註) 謹者行之有常也 信者言之有實也 汎廣也 衆謂衆人 親近也 仁謂仁者 餘力猶言暇日 以用也 文謂詩書六藝 之文.

근(謹)은 행실이 한결같고 변함이 없다는 뜻이다. 신(信)은 자기가 한 말을 실천하여 열매를 맺게 한다는 뜻이다. 범(汎)은 넓게라는 뜻이다. 중(衆)은 모든 사람의 뜻이다. 친(親)은 친근하게 한다는 뜻이다. 인(仁)은 인자(仁者)를 말한다. '여력(餘力)'은 '(그렇게 하고도) 시간적으로 여유가 있으면'의 뜻이다. 이(以)는 용(用)의 뜻이다. 문(文)은 '《시경》·《서경》 및 육예 같은 학문'을 말한다.

(集註) 程子曰 爲弟子之職 力有餘則學文 不修其職 而先 文 非爲已之學也.

정자가 말했다. 어린 사람들의 직책은 먼저 (윤리도덕을) 열심히 실천하고 그러고도 여력이 있으면 학문을 배워야 한다. 그와 같은 직책을 이행하지 않고 서둘러 글을 배우는 것은 자기수양을 위한 학문이 아니다.

(集註) 尹氏曰 德行本也 文藝末也 窮其本末 知所先後 可 以入德矣.

윤씨가 말했다. 덕을 행하는 것, 즉 덕행(德行)을 근본으로 삼고, 글이나 재능, 즉 문예(文藝)를 말단으로 삼아야 한다. 근본과 말단을 궁구(窮究)하고 앞세울 것과 뒤에 할 일을 바르게 알아야 비로소 덕에 들어갈 수 있다.

集註 洪氏曰 未有餘力 而學文 則文滅其質 有餘力 而不學文 則質勝而野.

홍씨가 말했다. (윤리도덕을 성실하게 행하고 난 다음에) 여력이 없는데 글을 배우면, 글이 사람의 본질을 멸하게 된다. 한편 행하고도 여력이 있는데 글을 배우지 않으면 지나치게 질박하고 촌스럽게 된다.

集註 愚謂 力行而不學文 則無以考聖賢之成法 識事理之當然 而所行或出於私意 非但失之於野而已.

(주자) 나는 생각한다. 힘들여 행하기만 하고 글을 배우지 않으면 즉 성현에 의해서 이루어진 법도와 사리의 당연함을 고찰할 길이 없게 되고, 따라서 행동이 혹 사사로운 뜻에만 의존하게 될 것이다. 그러므로 (글을 안 배우는) 결점은 비단 야(野)할 뿐만이 아니라 더 심각하다.

참고 ◑ 선덕후학(先德後學)

덕행의 실천을 앞세운 말이다. 가정에서 부모에게 효도하고 형제간에 우애(友愛)를 돈독히 해야 한다. 어려서부터 효제(孝悌)의 실천이 몸에 배어야 사회나 국가에서도 '충(忠)·신(信)·인(仁)·의(義)'를 따르고 행할 수 있다. 그래서 옛날에는 소학(小學) 공부를 중시했다. 동물적 욕구나 관능적 쾌락을 위해 지식을 악용하는 오늘의 지식인들이 바로 '재유여이덕부족(才有餘而德不足)'이라 하겠다. 도덕교육을 강화해야 한다.

7. 학이편 7장(총1절)

(1) 子夏曰 賢賢易色 事父母能竭其力 事君能致其身 與朋友交 言而有信 雖曰未學 吾必謂之學矣.

자하왈 현현역색(하며) 사부모능갈기력(하며) 사군능치기신(하며) 여붕우교(하되) 언이유신(이면) 수왈미학(이라도) 오필위지학의(라)

자하가 말했다. 어진 사람을 어질게 여기는 것을 아름다운 미인을 좋아하듯이 하고, 부모를 섬김에 전력을 기울이고, 임금을 섬김에 몸을 바칠 줄 알며, 벗과 사귐에 말한 바를 신실하게 실천한다. (이렇게 한다면) 비록 글을 배우지 않았다 해도, 나는 반드시 그를 가리켜 배운 사람이라 평가하리라.

어구 설명 ○子夏(자하)−공자의 제자, 성은 복(卜), 이름은 상(商), 공자보다 44세 어리다. 자유(子游)와 함께 문학과 학문에 뛰어났다. ○賢賢(현현)−앞의 '현(賢)'은 동사로 '어질게 여기고 높인다'의 뜻. 뒤의 '현'은 명사로 현명한 사람, 현인. ○易色(역색)−아름다운 미인을 좋아하는 것처럼. '역(易)'을 '여(如)'로 풀이한다.〔王念孫〕 전에는 '안색을 변한다, 여색과 바꾸다, 혹은 여색을 가볍게 여기다' 등으로 풀었다. 또 '현현(賢賢)'을 '부인이 남편의 현명한 덕을 높인다' '역색(易色)'을 '남편이 자기 부인을 미색의 대상으로 보지 않고 동반자로 존중하고 부부의 도리를 다한다'로 풀기도 했다. ○事父母(사부모)−집안에서 부모를 잘 섬기고 효도를 한다. ㅇ能竭其力(능갈기력)-능히 자기의 힘을 다 기울이다, 전력을 다하다. ㅇ事君(사군)-임금을 받들고 섬기다. ㅇ能致其身(능치기신)-능히 자신을 다 바친다. 전심전력으로 충성한다. ㅇ與朋友交(여붕우교)-붕우와 사귄다, 교제한다. ㅇ言而有信(언이유신)-자기가 한 말이나 약속을 반드시 행동으로 실천한다, 이행하고 좋은 열매를 맺다. ㅇ雖曰未學(수왈미학)-비록 아직 글을 배우지 않았다고 해도. ㅇ吾必謂之學矣(오필위지학의)-나는 반드시 그를 두고 배운 사람이라고 말하리라.

集註 子夏 孔子弟子 姓卜 名商 賢人之賢 而易其好色之
心 好善有誠也.

자하는 공자의 제자로, 성이 복, 이름이 상이다. 남의 현명함을 어질게 여기고 대하기를 미색을 좋아하는 마음과 같이해야 한다. 그와 같이 선을 좋아해야지 성실할 수 있다.

集註 致猶委也 委致其身 謂不有其身也.

'치(致)'는 '맡길 위(委)'와 같다. '자기 몸을 위치[委致其身]'한다는 말은 곧 자신을 위해 사사롭게 꾸미지 않는다는 뜻이다.

集註 四者皆人倫之大者 而行之必盡其誠 學求如是而已
故子夏言 有能如是之人 苟非生質之美 必其務學之至
雖或以爲未嘗爲學 我必謂之爲學也.

네 가지는 다 인륜의 중대한 실천사항이다. 이를 행하기 위해서는 반드시 정성을 다해야 한다. 배움은 바로 그와 같이 하기를 구하는 것이다. 그런고로 자하가 (다음 같이) 말한 것이다. 그렇게 할 수 있는 사람이라면, 비록 타고난 기질이 좋지 않아도, 반드시 본받고 따라 행하는 노력을 지극히 했을 것이다. 그러므로 혹 책을 통한 글을 배우지 않았다 해도, 나는 그를 가리켜 배운 사람이라고 하겠다.

集註 游氏曰 三代之學 皆所以明人倫也 能是四者 於人倫厚矣 學之爲道 何以加此 子夏以文學明 而其言如此 則古人之所謂學者可知矣 故學而一篇 大抵皆在於務本.

유씨가 말했다. 하은주(夏殷周) 삼대의 학문은 모두 인륜을 밝히는 것이었다. 이 네 가지를 능히 행할 수 있어야 인륜에 돈독하다. 학문의 도리에 있어, 무엇을 더 붙이겠느냐. 자하는 문학을 밝혔다. 그러면서 그가 이런 말을 했으니, 옛사람들이 말하는 학문의 뜻을 가히 알 수 있다. 고로 학이 1편의 중점은 대개가 근본이 되는 덕행에 힘쓰는 데 두었다.

集註 吳氏曰 子夏之言 其意善矣 然辭氣之間 抑揚太過 其流之弊 將或至於廢學 必若上章夫子之言 然後爲無弊也.

오씨가 말했다. 자하의 말은 그 뜻은 좋으나, 그 말의 어기나 억양이 과격하여 그 흐름의 폐단이 혹 학문을 폐하는 데 이를 수도 있다. (그러므로) 반드시 앞에 있는 공자의 말과 같이해야 하며, 그래야 폐단이 없게 될 것이다.

참고 ◐ **현현역색**(賢賢易色)

인간의 동물적 본능은 식(食)과 색(色)이다. 음식을 먹어야 개체(個體)

를 보존하고 활동할 수 있다. 남녀가 짝짓기를 해야 종족(種族)이 이어지고 또 번식한다. 그러나 인간의 존엄성은 동물적 식색(食色)보다도, 정신적 도덕생활에 있게 마련이다. 만약에 모든 사람들이 윤리도덕을 무시하고 오로지 동물적·이기적 욕구만을 채우기 위해 서로 싸우고 폭력으로 남의 재물을 쟁취한다면 그 공동체는 종국적으로는 파멸할 것이다.

그러므로 공자는 인(仁)을 최고의 덕목으로 내걸고 따르고 실천하라고 가르쳤던 것이다. 인은 '서로 사랑하고 협동하여 함께 잘사는 공동체를 만드는 핵심이 되는 덕행'이다.

'현인을 현명하게 높이고 나 자신이 현명하게 윤리도덕을 실천하는 것'이 곧 '현현(賢賢)'이다. '현현'을 '아름다운 여자를 좋아하듯이'하는 것을 '현현역색(賢賢易色)'이라고 한 것이다. 이는 곧 본능을 따르듯이 성현(聖賢)의 가르침을 따르고 윤리도덕을 실천하라는 뜻이다. 그렇게 해야 사람다운 사람이 된다.

8. 학이편 8장(총 4절)

(1) 子曰 君子不重則不威 學則不固.

자왈 군자부중즉불위(니) 학즉불고(니라)

공자가 말했다. '군자는 무게가 없으면 위엄이 없다. 배워야 고루하지 않다.

어구 설명 ○君子不重(군자부중)−군자는 그 언행이 무게가 없으면. 중(重)은 '인품이나 행동거지가 돈후신중(敦厚愼重)하다'는 뜻. 경거망동(輕擧妄動)의 반대. ○不威(불위)−위엄이 없다. ○學則不固(학즉불고)−배워야 고집스럽지 않다. 고(固)는 고루하다, 도리에 통하지 않고 막혔다는 뜻.

集註 重厚重 威威嚴 固堅固也 輕乎外者 必不能堅乎內
故不厚重則無威嚴 而所學亦不堅固也.

'중(重)'은 '두텁고 무게가 있다〔厚重〕'는 뜻. '위(威)'는 '위엄'의
뜻. '고(固)'는 '견고(堅固)하다'는 뜻. 밖으로 가벼운 자는 반드시
안으로도 굳지 못하다. 고로 후중(厚重)하지 못하면 곧 위엄이 없
으며 배운 바도 역시 견고하지 못하다.

　　* 군자의 지조(志操)가 견고하면 자연히 밖으로도 후중(厚重)과
　　위엄이 나타나게 마련이다.

(2) 主忠信
주충신(하며)

충성과 신의를 지켜라.

어구 설명　○主忠信(주충신)－충과 신을 위주로 하라. 충성과 신의를 굳게
지켜라. 주자는 말했다. '충은 마음을 실하게 함이고 신은 일을 실하게
함이다〔忠爲實心 信爲實事〕'

集註 人不忠信 則事皆無實 爲惡則易 爲善則難 故學者
必以是爲主焉.

사람이 충성하고 신실하지 않으면 일을 해도 알찬 열매를 맺지
못한다. 또 악한 일은 쉽게 해도 착한 일을 하기는 어려울 것이다.
그러므로 배우는 사람은 충과 신을 위주로 해야 한다.

集註 程子曰 人道惟在忠信 不誠則無物 且出入無時　莫

知其鄕者 人心也 若無忠信 豈復有物乎.

정자가 말했다. 사람이 따르고 나갈 길과 도리를 어디까지나 충신(忠信)에 두어야 한다. 성실하지 않으면 무슨 일도 이룰 수 없다. 또 때없이 들락날락하고 그 향방을 알 수 없는 것이 사람의 욕심이다. 만약에 충신을 (주체로 삼지 않으면) 무슨 일인들 이룰 수 있겠느냐.

참고 ◐ 충신(忠信)과 성(誠)

서산 진씨(西山眞氏)가 말했다. 《논어》에서는 다만 충신(忠信)을 말했다. 자사(子思)와 맹자(孟子)가 비로소 성(誠)을 말했다. 정자(程子)가 여기서 충신과 성을 합쳐서 말했다. 아마 성은 전체를 가리킨 말이고 충신은 사람이 애쓸 바를 가리킨 말일 것이다. 충신을 다하는 것이 곧 성이다. (西山眞氏曰 論語只言忠信 子思孟子始言誠 程子於此乃合忠信與誠言之 蓋誠指全體言 忠信指人用力處言 盡得忠信 卽是誠.)'〈大全疏註〉

(3) 無友不如己者.
무우불여기자(요)

나만 못한 자를 벗하지 마라.

어구 설명 ○無友(무우)─벗하지 마라, 벗으로 삼지 마라. ○不如己者(불여기자)─나만 못한 사람, 학문이나 덕행이 나보다 처지는 사람. ○無友不如己者(무우불여기자)─(학문이나 덕행이) 나보다 못한 사람과 벗하지 마라.

集註 無毋通 禁止之辭也 友所以輔仁 不如己 則無益而有損.

'무(無)'는 '말 무(毋)'와 통하며 금지하는 뜻이다. '벗 우(友)'는 인덕(仁德)을 도와주는 사람이다. 그러므로 나만 못한 사람은 즉 무익하고 해가 될 것이다.

참고 ◗ 벗은 인을 도와주는 사람〔友所以輔仁〕

　　내가 친구를 구할 때에 나보다 좋은 사람을 구한다는 뜻이다. 나보다 못한 사람에게는 내가 스승이 되어 인도한다.《論語》述而 7-21 참조)

(4) 過則勿憚改.

과즉물탄개(나라)

　　잘못하면 즉시 꺼리지 말고 고쳐라.

어구 설명 ○過(과)−과실, 잘못하다. ○勿(물)−'……하지 말라'. ○憚(탄)− 꺼리다, 주저하다. ○勿憚改(물탄개)−꺼리지 말고 (즉시) 고쳐라.

集註 勿亦禁止之辭. 憚畏難也. 自治不勇 則惡日長 故有 過則當速改 不可畏難而苟安也.

　　'말 물(勿)'은 역시 금지하는 말, '꺼릴 탄(憚)'은 '두려워하고 어렵게 여긴다'는 뜻. 자신을 다스림에 용감하지 못하면 즉 악이 날로 자라난다. 고로 허물이 있으면 마땅히 속히 고쳐야 한다. 겁내고 주저하고 구차하게 안심하면 안된다.

集註 程子曰 學問之道無他也 知其不善 則速改以從善 而已.

　　정자가 말했다. 학문의 도는 다른 것이 아니다. 선하지 않음을 알면 즉시 고쳐서 선을 따라야 한다.

集註 程子曰 君子自修之道當如是也.

정자가 말했다. 군자가 자신을 수양하는 도리와 태도가 마땅히
이와 같아야 한다.

集註 游氏曰 君子之道 以威重爲質 而學以成之 學之道
必以忠信爲主 而以勝己者輔之 然或吝於改過 則終無以
入德 而賢者亦未必樂告以善道 故以過勿憚改終焉.

유씨가 말했다. 군자의 도는 위엄(威嚴)과 후중(厚重)을 바탕으
로 본질로 하고 학문으로써 완성되게 해야 한다. 학문의 도는 반드
시 충신(忠信)을 주로 삼아야 한다. 그리고 자기보다 나은 사람의
도움을 받아야 한다. 그러나 혹 자기의 허물을 고치는 데 인색하면,
끝내 덕에 들어가지 못하게 되며, 따라서 현명한 사람도 즐겁게 나
에게 선한 도리를 말해주지 않을 것이다. 그러므로 허물이 있으면
꺼리지 말고 끝까지 고쳐야 한다.

참고 ◑ 중후(重厚)•주충신(主忠信)•무우불여기(無友不如己)•개과
(改過)

신안 진씨가 말했다. 군자의 학문하는 태도는 마땅히 중후를 바탕으로
하고 더욱 충신을 위주로 해야 한다. 그리고 자기보다 나은 벗으로써 자
기의 인덕을 돕게 하고, 마지막에는 자신의 허물을 고치는 용기를 지녀야
한다. 네 가지 중에서도 충신을 위주로 하는 것이 가장 중하다. 충신을 주
로 해야 모든 생각과 일이 성실하게 된다. 반드시 중후나 위엄에서도 실
할 수 있어야 하다. 또 학문을 견고히 함으로써 벗을 취함에도 알차게 되

고 허물을 고침으로써 배움이 전진할 수 있다.

　(新安陳氏曰 君子之爲學 當以重厚爲質 尤當以忠信爲主 以輔之勝己之友 終之以改過之勇焉 四者之中主忠信爲尤重 能主忠信 則念念事事無非誠實 必能實於重厚威嚴 以堅其學 實於取友 改過以進其學矣.)〈大全疏註〉

9. 학이편 9장(총 1절)

(1) 曾子曰 愼終追遠 民德歸厚矣.
증자왈 신종추원(이면) 민덕(이) 귀후의(리라)

증자가 말했다. 부모의 상을 신중히 모시고 선조의 제사를 잘 받들고 추모하면 백성들의 덕성이 한결 돈후하게 되리라.

어구 설명　○愼終(신종)－부모님 돌아가심을 진정으로 애도하고 장례를 정성껏 정중하게 치르다. 또 3년 간의 거상을 충심으로 애도하고 지킨다. ○追遠(추원)－선조의 제사를 정성껏 모시고 그들의 영혼을 위안하고 아울러 선조의 정신이나 업적을 추모한다. ○民德(민덕)－백성들의 덕성이나 기풍이. ○歸厚矣(귀후의)－돈후하게 된다. 歸(돌아갈 귀, 돌아가다. ……하게 된다)

集註　愼終者 喪盡其禮 追遠者 祭盡其禮 民德歸厚 謂下民化之 其德亦歸於厚.

'신종(愼終)'은 초상(初喪)에 그 예를 다함이다. '추원(追遠)'은 제사(祭祀)에 예를 다함이다. '백성들의 덕이 후하게 된다 함[民德歸厚]'은 아래에 있는 모든 백성들이 감화되어 그들의 덕도 역시 돈후하게 된다는 뜻이다.

集註 蓋終者 人之所易忽也 而能謹之 遠者 人之所易忘也 而能追之 厚之道也.

대개 삶의 끝에 해당하는 죽음에 대해서는 사람들이 소홀히 여기기 쉽다. 그러나 죽음을 능히 근엄한 예로서 장사지내야 한다. (돌아간 지) 오래된 조상은 사람들이 잊기 쉽다. 그러나 능히 그 조상을 제사지내야 한다. 그렇게 하는 것이 예를 후덕하게 지키는 도리다.

集註 故以此自爲 則己之德厚 下民化之 則其德亦歸於厚也.

그러므로 이들의 예를 자신이 지키면, 자기의 덕이 후덕해지고, 아래에 있는 백성들이 감화되어, 그들의 덕도 역시 후덕해진다.

참고 ◑ 신종추원(愼終追遠) 민덕귀후(民德歸厚)

《예기(禮記)》 제통편(祭統篇)에 있다. '효자의 부모 섬김에는 세 가지 도리가 있다. 생존시에는 정성으로 봉양하고, 돌아가시면 애통하며 장례를 치르고, 그후에는 경건하게 때맞추어 제사를 모신다[孝子之事親也 有三道焉 生則養 沒則喪 喪畢則祭]' 이와 같은 효도를 특히 백성을 다스리는 임금이 솔선수범해야 한다. 그래야 백성들이 교화되고 민풍도 돈후하게 될 것이다. 백성들의 덕성을 순화하고 국민의 기풍을 돈후하게 교화하는 것이 인정(仁政)의 기본이다. 부모님의 장례를 엄숙하게 치르고 또 제사를 경건하게 모시는 것이 최고의 효도이다. 효도는 인심(仁心)의 발현이다. '신종추원'은 인간의 숭고한 정신을 바탕으로 한 예절이며, 그 정신은 곧 역사와 문화의 계승 발전에 직결된다.

10. 학이편 14장(총1절)

(1) 子曰 君子食無求飽 居無求安 敏於事 而愼於言 就有道 而正焉 可謂好學也已.

자왈 군자식무구포(하며) 거무구안(하며) 민어사 이신어언(이오) 취유도 이정언(이면) 가위호학야이(니라)

공자가 말했다. 군자는 배불리 먹기를 구하지 않고, 편히 살기를 구하지 않고, 일을 민첩히 하고 말을 신중히 하며, 도를 좇아 바르게 해야 한다. 그래야 가히 배우기 좋아하는 사람이라 말할 수 있다.

어구 설명 ○君子(군자)－학덕(學德)을 겸비하고 왕도덕치(王道德治)에 참여하는 지도자적 지식인, 엘리트. ○食無求飽(식무구포)－식생활에 있어 자기 혼자 배불리 먹기를 구하지 않는다. ○居無求安(거무구안)－거처를 잡고 살 때에 자기 혼자 안락하기를 구하지 않는다. 이상의 둘은 물질 생활면에서 풍요와 안락하기를 구하지 않는다는 뜻이다. ○敏於事(민어사)－모든 일을 민첩하게 처리한다. 가정에서 효도하는 것, 학교에 가서 공부하는 것, 사회나 국가에서 여러 가지 사무를 처리하는 것 등이 다 포함된다. ○愼於言(신어언)－말을 신중히 한다. ○就有道(취유도)－바른 도리를 따라서, 혹은 도를 지키는 사람을 좇아서. ○正焉(정언)－일을 바르게 한다, 혹은 잘못을 바르게 고친다. ○好學也已(호학야이)－배우기를 좋아한다. 야이(也已)는 어조사.

集註 不求安飽者 志在有在 而不暇及也.

안일하게 살고 포식하기를 구하지 않는 까닭은 뜻하는 바가 높은

데 있기 때문이다. 그래서 (그와 같은 시시한 것을) 돌볼 틈이 없는
것이다.

集註 敏於事者 勉其所不足 謹於言者 不敢盡其所有餘也.

(학문과 덕행에 관한) 모든 일을 서둘러 민첩하게 하는 까닭은 항
상 자기의 부족을 부지런히 채우기 위함이다. 말을 신중하게 하는
까닭은 (자기가 한) 말 이상의 것을 다 실천하지 못하기 때문이다.

集註 然猶不敢自是 而必就有道之人 以正其是非 則可謂
好學矣.

그러면서 오히려 스스로 옳다고 여기지 않고, 반드시 도를 터득
한 사람에게 붙어서 시비를 바로잡으니, 가히 호학(好學)이라 말할
수 있다.

集註 凡言道者皆謂事物當然之理 人之所共由者也.

무릇 도라고 말한 것은 모든 사물에 내재하고 있는 당연한 이치
이며, 모든 사람이 다 같이 따라야 하는 도리이다.

集註 尹氏曰 君子之學能是四者 可謂篤志力行者矣 然不
取正於有道 未免有差 如楊墨學仁義而差者也 其流至於
無父無君謂之好學可乎.

윤씨가 말했다. 군자의 공부로서 능히 이 네 가지를 행할 수 있
다면 가히 뜻이 독실하고 힘써 행하는 사람이라고 말할 수 있다.
그러나 도를 터득한 사람에게 붙어서 (더욱) 바르게 도리를 잡지
않으면 혹 잘못되는 것을 면치 못한다. 예를 들면 양자나 묵자 같

은 경우, 그들은 인의를 배우다가 잘못된 자들이며, 그 유폐가 무부(無父), 무군(無君)에까지 이르렀으니, 그런 것을 호학(好學)이라고 하겠느냐.

참고 ◐ 도(道)를 따라 바로잡아야 한다

군자는 인(仁)의 세계를 창건할 휴머니스트다. 자기 한 몸의 안락을 구하기에 앞서, 천하 만민의 평화와 행복을 앞세워야 한다. 그러기 위해 군자는 학덕(學德)을 겸비해야 한다. 수양이나 인격완성은 실천을 통해서 성취된다. 그러므로 군자는 '식무구포(食無求飽)하고 거무구안(居無求安)하며 민어사(敏於事) 이신어언(而愼於言)'해야 한다. 그러나 절대선의 바른 기준을 알고 세우기 위해서는 '도를 터득한 사람에 붙어서 바르게 지도를 받아야 한다'. 즉 '취유도이정언(就有道而正焉)'해야 한다. 그렇지 않으면 양자(楊子)나 묵자(墨子)같이 이단이 된다. '바를 정(正)'은 곧 공평무사(公平無私)하고, 광명정대(光明正大)하고 영구불변한 절대선의 천도(天道)를 따르고 실천하라는 뜻이다.

3. 맹자집주(孟子集註) 선독(選讀)

사서(四書) 중에서 《맹자(孟子)》 7편은 저자가 분명하다. 맹자(孟子)의 생존 연대는 대략 기원전 372~289년이라고 전한다. 그러나 사실로 증명된 연대는 아니다. 그의 성은 맹(孟), 이름은 가(軻)다. 전국시대의 대사상가로 춘추시대의 공자(孔子)의 뒤를 이어 유학(儒學)을 드높이 선양했다.

맹자가 활약한 전국시대는 난세(亂世)였다. 크고 작은 많은 나라들이 서로 엉켜 노골적인 무력전쟁을 자행했으며, 점차로 '일곱 개의 강대국'이 작은 나라들을 병탄(倂呑)하던 때였다. 흡사 2차 세계대전을 전후한 세계와 같았으며, 오직 무력만이 횡행하는 위기의 시대였다. 그러므로 모든 나라의 통치자들은 오직 부국강병(富國强兵)만을 추구했다.

이때에 맹자가 분연히 일어나 유가(儒家)의 기치를 높이 내걸고 '왕도덕치(王道德治)'를 고취했다. 물론 그의 주장이나 사상이 당시의 통치자들에게 호응이나 찬동을 얻은 것은 아니다. 당시는 약육강식(弱肉强食)의 절박한 난세였다. 힘이 없으면 남에게 먹히고 멸망하는 무자비한 때였다. 그러니 당시의 통치자들이 맹자의 말을 들을 수가 없었다. 그래서 맹자도 공자와 마찬가지로 이상적인 사상만을 후세에 전한 위대한 사상가로 남을 수밖에 없었다.

　　맹자의 도덕주의의 특색은 공자보다도 더 적극적으로 분명
하게 인간의 '선본성(善本性)'을 믿고 선양했다. 그래서 요순
(堯舜)의 도통(道統)을 확립했던 것이다. 이 도통이 곧 유교
의 핵심사상을 정착했던 것이다. 맹자의 정치 비판은 예리하
고 설득력이 넘친다. 맹자의 사상과 논리로 오늘의 세계정치
를 비판하자.

1. 양혜왕장구(梁惠王章句) 상(上)

　　맹자 제1편 '양혜왕장구 상하(梁惠王章句 上下)'는 대체로 맹자가
여러 나라를 두루 찾아다니면서 유세(遊說)한 노정(路程)과 대면하고
말을 나눈 임금의 순서를 따라 편찬된 것이라는 설이 유력하다. 그러
므로 먼저 위(魏)나라의 임금 양혜왕(梁惠王)이 등장하고, 다음에 제
(齊)나라의 선왕(宣王)이 등장하고, 다시 추(鄒)나라의 목공(穆公)이
등장한다.

　　제1권 '양혜왕장구 상'을 조기(趙岐)는 다시 '7장'으로 나누었다. 이
책에서는 필자가 독자와 학습상의 편의를 위해서 장의 이름을 한글로
표기했고, 또 한 장을 여러 단락으로 나누어 풀이했다.

(1) 孟子見梁惠王.

　　맹자 견 양혜왕(하신대)

　　맹자가 양 혜왕을 알현하자,

어구 설명　○孟子見梁惠王(맹자견양혜왕)—맹자가 양 혜왕을 만났다. 견
(見)을 '현'으로 읽고 '알현하다'로 풀어도 된다. ○梁惠王(양혜왕)—전국

시대(戰國時代) 위(魏)나라의 혜왕, 혜(惠)는 시호(諡號).《사기(史記)》
육국연표(六國年表)에 보면, 그는 기원전 370년부터 기원전 335년까지
임금자리에 있었다. 그는 기원전 362년에 도읍을 안읍(安邑 : 山西省)에
서 대량(大梁 : 河南省 開封)으로 옮겼으므로 '양혜왕'이라 했다.

참고 ◑ 전국시대(戰國時代)의 임금들

당시는 전국시대로 주(周)나라의 위세가 약화되고 반대로 여러 제후국
(諸侯國)의 세력이 강했다. 특히 위나라는 강한 대국이었다. 그래서 가장
먼저 '왕(王)'을 참칭(僭稱)했다. '참칭'은 '멋대로 왕이라 불렀다'는 뜻이
다. 또 당시는 제후국 사이의 병탄전쟁(倂吞戰爭)이 심했다. 그래서 왕들
은 현인(賢人)들을 초빙해서 저마다의 부국강병(富國強兵)을 도모했던
것이다. 위나라의 혜왕도 말년에 스스로 예양(禮讓)하고 예물을 후하게
주고 인재들을 초빙했다. 이에 맹자도 당시 위나라의 도읍 대량(大梁)
에 가서 왕을 만났다. 그때의 연대나 맹자의 나이에 대해서는 확실하지
않다.

集註 (1) 梁惠王 魏侯罃也 都大梁 僭稱王 諡曰惠.

양 혜왕은 위나라의 임금, 이름은 영, 도읍을 대량으로 옮기고,
왕을 참칭했다. 혜(惠)는 시호다.

集註 (2) 史記惠王三十五年 卑禮厚幣以招賢者 而孟軻
至梁.

《사기》에 '혜왕 35년에 왕이 예양하고 후한 폐물로 현자를 초빙
했다. 이에 맹가가 양에 왔다'고 했다. 가(軻)는 맹자의 이름.

참고 ◑ 맹자의 답례

전국시대에는 유세객(遊說客)이나 책사(策士)들이 왕을 찾아다니면서

등용되려고 애를 썼다. 그러나 맹자는 고대의 예절에 따라, 함부로 남의 나라의 임금을 찾아가지 않았다. 그러나 양 혜왕이 먼저 맹자의 소문을 듣고 예를 정중하게 차리고 초빙했다. 이에 맹자가 답례로 가서 만난 것이다.

(2) 王曰 叟不遠千里而來 亦將有以利吾國乎.

왕왈 수 불원천리이래(하시니) 역장유이리오국호(이까)

혜왕이 말했다. 선생께서 불원천리하고 이곳까지 오셨으니 장차 우리나라를 이롭게 해주시겠지요?

어구 설명　○叟(수)—노인장, 노선생(老先生). 당시 맹자는 나이 63세, 혹은 53세라고 하며 확실하지 않다. 혜왕이 그를 높여 수(叟)라고 했다. ○不遠千里而來(불원천리이래)—천리길을 멀다 하지 않고 찾아오다. 맹자의 고향 산동성(山東省) 추(鄒)에서 대량(大梁 : 開封)까지는 먼 거리다. ○亦(역)—(다른 현인이나 유세객과 마찬가지로) 그대도 역시. ○將有(장유)……乎(호)—장차 ……할 것입니까? ○以(이)— ……으로써, 그래 가지고. ○利吾國(이오국)—우리나라를 이롭게 해주려느냐? 주자(朱子)는 이(利)를 나라를 경제적으로 부유하고 무력적으로 강하게 만드는 것, 즉 '부국강병(富國强兵)'이라고 주를 달았다. 오늘의 말로 '이오국'은 '국가적 이기주의'고, '부국강병'은 '경제 제일주의 무력 증강'이다. 예나 지금이나 국가통치의 기본이다.

集註　(1) 叟長老之稱 王所謂利 蓋富國强兵之類.

수(叟)는 장로를 일컫는 말이다. 왕이 말하는 이(利)는 (경제적으로 부를 쌓고 무력을 증강하는) '부국강병(富國强兵)'을 뜻한다.

참고　◑ 왕도덕치(王道德治)를 모르는 임금들

옛날 전국시대의 무식한 임금들은 덕치(德治)를 모르고 부국강병(富國

强兵)에만 골몰하고 있었다. 재물이 많고 무력이 강해야 남의 나라와 싸워 이기고 더욱 자기 나라를 이롭게 할 수 있다고 생각했다.

한편 당시의 많은 세객(說客)이나 책사(策士)들도 저마다의 '부국강병의 방도와 책략'을 건의했던 것이다. 그래서 혜왕은 맹자를 만나자 즉시 첫마디로 "선생도 역시 우리나라의 이득(利得), 즉 부강(富强)을 꾀해 주시겠지요?'하고 물었던 것이다.

그러나 맹자의 대답은 엉뚱했다. 참고로 서산 진씨(西山眞氏)의 말을 인용하겠다.

'서산 진씨가 말했다. 당시 제후들은 왕도를 밝게 알지 못하고 인간적 욕심에 빠져 있었으며 다만 이(利)만을 알고 구했다. 그래서 혜왕도 맹자를 보자마자 이국(利國)에 대해 물은 것이다.

(西山眞氏曰 當時王道不明 人心滔溺 惟知有利而已 故惠王利國之問 發見賢之初)'〈大全疏註〉

양 혜왕과 맹자의 대화는 바로 현실적인 무력통치자와 왕도덕치를 신념으로 하는 이상주의자의 격차를 그대로 나타낸 것이다.

이 격차는 바로 동양의 도덕적 정치사상과 서양의 무력만능주의의 정치사상의 격차이기도 하다.

(3) 孟子對曰 王何必曰利 亦有仁義而已矣.

맹자대왈 왕(은) 하필왈리(잇고) 역유인의이이의(니이다)

맹자가 대답했다. 왕께서는 하필 이를 말하십니까? 역시 인의를 바탕으로 한 (덕의 다스림이) 있을 뿐입니다.

어구 설명 ○孟子對曰(맹자대왈)―맹자가 왕에게 대답해서 아뢰었다. ○王何必曰利(왕하필왈리)―(천하 만민을 다스리실) 임금이 왜 하필 '이'를 말씀하십니까? 즉 '왕도덕치를 논하지 않고 왜 부국강병을 논하느냐'는 뜻. ○亦有仁義而已矣(역유인의이이의)―(천하를 바르게 다스리려면),

역시 인의만을 높여야 합니다. 역(亦)은 '역시, 또' 즉 (천하를 다스리기 위해서는) 부국강병책보다 역시 인의가 더 중요하다는 뜻. 앞에서 임금이 말한 '역(亦)'은 '다른 사람과 같이 당신도 역시'의 뜻. 같은 '역(亦)'이지만 내포하고 있는 뜻이 크게 다르다. '이이의(而已矣)'는 '복합어조사'로 '뿐이다'라는 뜻을 나타낸다.

集註 (1) 仁者心之德愛之理 義者心之制事之宜也.

　'인(仁)'은 '마음속의 도덕성'이자 동시에 '사랑의 도리'이다. '의(義)'는 '도심(道心)을 바탕으로 한 절제(節制)'이고 동시에 '사물을 바르고 적합하게 처리하는 덕행'이다.

어구 설명　ㅇ仁者(인자)　心之德(심지덕)　愛之理(애지리)－'인자(仁者)'의 자(者)는 단락을 표시하는 허사(虛詞). ㅇ心之德(심지덕)－본연의 마음에 주어진 도덕성, 즉 '인의예지(仁義禮智)'를 포함한 '인(仁)'이다. ㅇ愛之理(애지리)－'인의예지(仁義禮智)' 중의 하나인 작은 '인(仁)'은 곧 '사랑의 도리, 원리'이다. '작은 인'을 '사랑의 행동원리'라고 풀이한 것이다. ㅇ義者(의자)　心之制(심지제)　事之宜(사지의)－'의자(義者)'는 주어, '심지제(心之制), 사지의(事之宜)'는 술어. ㅇ心之制(심지제)－마음을 바탕으로 한 절제(節制)가 (곧 의다) '의(義)'도 '인의예지'의 도덕성 중의 하나다. '적극적인 의(義)'는 천리에 맞게 사물을 처리하는 덕행이고, '소극적인 의(義)'는 비리를 차단하고 사악한 마음을 억제하는 덕행이다. ㅇ事之宜也(사지의야)－모든 사물을 바르고 적절하게 처리하는 것을 '의(義)'라고 한다. 도덕성을 바탕으로 언행을 예절과 절도에 맞게 하는 것, 또 모든 사물을 도리에 맞게 처리하는 것도 '의'에 포함된다.

集註 (2) 此二句 乃一章之大指 下文 乃詳言之 後多放此.

　맹자가 말한 두 구절은 곧 이 장의 요지이다. 다음은 (그것을) 자세하게 설명한 것이다. 맹자의 다른 글도 대충 이와 같다.

어구 설명   ○此二句(차이구)-맹자가 말한 이 두 말, 즉 경문(經文) '왕하필왈리(王何必曰利)' '역유인의이이의(亦有仁義而已矣)'. ○乃一章之大指(내일장지대지)-곧 '1장'의 핵심이 되는 말이다. ○下文乃詳言之(하문내상언지)-다음의 글은 즉 그 핵심을 자세하게 서술한 것이다. ○後多放此(후다방차)-(맹자는) 뒤에서도 대개 이와 같은 서술방식으로 자기의 사상과 주장을 기술했다.

참고   ◑ 대전소주(大全疏註) 선역(選譯)

운봉 호씨의 말 : 심지덕(心之德)은 체(體), 애지리(愛之理)는 용(用), 심지제(心之制)는 체, 사지의(事之宜)는 용이다.

(雲峯胡氏曰 心之德是體 愛之利是用 心之制是體 事之宜是用)

맹자가 말한 인의(仁義)는 체용(體用)을 겸한 것이다. 《논어》에서 위인(爲仁)이라고 한 것은 '인의 용'을 말한 것이다.

(孟子所言仁義 是包體用而言 論語所謂爲仁 是仁之用言)

◑ 인의덕치(仁義德治)의 이득

자기 나라를 부강하게 만들려는 임금과 인의(仁義)의 덕치(德治)를 주장하는 맹자, 이 두 사람의 정치관은 하늘과 땅만큼 괴리가 있다. 이와 같은 괴리는 오늘에도 있다. 임금은 현실적 실리를 추구하고, 맹자는 도덕적 이상을 주장한 것이다. 그러나 공자나 맹자의 사상을 깊이 알아야 한다. 그들은 '현실적 실리를 배제하거나 희생하고 도덕적 이상만을 추구한 것이 아니다.' 오히려 반대로 '현실적으로 모든 사람에게 이득이 되고 또 모든 사람을 잘살게 하기 위해서 도덕주의를 강조한 것이다.' 이것이 유교의 '현실주의적 실리추구의 정치관'이다.

다음에서 맹자는 예리한 논리와 어조로 '임금이 자기만의 이득을 얻으려고 하면, 이득 대신 파멸을 초래한다. 인의를 높이면 이득을 구하지 않아도 스스로 이득을 얻는다'는 탁월한 논리를 전개했다.

● 인의(仁義)의 현대적 의미

인의(仁義)는 공자와 맹자가 주장하는 왕도덕치(王道德治)의 핵심이다. 공자는 《논어》에서 백 번 이상 인(仁)을 강조했다. 물론 의(義)에 대한 말도 여러 차례 했다. 그러나 맹자는 공자의 사상을 바탕으로 하되 특히 인의(仁義)를 합해서 강조했다. 인(仁)과 의(義)의 뜻을 오늘의 말로 다음 같이 요약할 수 있다.

(1) 인(仁)은 천성으로 주어진 사랑의 마음, 즉 인심(仁心)을 바탕으로 남을 양육하고 교화해서 그를 훌륭한 사람되게 하고 또 더 나가 서로 협동하여 함께 잘사는 공동체를 창조하고 더욱 발전케 하는 실천적인 덕행이다. 인을 만민 만물에 확대하면 애민이물(愛民利物)의 덕행이 된다. 인은 '횡적·사회적'으로는 '가족애(家族愛)·동포애(同胞愛)·인류애(人類愛) 및 자연애(自然愛)'로 전개된다. 아울러 인은 '종적·역사적'으로는 '인류의 역사와 문화를 계승하고 더욱 창조적으로 발전시키는 덕행'이기도 하다. 유교 속에는 생명철학적 발전관이 잠재하고 있다.

(2) 의(義)는 하늘의 도리를 기준으로 모든 사물을 옳고 바르게 처리하는 덕행이다. 사(事)에는 '큰 일과 작은 일'이 수없이 많다. 그 중 정치가 가장 중대한 일이다. 그 정치를 인간의 선본성(善本性=仁心)과 천리(天理)를 바탕으로 만민에게 덕을 베풀어야 하며, 그런 정치가 바로 '의로운 정치' 즉 '도의정치(道義政治)'다.

물(物)에는 '금전, 재물 및 농산품 공업생산품' 등이 다 포함된다. 사람들이 '재물이나 기계'를 도의(道義)에 맞게 활용해야 정의사회가 구현된다. '돈이나 기계'를 무기화(武器化)하고, 남의 나라를 침략하고, 그 나라 국민을 살상하고, 그들의 재물을 탈취하여 나만의 탐욕을 채우는 일은 의(義)와 정반대가 되는 범죄행위다. 결국 맹자는 천리에 맞는 정의사회 및 도의세계를 구현하기 위해서 '인의 덕치(仁義德治)'를 강조한 것이다.

그런데 인류는 오늘날에도 '귀중한 재물이나 과학적 성과'를 악용하고 무자비한 전쟁을 자행하고 자기만의 탐욕을 채우려 하고 있으니, 참으로

딱하다. 그와 같은 우매한 악덕에서 벗어나기 위해서도 인류는 맹자의 슬기로운 사상을 학습해야 한다.

(4) 王曰何以利吾國 大夫曰何以利吾家 士庶人曰何以利吾身 上下交征利而國危矣.

왕왈 하이리오국(고하시면) 대부왈 하이리오가(오하며) 사서인왈 하이리오신(고하야) 상하교정리(면) 이국(이) 위의(리이다)

임금께서 만약 '어떻게 내 나라만을 이롭게 할까?' 주장하신다면, 제후나 대부들도 '어떻게 내 집안만을 이롭게 할까?' 말할 것이며, 또 선비나 백성들도 '어떻게 나 자신만을 이롭게 할까?' 하게 될 것입니다. 상하가 서로 자신의 이득만을 다투어 찾는다면 나라가 위태롭게 될 것입니다.

어구 설명 ○王曰(왕왈)—임금이 말한다. 왈(曰)에는 '속으로 생각한다'는 뜻도 있다. ○何以利吾國(하이리오국)—어떻게 하면 자기 나라만을 이롭게 할까? 즉 임금이 국가의 부강(富强)만을 생각하고 백성들의 처지를 생각하지 않는다. ○大夫曰(대부왈)—대부가 말하고 생각한다. ○何以利吾家(하이리오가)—어떻게 하면 자기의 집안만을 이롭게 할까? 즉 국가의 이득을 앞세우지 않고 자기 한 몸이나 집안의 이득만을 생각한다. ○士庶人曰(사서인왈)—나라의 일을 다스린 선비나, 일반 서민들이 말하고 생각한다. ○何以利吾身(하이리오신)—어떻게 하면 자기만을 이롭게 할까? 즉 국가 전체를 생각하지 않고 자기의 이득만을 취하려고 한다. ○上下交征利(상하교정리)—위에 있는 임금과 대신(大臣)에서부터 아래에 있는 선비나 서민에 이르기까지 서로 개인적 이득을 쟁취(爭取)하려고 하면. 교(交)는 서로 엇갈리다, 정(征)은 다투어 취하다. ○而國危矣(이국위의)—그러면 나라가 위태롭게 된다.

(5) 萬乘之國 弑其君者 必千乘之家 千乘之國 弑其
　　君者 必百乘之家.
　　萬取千焉 千取百焉 不爲不多矣.
　　苟爲後義而先利 不奪不饜.

만승지국(에) 시기군자(는) 필천승지가(요) 천승지국(에) 시기군자(는) 필
백승지가(이니)
만취천언(하며) 천취백언(이) 불위부다의(언마는)
구위후의이선리(면) 불탈(하여는) 불염(이나이다)

전차 만대를 지니고 있는 천자의 나라에서, 반역하고 천자를 시
해할 자는 필경 전차 천대를 가지고 있는 제후의 가문일 것이며,
전차 천대가 있는 나라에서 반역하고 상전을 시해할 자는 필경 전
차 백대를 가지고 있는 대부의 집안일 것입니다.

천자가 가지고 있는 만(萬)에서 제후가 천(千)의 녹봉(祿俸)을
취하는 것이나, 제후가 가지고 있는 천(千)에서 백(百)의 녹봉을 취
하는 것은 결코 작은 것이 아닙니다.

그러나 만약에 의리를 제쳐놓고 오직 이득만을 내세운다면 (10분
의 1만이 아니고) 전부를 탈취하지 않고서는 그만두지 않을 것입니
다. (즉 윗사람을 죽이고 전부를 빼앗을 것입니다)

어구 설명 ○萬乘之國(만승지국)－전차 만대를 보유하고 동원할 수 있는
나라, 즉 천자(天子)가 다스리는 큰 나라. ○弑其君者(시기군자)－그 임
금을 시해할 자, 시(弑)는 '신하가 반역하고 자기 임금을 죽인다'는 뜻,
시역(弑逆). ○必千乘之家(필천승지가)－반드시 전차 천대를 가지고 있
는 제후(諸侯)나 대부(大夫)의 집안. ○千乘之國(천승지국)－전차 천대

를 가진 제후나 대부의 나라에서. ○弑其君者(시기군자)―그 임금을 시
해할 자는. ○必百乘之家(필백승지가)―반드시 전차 백대를 동원할 만한
집안, 즉 대부(大夫)라는 뜻. ○萬取千焉(만취천언)―만(萬)에서 천(千)
을 취한다. 천자의 나라에서 (10분의 1에 해당하는) 녹봉을 (제후나 대
부가) 취한다. ○千取百焉(천취백언)―천(千)에서 백(百)을 취한다. 제후
의 나라에서 10분의 1에 해당하는 녹봉을 (대부가) 취한다. ○不爲不多矣
(불위부다의)―많지 않다고 할 수 없다, 그만하면 적지 않고, 많다는 뜻.
○苟爲(구위)―가령, 만약에 ……한다면. ○後義而先利(후의이선리)―
의리(義理)를 뒤로 하고 이득를 앞세운다면. ○不奪不饜(불탈불염)―탈
취하지 않으면 그만두지 않을 것이다. 임금을 죽이고 모든 것을 뺏지 않
고서는 물러나지 않을 것이다. 饜(만족할 염)

集註 (1) 此言求利之害 以明上文 何必曰利之意也.

　위의 경문은 각자가 이득만을 구하는 경우에 수반되는 해독을 말
한 것이며 이울러 (맹자가 임금에게) '하필 이를 말하느냐?'고 (반
박한 이유를) 밝힌 것이다.

集註 (2) 征取也 上取乎下 下取乎上 故曰交征 國危謂將
有弑奪之禍.

　'정(征)'은 '취하고 뺏는다'는 뜻이다. 윗사람이 아랫사람으로부터
뺏고 아랫사람이 윗사람으로부터 뺏으므로 교정(交征 : 서로 뺏음)
이라고 말한 것이다. '나라가 위태롭게 된다'고 한 말은 '장차 아랫
사람이 윗사람을 시해하고 권세를 탈취하는 불상사가 발생하게 될
거'라는 뜻이다.

集註 (3) 乘車數也 萬乘之國者 天子畿內 地方千里 出車

萬乘.

'승(乘)'은 전차를 세는 단위로 '대'에 해당한다. '만승의 나라[萬乘之國]'는 곧 천자에 직속하는 지역으로 사방 천리 넓이의 땅이며, 전차 만대를 동원할 수 있는 큰 나라다.

(集註) (4) 千乘之家者 天下之公卿 采地方百里 出車千乘也. 千乘之國 諸侯之國. 百乘之家 諸侯之大夫也.

'천승의 집[千乘之家]'은 '천자 밑에 있는 공경(公卿)이며, 그 식읍(食邑)의 넓이가 사방 백리로 전차 천대를 차출할 수 있다.

'천승의 나라[千乘之國]'는 곧 '제후의 나라'이고, '백승의 집[百乘之家]'은 곧 '제후 밑에 있는 대부의 일가(一家)'이다.

(참고) ◐ 대전소주(大全疏註) 선역(選譯)

군마 네 필이 전차 한 대를 끌고, 소 열 두 마리가 따른다. 전차 위에는 갑옷을 입은 무사가 세 사람 올라타고 창이나 방패를 갖춘 졸병이 72명 따른다. 이것이 전차의 격식이다.

(有戎馬四匹 兵車一乘 牛十二頭 甲士三人 卒七十二人 干戈具備 是爲乘馬之法)

군마 4천 필이 끄는 전차 천대는 큰 제후가 가질 수 있고, 그런 나라를 '천승지국'이라고 한다.

(戎馬四千匹 兵車千乘 此諸侯之大者也 是謂千乘之國)

(集註) (5) 弑下殺上也 饜足也.

시(弑)는 '아랫사람이 윗사람을 죽인다'는 뜻이다. '염(饜)'은 '흡족하다'는 뜻이다.

集註 (6) 言臣之於君 每十分而取其一分 亦已多矣 若又
以義爲後 而以利爲先 則不弑其君 而盡奪之 其心未肯
以爲足也.

(경문은 다음과 같은 뜻을 말한 것이다) 신하가 군주에 대해서
저마다 10분의 1을 취해 가졌으니 역시 그만하면 많다. 그러나 만
약에 의리를 뒤로 하고 반대로 나의 이득만을 앞세우면 결국은 자
기 군주를 시해하고 모든 것을 탈취하지 않으면 그 욕심이 채워지
지 않을 것이다.'

참고 ◗ 대전소주(大全疏註) 선역(選譯)

(1) 경원 보씨의 말 : 집주의 '불탈불염(不奪不饜)'에 대한 뜻풀이는 이
득을 구하려는 인간의 이기심을 가장 잘 지적했다.

(慶源輔氏曰 集註發明不奪不饜 最說得人心求利之意出)

(2) 무릇 의리를 존중하면 도리를 따르고 절제한다. 반대로 이득만을
구하고 좇으면 무절제하게 된다. 고로 시역(弑逆)하고 모든 것을 탈취하
지 않으면 욕심이 채워지지 않을 것이다.

(蓋尙義則循理而有制 徇利則橫流而無節 故不弑逆而盡奪之 其心猶有
所不足也)

◗ 맹자의 예리한 논리

맹자는 임금에게 '인의(仁義)를 높여라, 이기적 이득을 주장하지 말라'
고 말했다. 아울러 '상하가 서로 이득을 다투고 취하면 국가가 위태롭게
되고 나중에는 임금을 죽이는 불상사가 일어난다'라고 말했다.

이 정도면 협박에 가깝다. 맹자의 글은 논리적이면서 예리하다. 그러나
당시의 임금이나 통치자들은 남을 무력으로 치고 남의 토지나 재물을 탈

취하겠다는 욕심에 취해서 맹자의 말이 들리지 않았다. 오늘의 강대국도 마찬가지이다.

(6) 未有仁而遺其親者也 未有義而後其君者也.

미유인 이유기친자야(며) 미유의 이후기군자야(니이다)

옛날부터 인(仁)을 높인 사람으로 자기의 어버이를 버리고 모른 척한 자 없었으며, 의(義)를 행한 사람으로 자기의 군주를 뒤로 돌리고 멸시한 자가 없었습니다.

어구 설명　○未有(미유)―아직까지 ……한 일이 없었다. 그런 일은 절대로 없을 것이다. ○仁而遺其親者(인이유기친자)―인심(仁心)을 가지고 인덕(仁德)을 행하면서 자기 어버이를 버리거나 홀대하는 그런 사람은 (아직 없었다). ○義而後其君者(의이후기군자)―정의롭고 도의를 지키면서 자기 군주를 뒤로 하고 홀대하는 그런 사람도 (아직 없었다).

集註　(1) 此言仁義 未嘗不利 以明上文 亦有仁義而已之意也.

위의 경문은 곧 '인의를 높여도 이득이 없지 않다'고 말함으로써 위에서 자기가 말한 '역시 인의만이 있을 뿐입니다'의 뜻을 밝힌 것이다.

어구 설명　○此言(차언)―이 경문은 (다음 같은 뜻을) 말한 것이다. ○上文(상문)―곧 경문 4, 5.

集註　(2) 遺猶棄也 後不急也.

'유(遺)'는 '버릴 기(棄)'와 같은 뜻이다. '후(後)'는 '불급(不急)'의 뜻이다.

어구 설명 ○後不急也(후불급야)－'뒤로 돌린다'는 말은 '긴요하게 여기지 않는다, 중하게 여기지 않는다'는 뜻이다. '급(急)＝급(及)'은 '꽉 잡고 뒤따르다'의 뜻으로 풀어야 한다.

集註 (3) 言 仁者必愛其親,義者必急其君 故人君躬行仁義 而無求利之心 則其下化之 自親戴於己也.

'인자(仁者)는 반드시 자기 어버이를 친애하고 의자(義者)는 반드시 자기 군주를 긴요하게 생각하고 밀착한다. 그러므로 임금이 몸소 인의를 행하고 이득을 얻으려는 마음이 없으면, 신하도 감화되어 자발적으로 임금을 친애하고 추대한다'는 뜻을 말한 것이다.

어구 설명 ○言(언)－앞의 글은 ……의 뜻을 말한 것이다.

참고 ◑ **대전소주**(大全疏註) **선역**(選譯)

(1) 경원 보씨의 말 : 인의는 사람 마음속에 본래 있는 (도덕성이다). 임금이 몸소 인의를 행하여 사람들을 감화하고 또 이득을 취하려는 이기심을 버리고 또 사람들을 잘 유도하면 모든 사람의 마음속에 있는 도덕성이 일어나서 자연스럽게 임금을 높이고 어버이를 친애할 것이다. 외부의 힘을 빌어 강요하지 않아도 된다.

(慶源輔氏曰 仁義人心之固有 人君躬行仁義以感之 以無求利之心以誘之 則人心之固有者亦皆興起 而自然尊君親上 有不待外求而勉强爲之也.)

(2) 운봉 호씨의 말 : 사람의 본성 속에는 '인의예지신(仁義禮智信)'의 다섯 개의 도덕성이 있으며, 그 중에서 인의를 앞세운다. 인간 윤리에도 오륜(五倫)이 있으며, 군신간의 예의와 부자간의 친애를 앞세운다. 그래서 맹자는 7편의 첫머리에 인의를 내세운 것이다.

(雲峯胡氏曰 人性有五 仁義爲先 人倫有五 君親爲先 所以孟子 揭此 於七篇之首)

(7) 王亦曰仁義而已矣 何必曰利.

왕(은) 역왈인의이이의(시니) 하필왈리(잇고)

그러니 왕께서도 오직 인의를 높이셔야 하십니다. 왜 굳이 이(利) 를 (즉 부국강병을) 논하려 하십니까?

어구 설명 ○王亦曰仁義而已矣(왕역왈인의이이의)―(나라의 정치를 논하 실 때) 임금께서도 역시 인의만을 높이고 말하시면 됩니다. 이때의 '역 (亦)'은 '임금님도 역시 저와 같이 (인의를 높이라)'는 뜻이다. ○何必曰 利(하필왈리)―왜 반드시 이(利)를 말하려 하십니까?

集註 (1) 重言之 以結上文兩節之意.

거듭 말해서 앞에 있는 두 구절의 뜻을 결론지은 것이다.

어구 설명 ○重言之(중언지)―거듭 말했다. 즉 (3)에서 한 말을 거듭 (6)에 서 말하고 강조했다. ○以結上文兩節之意(이결상문양절지의)―그래가지 고 위의 두 구절, 즉 (1-4, 1-5)의 뜻을 결론적으로 묶은 것이다.

集註 (2) 此章言 仁義 根於人心之固有 天理之公也 利心 生於物我之相形 人欲之私也.

이 제1장은 곧 다음 같은 말을 한 것이다. 인의(仁義)는 사람의 마음속에 선천적으로 주어진 도덕성과 공평무사한 천리에 뿌리를 두고 있다. 한편 나 홀로 이득을 얻으려는 이기심은 '나와 남을 외 형적으로 대립시키고 (내가 남보다 더 많이 취하겠다는) 사사로운 욕심'에서 발생하는 것이다.

어구 설명 ○此章言(차장언)―이 제1장은 (다음 같은 뜻을) 말한 것이다. ○仁義根於(인의근어)―인의(仁義)는 ……을 뿌리로 한다. ○人心之固有(인심지고유)―사람의 마음속에 있는 도덕성, 혹은 인심(人心＝仁心). '고유(固有)'는 사람에게만 있는, 즉 하늘이 사람에게만 부여함으로써 사람만이 지니고 있는 도덕성. ○天理之公也(천리지공야)―공평무사한 천도천리(天道天理), '인의(仁義)'는 '공평무사하고, 광명정대하고, 영구불변하는 천리를 뿌리로 한 덕행'이다. ○利心生於(이심생어)―(나만이) 이득을 취하겠다는 (이기심)은 ……에서 나온다, 발생한다. ○物我之相形(물아지상형)―남과 나를 (나누고 대립하는 의식을) 서로 외형적으로 나타내고 꾸미는 속에서. ○人欲之私也(인욕지사야)―저속한 인간의 사사로운 욕심, 여기서 말하는 인욕(人欲)은 동물 같은 인간의 욕심·동물적 욕심, 즉 수심(獸心)과 같은 뜻이다.

참고 ◑ 대전소주(大全疏註) 선역(選譯)

경원 보씨의 말 : 이기적 욕심은 본래 (본성 속에) 있는 것이 아니다. 다만 나와 남을 구분하고 또 서로 외형적 대립을 형성하는 속에서 나타나는 것이다.

(慶源輔氏曰 利心 人本無之 只緣有己有物 彼此相形 便生出)

◑ 인욕(人欲)은 곧 수심(獸心)

맹자는 '인간의 본성은 착하다'고 말했다. 그때의 '착한 본성' 속에는 '동물적·본능적 욕구, 육체적·관능적 욕구'를 배제한 도덕적 순수이성(純粹理性) 같은 것이다. 성리학(性理學)에서는 '성(性)은 곧 이(理)'라고 한다. 한편 여기서 말하는 '인욕(人欲)'은 '저속한 사람의 욕심, 즉 수심(獸心)'의 뜻이다. '수심'은 '동물직·본능적 욕심'이다. 즉 남을 잡아먹고 내 배를 채우려는 악덕한 이기심이다.

集註 (3) 循天理 則不求利 而自無不利 循人欲 則求利未 得 而害已隨之 所謂毫釐之差 千里之繆.

천리를 따르고 행하면 이득을 구하지 않아도 스스로 이롭지 않음 이 없게 되고, 반대로 이기적 욕심을 따르고 채우려고 하면 이득을 구해도 얻을 수 없고 또 자신을 해치는 일이 뒤따른다. 그래서 '터 럭만한 차이가 천리나 어그러진다'고 말하는 것이다.

集註 (4) 此孟子之書 所以造端託始之深意 學者所宜精察 而明辨也.

그러므로 맹자의 글이나 책을 '단적인 예를 들어 말하면서, 그 속 에 첫 원인이 되는 핵심을 가탁(假託)하고 있는' 뜻깊은 저술이라 고 말하는 것이다. 학자들은 모름지기 정밀하게 살피고 밝게 분별 해야 한다.

어구 설명 ○此孟子之書(차맹자지서)─이와 같으므로, 맹자의 글이나 책을. ○所以造端託始之深意(소이조단탁시지심의)─'조단탁시(造端託始)'의 깊 은 뜻이 있는 것이라고 치는 연유이다. '조단탁시'는 해독하기 어려운 말 이다. 종전에 여러 가지 해석이 있으나, 적절하지 않다. 이를 필자는 다 음 같이 해석함이 옳다고 생각한다. '단적으로 나타나는 실례를 들어 말 하면서, (그 속에, 그와 같은 결과를 나타나게 하는) 시초의 원인이 되는 근본을 가탁해서 알게 한다.' 즉 맹자가 표면적으로는 임금에게 '왕(王) 역왈인의이이의(亦曰仁義而已矣) 하필왈리(何必曰利)'라고 말했다. 그러 나 그 말 속에는 '인간적인 욕심을 틀어막고, 천리를 따라야 한다〔遏人 欲 存天理〕'는 맹자의 근본주장이 담겨져 있는 것이다. 바로 이 '알인

욕(遏人欲) 존천리(存天理)'가 맹자의 책 전체를 일관하는 핵심적 주장이다.

참고 ◑ 맹자의 역설적 설득

공자를 지성(至聖)이라 하고, 맹자를 아성(亞聖)이라 한다. 공자는 부드럽게 풍기는 듯 말했으나, 맹자는 웅변조의 논리로 상대방을 예리하게 설득한다. 맹자는 이득을 얻으려는 임금에게 진짜로 큰 이득을 얻기 위하여 인의(仁義)를 높이라고 말한 것이다. 도덕적으로 백성을 감화해야 임금의 신변도 안전하고 덕치를 펴야 국가의 멸망도 면할 수 있다. 임금 자신이 이기심을 가지고 자기 욕심만을 채우려면 나라 전체가 쟁탈과 살육과 전란에 휩싸일 것이며, 임금의 신변도 안전할 수 없다고 날카롭게 파고들었다.

集註 (5) 太史公曰 讀孟子書 至梁惠王 問何以利吾國 未嘗不廢書而嘆也 曰嗟乎 利誠亂之始也 夫子罕言利 常防其源也 故曰放於利而行多怨 自天子以至於庶人 好利之廢 何以異哉.

태사공이 말했다. 나는 맹자의 책을 읽다가 양 혜왕이 어떻게 하면 자기를 이롭게 하느냐고 말한 대목에 이르면 반드시 책을 덮고 한탄하며 말했다. 아! 이득을 구하는 것이 바로 문란해지는 시발이다. 공자가 이득을 말하지 않은 것은 항상 문란해지는 근원을 막기 위해서였다. 그래서 공자는 '이득을 얻고자 행동하면 원한이 많게 된다'고 말했다. 천자에서부터 서민에 이르기까지 이득을 좋아하는 그 폐단은 어느 경우에나 다르지 않을 것이다.

어구 설명 ○太史公(태사공)—여기서는 사마천 자신이다. ○罕言利(한언

리)-《논어》자한편(子罕篇) 제1장에 있다. '공자는 이득에 대한 말을 거의 하지 않았다[子罕言利]'. ○放於利而行多怨(방어리이행다원)-서슴 없이 이득을 떠벌이고 욕심을 채우는 행동을 하면 많은 사람들의 원망 원한을 사게 된다. 《논어》이인편(里仁篇) 제12장에 있다.

(集註) (6) 程子曰 君子未嘗不欲利 但專以利爲心 則有害 惟仁義 則不求利 而未嘗不利.

정자가 말했다. 군자도 이득을 구하지 않는 것이 아니다. 단 전적 으로 이득만을 얻으려고 마음먹으면 해가 있게 된다. 인의를 높이 면 이득을 구하지 않아도 언제나 이롭지 않음이 없다.

(참고) ◑ 대전소주(大全疏註) 선역(選譯)

경원 보씨의 말: 이득이나 공리는 민생을 위해서는 없을 수 없는 것이 다. 그래서 건괘(乾卦)의 사덕(四德)에서도 이(利)라 했고, 《서경(書經)》 의 삼사(三事)에서도 이(利)라 했다. 이는 곧 군자도 이(利)를 구하지 않 은 바 없다고 말하는 것이다. (민생을 위해서는 이를 구해야 한다) 단 이 득만을 구하면 의리를 돌보지 않게 되고, 자기 이득만을 바라면 반드시 남을 해치게 된다. 그러므로 인의를 따를 수 있어야 비로소 육신 생활도 순탄하게 되고, 또 오상(五常)의 윤리를 지키게 되며 따라서 스스로 이롭 지 않음이 없다.

(慶源輔氏曰 利者民生所不可無者也 故乾之四德曰利 書之三事曰利 此所謂君子未嘗不欲利 但專欲求利 則不顧義理 專欲利己 而必害於人 惟能循仁義 則體順有常 而自無不利.)

(集註) (7) 當是之時 天下之人 惟利是求 而不復知有仁義 故孟子言仁義 而不言利 所以拔本塞源 而救其弊 此聖

賢之心也.

(정자의 말) 당시에는 천하의 모든 사람들이 오직 이득만을 구하고 (그 외로) 또 인의가 있다는 것을 몰랐다. 그래서 맹자가 인의만을 역설하고 이득에 대해서는 말하지 않았으니, 그것은 발본색원하고 당시의 폐단을 구제하기 위해서였다. 이것이 곧 성현의 마음이다.

참고 ◑ 대전소주(大全疏註) 선역(選譯)

(1) 귀산 양씨의 말 : 임금 자신이 도의정치를 이득으로 생각하고, 공리정치를 이라고 생각하지 않으면, 결국 그 백성들이 감화되어 자기들의 임금이나 어버이를 뒤로 돌리거나 무시하는 일이 없을 것이며 또 나라도 잘 다스려질 것이다. 그러니 어느 쪽의 이득이 진짜로 크겠느냐? 그래서 맹자가 왕에게 '(이득을 얻기 위해서도) 역시 인의를 높여야 한다, 왜 굳이 이를 말하느냐?'고 말한 것이다.

(龜山楊氏曰 君子以義爲利 不以利爲利 使其民不後其君親 則國治矣 利孰大焉 故曰 亦有仁義而已 何必曰利.)

(2) 신안 진씨의 말 : 맹자의 글은 인간적인 욕심을 막고 천리를 지키고 행하는 것을 위주로 하고 있다. '이를 왜 말하느냐'고 한 것은 욕심을 막음이고 '역시 인의가 있다'고 한 것은 천리를 지키고 행함이다.

(新安陳氏曰 孟子一書 遏人欲 存天理爲主 何必曰利 遏人欲也 亦有仁義 存天理也)

(3) 운봉 호씨의 말 : (맹자가 인의만 말하고 이를 말하지 않은 것을) 정자가 '발본색원(拔本塞源)'이라고 풀이한 것은 당시의 제후들에게 퍼져 있는 극심한 폐단을 구제하는 바탕으로 본 것이다. 한편 주자가 '조단탁시(造端託始)'라고 풀이한 것은 배우는 사람으로 하여금 처음부터 심술을 근엄하게 하기 위해서다.

(雲峰胡氏曰 程子以爲拔本塞源者 所以救當時流弊之極 朱子以爲造端

託始者 所以謹夫學者心術之初.)

● 오늘의 인류도 맹자에게 배워야 한다

맹자는 약 2300년 전의 슬기로운 학자이자 사상가였다. 당시는 전국시대였으므로 모든 나라는 서로 무력으로 남의 나라를 정복하고 자기 나라의 이득을 취하려고 광분하고 있었다. 그래서 혜왕은 "어떻게 하면 우리 나라를 부강하게 만들 수 있겠소?"하고 물었다. 약육강식(弱肉强食)의 전국시대 임금으로서 당연한 물음이었다.

그런데 맹자는 엉뚱하게 '돈이나 무력' 대신 '인의 도덕'을 높이라고 말했다. 혜왕은 물론 맹자의 말을 따르지 않았다. 그리고 맹자 이후 오늘까지 인류는 줄기차게 서로 싸우고 쟁탈해왔다. 지금도 같다.

그러나 깊이 생각해보자. 엎치락뒤치락하는 싸움과 쟁탈의 악순환 속에는 영광의 승리도 영원한 평화도 없다. 그 사이에 얼마나 많은 사람들, 무고한 사람들, 순하고 선량한 일반 시민들, 또 맑고 총명하고 앞길이 창창한 젊은 장정들이 무가치하게 죽었는가?

그들만이 죽은 것이 아니다. 그들을 죽음의 구렁으로 몰고 간 통치자들, 승리를 거두고 의기양양했던 통치자나 반대로 패전한 나라의 통치자들도 다들 무덤 속에서 흙으로 화하지 않았나? 뿐만이 아니다. 역사의 기록도 제멋대로 적혀 있다. 승자와 패자가 상대적으로 서로가 서로를 욕하고 비난한다. 그런데도 인류사회는 아직도 전쟁으로 남의 나라를 유린하고 남의 재물을 탈취하는 것이 이득이 된다고 생각하고 있다. 말하자면 '양 혜왕'의 귀신들이 아직도 득실거리고 판을 치고 있는 것이다. 인간은 도깨비가 아니다. 그러므로 인의(仁義)의 도의세계를 창건할 수 있다.

2. 왕립장(王立章)

(1) 孟子見梁惠王 王立於沼上 顧鴻鴈麋鹿 曰賢者 亦樂此乎.

맹자(이) 현양혜왕(하신대) 왕(이) 입어소상(이러시니) 고홍안미록 왈 현자(도) 역락차호(이까)

맹자가 양 혜왕을 알현하자, 왕은 원유 못 가에 서서 크고 작은 기러기와 사슴들을 둘러보면서 물었다. 옛날의 현명한 제왕도 이런 것들을 즐겼을까요?

어구 설명 ○王立於沼上(왕립어소상)-늪 또는 못 가에 서서. ○顧(고)-둘러보다. ○鴻鴈麋鹿(홍안미록)-鴻(큰기러기 홍) 鴈=雁(기러기 안) 麋(큰사슴 미) 鹿(사슴 록) ○賢者(현자)-두 가지 뜻이 있다. 당신같이 현명한 사람, 혹은 옛날의 현명한 임금이나 제왕. 그러나 맹자가 말한 현자 속에는 '인의도덕(仁義道德)을 높이는 현명한 사람'이라는 뜻이 포함되어 있다. ○亦樂此乎(역락차호)-이러한 것을 즐기느냐? 즉 원유(苑囿)를 만들고 동식물을 키우는 일을 하고 즐기느냐? 원유는 왕실에 소속된 '동식물원(動植物園)'이다. 그 속에는 수목이 울창하며, 아울러 여러 종류의 금수를 풀어 키운다.

集註 (1) 沼池也 鴻雁之大者 麋鹿之大者.

소(沼)는 못, 홍(鴻)은 큰기러기, 미(麋)는 큰사슴.

(2) 孟子對曰 賢者而後樂此 不賢者雖有此 不樂也.

맹자 대왈 현자이후(에) 낙차(이니) 불현자(는) 수유차(나) 불락야(이나이다)

맹자가 대답해서 아뢰었다. (인의도덕을 지키고 행하는) 현명한 임금이라야 비로소 이런 것들을 참으로 즐길 수가 있습니다. 어질지 못한 사람은 비록 이런 것들을 가졌다 해도 진정으로 즐길 수가 없습니다.

어구 설명 ○賢者而後(현자이후)─현명하게 인의도덕을 따르고 행하는 임금이 된 다음에야 비로소. ○樂此(낙차)─이와 같은 원유(苑囿)를 즐길 수 있다. ○不賢者(불현자)─어질지 못해서 인의도덕을 행하지 못하는 임금은. ○雖有此(수유차)─비록 원유를 가져도. ○不樂也(불락야)─진정으로 즐기지 못한다.

集註 (1) 此一章之大旨.

이상의 경문이 바로 이 장의 요지다.

참고 ◑ 대전소주(大全疏註) 선역(選譯)

신안 진씨의 말 : 먼저 결론적인 요지를 내걸고 뒤에서 그에 대응하는 말을 나누어 설명하는 것이 맹자의 여러 장의 서술방식이다.

(新安陳氏曰 揭大指於前 而分開照應於後 此孟子諸章例也)

또 말했다 : 왕이 말하는 즐거움은 사사로운 이기적 욕심으로 자신이 누리는 일락(逸樂)이다. 맹자가 말하는 현자의 즐거움은 곧 공명정대한 천도를 따라 백성과 함께 누리는 즐거움이다.

(又曰 王所謂樂 人欲之私 以自逸爲樂也 孟子所謂賢者樂 此天理之公 與民同樂者也)

(3) 詩云 經始靈臺 經之營之 庶民攻之 不日成之 經
　　始勿亟 庶民子來 王在靈囿 麀鹿攸伏 麀鹿濯濯
　　白鳥鶴鶴 王在靈沼 於牣魚躍.

시운 경시영대(하여) 경지영지(하신) 서민공지(라) 불일성지(로다) 경시물
극(하시나) 서민자래(로다) 왕재영유(하시니) 우록유복(이로다) 우록탁탁
(이어늘) 백조학학(이로다) 왕재영소(하시니) 어인어약(이라 하니라)

　(맹자의 말)《시경》에 다음과 같은 시가 있습니다. '주 문왕이 처
음에 영대를 지으려 생각하고 터를 잡고 측량하고 표식을 세우자,
모든 백성들이 자진해서 와서 공사를 하여 며칠 안되어 완성했노
라.' '문왕이 측량하고 꾸미기 시작하는 일을 급하게 하지 말라고
일렀거늘, 백성들이 어버이를 따르는 자식들같이 자진해서 달려와
서 영대를 꾸몄노라.' '문왕이 영대의 원유(苑囿)에 나타나면, 새끼
밴 암사슴이 태연하게 엎드려 있고, 그 암사슴은 살이 오르고 윤이
나며, 흰 새들도 산뜻하게 맑고 빛이 나며, 문왕이 영대의 못 가에
서있으면, 못 가득히 물고기가 펄떡펄떡 뛰노라.'

　어구 설명　○詩云(시운)－《시경(詩經)》대아(大雅) 영대편(靈臺篇)에 있는
시. ○經始靈臺(경시영대)－주(周) 문왕(文王)이 처음에 여러 면으로 살
피고 헤아려 영대(靈臺)의 터를 잡고 정했다. '영대'는 대의 이름이다.
'영(靈)'은 '영묘(靈妙)하고 영험(靈驗)이 있다'는 뜻, '대(臺)'는 흙을 돋
아올린 높은 대이다. 이곳에서 문왕이 위로는 하늘에 제사를 지내고, 아
래로는 백성을 내려보고 살폈다. 영대의 고지(故址)는 섬서성(陝西省)
호현(鄠縣)에 있다. ○經之營之(경지영지)－이 '경(經)'은 터전을 측량하
다, '영(營)'은 표식을 세운다. '지(之)'는 앞의 자가 동사임을 나타내는
형식적인 목적어. ○庶民攻之(서민공지)－(문왕의 덕을 높이고 따르는)

백성들이 자진해서 영대를 축성했다. '공(攻)'은 '다스릴 치(治), 만들 작(作)'의 뜻. ○不日成之(불일성지)－며칠 안 되어 완성했다. 주자(朱子)는 '하루도 안 되어'로 풀었다. ○經始勿亟(경시물극)－문왕이 '터를 잡고 측량하고 처음부터 일을 급하게 서두르지 말라'고 훈계했다는 뜻. ○庶民子來(서민자래)－백성들이 (어버이를 따르는) 자식들같이 자진해서 달려와서 (그들의 힘으로 영대를 꾸미고 만들었다). ○王在靈囿(왕재영유)－문왕이 영대의 원유(苑囿)에 나타나면. 원유는 숲이 울창하고 그 속에 금수(禽獸)를 방양(放養)하는 넓은 정원. 천자의 원유는 사방 백리 넓이이다. ○麀鹿攸伏(우록유복)－암사슴이 태연하게 엎드려 있다. '복(伏)'에는 '새끼를 배었다'는 뜻도 있다. 문왕의 덕이 동물에게도 미친다는 뜻. ○濯濯(탁탁)－살이 오르고 윤이 난다. ○白鳥鶴鶴(백조학학)－흰 새들도 산뜻하게 맑고 빛이 난다. ○王在靈沼(왕재영소)－문왕이 영대의 못 가에 서있으면. ○於牣魚躍(어인어약)－아! 못 가득히 물고기가 뛰고 논다. '어(於)'는 감탄사. 牣(가득할 인)＝滿(가득할 만)

참고 ◐ 백성들이 만든 영대(靈臺)

　문왕은 생전에 왕이 아니었다. 그의 아들 무왕(武王)이 무력으로 은(殷)의 폭군 주(紂)를 멸하고 주(周) 왕조를 세운 다음, 자기 아버지를 문왕으로 추시(追諡)했다.

　그러므로 그가 영대를 축조한 때에 그의 신분은 서백(西伯)이었다. 그러나 《시경》에서는 그를 높여 그의 시호를 부른 것이다.

　시서(詩序)에는 '백성들이 천명을 받은 문왕의 신령한 덕을 칭송한 것이다'라고 적었다. '영대'란 이름도 백성들이 문왕의 영묘(靈妙)한 덕을 칭송하여 붙인 이름이다. 문왕은 백성들을 생각하고 서둘러 짓지 않으려고 했다. 그러나 백성들이 자진해서 즐거운 마음으로 서둘러 공사를 완성했다. 결국 영대의 즐거움을 성군(聖君)과 백성이 함께 나누었으며, 그 결과 성왕의 인덕(仁德)이 자연 만물에게도 미치게 된 것이다.

(4) 文王以民力爲臺爲沼 而民歡樂之 謂其臺曰靈臺
　　謂其沼曰靈沼 樂其有麋鹿魚鼈 古之人與民偕樂
　　故能樂也.

문왕(이) 이민력위대위소(하시니) 이민(이) 환락지(하여) 위기대왈영대(라)
위기소 왈영소(라하여) 낙기유미록어별(하니) 고지인(이) 여민해락(이라)
고(로) 능락야(니이다)

(맹자의 말) 결국 문왕은 백성의 힘으로 대와 못을 만들었습니다.
그러나 도리어 백성들은 기쁘고 즐거워했으며, 그 대를 영대라 부
르고, 그 못을 영소라 부르고 또 그곳에서 큰사슴, 작은 사슴 및 물
고기와 자라들이 (뛰고 놀고) 자라는 것을 즐거워했습니다. 그러므
로 옛날의 성군은 원유(苑囿)를 백성과 함께 즐겼으며, 고로 진실
로 즐길 수 있었던 것입니다.

어구 설명 ○文王以民力(문왕이민력)—문왕은 백성의 힘으로. ○爲臺爲沼
(위대위소)—대와 못을 만들었다. ○而民歡樂之(이민환락지)—그런데도
백성들이 기쁘고 즐거워하고. ○謂其臺曰靈臺(위기대왈영대)—그 대를
영대라 부르고. ○謂其沼曰靈沼(위기소왈영소)—그 못을 영소라 부르고.
○樂其有麋鹿魚鼈(낙기유미록어별)—그곳에서 큰사슴이나 작은 사슴, 물
고기와 자라를 양육하는 것을 즐거워했다. ○古之人與民偕樂(고지인여
민해락)—그러므로 옛날의 성군은 원유(苑囿)를 백성과 함께 즐겼으며.
○故能樂也(고능락야)—그러므로 참되게 즐길 수 있었던 것이다.

集註 (1) 此引詩而釋之 以明賢者而後 樂此之意.

　이 경문은 《시경》을 인용하고 해석한 것이다. 그래가지고 (앞에
서 자기가) '현명한 임금이 된 다음에야 참으로 이 같은 원유를 소유

하고 즐길 수 있다(明賢者而後 樂此)'고 말한 뜻을 해명한 것이다.

어구 설명 ○此(차)−경문 3, 4. 원본은 한 절이다. 이 책에서는 방편상 둘로 나누었다. ○引詩而釋之(인시이석지)−《시경》의 원시(原詩)를 인용하고 또 해석해 가지고[以]. ○明賢者而後樂此之意(명현자이후락차지의)−맹자 자신이 말한 '현자이후락차(賢者而後樂此)'의 뜻을 밝힌 것이다.

集註 (2) 詩大雅靈臺之篇 經量度也 靈臺文王臺名也 營謀爲也 攻治也 不日不終日也 亟速也 言文王戒以勿亟也 子來如子來趨父事也.

'시(詩)'는 《시경》 대아(大雅) 영대편(靈臺篇)의 시다. '경(經)'은 (영대를 만들) 터를 살피고 헤아리다. '영대(靈臺)'는 문왕(文王)의 대의 이름이다. '영(營)'은 계획하고 만들다. '공(攻)'은 (영대를 축조하는 여러 가지 일들을) 잘 다스리다. '불일(不日)'은 '하루도 못되어'라는 뜻이다. '극(亟)'은 급하게 서두르다. '언(言)'은 문왕이 급하게 서두르지 말라고 훈계했다는 뜻. '자래(子來)'는 아들들이 아버지 일을 돕기 위해서 달려오듯이 백성들이 자진해서 와서 일했다는 뜻이다.

어구 설명 ○經量度也(경량탁야)−원문의 '경(經)'은 양탁(量度)의 뜻이다. '양(量)'은 살피고 헤아린다, 측량한다. '탁(度)'은 헤아리고 생각한다. 문왕이 영대를 만들 터를 신중하게 헤아리고 선정했다는 뜻. ○營謀爲也(영모위야)−원문의 '영(營)'은 '도모하고 일한다'는 뜻이다. ○攻治也(공치야)−원문의 '공(攻)'은 '다스린다'의 뜻이다. (기타는 앞의 해석과 같다)

集註 (3) 靈囿靈沼 臺下有囿 囿中有沼也 麀牝鹿也 伏安其所不驚動也 濯濯肥澤貌 鶴鶴潔白貌 於感歎辭 牣滿也.

영유(靈囿)·영소(靈沼)는 대 아래에 넓은 동산과 정원이 있고, 그 안에 늪이나 못이 있다. '우(麀)'는 암사슴이다. '복(伏)'은 편하게 제자리에 있으며, 사람을 보고도 놀라 도망가지 않는다는 뜻이다. '탁탁(濯濯)'은 살이 찌고 광택이 나는 모양. '학학(鶴鶴)'은 희고 깨끗한 모양. '어(於)'는 감탄사 '아!', '인(牣)'은 '가득찰 만(滿)'과 같은 뜻이다.

集註 (4) 孟子言 文王雖用民力 而民反歡樂之 旣加以美名 而樂其所有 蓋由文王能愛其民故 民樂其樂 而文王亦得以享其樂也.

맹자의 말은 곧 다음과 같은 뜻이다. 문왕은 비록 백성들의 힘을 빌었지만, 백성들이 도리어 기쁘고 즐거운 마음으로 (영대를 세웠으며) 영대라는 좋은 이름까지 붙이고 문왕이 영대를 소유하는 것을 즐겁게 여겼다. 이 모든 것은 다 문왕이 백성들을 사랑할 수 있었기 때문이다. 고로 백성들도 문왕의 즐거움을 즐겁게 여겼으며 문왕 역시 즐거움을 마냥 누릴 수 있었던 것이다.

참고 ◗ 현군(賢君)과 폭군(暴君)

앞에서 《시경》의 시를 인용하고 임금이 덕으로 백성을 감화하면 백성들이 자진해서 원유(苑囿)를 만들어 임금에게 바친다. 그러므로 백성과 함께 즐길 수 있다.

다음에는 《서경(書經)》 탕서편(湯誓篇)의 글을 인용하여 억압적인 통치자나 폭군이 백성을 착취해서 원유를 만들면, 원망의 대상이 되고 종국에는 백성의 저주를 받고 멸망한 사실을 들고 혜왕의 가슴속을 싸늘하게 해주었다.

즉 맹자는 앞에서 덕있는 주 문왕(周文王)의 예를 들고 그가 백성들과 함께 즐길 수 있었음을 역사적 사실로 밝혔다. 그리고 이번에는 폭군의 예를 들었다. 그는 곧 중국 역사에서 최고의 폭군으로 치는 은(殷)나라의 마지막 왕 걸(桀)이다. 계속해서 맹자의 글을 읽어보자.

(5) 湯誓曰 時日害喪 予及女偕亡 民欲與之偕亡 雖有臺池鳥獸 豈能獨樂哉.

탕서(에) 왈 시일(은) 갈상(고) 여급여(로) 해망(이라하니) 민욕여지해망(이면) 수유대지조수(이나) 기능독락재(리이꼬)

(맹자의 말) 《서경》 상서 탕서편에 다음 같이 있습니다. (백성들이 걸을 미워하면서) "저 해는 언제 멸망할까? 나도 너와 함께 죽고 망하리라." 이렇게 백성들이 임금과 함께 망해 없어지려고 원하면, 비록 대나 못에 새나 동물이 있어도 (백성들로부터 버림받은) 임금이 어찌 혼자서 즐거워할 수 있겠습니까?

어구 설명 ○湯誓(탕서)－《서경》 상서(商書)의 편명. 상(商)의 탕왕(湯王)이 하(夏)의 포학무도한 주(紂)를 치기에 앞서, 자기 군사들에게 한 서약을 적은 글. 상은 나중에 은(殷)이라 나라 이름을 고쳤다. ○時日害喪(시일갈상)－저 해는 언제 죽어 없어질까? '시(時)'='시(是)', '일(日)'은 해, 태양, 곧 주왕(紂王)이다. 주왕이 스스로 '나는 해'라고 떠벌였으므로 백성들이 '저 해'라고 불렀다. '해(害)'는 '어찌 갈(曷)', '어찌 하(何)'로 풀이한다. ○予及女偕亡(여급여해망)−내가 너와 함께 망하리라. '여(女)'='너 여(汝)', 偕(함께 해). ○民欲與之偕亡(민욕여지해망)−백성들이 임금과 함께 망해 없어지려고 원하면. ○雖有臺池鳥獸(수유대지조수)−비록 대나 못에 새나 동물이 있어도. ○豈能獨樂哉(기능독락재)−(백성에게 버림받은) 임금이 어찌 혼자서 즐거워할 수 있겠느냐?

(集註) (1) 此引書而釋之 以明不賢者 雖有此不樂之意也.

이것은 맹자가 《서경》을 인용해서 '어질지 않은 군주는 비록 이 같은 원유가 있어도 즐기지 못한다'라고 한 자기의 뜻을 밝힌 것이다.

(어구 설명) ○此引書而釋之(차인서이석지)−'경문 (2-5)'는 맹자가 《서경》을 인용하여 (자기가 한 말을) 해석하고. ○以明(이명)……也(야)−(그것으로써) '……의 뜻을' 밝힌 것이다. (앞의 자기가 한 말과 '……')은 다음의 구절. ○不賢者 雖有此 不樂之意(불현자 수유차 불락지의)−'어질지 않은 군주는 비록 이 같은 원유가 있어도 즐기지 못한다'는 뜻을 (밝힌 것이다). '불현자수유차불락(不賢者雖有此不樂)'이 맹자의 말이며, 이 장의 핵심이다.

(集註) (2) 湯誓商書篇名 時是也 日指夏桀 害何也 桀嘗自言吾有天下 如天之有日 日亡吾乃亡耳 民怨其虐故 因其自言 而目之曰此日 何時亡乎 若亡則我寧與之俱亡 蓋欲其亡之甚也.

'탕서(湯誓)'는 상서의 편명이다. '시(時)'는 '이 시(是)'이다. '일(日)'은 하(夏)나라의 걸(桀)을 지적한다. '갈(害)'은 '어찌 하(何)'의 뜻이다. 걸(桀)이 전에 스스로 (다음 같이) 말했다. "내가 천하를 다스리는 것은 마치 태양이 하늘을 지배함과 같다. 태양이 망하면 나도 망하리라." 백성이 걸의 학정을 원망하는 고로 걸 자신의 말을 가지고 그를 지목하고 저주했다. "저 해가 언제 멸망할까? 만약 멸망하면, 즉 그때에 나도 차라리 함께 죽으리라." 모든 백성이 그의 멸망을 그렇게 심하게 바랐던 것이다.

어구 설명 ○湯誓商書篇名(탕서상서편명)−'탕서'는 상서의 편명이다. (경문 어구 참조) ○時是也(시시야)−'시(時)'는 '이 시(是)'이다. ○日指夏桀(일지하걸) '일(日)'은 하나라의 걸(桀)을 지적한다. ○害何也(갈하야)−'갈(害)'은 '어찌 하(何)'의 뜻이다. ○桀嘗自言(걸상자언) :걸이 전에 스스로 (다음 같이) 말했다. ○吾有天下 如天之有日 日亡吾乃亡耳(오유천하 여천지유일 일망오내망이)−내가 천하를 다스리는 것은 마치 태양이 하늘을 지배함과 같다. 태양이 망하면 나도 망하리라. ○民怨其虐故(민원기학고)−백성이 걸의 학정을 원망하는 고로. ○因其自言(인기자언)−걸 자신이 한 말을 가지고. ○而目之曰(이목지왈)−그를 지목하고 말했다, 저주했다. ○此日何時亡乎(차일하시망호)−저 해가 언제 멸망할까? ○若亡(약망)−멸망한다면. ○則我寧與之俱亡(즉아녕여지구망)−그때 나도 차라리 함께 죽으리라. ○蓋欲其亡之甚也(개욕기망지심야)−말하자면, (백성들이) 그의 멸망을 그렇게 심하게 바랐던 것이다.

集註 (3) 孟子 引此 以明君獨樂 而不恤其民 則民怨之 而不能保其樂也.

맹자는 탕서의 말을 인용해서 (다음의 뜻을) 밝힌 것이다. 즉 '임금이 자기 혼자만 일락(逸樂)을 취하고 백성들을 긍휼(矜恤)히 여기지 않으면 백성들이 임금을 원망할 것이고 따라서 그 즐거움도 가질 수 없게 된다.'

어구 설명 ○孟子引此以明(맹자인차이명)−맹자는 탕서의 말을 인용해서

(다음의 말뜻을) 밝힌 것이다. 즉 '군독락(君獨樂) 이불휼기민(而不恤其民) 즉민원지(則民怨之) 이불능보기락야(而不能保其樂也)' ○君獨樂(군독락) 而不恤其民(이불휼기민)─임금이 자기 혼자만 일락(逸樂)을 취하고 백성들을 긍휼(矜恤)히 여기지 않으면 하고. ○則民怨之(즉민원지) 而不能保其樂(이불능보기락)─백성들이 임금을 원망할 것이고 따라서 그 즐거움도 지닐 수 없게 된다.

참고 ◐ 대전소주(大全疏註) 선역(選譯)

남헌 장씨의 말 : 백성은 하나로 같은 백성이다. 임금이 그들의 마음을 얻으면, 백성들이 자진해서 자식들처럼 와서 임금이 즐거워할 일을 하고 함께 즐거워한다. 반대로 그들의 마음을 잃으면 백성들은 '언제 저 미운 임금이 죽을까? 그와 더불어 나도 죽겠다'하고 (저주한다). 그 근본을 구명하면 '천리를 따르느냐' 혹은 '사사로운 욕심을 따르느냐'로 나누어진다. 임금이 항상 사적으로 일락(逸樂)하려는 마음을 가지지 않으면 사사로운 욕심을 억제할 수 있고, 또 항상 백성과 함께 즐기려는 마음을 품으면 즉 천리를 확대할 수 있을 것이다.

(南軒張氏曰 民之一也 得其心 則子來 而樂君之樂 失其心 則害喪 而亡君之亡 究其本 則由夫順理 與徇欲之分而已 人君常懷 不敢自樂之心 則足以遏人欲矣 常懷與民偕樂之心 則足以擴天理矣.)

신안 진씨의 말 : 남헌이 '사사로운 욕심을 억제한다 혹은 천리를 확대한다〔遏人欲 擴天理〕'라고 말한 '여섯 글자'가 '맹자 7편'의 모든 글의 정신을 단적으로 말한 것이라 할 수 있다.

(新安陳氏曰 遏人欲 擴天理 六字 可斷盡 孟子七篇)

◐ 현군(賢君)이라야 참으로 즐길 수 있다

광대한 원유(苑囿)를 소유하고 있는 왕이 못 가에 서서 자랑스럽게 맹자에게 한마디 던졌다. "옛날의 현군(賢君)이나 현인(賢人)도 역시 이와 같이 웅대한 원유를 만들고 즐겼을까요?” 그 말 속에는 ‘당신이 입만 벌리면 칭송하는 옛날의 성군(聖君)이나 또 당신 같은 슬기로운 사람이 어떻게 나같이 광대한 원유를 만들고 즐길 수 있겠는가?’라는 뜻과 아울러 ‘부국강병(富國强兵)을 강조하는 나라야 이러한 즐거움을 맛볼 수 있지, 인의(仁義)나 도덕만을 높이는 현인(賢人)의 힘으로는 불가능할 것이다’라는 조소(嘲笑)와 오만(傲慢)이 함께 담겨 있다. 총명하고 눈치빠른 맹자가 그 속내를 몰랐으랴?

그러나 맹자는 시치미를 딱 떼고 임금의 말을 일단 긍정적으로 받아들였다. ‘그렇고 말고요, 현명한 사람이라야 비로소 즐길 수 있습니다’ 그러나 맹자가 말하는 ‘현자(賢者)’의 뜻은 ‘인의도덕(仁義道德)을 높이고 실천하는 참으로 현명한 사람’의 뜻이다. 그러므로 그 이면에는 ‘부국강병을 강조하고 백성을 강제로 부려쓰고 그들의 재물을 수탈하여 큰 원유를 만드는 임금은 현명한 사람이 아니다’라는 단정(斷定)이 숨어 있다.

그리고 맹자는 역사적 사실을 들었다. 즉 《시경(詩經)》에서 문왕(文王)의 예를 들었다. 문왕은 평소에 덕을 많이 베풀었으므로, 백성들이 자진해서 영대(靈臺)를 만들어 바치고 함께 즐거워했다. 그리고 또 맹자는 《서경(書經)》에서 하(夏)나라의 걸왕(桀王)의 예를 들었다. 포학무도(暴虐無道)한 걸은 백성들의 저주를 받고 결국에는 멸망했다. 이와 같은 역사적 사실을 가지고 맹자는 혜왕을 꼼짝못하게 사로잡고 그의 가슴을 싸늘하게 겁주었던 것이다.

조기(趙岐)는 다음같이 말했다.

‘성왕의 덕은 백성과 함께 즐기고 금수에도 미치고 즐거운 마음으로 받들어 모시므로 천하가 태평하고 흥성한다. 반대로 무도한 임금은 백성이나 귀신의 원한을 받고 나라도 망하고 후손도 단절되고 자신의 향락도 보전하지 못한다.

(聖王之德 與民共樂 恩及鳥獸 則忻戴上 太平化興 無道之君 衆怨神怒 則國滅祀絶 不得保守其所樂也)〈孟子正義〉

4. 중용장구(中庸章句) 선독(選讀)

　《중용(中庸)》은 본래 《예기(禮記 : 총 49편)》의 제31편의 글이었다. 이 글은 일찍이 한(漢)나라 때부터 단독으로 읽히고 중시되었다. 특히 송(宋) 인종(仁宗)은 중용을 단행본으로 반포했다. 그러나 정자(程子) 형제가 중용을 유교의 기본 경전으로 중시하고, 그 뒤를 이어 주자(朱子)가 '옛글 중용'을 다시 정리하고 주를 달고 《중용장구(中庸章句)》라 이름하고 '사서집주(四書集註)'에 넣고 선비의 필독서로 삼았다.

　'중용'의 뜻풀이도 시대와 더불어 다르다. 한(漢)나라 때의 정현(鄭玄)은 '중용은 중화의 작용을 기술한 것이다. 용(庸)은 용(用)이다[名曰中庸者 以記中和之用也 庸用也]'라고 말했다. 정이(程頤)는 '치우치지 않음을 중(中), 변하지 않음을 용(庸)이라 한다. 중(中)은 천하의 정도(正道)이고, 용(庸)은 천하의 정리(定理)다'라고 말했다.

　주자는 정자의 설을 바탕으로 '중은 치우치거나 기울지 않고 지나치거나 모자라지도 않는다는 뜻이다. 용은 평상의 뜻이다[中者 不偏不倚 無過不及之名 庸平常也]'라고 풀이했다. 결국 '중용'은 넓게는 '우주천지 자연만물'을 지배하는 천도천리(天道天理)의 뜻이며, 좁게는 '인간이 지키고 행해야 할 영원히 변치 않는 도리'를 말한 것이다.

　주지는 사서를 《대학》·《논어》·《맹자》·《중용》의 순서로

공부하라고 강조했다. 즉《대학》공부로 '수기치인(修己治人)'
의 기본원리를 터득한다.《논어》공부로 학문과 덕행 및 윤리
실천을 몸소 익힌다.《맹자》공부로 패도폭정(覇道暴政)을 배
척하고 왕도덕치(王道德治)를 신념화해야 한다. 그리고 끝으
로 우주의 불변의 도리가 인간의 본성 속에 살아 있음을 철학
적으로 깨닫고 따르게 했다.

참고 ◐ '중용(中庸)'의 현대적인 뜻

천지 자연만물은 절대선(絶對善)인 하늘의 도리를 따라 생존하고 변화
발전하고 있다. 그와 같은 천도 천리는 만물에게 다 주어져 있으며, 영원
히 변하지 않는다.

만물은 그 형질(形質)이 저마다 다르고 또 그 본성도 저마다 다르다.
그러므로 만물에는 저마다 딱 맞는 도리가 있게 마련이다. 그와 같이 만
물에 내재하고 있는 딱 맞는 도리를 중용이라고 한다. 동시에 사람이 사
물을 다루고 처리할 때에도, 그 사물에 딱 맞는 도리를 적용하고 처리해
야 한다. 그렇게 하는 것도 중용이라고 한다.

'중(中)'은 '속에 있는 딱 맞는 도리'라는 뜻이고, '용(庸)'은 '언제나 변
하지 않고 쓸 수 있다'는 뜻이다. 속에 있는 체(體)로서의 '딱 맞는 도리'
를 '미연지중(未然之中)'이라 하고, 밖으로 쓰이는 '딱 맞는 도리'를 '시중
지중(時中之中)'이라고 한다. 본체가 되는 도리를 딱 맞게 쓰라는 뜻이 곧
중용이기도 하다.

集註 (1) 中者不偏不倚 無過不及之名 庸平常也.

'중(中)'은 편벽되거나 치우치지 않고 또 지나치거나 모자람이 없
는 상태를 말한 것이다. '용(庸)'은 언제나 고르다는 뜻이다.

어구 설명 ○中者(중자)－'중(中)'이라고 하는 글자의 뜻은. ○不偏(불편)－

핵심이나 중심에서 벗어나지 않는다. 편벽되지 않는다. ○不倚(불의)－
한쪽으로 치우치지 않는다. ○無過不及(무과불급)－지나침［過］이나 모
자람［不及］이 없다. ○之名(지명)－(그와 같은 상태를) 일컫은 말이다.
○庸(용)－용(庸)이라는 글자의 뜻은. ○平常也(평상야)－'평상(平常)'이
라는 뜻이다. '평(平)'은 '평범·공평·평정(平正)·평화(平和)' 등의 뜻
을 다 포괄하고 있다. '상(常)'은 '항상 영원히 변하지 않는다'는 뜻이다.

* 중용의 근원 본체는 천도(天道)다. 그 천도가 공간적으로는 어디에
나, 시간적으로는 고금을 통해 항상 모든 사물에 딱 맞게 내재하고
작용하고 있으므로 '불편불의(不偏不倚) 무과불급(無過不及) 평상
(平常)'이라 하고, 묶어서 '중용'이라고 부른 것이다.

集註 (2) 子程子曰 不偏之謂中 不易之謂庸 中者天下之
正道 庸者天下之定理.

정자 선생이 말했다. 치우치지 않음이 중이고, 변하지 않음이 용
이다. 중은 곧 천하의 바른 도리이고, 용은 곧 천하의 일정불변(一
定不變)의 도리이다.

어구 설명 ○中者天下之正道(중자천하지정도)－'중(中)'은 '천하 어디에도
통하고 모든 사물에 내재하고 있는 바른 도리라는 뜻'을 말한 것이다.
○庸者天下之定理(용자천하지정리)－'용(庸)'은 '천하에 (어디에서나 언
제나) 쓰여지는 정해진 불변의 도리라는 뜻'을 말한 것이다.

集註 (3) 此篇乃孔門傳授心法 子思恐其久而差也 故筆之
於書以授孟子.

이 '중용편'의 글은 공자 문중에서 전해 내려온 심법(心法)이다.
자사가 오래되면 차질이 날 것을 겁내고 글로 붓으로 써서 맹자에

게 전수한 것이다.

어구 설명 ○心法(심법)－마음을 다스리는 법, 즉 마음속에 항상 도를 따르려는 '도심(道心)'을 간직하고 도심을 기준으로 행동하는 법. 그 반대가 '동물적·이기적 욕심', 즉 '인심(人心)'이다.

集註 (4) 其書始言一理 中散爲萬事 末復合爲一理 放之則彌六合 卷之則退藏於密 其味無窮 皆實學也 善讀者玩索而有得焉 則終身用之 有不能盡者矣.

이 책은 처음에는 한가지 도리를 말했으나, 중간에서는 흩어져 만사에 나타남을 말하고, 끝에서는 다시 한가지 도리로 합치는 것을 말했다. (중용의 도리를) 풀어놓으면 육합(六合 : 상하 사방)에 가득 차지만, 거두어 말아들이면 은밀한 속에 물러가 숨어 보이지 않게 된다. (중용의 학문은) 그 맛이 무궁하면서 또 사실적인 학문이다. (그러므로) 잘 읽고 깊이 탐구하면 터득하는 바가 많을 것이며, 종신토록 (그 가르침을) 활용해도 다하지 못할 것이다.

참고 ◑ 심법(心法) : 도심(道心)과 인심(人心)

사람은 이중적(二重的) 존재다. 육신을 지닌 동물이면서 동시에 정신을 가진 신령한 사람이다.

동물적 존재로서의 인간은 동물적·본능적·이기적 욕구를 바탕으로 동물적·육체적·현실적 삶을 산다. 그러나 영적(靈的)·정신적(精神的) 존재로서의 인간은 천도천리(天道天理)를 깨닫고 윤리 도덕을 실천하고 인류대동(人類大同)의 평화세계를 창건할 도덕정치를 할 수도 있다.

사람의 마음은 하나다. 그 하나의 마음속에 '동물적 욕구, 관능적 쾌락을 채우려는 이기심(利己心)'과 '천도천리를 따라 서로 사랑하고 함께 잘

살려는 도덕심(道德心)＝인심(仁心)'이 공존하고 있다. 전자를 인심(人心), 후자를 도심(道心)이라고 한다.

주자(朱子)는 〈중용장구서(中庸章句序)〉에서 자사(子思)가 《중용》을 저술한 목적은 '도통(道統)'을 전하기 위해서라고 말했다. 도통은 '요(堯)·순(舜)' 같은 성제(聖帝)가 도심(道心)을 바탕으로 덕치(德治)를 한 전통을 말한다. 옛날에 순(舜)임금은 우(禹)에게 '인간의 사사로운 욕심은 위태롭다. 하늘이 사람에게 내려준 도심은 은미(隱微)하지만 정성되고 한결같다. 그러므로 그 속마음을 잘 지키고 행해야 한다[人心惟危 道心惟微 惟精惟一 允執厥中]'라고 했다.

'윤집궐중(允執厥中)'의 '중(中)'은 곧 '은미하고 정성되고 또 한결[惟一]' 같은 '도심'이다. 하늘은 사람에게만 '도심'을 주었다. '도심'은 곧 '천도천리'를 따르고 행하는 '도덕심'이다. 이는 인간의 본성이자 도리를 따르려는 이성이기도 하다. 그래서 주자는 '성즉리(性卽理)'라고 했다.

사람은 만물의 영장이다. 그러나 동시에 육신을 가진 동물이다. 그러므로 '동물적 욕구, 육체적 관능적 쾌락을 채우려는 사사로운 이기적 욕심'이 없을 수 없다. 그와 같은 '동물적 욕구, 이기적 욕구'를 인심(人心)이라고 한다.

인심은 '형기지사(形氣之私)'에서 나온다. '동물적 욕구, 관능적 쾌락을 추구하는 이기적 욕심을 바탕으로 한 인심'으로는 덕치를 할 수 없다. 그래서 '인심유위(人心惟危)'라고 말한 것이다. 평천하(平天下)의 덕치를 하기 위해서는 '유미(惟微)·유정(惟精)·유일(惟一)'한 '도심'을 바탕으로 해야 한다. 그것이 곧 '윤집궐중(允執厥中)'이다. '중'은 곧 '도심'이며 중용의 중(中)이기도 하다.

1. 중용 제1장(제1절)

(1) 天命之謂性 率性之謂道 修道之謂敎.
천명지위성(이오) 솔성지위도(요) 수도지위교(니라)

하늘이 명령하여 내려준 것을 성(性)이라 하며, 성을 따라가는 것을 도(道)라 하며, 도를 마름하는 것을 교(敎)라 한다.

어구 설명 ○天命之謂性(천명지위성) ─ 하늘이 절대적인 명령으로 내려준 것을 성(性), 즉 본성이라 한다. '천명(天命)'은 '하늘이 만물에게 절대적인 명령으로 내려주었다'는 뜻이다. 사람에게는 사람의 본성이 있고, 식물에게는 식물의 본성이 있고, 동물에게는 동물의 본성이 있다. 이와 같은 본성은 하늘이 내려준 것이다. 그러므로 거절할 수 없다. 그 본성 속에 바로 각자가 살아나가야 할 길[道]과 도리가 있게 마련이다. 즉 사람은 사람의 도리가 있고, 동물은 동물의 도리가 있다. 사람이면서 동물의 길과 도리를 따라 살면 안된다. ○率性之謂道(솔성지위도) ─ 하늘이 내려준 본성을 따라 사는 것이 길이자 도리이다. 사람은 사람의 본성을 따라 살아야 한다. 그것이 사람이 살아가는 길이자 도리이다. ○修道之謂敎(수도지위교) ─ 길이나 도리를 품격에 맞게 조절하고 행할 수 있게 가르치는 것이 교육이다. 사람은 형질(形質)에 따라 차등이 있다. 천생으로 총명한 사람도 있고 반대로 우둔한 사람도 있다. 그러므로 도나 도리를 품격에 맞게 조절하고 적합하게 마름하는 것을 교(敎)라 한다. 교는 가르치고 시킨다는 뜻이 다 포함되어 있다. 교육·교화·교령(敎令) 및 예교(禮敎) 등이 다 교에 속한다.

集註 (1) 命猶命令也 性則理也.

명은 곧 절대적 명령으로 내려주었다는 뜻이다. 본성은 곧 도리다.

어구 설명 ○性則理(성즉리)―본성이 곧 도리다. 하늘이 절대적 명령으로 내려준 인간의 본성은 곧 하늘의 도리를 깨닫고 따르는 이성, 즉 도덕성이라는 뜻이다.

集註 (2) 天以陰陽五行 化生萬物 氣以成形 而理亦賦焉 猶命令也.

하늘은 음양오행의 기(氣)를 변화해서 만물을 낳고 살게 하고 있다. 기(氣)로써 형체를 꾸몄으며 아울러 (따르고 지키고 행할 본성적인) 도리도 부여해 주었다. 흡사 명령하듯 절대적으로 부여해 준 것이다.

集註 (3) 於是人物之生 因各得其所賦之理 以爲健順五常 之德 所謂性也.

그러므로 사람이나 만물은 태어나면서 저마다 하늘로부터 주어진 본성적인 도리를 부여받고 있다. 그래서 양적(陽的)인 강건(强健) 혹은 음적(陰的)인 유순(柔順)과 '인의예지신(仁義禮智信)의 오상(五常)의 불변의 도덕성'을 지니고 있는 것이다. (한편 만물의 경우에는 '목·금·화·수·토의 다섯 가지 질료나 성질을 가지고 있다) 그와 같이 저마다 하늘로부터 내려받은 특성을 곧 저마다의 본성이라 한다.

集註 (4) 率循也 道猶路也 人物各循其性之自然 則其日

用事物之間 莫不各有當行之路 是則所謂道也.

'솔(率)'은 '따른다'는 뜻이다. '도(道)'는 도로(道路)와 같은 뜻이다. 사람이나 만물은 하늘로부터 받은 저마다의 본성 속에 내재하고 있는 자연의 도리를 따른다. 그러므로 일상시에 모든 사물을 대하거나 처리함에 있어서도 당연히 따르고 행해야 할 길과 도리가 있게 마련이다. 그것을 이른바 '도(道) 혹은 도리'라고 한다.

集註 (5) 修品節之也 性道雖同 而氣稟或異 故不能無過不及之差 聖人因人物之所當行者 而品節之 以爲法於天下 則謂之敎 若禮樂刑政之屬是也.

'수(修)'는 품격에 맞게 조절한다는 뜻이다. 하늘로부터 받은 본성이나 가야 할 길이나 도리는 비록 같지만, 그러나 타고난 기질이 혹 다르므로 사람에 따라 (도를 따르고 실천함에 있어) 넘치거나 혹은 못 미치거나 하는 차이가 없을 수 없다. (그래서) 성인(聖人)이 사람이나 만물이 당연히 따라가야 할 도리를 바탕으로 저마다의 품격에 맞게 조절하여 천하의 법도로 삼았으니 그것이 이른바 교육, 교화 및 교령(敎令)이다. 즉 예의·음악·형벌·정치 등속이 다 이에 속하는 것들이다.

集註 (6) 蓋人知己之有性 而不知其出於天 知事之有道 而不知其由於性 知聖人之有敎 而不知其因吾之所固有者 裁之也 故子思於此 首發明之 而董子所謂道之大原出於天 亦此意也.

무릇 사람은 자기에게 (도리를 가리는) 본성이 있는 줄을 알지만,

그것이 하늘에서 나온 것임을 모른다. 사람은 모든 사물의 도리가 있는 줄은 알지만, 그것이 (모든 사물의) 본성에서 연유함을 모른다. 사람은 성인들이 (도리나 윤리도덕을 나에게) 가르친다는 것을 알지만, 그 가르침이 본래 나에게 (내재하고 있는 본성, 즉 이성이나 도덕성을) 바탕으로 꾸미는 것인 줄은 모른다. 그래서 자사가 여기서 먼저 그 뜻을 밝혀낸 것이다. 아울러 이는 동중서(董仲舒)가 말한 바, 도(道)의 큰 근원이 하늘에서 나왔다고 말한 것도 역시 같은 뜻이다.

2. 중용 제1장(제2절)

(2) 道也者不可須臾離也 可離非道也 是故君子戒愼
　　乎其所不睹 恐懼乎其所不聞.

　　도야자(는) 불가수유리야(니) 가리(면) 비도야(라) 시고(로) 군자(는) 계신
　　호기소부도(하며) 공구호기소불문(이니라)

도리는 잠시도 떨어질 수 없다. 만약에 떨어질 수 있다면 참다운 도리가 아니다. 그러므로 군자는 볼 수 없는 바 (자기의 마음을) 삼가고 신중하게 지니고, 들을 수 없는 바 (자기의 마음을) 겁내고 두렵게 여긴다.

(어구 설명) ○道也者(도야자)－도(道)는. '야자(也者)'는 합성조사, 주어와 술어 사이의 단락을 표시한다. ○不可須臾離也(불가수유리야)－잠시도 떠나거나 이탈할 수 없는 것이다. ○可離非道也(가리비도야)－떠나거나 이탈해도 된다면, (그것은) 길이나 도리가 아니다. ○是故(시고)－그런

고로. ㅇ君子(군자)—학문과 덕행을 겸비한 선비나 지식인. ㅇ戒愼乎
(계신호)—경계하고 신중하게 한다. ㅇ其所不睹(기소부도)—눈으로 볼
수 없는 것, 즉 자기의 속마음. ㅇ恐懼乎(공구호)—겁내고 두려워한다.
ㅇ其所不聞(기소불문)—귀로 그 소리를 들을 수 없는 것, 즉 자기의 속
마음.

참고 ◑ 계신호기소부도(戒愼乎其所不睹) 공구호기소불문(恐懼乎其
所不聞)

'계신호기소부도(戒愼乎其所不睹)'를 '남들이 보지 않는 곳에서 자기
몸가짐이나 행동을 경계하고 삼간다'로 풀고, 또 '공구호기소불문(恐懼乎
其所不聞)'을 남들이 듣지 않는 곳에서 자기의 발언을 겁내고 두려워한다'
로 풀기도 한다. 그러나 여기서는 취하지 않는다. 주자의 설을 따라, 눈에
보이지 않는 마음속의 발동을 경계하고 삼간다, 귀에 들리지 않는 마음속
의 명령을 겁내고 두려워한다로 푼다.

마음속에서 생각이나 이념이 싹트고 발동하여 행동이나 말로 나타난다.
그 마음속의 생각이나 이념은 자기 혼자만이 안다. '도(道)를 따른 것이냐'
'도에서 벗어나고 나쁜 욕심에서 나온 것이냐'는 자기 혼자만이 알 수 있
다. 그러므로 싹트고 발동하는 생각이나 이념을 '계신(戒愼)'하고 '공구(恐
懼)'한다. 즉 항상 '도심(道心)'을 간직하려고 '경계하고 삼가고' 한편으로
는 털끝만큼이라도 '동물적・이기적 인심(人心)'이 끼어들까 '걱정하고 겁
을 낸다.'

集註 (1) 道者日用事物當行之理 皆性之德 而具於心 無
物不有 無時不然 所以不可須臾離也 若其可離則豈率性
之謂哉.

도(道)는 사람이 날마다 사물을 대하고 처리할 때에 마땅히 따르
고 행해야 할 도리이다. (도는) 모든 사물의 본성적인 덕(德)의 바

탕이다. (즉 본성의 체[體]다. 덕은 체의 용[用]이다) 그와 같은 (도와 덕이) 마음속에 다 갖추어져 있다.

모든 사물에는 도가 없는 것이 없고 (즉 어디에나 도가 있다) 또 어느 때인들 그렇지 않은 것도 없다. (즉 언제나 그렇게 나타난다)

그러므로 사람은 순간도 도를 이탈할 수 없다. 만약에 떨어질 수 있다면, 어찌 (경문에서) '본성을 따르는 것이 도'라고 말하겠나.

(어구 설명) ○皆性之德(개성지덕)—직역하면 '모두가 성의 덕이다.' '개(皆)' 는 '일용하는 모든 사물의 도리'다. '사물의 도리가 본성의 덕이다[皆性 之德]'를 깊이 알기 위해서는 '도(道)와 덕(德)'의 뜻을 분간해야 한다. '도(道)는 이(理)이고 체(體)다.' '덕(德)은 얻어진 선과(善果)이고 용(用) 이다.' 그러므로 '개성지덕(皆性之德)'을 다음 같이 의역해야 한다. '모든 사물의 도리는 곧 저마다의 사물의 본성 속에 있는 가장 합당한 도리다. 본성 속에 있는 그와 같은 도리를 따라 사물을 처리하고 활용하면 가장 좋은 성과=덕(德)을 얻는다.' 한문은 뜻을 고도로 압축한다. 그러므로 직역만으로는 충분히 이해할 수 없다. 그래서 한문공부가 어려운 것이다. ○具於心(구어심)—마음에 갖추어져 있다. 즉 사람은 마음으로 사물의 모든 도리를 알 수 있고 또 활용해서 가장 좋은 성과=덕을 얻을 수 있 다는 뜻이다.

(集註) (2) 是以君子之心 常存敬畏 雖不見聞 亦不敢忽所 以存天理之本然 而不使離於須臾之頃也.

그러므로 학덕(學德)을 겸비한 군자는 마음속으로 항상 경외(敬 畏)해야 한다. 비록 나타나 보이거나 소리로 들리지 않는 (속마음 일지라도) 역시 소홀히 하지 않고 천리의 본연을 간직해야 하며, 또 잠시도 (도에서) 이탈하지 않게 해야 한다.

어구 설명   ㅇ常存敬畏(상존경외)−직역하면 항상 높이고 두려워해야 한다. '대전소주(大全疏註)'에는 '경(敬)은 계신(戒愼), 외(畏)는 공구(恐懼)'라고 했다. 확대해석하면, '절대선의 도리를 항상 지키는 것이 경(敬)', '동물적 욕심, 즉 인심(人心)을 겁내는 것이 외(畏)다.'

3. 중용 제1장(제3절)

(3) 莫見乎隱 莫顯乎微 故君子 愼其獨也.

막현호은(하며) 막현호미(니) 고(로) 군자(는) 신기독야(니라)

어둠에 숨어있는 것보다 더 잘 나타나 보이는 것이 없고, 미세한 것보다 더 잘 나타나 보이는 것이 없다. 고로 군자는 자기 혼자만 아는 마음속의 기미(幾微)한 뜻이나 발동을 신중하게 해야 한다.

어구 설명   ㅇ莫見乎隱(막현호은)−숨어 있는 것보다 더 잘 나타나 보이는 것이 없다. '막(莫)……호(乎)~'는 '~보다 더 ……하는 것이 없다'는 뜻. '현(見)'은 나타나 보인다. '은(隱)'은 어둠 속에 깊이 숨어있는 마음, 혹은 어떻게 하겠다는 생각·의지·이념. ㅇ莫顯乎微(막현호미)−미세한 것보다 더 크게 나타나 보이는 것이 없다. 미세한 것이 결국은 크게 나타난다. '미(微)'는 마음속에 싹트고 발동하는 미세한 생각이나, 의지나 이념. ㅇ愼其獨也(신기독야)−자기 혼자만이 아는 마음속의 기미(幾微)한 생각, 뜻 및 이념을 신중하게 해야 한다. 즉 도심(道心)을 간직하고 나쁜 인심(人心)이 끼어들지 못하게 '계신(戒愼), 공구(恐懼)'한다.

集註   (1) 隱暗處也 微細事也 獨者人所不知而己所獨知之地也.

'은(隱)'은 어두운 곳에 숨은 듯이 보이지 않는다는 뜻이다. '미(微)'는 미세하고 기미(幾微)한 일이란 뜻이다. '독자(獨者)'는 남들은 알지 못하고 자기 혼자만 아는 경지라는 뜻이다.

참고 ◐ 암처(暗處)의 미세한 것[事]

사람은 행동하기 전에 어떻게 하겠다고 마음속으로 생각하고 뜻을 세운다. 그때의 그 생각이나 뜻이 도심(道心)을 바탕으로 한 것인지, 동물적 욕심인 인심(人心)에서 나온 것인지 그 기미(幾微)는 남은 모르고 오직 자기만이 안다.

集註 (2) 言幽暗之中 細微之事 跡雖未形 而幾則已動 人雖不知 而己獨知之 則是天下之事 無有著見明顯而過於此者.

(3절은 다음 같은 뜻을 말한 것이다) (자기 혼자만 아는 마음의 기미는) 어둠 속에 숨어있는 듯하고 또 지극히 미세한 것이다. 비록 자국은 아직 나타나지 않아도, 그 기미는 이미 발동했으며, 남은 모르되 자기는 알고 있는 것이다. 그러한즉 천하의 모든 일이 이보다 더 잘 밝게 나타나 보이지 않는 것이 없는 것이다.

  * 참고 : 주자는 말했다. 일이 옳고 그른 것을 남들은 모른다. 오직 자기만은 스스로 미리 잘 알고 있는 것이다. 〈大全疏註〉

集註 (3) 是以 君子旣常戒懼 而於此 尤加謹焉 所以遏人欲於將萌 而不使其潛滋 暗長於隱微之中 以至離道之遠也.

그러므로 군자는 처음부터 항상 계구(戒懼)하고 특히 신독(愼獨)

에 힘을 쓴다. 그렇게 함으로써, 인욕(人欲)을 일찍 싹틀 때에 미리 막아버리고자 함이다. 아울러 (그 인욕이) 어둠 속에 숨어서 은미 (隱微)한 중에 자라나 (마침내) 도에서 멀리 이탈하지 못하게 하려 는 것이다.

참고 ◑ 계구(戒懼)・신독(愼獨)

　'계구(戒懼)는 보수천리(保守天理), 신독(愼獨)은 검방인욕(檢防人欲)' 〈大全疏註 : 蛟峯方氏〉

　'계구(戒懼)는 존양지사(存養之事), 신독(愼獨)은 성찰지사(省察之事)' 〈大全疏註 : 雙峯饒氏〉

4. 중용 제1장(제4절)

(4) 喜怒哀樂之未發謂之中 發而皆中節謂之和 中也
　　者天下之大本也 和也者天下之達道也.
　　희노애락지미발(이) 위지중(이오) 발이개중절(이) 위지화(니라) 중야자(는)
　　천하지대본야(이오) 화야자(는) 천하지달도야(라)

　'희노애락(喜怒哀樂)의 정(情)'이 미처 나타나지 않은 (마음 상태 를) 중(中)이라 하고, 그들 정이 나타나되 절도에 맞은 (상태를) 화 (和)라고 한다. 중(中)은 천하의 큰 뿌리이고, 화(和)는 천하에 도 를 달성케 한다.

어구 설명　○喜怒哀樂之未發(희노애락지미발)－'기쁨[喜]・노여움[怒]・ 슬픔[哀]・즐거움[樂]' 등의 정이 아직 밖으로 나타나지 않은 (마음 상태를). ○謂之中(위지중)−중(中)이라고 한다. ○發而皆中節(발이개중절)−밖으로 나타나되 절도에 맞은 (상태를). ○謂之和(위지화)−화(和)라고 한다. ○中也者天下之大本也(중야자천하지대본야)−'중(中)'은 천하의 대본(大本)이고. ○和也者天下之達道也(화야자천하지달도야)−'화(和)'는 천하의 도(道)를 달성케 한다. 먼저 주자의 집주를 풀이하자. 그리고 '참고 보충'에서 다시 제4절의 깊은 뜻을 종합해 보겠다.

集註 (1) 喜怒哀樂情也 其未發則性也 無所偏倚 故謂之中.

기뻐하고 노여워하고 슬퍼하고 즐거워하는 것이 정이다. 그 정이 미처 나타나지 않는 상태가 성(性)이다. 그 성은 편벽되거나 치우치지 않는다. 그러므로 중(中)이라고 말한다.

集註 (2) 發皆中節 情之正也 無所乖戾 故謂之和.

나타나되 절도에 맞아야 한다. 그것이 바른 정이다. 그래야 어긋나고 거슬리는 일이 없다. 그러므로 화(和)라고 한다.

集註 (3) 大本者 天命之性 天下之理 皆由此而出 道之體也.

'대본(大本)'은 곧 '천명으로 주어진 성(性)이다.' 모든 도리가 다 그 성에서 나온다. (대본은 곧) 도의 본체(本體)이다.

集註 (4) 達道者 循性之謂 天下古今之所共由 道之用也.

'달도(達道 : 도를 달성함)'는 '저마다의 본성을 따른다는 말이다.' (그와 같이 사물에 주어진 저마다의 본성을 따라 도를 달성케) 하는 것이 천하에서 고금을 통해 (모든 사람이) 따르고 행할 바이며, 그렇게 하는 것이 곧 도(道)의 용(用)이다.

集註 (5) 此言性情之德 以明道不可離之意.

　이상은 성(性)과 정(情)의 덕을 말하고 아울러 도를 이탈하면 안
됨을 밝힌 것이다.

참고 ◗ 희노애락지미발(喜怒哀樂之未發) 위지중(謂之中)

　'희노애락(喜怒哀樂)'을 '정(情)'이라고 번역했다. 우리가 쓰는 '감정'이
란 말 속에는 '나쁜 의미의 역정(逆情)의 뜻'이 포함되어 있다. 그래서 여
기서는 '정'이라고 번역했다. 즉 여기서 말하는 '정'은 '도리와 절도에 맞는
순리의 정'이다. 사람의 본성은 곧 이(理)다. 이는 보이지 않는 마음속에
내재하고 있다.

　한편 주자학(朱子學)에서는 '마음이 성과 정을 통괄한다[心統性情]'고
말한다. 이때의 '성(性)'은 '절대선의 천리를 따르고 실천하는 순수이성(純
粹理性), 도덕성'이고, '정'은 '형기(形氣)를 바탕으로 나타나지만 어디까
지나 인간의 본성인 이성, 도덕성을 바탕으로 한 순리의 정서(情緒)다.'
이와 같은 '순리의 정도 밖으로 나타나기 전에는 보이지 않는 마음과 본
성 속에 있다.' 그래서 '희노애락지미발 위지중'이라고 한 것이다.

　물론 나쁜 감정, 역정(逆情)도 나타나기 전에는 '나쁜 마음속에 있으며,
보이지 않는다.'

◗ 발이개중절위지화(發而皆中節謂之和)

　정을 밖으로 나타내면서 절도에 맞는 것을 화(和)라고 한다. '중절(中
節)'은 '하늘의 도리, 혹은 예절에 맞게 한다.' 예절은 본래 천리를 제도
(制度)하고 품절(品節)한 것이다. '화'의 큰 뜻은 '천도천리나 본성에 맞
고 어울린다'이고 작은 뜻은 '모든 사람과 조화되고 화합한다'는 것이다.
도를 따라 '희노애락'하고, 천하 만민과 더불어 '희노애락'하는 것이 군자
다. 무도학정으로 동물적 욕심을 채우고 혼자 기뻐하는 자를 폭군이라
한다.

◑ **중야자**(中也者) **천하지대본야**(天下之大本也)

　'중(中)'은 한마디로 말하면 절대선(絶對善)의 천리(天理)다. 그 천리는
우주천지 자연만물에 고르게 주어져 있고, 고금에 걸쳐 항상 딱 맞게 기
능하고 있다. 그러면서 그 천리는 곧 만물의 본성 속에 주어진 지당한 도
리다. 그래서 '중(中)'이라고 한다. '천하지대본(天下之大本)'은 천하 만물
의 본체이자, 동시에 만물을 '생성화육'하는 기본 도리이다.

◑ **화야자**(和也者) **천하지달도야**(天下之達道也)

　'화(和)'는 곧 '크게는 천리와 하나가 되고, 작게는 욕구나 감정 및 행동
표현을 자연·만물·만인과 조화시킨다'는 뜻이다. '천하지달도야(天下之
達道也)'의 큰 뜻은 '천하 모든 나라, 모든 사람 및 고금을 막론하고 언제
나 절대선의 도리가 달성된다'이고, 작은 뜻은 '군자의 도리가 천하 만민
에게 통하고 달성된다'는 뜻이다.

◑ **달도자**(達道者) **순성지위**(循性之謂)

　도(道)를 동서남북 어디에나, 또 고금 언제나 통하고 달성되게 한다는
것은 다음이 아니다. 사람이나 모든 사물의 본성에 주어진 도리를 따른다
는 뜻이다.

5. 중용 제1장(제5절)

(5) 致中和 天地位焉 萬物育焉.
　치중화(면) 천지위언(하며) 만물육언(하니라)

　중화를 이루어야 하늘과 땅이 바르게 자리하고 또 만물이 살아
자라고 번성하느니라.

어구 설명 ○致中和(치중화)─중화(中和)를 이루어야. ○天地位焉(천지위언)─하늘과 땅이 바르게 자리하고. ○萬物育焉(만물육언)─만물이 저마다 고르게 자란다. '육(育)'은 '생육화성(生育化成)'의 뜻. 〈참고〉에서 설명하겠다.

集註 (1) 致推而極之也 位者安其所也 育者遂其生也.

'치(致)'는 '끝까지 미루어 나간다는 뜻이다.' '위(位)'는 '저마다 그 위치에 안정됨이다.' '육(育)'은 '저마다의 삶을 완수함이다.'

集註 (2) 自戒懼而約之 以至於至靜之中 無所偏倚 而其守不失 則極其中而天地位矣.

처음에 스스로 천도를 겁내고 두려워하고, 차츰 자신을 엄하게 단속하고, 지극히 고요한 본성 속에 있는 중정(中正)의 도에 도달하면, 만사에 편벽되거나 치우치지 않을 것이며, 또 절대선의 도를 굳게 지키고 잃지 않으면, 그때에는 중정의 도의 극치에서 천지 만물이 저마다 안정될 것이다.

集註 (3) 自謹獨而精之 以至於應物之處 無少差謬 而無適不然 則極其和 而萬物育.

처음에는 홀로 자신을 근신하고 정성으로 (절대선의 천도를) 따르고 지키고, 점차로 모든 사람이나 사물을 대하고 처리함에 있어, 작은 차질이나 오류도 없게 하고 더욱 저마다의 도리대로 되지 않음이 없게 하면, 즉 천하 만물이 조화의 극치를 이루고 다 잘 자라고 번성할 것이다.

集註 (4) 蓋天地萬物 本吾一體 吾之心正 則天地之心亦

正矣 吾之氣順 則天地之氣亦順矣.

무릇 천지 만물은 본래 나와 한 몸이다. 나의 마음이 바르면 천지의 마음도 바르게 되고, 나의 기가 순하면 천지의 기도 순하게 된다.

集註 (5) 故其效驗 至於如此 此學問之極功 聖人之能事 初非有待於外 而修道之敎亦在其中矣.

고로 그 효험도 그와 같이 나타난다. 이것이 바로 학문의 지극한 공이며, 성인이 능히 할 수 있는 일이다. 애당초부터 (본성의 도를 따라서 이루는 것이지) 밖의 다른 힘을 빌리는 것이 아니다. 수도하는 교육도 그 속에 포함된다.

集註 (6) 是其一體一用 雖有動靜之殊 然必其體立而後用 有以行 則其實亦非有兩事也 故於此 合而言之 以結上 文之意.

이와 같이 저마다 체(體)와 용(用)이 비록 동(動)과 정(靜)의 차이가 있어도, 그러나 반드시 체(體)가 바르게 선 다음에 용(用)이 행해지는 법이다. 그러나 실지로는 서로 다른 둘이 아니다. 고로 자사(子思)가 여기서 합쳐서 말하고 앞의 글의 결론으로 삼은 것이다.

　* 이상은《중용》'제1장 5절'에 대한 집주(集註)다. 다음은 '제1장'을 총괄하고 아울러 다음에 있는 '아홉 장의 글'이 모두 공자의 말을 인용해서 '제1장'의 뜻을 부연한 것임을 밝힌 주석이다.

集註 (1) 右第一章 子思述所傳之意以立言 首明道之本原

出於天而不可易 其實體備於己而不可離 次言存養省察
之要 終言聖神功化之極.

이상의 제1장은 자사가 전술한 바를 기록한 것이다. 먼저 도의
근본은 하늘에서 나온 것이며 변하지 않는 것이며 또 그 도의 실체
가 나에게 갖추어져 있음을 밝혔다. 다음으로 (나에게 갖추어져 있
는 도를) 존양하고 또 성찰해야 함을 말하고 끝으로 성신의 공덕과
감화가 지극함을 말했다.

(集註) (2) 蓋欲學者於此 反求諸身而自得之 以去夫外誘之
私 而充其本然之善 楊氏所謂一篇之體要是也.

대체로 학문하는 사람들은 이에 대하여 자신을 반성해보고 스스
로 얻은 바가 있고 반대로 외부의 사사로운 유혹을 제거하고 (하늘
이 준) 본연의 선을 충족해야 하는 것이다. 이것이 양씨가 말하는
바 중용의 전체의 요점이기도 하다.

(集註) (3) 其下十章 蓋子思引夫子之言 以終此章之義.

다음의 열 장의 글은 총체적으로 자사가 공자의 말을 인용해서
《중용》제1장의 뜻을 마무리하려고 한 것일 것이다.

(참고) ◑ 중용(中庸)과 유교사상(儒教思想)

옛날 중국에서 말하는 천하는 관념상으로는 바로 오늘의 세계에 해당
한다. 그러므로 평천하(平天下), 즉 '천하를 평화롭게 다스린다'는 뜻은 곧
오늘의 말로는 평화세계를 구현함과 같은 뜻이라 하겠다.

이에 많은 성현(聖賢)들이 저마다의 사상과 이상을 내걸고 당시의 군주
들을 깨우치고 설득하려 애를 썼다. 특히 춘추(春秋) 전국(戰國)의 난세

에는 제자백가(諸子百家)의 많은 학파와 사상가들이 나타나 저마다의 학설과 주장을 고취했다. 그 중에도 가장 높이 나타났고 또 후세에도 막대한 영향을 끼친 학파가 바로 공자(孔子)를 시조로 한 유가(儒家)였다.

그들은 인의(仁義)와 충효(忠孝)를 최고의 덕목으로 표방하고 윤리 도덕의 실천을 강조했다. 그들은 인본주의(人本主義)·합리주의(合理主義)·역사주의(歷史主義) 및 문화주의(文化主義)로써 인류애가 넘치는 대동(大同)의 세계를 창건하려고 진력했다.

공자는 《논어(論語)》에서 말했다. '정치는 바르게 함이다〔政者 正也〕.'

'정(正)'은 '하나〔一〕에 가서 멈추다〔止〕'의 뜻이다. '하나'는 곧 '만물을 고르게 키우고 번성케 하는 절대선(絶對善)의 하늘의 도리'이다. 아울러 유가에서 높이는 예치(禮治)의 예(禮)의 뜻도 깊다. '예'에는 '하늘에 제사를 올리고, 하늘이 내려준 계시, 즉 하늘의 절대선의 도리를 실천한다'는 뜻이 포함되어 있다.

그러므로 유가의 주장은 '천도천리(天道天理)를 따라 왕도덕치(王道德治)를 펴고, 대동(大同)의 평화세계를 실현하자는 것이었다. 그러기 위해 정치에 참여할 군자들은 수기치인(修己治人)해야 한다고 가르쳤다.

대강을 《중용》을 중심으로 다음같이 추릴 수 있다.

(1) 우주는 무궁한 시간과 무한한 공간을 통합한 하나의 큰 실체다. 우주는 형질을 갖춘 무한대한 유기물인 동시에 순간도 쉬지 않고 무궁한 회전운동을 지속하고 있다.

(2) 우주는 하나의 큰 생명체다. 우주 속에는 '천지 자연만물 및 인간'이 '다 같이 태어나 살고 무럭무럭 자라고, 음과 양이 합치고 변화해서 새 생명을 낳고 번식하고 인간의 경우에는 역사와 문화를 발전케 하고 있다.'

(3) 실체로 존재하고 회전하면서 동시에 만물을 품고 한결같이 '생육화성(生育化成)'하는 우주 자연의 법칙을 천도(天道) 혹은 천리(天理)라고 한다.

(4) 바꾸어 말하면 '천지 자연만물'은 '천도천리'에 의해서 '생육화성'

한다.

(5) 단 하늘에 의해서 주어진 '천도천리'는 만물마다 다 다르다. 수레〔車〕에는 수레의 도리가 있고, 배〔船〕에는 배의 도리가 있다. 그와 마찬가지로 동물에게는 동물의 도리가 있고, 사람에게는 사람의 도리가 있다.

(6) 동물은 동물적 본성에 맞는 동물적 도리만이 있다. 즉 동물은 먹고 개체(個體)를 보전하고, 암수〔雌雄〕가 어울려 종족을 번식할 뿐이다.

(7) 인간도 기본적으로는 동물이다. 그러므로 먹고 개체를 보전하고, 남녀가 짝짓기를 하여 자손을 낳고 종족을 번식한다. 그러나 인간과 인류는 동물과는 차원이 다른 본성과 특성이 있다. 우선 인간은 숭고한 정신이 있다. 그러므로 정신적으로 하늘〔天〕과 하늘의 도리〔天道〕를 깨닫고 따르고 실천하는 특성이 있다.

그러므로 사람이 따르고, 가야 하고, 지키고 실천해야 할 '사람의 길과 도리, 즉 인도(人道)'는 절대적으로 동물의 도리와는 다르게 마련이다. 그와 같은 숭고하고 고귀한 인간의 특성과 도(道)를 따라서, 개별적인 인간, 집단적인 인류는 '윤리 도덕적 공동체 생활을 영위하면서 역사와 문화를 계승 발전케 하고 있는 것이다.'

(8) 이와 같이 하늘은 만물에게 만물의 특성에 맞는 도리를 부여해 주었다. 하늘을 나는 새에게는 새의 특성에 맞는 도리를 주고, 물고기에게는 물고기의 도리를 주고, 네발달린 동물에게는 그에 맞는 도리를 주었다.

(9) 이와 같이 하늘이 절대명령으로 만물에게 준 도리는 저마다 만물에 딱 맞는 가장 합당하고 언제나 따르고 지켜야 할 도리다. 그래서 그것을 특히 '중용'이라는 명칭으로 부른 것이다.

(10) '중용'은 '만물에게 주어진 저마다의 천도천리(天道天理)'를 일컫은 용어다. 동시에 사람이 '딱 맞는 도리로 사물을 처리하는 것'도 '중용'이라고 한다.

◑ 도(道)와 학문

'도(道)'를 길[路] 혹은 도리로 풀이한다. 사람이 태어나 살다가 죽을 때까지 따르고 가야 할 바른 행로는 길이다. 한편 사물에 대하고 처리할 때에는 바른 도리라고 한다. 길이나 도리나 그 절대 기준은 천도(天道)다.

유교는 인격신(人格神)을 믿거나 내세우지 않는다. 그 대신 우주천지 자연만물의 생성 변화를 통괄하는 절대(絶對)를 '하늘[天], 태극(太極)'이라 하고, 그 '절대선의 도리'를 '천도(天道) 혹은 천리(天理)'라고 한다. 특히 주자(朱子)는 '천(天)자도 빼고 그냥 이(理)라고' 부르는 경우가 많았다.

사람이나 만물은 다 하늘에 의해서 창조되었다. 그러므로 하늘은 사람이나 '만물의 본성 속에 저마다의 생존의 도리'를 부여해 주었다. 식물은 식물의 도리를 따르고, 동물은 동물의 도리를 따르고 생존하게 되어 있다.

사람은 서로 사랑하고 협동하여 착한 공동체를 꾸미는 도덕성을 따라야 한다. 사람이면서 '남을 죽이고 남의 재물을 탈취하려는 동물성'을 따르면 안된다. 특히 하늘은 사람에게 형이상(形而上)의 도리를 터득하고 행할 수 있는 탁월한 특성을 부여해 주었다. 그와 같은 것을 깨닫고 실천케 하는 것이 학문 교육이다.

사람의 외형적 육신은 잘 먹고 적당히 운동을 하면 무럭무럭 성장한다. 그러나 내면적 인격이나 도덕성은 학문이나 교육 같은 정신적 양식을 통해서만 성장할 수 있다. 인간의 존엄성은 육신보다도 고귀한 정신에 있게 마련이다.

색 인(索引)

ㅁ

ㅈ

한문해석(漢文解釋)의 기초(基礎)

초판 발행 – 2009년 6월 15일
2쇄 발행 – 2023년 3월 27일

저　자 – 張 基 槿

발행인 – 金 東 求

발행처 – 명 문 당(창립 1923년 10월 1일)
　　　　서울시 종로구 윤보선길 61(안국동)
　　　　우체국 010579-01-000682
　　　　전 화 (02) 733-3039, 734-4798
　　　　FAX (02) 734-9209
　　　　Homepage　www.myungmundang.net
　　　　E-mail　mmdbook1@hanmail.net
　　　　등록 1977.11.19. 제1-148호

■

* 낙장 및 파본은 교환해 드립니다.
* 불허 복제
* 정가 25,000

ISBN　978-89-7270-919-0　93720

新選明文東洋古典大系

전통과 창의와 성실로 양서만 고집하는 출판역사 86주년 명문당